De Branson-way

Boeken van Richard Branson bij Boekerij

Richard Branson over Richard Branson
De Branson-way
Screw it, let's do it
Gaat niet, bestaat niet
Zo niet, dan toch
Onbegrensde mogelijkheden
Succes in zaken

www.boekerij.nl

Richard Branson

De Branson-way

Eerste druk september 2009
Zevende druk oktober 2012

ISBN 978-90-225-6378-6
ISBN 978-94-6092-254-1 (e-boek)
NUR 801 Management algemeen

Oorspronkelijke titel: *Bussiness Stripped Bare, Adventures of a Global Entrepreneur*
Oorspronkelijke uitgever: Virgin Books, 2008
Nederlandse vertaling: Peter de Rijk
Omslagontwerp: Zeno
Omslagfoto: © Ron Whitfield
Zetwerk: Mat-Zet bv, Soest

© 2008 Sir Richard Branson
© 2009 voor de Nederlandse taal: De Boekerij bv, Amsterdam

Niets uit deze uitgave mag worden openbaar gemaakt door middel van druk, fotokopie, microfilm of op welke andere wijze ook zonder voorafgaande schriftelijke toestemming van de uitgever.

Ik wil dit boek opdragen aan alle fantastische mensen die
– in heden en verleden –
Virgin hebben gemaakt tot wat het nu is.

Inhoud

Voorwoord 9
Inleiding 21

1 **Mensen:** goede mensen vinden – geef hun de vrijheid 33
2 **Merk:** de vlag laten wapperen 61
3 **Levering:** per expresse 113
4 **Leren van fouten en tegenslagen:** schaderapport 186
5 **Innovatie:** de drijvende kracht achter het zakendoen 231
6 **Ondernemers en leiderschap:** vasthouden en loslaten 268
7 **Sociale verantwoordelijkheid:** gewoon werk 301

Epiloog: Succes 337
Dankbetuiging 345
Register 347
Verantwoording van citaten 357

Voorwoord

bij de Engelse paperbackeditie

Toen ik begin twintig was, nodigde de eigenaar van een nachtclub in West-Londen mij en mijn vrienden uit om wat te komen drinken. Toen we ons die avond aan de deur meldden, werd ons botweg de toegang geweigerd: we waren zo brutaal geweest in spijkerbroek te verschijnen.

Zodra ik thuis was, greep ik de telefoon: 'Was dit grappig bedoeld of zo?'

De eigenaar putte zich uit in verontschuldigingen. 'Sorry, Richard, het was een enorme blunder. Kom alsjeblieft langs; ik wil met je praten.'

En dat wilde hij ook echt. Het bleek dat de club een bodemloze put was die de eigenaar zo snel mogelijk kwijt wilde aan de eerste de beste die hij in het vizier kreeg. Het was al bijna ochtend toen ik met een handdruk een overeenkomst bekrachtigde die me eigenaar maakte van een daktuin in Kensington High Street. De club bleek zijn eigen broek zeker te kunnen ophouden (mensen in spijkerbroek mogen naar binnen), en is nog altijd mijn eigendom.

Ik ben er voor het laatst geweest op 29 september 2008, toen de gebonden Engelstalige editie van *De Branson-way* uitkwam. De uitgever vroeg mij een toespraakje te houden. De krantenkoppen van die dag hadden me ruim voldoende inspiratie gegeven voor de presentatie van een boek met managementadviezen, want er was een belangrijke mijlpaal bereikt in de huidige wereldwijde recessie. Het Amerikaanse Huis van Afgevaardigden zou die dag het verbluffende bedrag van 700 miljard dollar aan Amerikaanse en buitenlandse banken ter beschikking stellen om de totale ineenstorting van de kredietmarkten te voorkomen.

'En hoe pijnlijk het ook is,' zei ik, 'het kan geen kwaad dat dit gaat gebeuren. Ik vind het verbijsterend dat banken over de hele wereld zich niet tegen risico's hebben ingedekt, en niet alleen ik, maar vrijwel iedereen is kwaad dat wij met z'n allen, zowel de rijken als de armen, nu de rommel die de banken gemaakt hebben moeten opruimen. Maar er zit niets anders op. Het vertrouwen in de banken moet terugkomen. We staan voor een afschrikwekkende keuze: dit pakket reddingsmaatregelen, of een nieuwe Grote Crisis.'

Mijn opmerkingen hadden een onverwacht effect. Er klonk geroezemoes onder de toehoorders. Ze voelden zich duidelijk niet op hun gemak. Ze keken naar hun uitgestrekte handpalm, waarna er een diepe, verwachtingsvolle stilte volgde. Tjonge, dacht ik, dit is heel merkwaardig, maar ik vervolgde mijn betoog.

Wat ik toen zei, is iets dat in dit boek steeds weer herhaald wordt; het is mijn eerste regel van het zakendoen, en als er iets is dat u uit dit boek moet onthouden, dan is dat het volgende: u moet zich tegen risico's indekken.

Net als van het dagelijkse leven zijn risico's een essentieel onderdeel van het zakenleven. Als u geen risico's neemt, zult u niet succesvol zijn; als u in uw persoonlijke leven matigheid altijd en eeuwig vooropstelt, dan leeft u eigenlijk nauwelijks meer. Maar voordat u een risico kunt nemen, moet u dat risico begrijpen. U moet dat risico zo veel mogelijk beperken. En u moet precies weten hoe de wereld eruit zou zien als alles volstrekt in het honderd loopt. Ik zeg niet: neem geen enorme risico's. In de loop der jaren heb ik risico's genomen die Virgin enorme schade hadden kunnen toebrengen. Wat ik zeg, is dit: het ging om weloverwogen risico's, om risico's die ik en de mensen om me heen bereid waren te nemen, nadat we alles goed hadden doordacht. Of dat de buitenwereld nu aanstond of niet, feit is en blijft dat we precies wisten wat we deden. Kan iedere bank-CEO momenteel hetzelfde zeggen? En kan iedere minister van Financiën dat?

Nadat ik mijn toespraak had afgerond, kwam uitgever en vriend Richard Cable naar voren en bood me een glas champagne aan. 'Neem maar even een slok,' zei hij.

Voorwoord

'Wat is er aan de hand?'
'Het telefoontje kwam terwijl jij aan het woord was.' Hij liet me een bericht op zijn Blackberry zien. 'Ik dacht dat je het wel gemerkt had.'
Nu begreep ik het: mijn gehoor bestond grotendeels uit zakenlieden, die allemaal hun telefoon op de trilstand hadden gezet om het nieuws zo snel mogelijk te vernemen. En nu was het er. Ik las het.
En ik las het nog eens.
Richard hief zijn glas op. Er was geen lachje op zijn gezicht te bespeuren.
'Is het afgeketst?'
'Met drieëntwintig stemmen,' zei Richard, terwijl hij langzaam zijn telefoon uit mijn vingers nam.
Het Huis van Afgevaardigden had het pakket ondersteuningsmaatregelen zojuist afgewezen, en de volgende dag verloor de Dow Jones-index bijna 7 procent, de grootste daling aller tijden in één dag.
De uitgever vroeg mij het boek te actualiseren in het kader van de recente gebeurtenissen. 'Een pagina of tien is wel genoeg,' zei hij.
Tien pagina's?!
Er zijn nu een paar maanden verstreken sinds de Engelstalige gebonden editie is verschenen, en ik hoef u niet te vertellen dat een paar maanden een lange periode is als de wereld aan de rand van de financiële afgrond staat. De wereld ziet er momenteel heel anders uit.
Over het geheel genomen is de situatie verslechterd. Het Huis van Afgevaardigden keurde het pakket reddingsmaatregelen van 700 miljard dollar van president Bush uiteindelijk goed, en een paar maanden later stemde het ook in met het stimuleringspakket van 900 miljard dollar van Barack Obama.
Hebben de Verenigde Staten de ineenstorting van het financiële systeem van het land afgewend? De waarheid is dat niemand dat weet. Dat betekent ook dat het idee om 'zakelijke adviezen' te geven nogal merkwaardig en misschien zelfs gevaarlijk is.
En toch sta ik achter de adviezen in dit boek, achter elk woord ervan zelfs. In dit boek leest u over zakendoen vanuit mijn persoonlijke perspectief. Misschien met uitzondering van wat ik van mijn familie heb geleerd over de waarde van geld, heb ik het zakendoen uitsluitend in mijn vingers gekregen door zaken te doen.

Ik heb geen theorieën verkondigd, omdat ik geen enkele theorie volg. In plaats daarvan houd ik mijn ogen open. Deze inleiding zal u een idee geven wat volgens mij de huidige stand van zaken is. In de hoofdstukken daarna leest u hoe ik de toekomst tegemoet zal treden.

In februari 2009 gaf de Britse overheid de Royal Bank of Scotland een financiële injectie van 25 miljard pond en besteedde ze 325 miljard pond aan een verzekeringsconstructie voor foute investeringen, op kosten van de Britse belastingbetalers. In het licht daarvan valt het me zwaar het te zeggen, maar – en nu moet ik even diep ademhalen – ik denk dat het juist is dat de overheden de banken proberen te redden.

Ik geloof zelfs dat ze niet genoeg hebben gedaan. Dat geldt met name voor de Amerikaanse overheid, die de ondergang van Lehman had moeten voorkomen. Maar waarom?

Omdat handel, werkgelegenheid en geld alleen kunnen bestaan bij de gratie van betrouwbare banken. Je moet 's avonds rustig kunnen gaan slapen, in de wetenschap dat je het geld dat je vandaag bij de bank hebt gestald morgen weer op kunt nemen.

Dit is van essentieel belang voor bedrijven en ondernemers om plannen voor de toekomst te kunnen maken. Toen HBoS (Halifax Bank of Scotland) bijna ten onder was gegaan, zullen vele ondernemingen zich ernstig hebben afgevraagd of hun geld wel veilig was. Het vertrouwen nam weer iets toe toen HBoS werd overgenomen door Lloyds Bank, onze huisbankier, totdat duidelijk werd hoe groot het verlies van HBoS werkelijk was. Nadat Lloyds jarenlang met enige regelmaat aan de telefoon had gehangen om te verifiëren dat ik nog niet failliet was, moest ik nu zelf een paar telefoontjes plegen, 'om even te verifiëren dat jullie niet te veel hooi op je vork nemen...'

In dit boek vindt u een hoofdstuk over ons mislukte overnamebod op Northern Rock. In de herfst van 2007 deed ons biedingsteam onder leiding van sir Brian Pitman diepgaand onderzoek naar de bank; na een inschatting hoe slecht het met de bank kon aflopen, stelde het team een overnamebod vast. Uiteindelijk was de overheid van oordeel dat nationalisatie de beste oplossing was en werd ons voorstel verworpen. Het was een grote teleurstelling voor me dat we de Virgin Bank niet konden oprichten en de concurrentie in de markt konden vergroten. Ik heb het

Voorwoord

idee dat we een behoedzame strategie hadden ontwikkeld, die een grote kans van slagen zou hebben gehad.

Dat Bradford & Bingley, HBoS en RBS daarna ten onder gingen, heeft mijn visie dat er grote behoefte aan een nieuwe betrouwbare bank is, alleen maar bevestigd.

Maar goed, dat ligt allemaal achter ons. We moeten naar de toekomst kijken. De situatie is inmiddels zo geëscaleerd dat zelfs ik de lof van nationalisatie begin te zingen!

Maar ik moet dan wel nader preciseren wat voor nationalisatie ik in gedachten heb. Nationalisatie is alleen zinvol in noodsituaties. Op de lange termijn kan die alleen maar rampzalig uitpakken. U ziet zelf wel hoe dat gebeurt. Een politicus die maatregelen neemt om de economie te ondersteunen, zou al snel kunnen denken dat hij de gehele economie kan beheersen. Dat zou rampzalige gevolgen hebben. Je kunt net zo goed bij eb op het strand gaan zitten en tegen de golven zeggen dat ze niet over je heen mogen rollen.

Wat ons te doen staat, is de noodlijdende banken nationaliseren en die in kleine, concurrerende eenheden opsplitsen. Op die manier kunnen de burgers zien waar hun geld vandaan komt en – even belangrijk – hoe het gebruikt wordt. Maar het allerbelangrijkste is dat de banken zo snel mogelijk weer terugkeren in de particuliere sector, zodat echte concurrentie mogelijk wordt en de dienstverlening aan de cliënten voorop komt te staan.

Er moet nu een groot aantal kleine, gezonde banken in de particuliere sector komen. (Virgin Money, waar niet meer dan tweehonderd mensen werken, doet het prima, dank u.) Als een van deze kleine banken omvalt, zijn de kosten die de overheid moet maken vanwege de garantieregeling voor de tegoeden relatief gering – althans vergeleken met de bedragen die de overheid de afgelopen maanden moest rondstrooien – en zou de sector als geheel niet direct op zijn grondvesten schudden. Wat mij betreft is dit een briljant idee, dat ik graag op mijn conto zou schrijven. Dat kan helaas niet want het is een oud idee. Zeshonderd jaar oud, om precies te zijn.

De Medici Bank hield het een volle eeuw uit. Voor een financiële instelling is dat misschien niet zo heel lang, maar vergeet niet dat we het nu over de vijftiende eeuw hebben. De Medici Bank was kredietwaardiger dan de meeste Europese staten en zorgde ervoor dat de Medici eeuwenlang de rijkste familie van Europa waren. Hoe slaagde deze bank erin de markt te domineren? Door klein te blijven.

De Medici Bank had geen enkele filiaalmanager in dienst. In plaats daarvan waren er honderden medefirmanten. Ze kregen geen salaris, maar zorgden zelf voor hun inkomen door een percentage van de filiaalwinst te incasseren. Elke medefirmant had een eigen domein. Als een van hen in problemen kwam, hadden de honderden anderen daar geen last van. Anders dan de concurrenten bestond de Medici Bank alleen op papier. In een contract dat regelmatig herzien werd, werd bepaald hoe deze honderden onderling verbonden firmanten samenwerkten om het geheel te ondersteunen. Wilt u daar meer over weten, lees dan het uitstekende boek *Het succes van geld* van Niall Ferguson. Ik heb het gelezen, en op bladzijde 44 schreef ik in de marge: 'Net als Virgin!'

De concurrenten van de Medici Bank waren grote organisaties. Voor hen kon één oplichter of één slechte lening de ondergang betekenen, en vaak was dat ook zo. Dat gold niet voor de Medici. Zij hadden hun onderneming tegen de risico's ingedekt. Hun firmanten namen risico's, grote risico's soms, maar de Medici wisten dat één enkel risico niet de ondergang van de gehele onderneming kon betekenen.

Hoe het komt dat zo veel getalenteerde, intelligente mensen de afgelopen periode zo'n fundamentele zakelijke les konden negeren, is een vraag die je beter aan een priester of psychiater kunt stellen. Zelf ben ik er meer in geïnteresseerd deze les voor de toekomst toe te passen.

Het tijdperk van de zakelijke dinosauriër die zich op de borst klopt over zijn personeelsbestand van 100.000 man of een overname van 100 miljard pond, is voorbij. De aarde kan niet langer in zijn behoeften voorzien, en over tien jaar of minder zal hij niet meer bestaan. Hij zou zijn onderneming in een paar honderd bedrijven moeten opsplitsen, elk met een omzet van een half miljard, die op eigen benen zouden moeten staan. Net als wij allemaal zou hij pijn lijden, maar hij zou wel in leven blijven.

Ik ben oud genoeg om een grote recessie niet te licht op te vatten; aan de andere kant heb ik eerder slechte perioden meegemaakt en begin ik aan te voelen hoe het zit met die cyclische hausses en baisses in de markt. Elke generatie politici en economen probeert de cyclus van bloei en baisse af te vlakken, en telkens weer mislukt dat. Ik denk dat het tijd is voor een nieuwe benadering: accepteer dat er perioden van bloei en baisse zijn en investeer zo verstandig dat de schade van een recessie beperkt blijft.

Als ik het allemaal opnieuw mocht doen (en ik alleen in een maximaal rendement op mijn investeringen geïnteresseerd zou zijn, wat niet het geval is), zou ik alleen in tijden van recessie investeren, als bijna alles 50 tot 90 procent minder kost dan tijdens een hausse. Dat zou mij als investeerder goed uitkomen en de economie als geheel zou profiteren van de investeringen die ik voor zo'n periode gereserveerd had. Dat zou echter ook betekenen dat we moeten leren kalmer aan te doen en beter na te denken over de juiste investeringsmomenten.

Om twee redenen is dat erg moeilijk. Ten eerste verloopt de economische cyclus traag. Het kan wel tien jaar of langer duren voordat een bloeiperiode in een recessie is overgegaan. We zouden moeten leren geduld te oefenen. Het tweede probleem is veel lastiger. We moeten namelijk op ideeën reageren, evenals op de markt. Het komt regelmatig voor dat een idee rijp is, maar de markt niet goed is. Wat doen we dan? Halen we gewoon onze schouders op en zien we ervan af? Natuurlijk niet. Dat kunnen we niet. We kunnen ons enthousiasme niet zomaar met een druk op de knop beteugelen. We kunnen ons niet permitteren van het zakendoen een saaie bezigheid te maken, anders zou niemand met enig talent eraan beginnen.

Het antwoord is om als de Medici te denken. Maak grote plannen, maar bouw de onderneming langzaam op. Creëer iets waarop u trots bent, maar laat u er financieel niet door opslokken. Een goed idee hoeft geen bakken geld te kosten. Een goed idee groeit vanzelf. Kijk maar naar Virgin Galactic. Jarenlang bestond Virgins ruimteprogramma uit diverse bezoeken aan enthousiaste wetenschappers die midden in de woestijn zwetend toekeken hoe de ene na de andere raketlancering mislukte. En inmiddels is het eerste ruimtetoerismeproject in zicht. Het draait allemaal om onderzoek, persoonlijke betrokkenheid en strategisch denken.

Hoeveel ellende de huidige recessie ook veroorzaakt, er worden nog altijd enorme bedragen verdiend. Er zijn verleidelijke kansen genoeg. Vorig jaar werd ik uitgenodigd om te proberen het trans-Atlantische zeilrecord te verbeteren in een boot van 15 miljoen dollar. Degene die die boot in een periode van economische bloei had gebouwd, zou hem nu graag voor een dollar verkopen, alleen om van de vaste lasten af te zijn. En een investeerder die een dollar over heeft – en de middelen om die boot per week te verhuren om de vaste lasten te dekken – zou al snel de grootste vloot luxe jachten ter wereld kunnen bezitten.

Dit principe is overal van toepassing. Huizen die ooit 5 miljoen pond waard waren, worden nu voor 2,5 miljoen pond verkocht. Als je grote huizen in universiteitssteden in goede studentenflats opsplitst, zou je misschien al heel snel dat grote landhuis kunnen kopen dat je allang wilde hebben.

De rode draad in al deze ideeën is dat ze eenvoudig zijn, zo eenvoudig dat je er in je eentje mee aan de slag kunt. We moeten ons er allemaal van bewust zijn dat kleine ondernemingen zonder veel ballast de toekomst van het zakendoen gaan uitmaken.

Niet iedereen is ondernemer. En als u erachter wilt komen of u de vereiste kwaliteiten bezit, doe uw experimenten dan in de avonden en weekenden.

Als u een goede vaste baan hebt, is dit zeker niet het juiste moment uw ontslag in te dienen, tenzij u een briljant idee hebt. Wie een vast salaris heeft, zal relatief weinig last hebben van de recessie. Het salaris kan bevroren worden of zelfs verlaagd, maar aangezien werkelijk alles goedkoper wordt – zelfs de benzine, ongelooflijk genoeg – zal de schade beperkt blijven.

De vooruitzichten zijn veel somberder voor mensen die hun baan kwijtraken. Ontslagen zijn ook slecht voor de bedrijven. In de kern bestaat een onderneming uit het verzamelde talent, de expertise en de contacten. Het ontslaan van medewerkers moet het laatste redmiddel zijn. In de Virgin-groep hebben we de directeuren gevraagd alle mogelijkheden te onderzoeken – van het delen van banen en kortere werkweken tot het bevriezen van lonen en onbetaald verlof – voordat ze medewerkers gaan ontslaan.

Maar wat als u uw baan kwijt bent? Onlangs vroeg een journalist me naar mijn advies aan iemand die pas werkloos was geworden. Ik wees er zo vriendelijk mogelijk op dat velen beter gekwalificeerd waren om die vraag te beantwoorden dan ik. Maar toch wil ik er één opmerking over maken. U mag ervan vinden wat u wilt, maar ik zou het volgende doen.

Ik zou in het bedrijf dat me net heeft ontslagen, op zoek gaan naar manieren om geld te besparen. Of het nu om een bloeiend of bijna bankroet bedrijf, een luxe boetiek of een outlet vol koopjes gaat, elke onderneming bespaart dolgraag op de kosten. Heeft de onderneming een rekening bij een duur taxibedrijf lopen? Zoek een goedkopere mogelijkheid. Worden er nog ouderwetse gloeilampen gebruikt? Loop eens op uw gemakje naar de lift en tel de lampen. Reken uit hoeveel het bedrijf kan besparen, bied aan de besparingen door te voeren en vraag om een aandeel daarin.

Ik zie zo veel kansen voor kleine ondernemingen voor het grijpen liggen. De meeste ervan hebben te maken met energiebesparing. Als er één ding zeker is, is het wel dat brandstof niet goedkoop zal blijven! Heel veel ondernemingen moeten leren inzien dat noodlijdende bedrijven eenvoudig gered kunnen worden door de verspilling te verminderen en energie efficiënter te gebruiken. Veel ondernemingen hebben geen idee hoeveel geld er weggegooid wordt aan onnodige kopieën, ouderwetse gloeilampen, energie slurpende kantoormachines, zinloze reizen (met andere vliegmaatschappijen!) en portokosten. Maar u weet dat wel. U hebt daar gewerkt. U weet hoe het eraan toe gaat. Zeg iets, doe een voorstel en noem uw prijs.

Op het moment dat ik dit schrijf, steunt de gehele wereld volgens mij Barack Obama, en ik ben daar geen uitzondering in. Zijn verkiezing tot Amerikaans president is de eerste frisse politieke wind waarvan de wereld sinds tien jaar kan genieten. Wat een prachtig moment was dat, toen hij als zijn allereerste beleidsdaad martelingen gedurende Amerikaanse militaire verhoren verbood. Toegegeven, het zou vanzelfsprekend moeten zijn dat martelen verboden werd, maar ik vond het toen ontroerend om te beseffen dat deze afschuwelijke episode in de recente geschiedenis – waarin oorlogen die moorden moeten voorkomen, drie maanden later verschrikkingen als die in de Abu Ghraib-gevangenis voortbrengen – nu ten einde loopt.

Op economisch terrein schrikt Obama niet terug voor drastische denkbeelden en maatregelen. Aarzeling en ontkenning onder de politieke elites vormen momenteel een ware bedreiging voor de economie van de Verenigde Staten, en hij zal zich daar zeker tegen verzetten.

Zullen al zijn maatregelen succesvol zijn? Zeker niet, en zoals iedere krachtdadige bestuurder weet hij dat en durft hij dat ook te zeggen. Zonder de ellende van de ontslagen werknemers in de auto-industrie uit het oog te verliezen, meen ik dat het belachelijk zou zijn als Obama deze verouderde sector, die inefficiënte, benzine slurpende auto's maakt die niemand wil hebben, zou proberen te redden. Ik denk dat het voor de Amerikaanse industrie en de werknemers veel beter zou zijn als die nu gedwongen werd radicale veranderingen door te voeren. Zo niet, dan zouden de 'oude bomen' moeten wegkwijnen, zodat milieubewustere fabrikanten als Toyota, Honda en fabrikanten van elektrische auto's zoals Tesla tot grotere bloei kunnen komen.

Aan de andere kant staat Obama positief tegenover het milieu en is hij bereid de ontwikkeling van een groene economie zo veel mogelijk te steunen. En dat is beslist een verademing! Dit zijn niet alleen maar woorden. Het gaat om veel meer. Hij zegt dat hij vijf miljoen banen in de groene-energiesector wil scheppen. Een groot deel van dat geld wordt besteed aan een 'groen energienet', waarin huizen electriciteit krijgen van kleine generatoren in de buurt die door wind- en zonne-energie worden aangedreven, en waar generatoren in huis de overtollige electriciteit aan het net teruggeven.

Dat is een prachtig idee, maar zal het de recessie overleven? Een van de problemen van deze crisis is dat we heel snel nieuwe werkgelegenheid moeten scheppen, en het is nu eenmaal gemakkelijker om mensen iets bekends als een snelweg te laten aanleggen dan om mensen aan te stellen die een innovatief energienet moeten maken. Ik twijfel geen moment aan de goede bedoelingen van de Amerikaanse regering, maar we moeten realistisch zijn: nu er zo weinig krediet beschikbaar is, hebben sommige groene projecten het al moeilijk, vooral nu de brandstofprijzen zo laag zijn.

Toch denk ik dat Obama's groene net uiteindelijk zal slagen. Ik heb er alle vertrouwen in dat er efficiënte, duurzame biobrandstoffen ontwikkeld worden die de Amerikaanse economie kunnen schragen en dat de groene technologie zal opbloeien. Dat komt deels omdat Obama zo veel vertrouwen inboezemt en deels omdat ik van nature optimistisch ben, maar hoofdzakelijk omdat ik weet wat Obama en wij allemaal weten: dat de brandstofprijs op het punt staat omhoog te schieten, wat niet alleen de energievoorziening, maar de structuur van het gehele bedrijfsleven voorgoed zal veranderen.

In een recent economisch onderzoek bij Virgin werd aangetoond dat de vraag naar olie rond 2015 het aanbod voorgoed zal overtreffen. Hoeveel nieuwe olie- en gasvelden we ook zullen exploiteren, in 2015 zullen we niet meer kunnen voldoen aan de sterk stijgende vraag van de wereldbevolking, die nog nooit zo welvarend en omvangrijk is geweest. We moeten dringend nieuwe schone brandstoffen ontwikkelen en de vervuilende brandstoffen die we nog hebben aan latere generaties overlaten.

Het komt hierop neer: we hebben nog vijf jaar om een nieuwe wereld te maken, maar we hebben daar maar een minimaal budget voor. Nu we met zo'n intimiderende uitdaging geconfronteerd worden, waar moeten we dan onze inspiratie zoeken?

We moeten naar Bangladesh kijken, waar professor Muhammad Yunus, een lid van The Elders, een bank – ja zeker – heeft opgericht. De Grameen Bank biedt microkredieten aan arme ondernemers aan, waardoor hele gemeenschappen aan de armoede kunnen ontsnappen. We moeten naar Afrika kijken, waar de snelgroeiende economieën dank zij behoudender bankpraktijken niet zo sterk in de wereldwijde recessie zijn meegesleurd, zodat Afrikaanse bedrijven zelfs op dit moment nog veelal een snelle groei doormaken. We moeten naar onze meest ervaren leiders en denkers kijken en van hen leren welke dringende onderliggende problemen we kunnen aanpakken als we onze ondernemingen en onze wereld herscheppen. Dit jaar hebben The Elders besloten zich op vrouwenkwesties te richten. Dit is een onderwerp dat mij evenzeer na aan het hart ligt, met name het recht om werk en gezin ongestraft te combineren. Dat is een recht dat in Virgins eigen ondernemingen beslist zou moeten ingevoerd, zowel voor vrouwen als voor mannen.

In het ooit zo welvarende Westen zal er volgens mij binnenkort een eind komen aan die absurde cultuur van lange werkdagen en funeste carrière jacht. Ik denk dat flexibele arbeidsovereenkomsten de toekomst hebben en dat velen van ons de gelegenheid zullen krijgen meer tijd met het gezin door te brengen zonder dat dat direct schadelijk is voor de reputatie op het werk. Ik zal doen wat ik kan om ervoor te zorgen dat deze verandering in de manier waarop we werken op de juiste wijze wordt ingepland en betaald, en dat extra tijd thuis niet verloren gaat aan piekeren hoe de eindjes nu aan elkaar geknoopt moeten worden of zorgen over wat de baas er van vindt dat iemand minder is gaan werken.

Ik vermoed dat het een beetje vreemd overkomt dat juist ik dit voorwoord besluit met de opmerking dat het voor ons allemaal goed zou zijn niet zo veel tijd op het werk te door te brengen. Maar zoals ik in het eerste hoofdstuk al zeg: voor mij begint het werk thuis; het is mijn thuis en mijn zakelijke partners zijn ook mijn privévrienden. Thuis doorgebrachte tijd is geen verloren tijd: het is juist de periode om de kernwaarden te herbevestigen die innovatieve bedrijven in leven houden: creativiteit en verantwoordelijkheid, vertrouwen en teamwerk.

Als we op zoek zijn naar zakelijke inspiratie in een tijd waarin de oude zekerheden zijn weggevallen, laten we dan vandaag beginnen, aan de keukentafel, omringd door degenen die ons gemaakt hebben en van ons houden; hier, omringd door de kinderen die we gemaakt hebben en op wie we zo trots zijn. Dát is pas echt een goed ondernemingsmodel.

Richard Branson, Necker Island, maart 2009

Inleiding

Ik sprak hem bijna elke dag en gebruikte hem als klankbord. Hij leek me een van die zakelijke experts die onze blik konden verruimen. Hij had ons goed geadviseerd over de Virgin One-bankrekening. Zijn naam was Gordon McCallum. Hij werkte al een tijd voor adviesbureau McKinsey & Company en ik wist dat hij ook voor de bank Wells Fargo had gewerkt als specialist Particuliere Bankdiensten, Financiële Dienstverlening en Grootwinkelbedrijven, waaronder JC Penney. Ik vertrouwde hem. Ik wist veel over hem, en op een dag vroeg ik hem opeens: 'Gordon? Werk jij voor ons?'

'Ja,' antwoordde hij.
'Maar sta je ook op de loonlijst?'
'Nee, Richard, dat niet. Ik werk momenteel nog altijd als freelance consultant.'
Aha.
'Oké,' zei ik, 'dan wordt het tijd dat je hier komt solliciteren. Ik zie je morgen bij mij thuis.' Ik legde de telefoon neer.
Ik kan me niet veel meer van die bewuste avond herinneren, maar het was vast en zeker gezellig: toen Gordon zich de volgende ochtend exact om negen uur bij mijn huis in Holland Park meldde, lag ik nog in bed. Het leek er zelfs sterk op dat ik er helemaal niet uit kon komen.

Daarom trok ik de lakens nog eens over me heen en belde hem op. Ik zei: 'Ik wil je een fulltimebaan aanbieden.'

Hij had zich heel wat anders van de bijeenkomst voorgesteld, maar hij nam de uitdaging graag aan. 'Wat voor baan?'

'Wat voor baan wil je hebben?'

Uiteindelijk gaf Gordon toe. In zijn hele loopbaan bij McKinsey was hij nog nooit in aanraking gekomen met deze techniek om zakelijk talent te ontdekken. Hij barstte in lachen uit, maar was niet van zijn stuk gebracht. 'Ik wil Virgin graag helpen bij het ontwikkelen van een veel helderder ondernemingsstrategie en jou helpen die internationaal uit te breiden.'

Dat was heel verstandige taal. Het was precies het antwoord waarop ik gehoopt had. 'Hoe zou je functie moeten heten?' vroeg ik, terwijl ik mijn ochtendjas pakte.

Hij dacht even na. 'Zoiets als directeur Strategie?'

'Prima. We noemen je directeur Groepsstrategie van Virgin.' We regelden de financiële aspecten, en zo werd de deal gesloten. Ik stond op om een douche te nemen.

Is dit een goede manier om zaken te doen?

Zeker weten.

In wezen heeft zakendoen weinig te maken met formaliteiten, met winnen, met resultaat of winst, met handel of al die andere dingen waarop de handboeken altijd de nadruk leggen. Zakendoen heeft vooral te maken met wat ons bezighoudt. Als iets je zo boeit dat je er verder mee wilt, dan ben je al *in business*. In dit boek vindt u ideeën die u daarbij helpen. Dit is een boek over zakendoen voor iedereen, of u zichzelf nu als zakenman of -vrouw beschouwt of niet.

Het was geen 'zakelijke beslissing' van mij om optimaal van Gordons aanzienlijke talenten te willen profiteren en tegelijk eerlijk spel te spelen. Het was gewoon mijn manier van zakendoen en tegelijk mijn manier van doen. Als ik in mijn ochtendjas loop, ben ik echt niet minder zakenman, en ik ben zeker niet méér zakenman als ik een pak aantrek.

Dat realiseerde ik me nog eens ten volle in juli 2007, tijdens een bijeenkomst op het Aspen Ideas Festival. Ik werd geïnterviewd door Bob Schieffer, de ex-presentator van het CBS-avondjournaal, die in 2004 het verkiezingsdebat tussen George W. Bush en John Kerry had gepresenteerd. Bob kent zijn zaakjes, dus ik verwachtte dat het vuur me na aan de schenen zou worden gelegd. Hij zag dat ik nog altijd een beetje nerveus ben als ik in het openbaar moet spreken, ook al lijk ik zo vrijpostig, en daarom begon hij heel vriendelijk en hartelijk, zodat ik vanzelf ontspande. We spraken over allerlei onderwerpen, van terrorisme tot ruimtetoeristen, voordat hij opeens zijn rechtse directe plaatste. Ik was op mijn vijftiende van school gegaan om een studententijdschrift op te zetten, en Bob vroeg me *waarom ik in zaken was gegaan.*

Ik keek hem wezenloos aan. Ik besefte opeens dat ik helemaal nooit 'in zaken' had willen gaan. En lieve god, dat zei ik ook nog, en ik voegde eraan toe: 'Ik heb altijd al dingen willen creëren.'

Tja, dat klonk nogal zwakjes op dat podium in Aspen, maar dat is nu eenmaal de kern van mijn manier van denken over zakendoen. Het zou niet iets buiten je eigen ik moeten zijn. Het zou niet iets moeten zijn waartoe je afstand bewaart. Als dat zo is, dan deugt er iets niet.

In de loop der jaren heeft de Virgin-groep zich beziggehouden met de exploitatie van een spoorwegmaatschappij, de bouw van een ruimteschip, de oprichting van een nieuwe luchtvaartmaatschappij in Afrika en de bestrijding van aids en HIV. Dat zijn allemaal zaken waarmee we begaan zijn. Het zijn niet allemaal 'ondernemingen' in de gebruikelijke zin van het woord, en de journalisten die de Virgin-groep van gebrek aan zakelijk inzicht beschuldigd hebben, hebben gelijk, maar op een andere manier dan ze zelf menen. *De meest indrukwekkende en bijzondere prestatie van de Virgin-groep is dat de groep, anders dan de meeste ondernemingen, voortdurend beseft waar die voor staat.*

Zakendoen is creatief zijn. Je kunt het vergelijken met schilderen. Je begint met een maagdelijk wit doek. Je kunt werkelijk alles schilderen, en dat levert direct al het eerste probleem op. Voor elk goed schilderij dat je kunt maken, zijn er talloze slechte die maar al te graag van je kwast willen druipen. Bang geworden? Volkomen terecht. Je begint. Je kiest een kleur. De volgende kleur die je kiest, moet bij de eerste kleur passen. De derde kleur moet bij de eerste en de tweede kleur passen. De vierde kleur… Duidelijk, nietwaar? Nu zet je je voor de volle honderd procent in. Je kunt absoluut niet meer stoppen. Je hebt nu eenmaal geïnvesteerd. Bij dit soort dingen is er geen weg terug meer. Wie op zakenmannen en -vrouwen in het algemeen afgeeft, heeft het simpelweg niet begrepen.

Succesvolle zakenlieden hebben hun angsten overwonnen en zijn aan de slag gegaan om iets bijzonders te creëren, iets dat van wezenlijk belang is in een mensenleven. Zijn de kleuren precies goed? Hoe zien de vliegtuigen eruit? En de bemanningsleden? Zitten ze lekker in hun vel? Zitten de stoelen lekker? Hoe is het eten? En wat kost het...?

Of je nu een surrealist of CEO bent, er zijn altijd rekeningen die betaald moeten worden en geld komt altijd later dan je ooit voor mogelijk had gehouden. In een periode van recessie kunnen onbeduidende financiële kwesties gemakkelijk tot een existentiële crisis uitgroeien, en dan moeten er vaak moeilijke besluiten worden genomen. Dat is de kant van het zakendoen waar journalisten graag over schrijven, maar tegelijk de minst spannende en minst kenmerkende kant. Het gaat om een bijverschijnsel en erg boeiend is het ook al niet. Waar het echt om gaat, is wat je creëert. Boek je er resultaat mee of niet? Geeft het je een trots gevoel?

Waar ter wereld ik ook mensen ontmoet, vaak zeggen ze tegen me dat ik een prachtig leven moet hebben. Ze hebben geen ongelijk. Ik heb het buitengewoon goed getroffen. Ik heb mijn eigen paradijselijke eiland, een geweldige vrouw en familie, en trouwe, gezellige vrienden die voor me door het vuur gaan – en ik voor hen. Ik reis veel en heb talloze intense avonturen en ervaringen doorgemaakt. Zelfs George Clooney liet zich ooit ontvallen dat hij zó met mij zou willen ruilen, wat mijn vrouw overigens een reuzespannend idee vond!

Een groot deel hiervan is te danken aan succes. Zou ik gelukkig zijn geweest zonder mijn zakelijke successen? Ik mag graag denken van wel. Maar nogmaals: het hangt er helemaal van af wat je onder zakendoen verstaat. Zou ik gelukkig zijn geweest als ik geen interesses had gevonden die me helemaal opslokten en me zo fascineerden dat ik er elke minuut van mijn leven mee bezig was? Nee, absoluut niet, dan zou ik een zielig hoopje ellende zijn geweest.

De Virgin-groep omspant nu de gehele wereld. Virgin is een internationaal bekende merknaam, die voor honderden miljoenen mensen over de hele wereld een betrouwbaar, positief imago heeft. Zou zo'n bedrijf van de ene op de andere dag kunnen verdwijnen? Dat lijkt uitgesloten: we hebben Virgin in een structuur van zo'n 300 BV's ingebed, zodat de gevolgen van mogelijke averij beperkt blijven. Ik denk dat we

Inleiding

bewezen hebben dat een merk dat uit afzonderlijke ondernemingen bestaat, elk met een beperkte aansprakelijkheid voor de eigen financiën, succesvol kan zijn. We zullen nooit in een Barings Bank-achtige situatie terechtkomen, waarin een criminele handelaar de hele Virgin-groep naar de afgrond zou kunnen voeren. Eén ramp zal niet tot gevolg hebben dat 50.000 mensen over de hele wereld hun baan verliezen. De vruchten van veertig jaar werken zullen niet zomaar ineens in het niets verdwijnen. En hoewel de Virgin-groep als geheel de grootste groep particuliere ondernemingen in Europa is, is elke onderneming op zich relatief klein in de betreffende branche. Daarom profiteren we van het voordeel dat we in de meeste markten als immer alerte underdog kunnen handelen.

Op het moment dat ik dit schrijf, koersen we recht op een zware storm af. Meer dan een jaar geleden konden tienduizenden slecht geadviseerde Amerikaanse gezinnen opeens hun hypotheek niet meer betalen. Ze raakten hun huis kwijt. Nu krijgt de rest van de wereld de rekening van hun pech gepresenteerd, want door de subprime-hypotheekcrisis leent de ene na de andere bank minder geld uit. Een grote Britse bank is al ten onder gegaan. Een aantal wereldwijd handelende financiële instellingen kon slechts gered worden door grootschalige herfinanciering door de overheid. Dat is allemaal geen ramp – nog niet althans. Maar de olieprijs bereikt ongekende hoogten en consumenten over de hele wereld merken dat aan hun benzinebonnen en energierekeningen. Hun reactie is heel zinnig: ze kopen niets meer. Maar dat kan weer ernstige gevolgen hebben voor de op consumenten gerichte ondernemingen, waarvan zoveel nationale economieën afhankelijk zijn.

Zoals alle ondernemingen moet de Virgin-groep langs al deze obstakels heen zien te laveren. In *De Branson-way* zal ik de belangrijkste factoren bespreken waaraan onze bedrijven hun succes te danken hebben, ondanks slechte economische omstandigheden en veranderende markten.

Zoals bij zoveel creatieve activiteiten zijn ook in de zakenwereld de gidsen voor dummy's ook alleen maar voor dummy's geschikt. Net als u heb ik de boekenplanken op de luchthavens bekeken. Net als u heb ik de businessliteratuur doorgebladerd. En net als u werd het me droef te moede. Er zijn uitzonderingen – ik zal de boeken waarvan ik genoten heb later nog noemen –, maar in het algemeen vormen de schrijvers ervan maar een saai, oninteressant clubje. De meesten van hen lijken vooral vanaf de zijlijn over zakendoen te schrijven, niet over hoe het werkelijk is om je ermee bezig te houden.

Op een abstracte manier proberen ze een recept te bieden om een schilderij te maken. Ze hebben niets te vertellen over het schilderen van een slecht doek, of hoe je een goed schilderij van al die slechte schilderijen moet onderscheiden, of wat je moet doen als een goed schilderij slecht blijkt te zijn, of hoe je met jezelf in het reine moet komen als je beseft dat je een goed schilderij hebt weggegooid of...

U snapt het wel. Zoals elk schilderij zijn eigen regels heeft, zo heeft elke onderneming die ook. Er zijn tal van manieren om een succesvol bedrijf te leiden. Wat één keer lukt, lukt misschien nooit meer. Als iedereen je vertelt dat je iets nooit moet doen, kan dat één keer juist wel tot succes leiden. Er zijn geen regels. Je leert niet lopen door regels te volgen. Je leert het door het te doen en door te vallen, en doordat je valt, leer je te voorkomen dat je valt. Het is het mooiste wat er bestaat en laat zich absoluut niet vatten in lijstjes en opsommingen.

Het meeste van wat ik met de Virgin-groep heb gedaan, heb ik op grond van mijn eigen intuïtie gedaan. Ik heb alles wat ik gedaan heb, nooit echt geanalyseerd. Wat zou het nut daarvan zijn? In het zakenleven stap je nooit tweemaal in dezelfde rivier, net zomin als in het 'echte' leven.

Dus het enige wat ik voor u kan doen (en ik geloof heilig dat dit het enige is wat iemand in alle eerlijkheid kan doen) is de gebieden die ik heb leren kennen, in kaart te brengen. Positief is daarbij in elk geval dat ik heel wat gebieden heb leren kennen.

Omringd door halfnaakte vrouwen kondigde ik op 11 november 1999 in een enorme doorzichtige mobiele telefoon op Trafalgar Square in Londen de oprichting van Virgin Mobile aan. Drie jaar later, in juli 2002, bracht ik op Times Square een eerbetoon aan de Britse succesfilm *The Full Monty*; slechts gekleed in een mobieltje om mijn schaamte te verbergen, bracht ik het bericht dat Virgin Mobile partner van MTV was geworden. Deze geweldige stunts lieten zien dat je bij Virgin precies krijgt wat je ziet.

Inleiding

Dit boek bevat geen stunts (de uitgever liet me weten dat er geen geld is voor pop-ups), en daarom zal ik op de kracht van de titel moeten rekenen om de boodschap over te brengen. Ik heb Virgins ondernemingen tot de essentie teruggebracht. In plaats van door te drammen over het succes ervan, heb ik geschreven over de ware kern van mijn bedrijven. Wat waren onze doelstellingen? Hoe goed of hoe slecht hebben we onze eerste verwachtingen kunnen realiseren? Ik heb mijn notities en dagboeken doorgebladerd, op zoek naar gemeenschappelijke thema's en ideeën, en mijn bevindingen heb ik in zeven thema's verdeeld. Ik zal de volgende onderwerpen bespreken:

Mensen
Het merk
Waarom levering zo belangrijk is
Wat we kunnen leren van onze fouten en tegenslagen
Innovatie als aanjager voor zakelijk succes
De waarde van ondernemerschap en leiderschap
De bredere verantwoordelijkheid van het zakendoen

Ik beschouw ons merk als een van de belangrijkste 'lifestylemerken' ter wereld. Of je nu in de Verenigde Staten, Australië en Nieuw-Zeeland, Japan, Zuid-Afrika, India, Europa, Rusland, Zuid-Amerika of China bent, het merk Virgin betekent iets. Het merk Virgin impliceert dat je ten volle van het leven geniet. Door onze klanten op tal van gebieden in hun leven heel veel waar voor hun geld te bieden, willen we hen gelukkiger maken.

Dat is allemaal niet gratis; er moet voor betaald worden. Onze Virgin Mobile-divisie in Amerika bezit nog altijd het record voor het bedrijf dat het snelst meer dan een miljard dollar aan inkomsten vergaard heeft. Dat is sneller dan Microsoft, Google en Amazon. We hebben meer multimiljonairs gecreëerd dan enig ander particulier bedrijf in Europa, en we behoren tot de top-20 in de Verenigde Staten. Voor succes in zaken zijn scherpzinnige besluitvorming en leiderschap een vereiste. Er zijn discipline en innovatie voor nodig. Je moet ook over zelfverzekerdheid en de nodige humor beschikken, en uiteraard enig geluk hebben.

Wij vormen zakelijke ideeën tot excellente ondernemingen om. Maandelijks ontvangen we honderden zakelijke ideeën, vaak rechtstreeks via onze website. We hebben een portier aangesteld – een assistente Corporate Development – die alle ideeën direct registreert en rubriceert. Daarna geeft ze die door aan onze experts, die de voorstellen doorlezen en met de beste ervan aan de slag gaan. Een heel klein deel ervan wordt doorgegeven aan onze investeringsexperts – teams die in Londen, Zwitserland, New York, Shanghai en Sydney werken –, die diepgaander onderzoek doen dan de rechercheurs in *Crime Scene Investigation*.

Wat gebeurt er als uw idee ons aanstaat? Als u de BBC-serie *Dragons' Den* op tv heeft gezien, dan weet u wat er gaat komen. We ontleden u tot op het bot.*

We nodigen mensen meestal uit om langs te komen bij de Investerings Advies Commissie in Londen, New York of Genève om hun plannen toe te lichten; soms gebeurt dat ook in het Verre Oosten, in Japan of China. Tijdens deze wekelijkse bijeenkomsten staat een team van zes Virgin-managers klaar om te helpen bij het beoordelen van de projecten. Opdat onze gevestigde belangen ons niet blind maken voor nieuwe kansen, heeft geen enkel lid van de commissie de leiding over een Virgin-bedrijf, maar ieder van hen werkt wel samen met de topmanagers van onze ondernemingen en bestookt hen voortdurend met ideeën.

Onze concern-CEO Stephen Murphy, die in Zwitserland werkt, en Gordon McCallum (onze Britse CEO) stellen een paar heel moeilijke vragen. Ze zullen uw ondernemingsplan fileren om te zien of er een winstgevend bedrijf uit kan voortvloeien. Voor een nieuweling kan het een intimiderende ervaring zijn om voor de commissie te staan, die van u verwacht dat u uitstekend voorbereid bent en de feiten paraat hebt. Maar de leden bijten niet, en anders dan hun tv-equivalenten zijn ze absoluut niet bot. Ze kunnen om vervolgsessies vragen, zodat ingewikkelder vragen beantwoord kunnen worden. Vaak vergadert de commissie diverse malen voordat ze het eindoordeel geeft. We kijken naar de geplande kosten, de inkomstenvoorspellingen, het marketingbudget en het verwachte break-evenpoint voor de onderneming. We stellen een exitstrategie op: wordt het een verkoop of een emissie op een aandelenmarkt? En we kijken vooral naar de managers die de leiding over de on-

---

* In Nederland met Nederlandse ondernemers uitgezonden door de KRO (vert.).

derneming zullen hebben. Dit is voor ons de heilige graal, want of een geweldig zakelijk idee slaagt, staat of valt met de mensen.

Als alles is geanalyseerd, zullen ze in de meeste gevallen adviseren niet in uw onderneming te investeren. De mogelijke redenen zijn zo divers en talrijk, dat het echt niet loont daarover te gaan zitten someren. Haal eens diep adem, leer de lessen die er te leren zijn en pleeg uw volgende telefoontje.

Het Virgin-team handelt net als elke andere onderneming die risicodragend kapitaal verschaft. Het team beoordeelt uw potentieel, dat bij de ambities en strategie van de groep moet passen, en natuurlijk ook de merkwaarden en de potentiële omzet en winst. Daarna wordt bepaald hoe de zakelijke inbreng van de Virgin-groep zijn beslag moet krijgen. In ruil daarvoor kan de nieuwe onderneming van de ervaring van Virgin op alle mogelijke terreinen profiteren, en daarbij zal ik mijn bijdrage leveren om het bedrijfsprofiel te versterken, belangrijke introducties te verzorgen en alle mogelijke adviezen te geven.

De leden van de Investerings Advies Commissie zijn mijn trouwe secondanten, die bijna alles weten wat er over de wereldwijde Virgin-ondernemingen te weten valt. Ik ben zelden aanwezig bij de vergaderingen, want het team is niet gesteld op mijn interrupties en inmenging. Ik weet dat omdat ze een bijnaam voor me hebben. Ze noemen me Dr. Yes, een parodie op de schitterende James Bond-film *Dr. No*.

Als uw idee mij aanstaat, maar de investeringscommissie bezwaren heeft, dan vraag ik hun meestal oplossingen te zoeken voor de problemen die ze benoemd hebben. Ik jut hen voortdurend op. Voordat we met onze mobiele provider begonnen, viel ik hen bijvoorbeeld wekelijks lastig met de vraag: 'Waarom zitten we daar nog niet in?' De commissie zag evenmin iets in onze Australische lowcost-luchtvaartmaatschappij Virgin Blue, maar uiteindelijk stemden ze toch toe!

Ik heb nu eenmaal altijd een troef achter de hand, weet u. Als ik in uw ondernemingsplan geloof, dan kan ik heel vasthoudend zijn om mensen van mijn visie te overtuigen. Ik doe dat nooit zomaar, maar zoals ik al zei, volg ik gewoonlijk mijn intuïtie, zonder daarbij op dikke dossiers vol zorgvuldig onderzoek te letten. Ik zou u graag willen vertellen dat elke troefkaart die ik heb uitgespeeld in een bedrijf als Virgin Blue of Virgin Mobile resulteerde. Maar dat kan ik niet, en daarom worden de managers bij Virgin zo ontzettend nerveus van me!

Als we besluiten met u verder te gaan, participeren we als investeerders onder merknaam (soms ook zonder merknaam), nemen een belang in het bedrijf en proberen de investering binnen twee tot vijf jaar terug te verdienen.

En dat is alles, zoals de cynici zeggen. Natuurlijk hebben ondernemingen ook een verantwoordelijkheid voor de gezondheid en het welzijn van hun mensen (u zult nog vernemen wat we in Zuid-Afrika voor ons personeel met hiv/aids hebben gedaan). Maar afgezien daarvan is zakendoen 'gewoon zakendoen': een gevecht om de winst. Ja toch?

Nou, dat is misschien een soort definitie van misdaad, maar beslist niet van zakendoen.

Ethiek is niet alleen belangrijk in zakendoen, maar vormt er zelfs de kern van. We zijn in zaken om dingen te maken. En wat je besluit te maken, is in wezen een ethische vraag.

Hoe succesvoller je wordt, des te omvangrijker en moeilijker worden de ethische kwesties. Ik besteedde de eerste helft van mijn carrière aan het oprichten van ondernemingen waarop we trots konden zijn, waarmee we de rekeningen konden betalen en die garandeerden dat de Virgin-groep gezond was en kon blijven bestaan. Het is altijd ons doel geweest van Virgin 'het meest gerespecteerde merk ter wereld' te maken. Het moet in alle mogelijke markten vertrouwen genieten. Ik denk dat als het Virgin Galactic-ruimtevaartprogramma eenmaal begint, we de keuze hebben ook het meest gerespecteerde merk in de ruimte te worden!

Op het fundament van dat werk heb ik de tweede helft van mijn carrière gebouwd en heb ik zogeheten 'crisiscentra' gecreëerd om milieuproblemen en ziekten het hoofd te bieden. Daarin hebben leiders van over de hele wereld zitting als de Elders, bevlogen mensen die hun enorme invloed aanwenden ten behoeve van de mensheid. De ondernemerstalenten die we gebruiken om deze projecten op gang te brengen, zijn dezelfde als die we voor het creëren van Virgin Records en Virgin Atlantic gebruikten. Waarom zouden ze moeten verschillen? Zakendoen draait vooral om dingen gedaan te krijgen. Nee, streep dat maar door: zakendoen draait vooral om bétere dingen gedaan te krijgen (terwijl je winst creëert). Het opzetten van een 'sociaal' bedrijf verschilt niet wezenlijk van het opzetten van een commercieel bedrijf.

Inleiding

Vergis u niet: het is moeilijk om beter dan anderen te zijn, en hoe groter je wordt, hoe moeilijker het is. Als je een merk met driehonderd bedrijven hebt, dan moet je koste wat kost voorkomen dat iemand een fout maakt die de reputatie van het bedrijf schaadt. Dat betekent dat steekpenningen en geheime betalingen uit den boze zijn. En het betekent ook dat je mensen eerlijk en gelijkwaardig moet behandelen.

Momenteel staat er zelfs nog meer op het spel. De dreiging van de klimaatverandering is een ongekende uitdaging voor het leven op aarde. Virgin is onder meer een vervoersconcern, met een spoorwegonderneming, een luchtvaartonderneming en een toeristisch ruimtevaartbedrijf in wording. Wij maken het dus alleen maar erger, nietwaar?

Duidelijk is dat we vliegreizen niet meer ongedaan kunnen maken, en dat geldt zelfs voor ruimtereizen. Niemand in deze branche kan iets ongedaan maken, zoals een popgroep geen song ongedaan kan maken. Kunt u uw kater ongedaan maken, of uw indigestie, of uw kinderen? Uw werk van de afgelopen week? Nee. Dan zal ik de eerste wet van het ondernemerschap bij u introduceren: *er bestaat wat dit betreft geen weg terug.*

Virgin zal er alles aan doen om nieuwe duurzame brandstoffen en energiebronnen te ontwikkelen, evenals groenere technologieën in het vervoer per spoor en in de lucht en in de ruimte om onze koolstofuitstoot te neutraliseren. Virgin reageert kordaat op de huidige crisis, op de enige manier die voor een bedrijf mogelijk is: door dingen te maken. Virgin probeert het milieu op geloofwaardige wijze te steunen. Door betere dingen te maken wordt het leven op deze wereld beter, en in dit boek hoop ik te laten zien hoe we dat doen.

Ik heb tot nu toe een geweldig leven geleid, en ik hoop dat het nog veel langer zo blijft. Ik ben van plan te werken totdat ik erbij neerval, en ik blijf uitdagingen zoeken zolang ik gezond blijf en ze nog allemaal op een rijtje heb. En ik hoop dat het fortuin dat mij ten deel is gevallen anderen enorme kansen kan bieden en werkelijk iets kan betekenen.

Ik hoop dat u *De Branson-way* een nuttig boek vindt. Mijn ervaringen kunnen uw ideeën over wat zakendoen is zelfs diepgaand veranderen. Dat is in elk geval bij mijzelf gebeurd.

Mensen

Goede mensen vinden – geef hun de vrijheid

'Mr. Richard! Mr. Richard! Hebt u een momentje?'

Ik was op bezoek in Ulusaba, ons privéwildreservaat, vlak bij het schitterende Krugerpark in Zuid-Afrika. Het is een fascinerende wildernis, die dankzij Karl en Llane Langdon goed wordt beheerd. De vorige eigenaars hadden er een hek omheen willen zetten – rond 2060 hectare maar liefst – om de plaatselijke fauna tegen stropers te beschermen. Wij besloten daarentegen het advies van onze rangers op te volgen en laten onze luipaarden, leeuwen, olifanten, jachtluipaarden en neushoorns vrijelijk tussen ons reservaat en het nabije Krugerpark heen en weer trekken.

Het reservaat had me in 1999 bijna 6 miljoen dollar gekost, wat getuigde van het verkooptalent van de Zuid-Afrikaanse president Nelson Mandela, die me ervan overtuigde vertrouwen in zijn vaderland te houden. Zelfs op momenten dat de Virgin-groep in zwaar weer verkeerde en ik om cash verlegen zat, kon ik het niet over me verkrijgen het te verkopen.

'Mr. Richard!'

Toen ik bleef staan en me omdraaide, werd ik direct gefascineerd door die zeldzaam innemende glimlach.

'Mr. Richard!' Het was een vrouw uit het dorp, die in een lange, geelrode Kwazulu-jurk gekleed was. 'Ik heb gehoord dat u een heel vrijgevig man bent. Kunt u me geld lenen om een naaimachine te kopen?'

Op dat moment was Virgin Unite, onze liefdadigheidsorganisatie, in de dorpen in en rond het reservaat heel actief. De dorpelingen moesten altijd een heel eind naar Sand River lopen om water te halen, dat niet eens veilig was om te drinken. Daarom had de stichting putten geslagen om de dorpelingen dichtbij schoon water te bieden. Ook organiseerde de stichting praktische opleidingen, bood hulp met de school en bouwde een medische hulppost. Er werden kinderspeelplaatsen aangelegd en hutten gebouwd van waaruit de dorpelingen hun spulletjes aan toeristen konden verkopen.

De toeristen waren voor ons ook commercieel interessant. Al bijna tien jaar lang is Ulusaba geliefd bij toeristen, die in onze luxe lodges in dit schitterende gebied willen logeren. De ene ligt op de top van een granietrots en biedt een schitterend panorama over de wildernis; de andere is een boomhuis met uitzicht op de rivierbedding van de Mabrak, waar veel dieren komen drinken en spelen.

De afgelopen dertig jaar is me al honderden malen om geld gevraagd, maar zelden zo direct. Hebt u wel eens van de *elevator pitch* gehoord? Dit was de *olifantenpoel*-pitch.

Ze zei tegen me dat ze naaister was maar dat ze geld nodig had om een naaimachine te kopen, zodat ze haar zaak kon opstarten.

'Hoeveel geld hebt u dan nodig?'

'Driehonderd dollar is wel genoeg,' legde ze uit. 'En trouwens, ik zal het binnen drie maanden terugbetalen en dan heb ik zes mensen fulltime in dienst.' De vastberadenheid en ambitie van deze vrouw waren weergaloos. En dat gold ook voor haar doelgerichtheid: ze wist precies wat ze wilde, en waarom. Ze kreeg haar 300 dollar.

Terwijl ik wegliep, dacht ik bij mezelf: dat geld zie ik waarschijnlijk nooit meer terug.

Ik was niet cynisch, maar wist op basis van ervaring dat er weinig kans op succes was. Ik had in Ulusaba, dat 'onverschrokken plek' betekent, heel wat plaatselijke bewoners leren kennen, die in het wildreservaat werkten om voor onze bezoekers te zorgen. Neem van mij aan dat ze heel veel angst kennen. In hun dagelijks leven worden ze door malaria, tbc en hiv/aids bedreigd.

Drie maanden later werd ik weer in het dorp uitgenodigd om diverse gemeenschapsprojecten te openen die werden gesteund door Virgin Unite, waaronder crèches, weeshuizen en een aidsvoorlichtingscentrum. Toen ik daar aankwam, werd ik benaderd door zes vrouwen, die me prachtige katoenen kussens en zelfgemaakte traditionele kleding cadeau gaven. Mijn verrassing was compleet toen ze ook nog de 300 dollar teruggaven.

Maar waar was die ondernemende naaister gebleven, vroeg ik.

'Mr. Richard, ze vindt het heel jammer dat ze hier niet kan zijn om u te begroeten. Ze is naar de markt om haar producten te verkopen,' zeiden ze tegen me.

Sinds die dag heb ik vaak aan haar gedacht: een zelfbewuste, directe en intelligente vrouw, die van een naaimachine gebruikmaakte om haar eigen leven en dat van anderen te verbeteren. Vergeet *Dragons' Den*: als je ondernemers wilt ontmoeten, moet je in Afrika zijn. Het is een continent dat volop kansen biedt om rijkdom en voorspoed te creëren.

Sinds het midden van de jaren zeventig beweert de econoom professor Muhammad Yunus goeddeels hetzelfde over de vrouwen van Bangladesh. Maar hoe bevorderen we het ondernemerschap in gemeenschappen die – ongeacht hun potentieel – vrijwel niets bezitten?

Muhammad Yunus richtte in 1976 zijn Grameen Bank op als praktisch economisch project. In 2006 won hij de Nobelprijs voor zijn pionierswerk met een economisch systeem waarin microkredieten (kleine leningen met lage rente) worden verleend aan mensen die geen lening van een traditionele bank kunnen krijgen. Grameens vuistregel is het rentepercentage zo veel mogelijk te laten aansluiten bij het geldende marktpercentage in de commerciële-bankensector, in plaats van bij de exorbitante tarieven van de geldleners. Dit heeft het leven van miljoenen sterk veranderd en de bank heeft nu 2400 filialen en 7,5 miljoen leners. De standaardrente is met 2 procent lager dan die van enig ander banksysteem. Elk jaar kan 5 procent van de Grameen-leners de armoede vaarwel zeggen. Zijn werk heeft een wereldwijde beweging op gang gebracht.

Muhammad is een pleitbezorger van 'sociaal ondernemerschap'. In een interview met de *Santa Barbara Independent* zei hij:

Gewone ondernemingen zijn erop gericht geld te verdienen [...] Ze houden geen rekening met het welzijn van mensen, maar denken alleen aan winst maken. Sociaal ondernemerschap draait daarentegen om sociaal profijt, niet om persoonlijke winst. Winst is belangrijk voor sociale ondernemingen, die producten proberen te verkopen tegen een prijs die duurzaam ondernemerschap mogelijk maakt. Een sociale onderneming is geen liefdadigheidsinstelling, maar winst is niet het uiteindelijke doel. Als een sociale onderneming winst maakt, krijgen de oorspronkelijke investeerders hun geld terug, maar de winst blijft in het bedrijf zitten, zodat het langetermijndoel om de armen te helpen bereikt kan worden.

Zijn visie is dat een groot deel van de wereldproblemen niet opgelost wordt omdat het kapitalisme slecht begrepen en slecht uitgevoerd wordt. Het probleem zit volgens hem niet in het kapitalistische systeem zelf, maar in de warboel die de mensen er herhaaldelijk van maken. Met kracht verwerpt hij de algemene visie dat het kapitalisme geheel om het resultaat draait.

Hij zegt: 'In deze beperkte interpretatie laten we een eendimensionaal mens de rol van ondernemer spelen. We isoleren hem van de andere dimensies in het leven, zoals de religieuze, emotionele en politieke dimensies [...] Gewone mensen zijn geen eendimensionale wezens, maar zijn juist verrassend multidimensioneel en kleurrijk.'

Muhammad denkt dat het kapitalisme de mens als geheel kan en moet verrijken.

Ik ben niet goed in theorieën. Bijna alles wat ik geleerd heb, heb ik al doende geleerd. Maar Muhammads meningen fascineren me zeer. Ze bevestigen veel van de intuïtieve overtuigingen die ik in de loop der jaren over het zakenleven heb ontwikkeld. En boven aan mijn lijst van intuïtieve overtuigingen staat deze: *ondernemen moet het leven van mensen verrijken en de moeite waard maken, anders is het zonde van de moeite.*

We nog zullen terugkomen op de Afrikaanse avonturen van Virgin en op de bredere politieke vragen die dit verhaal opwerpt. Maar laten we nu dichter bij huis beginnen – we moeten tenslotte ergens beginnen. Laten we bij u beginnen. Zou het niet geweldig zijn als uw bedrijf een heleboel mensen telde zoals de naaister die me in Ulusaba aanklampte? Bedenk eens wat u zou kunnen bereiken.

Er is echt geen reden waarom dat niet mogelijk zou zijn, en in dit hoofdstuk ga ik u vertellen hoe Virgin de ondernemingsgeest op elk niveau in het concern probeert te stimuleren.

Kijk eerst eens nuchter en zakelijk naar uw huidige omgeving.

Kunt u de mensen om u heen werkelijk motiveren? Ik vraag dat omdat de toestand op uw werk misschien wel uitzichtloos lijkt. En ook al kunnen we op een paar opmerkelijke successen op dit terrein bogen, toch vergt het volgens mij een bovenmenselijke inspanning om de bestaande cultuur in een bedrijf te veranderen.

Virgin leerde dat door bittere ervaring in 1996, toen we Euro Belgian Airlines kochten en er een no-nonsense budgetluchtvaartmaatschappij van maakten die we Virgin Express noemden. Althans, dat was het plan. We voerden een *rebranding* van de maatschappij uit en brachten 49 procent van de aandelen naar de beurs in Brussel en de Nasdaq. We wisten dat het niet gemakkelijk zou zijn, omdat we de concurrentie aangingen met gevestigde lowcost-maatschappijen als Easyjet, Ryanair en Go, die van alle voordelen van een thuisbasis in Groot-Brittannië konden profiteren. En dat niet alleen, wij waren ook nog eens in België gevestigd (als ik eraan denk hoeveel het kostte om van daaruit te opereren, krijg ik nog altijd tranen in mijn ogen). Toch geloofde ik dat we met een snelle transfusie van de Virgin-spirit een vliegende start konden maken.

Mijn hemel, wat zat ik ernaast.

Onze Brusselse lowcost-maatschappij was een van de zwaarste uitdagingen waarmee we ooit geconfronteerd zijn. Door verlammende Europese regelingen over de 35-urige werkweek en hoge vaste kosten bleef er maar weinig ruimte voor radicale veranderingen over. Dat is een nachtmerrie als je een lowcost-maatschappij probeert te leiden en roosters en planningen voor bemanningen probeert te maken. Wij hadden het al zwaar, maar voor het personeel was het allemaal nog veel erger. Ze waren cynisch over het bedrijf, vanwege de volstrekt valide reden dat niemand plezier had in zijn werk en elke collegialiteit en echte binding met het bedrijf ontbraken.

Wij gingen aan de slag om dat te veranderen, maar kwamen in een enorm wespennest terecht: starre cao's, slopende salarisonderhandelingen en voortdurende stakingsdreigingen. Ik moest bij mezelf te rade gaan en proberen een oplossing te vinden, wat mijn legendarische surplus aan karma behoorlijk op de proef stelde. De cruciale les die ik leerde was: probeer niet de erfenis van een ander over te nemen. In juni 1999 schreef ik in mijn notitieboekje over de perikelen bij Virgin Express: Vrijwel voor het eerst in mijn leven kan ik 's nachts niet slapen. Het is gemakkelijk om tegen de buitenwereld te vechten, maar het is een hel om vrede te stichten onder je eigen medewerkers. We mogen een ander bedrijf nooit in zo'n ellende terecht laten komen.

Kort na die dagboeknotitie benoemden we Neil Burrows tot CEO. Hij ging als ware leider keihard aan de slag om de onderneming om te vormen. Maar net toen Neil de kosten zoveel had weten te beperken dat die tot de laagste in Europa behoorden en hij van Virgin Express uiteindelijk een geloofwaardige onderneming had gemaakt waarin de mensen centraal stonden, ging in de nasleep van 11 september 2001 onze grootste partner Sabena failliet. In maart 2006 fuseerden Virgin Express en SN Brussels Airlines ten slotte tot Brussels Airlines en werd onder leiding van Neil, die de culturen van de twee ondernemingen met elkaar wist te verenigen, een zeer succesvolle luchtvaartmaatschappij in de hoofdstad van Europa gecreëerd. Het was een heilzame ervaring met een duidelijke zakelijke boodschap: als je in de stemming bent om een nieuwe onderneming te kopen, wacht er dan mee. Het kan lang duren om een bedrijfscultuur te veranderen. Weet je zeker dat je niet beter af zou zijn om helemaal bij het begin te beginnen? Heel veel overnames eindigen in een ramp omdat de betrokkenen niet begrijpen hoe moeilijk het is diverse typen mensen te laten samenwerken en volgens dezelfde doelstellingen te laten werken. Ze kijken alleen maar naar de cijfertjes.

Deze les valt op veel grotere schaal toe te passen, en dat wil ik u nu vragen. Kijk eens om u heen. Als de mensen voor wie u verantwoordelijk bent al helemaal murw zijn en als uw superieuren er meer in geïnteresseerd zijn u te corrigeren dan om te luisteren naar wat u zegt, dan kunt u beter een inspirerender omgeving voor uzelf zoeken.

Beter nog: begin helemaal vanaf het begin. Zoek mensen met de juiste instelling, die zich nog niet ten volle manifesteren, en ga met hen aan de slag.

Mensen

De mensen die u zoekt zijn zeldzaam, maar ze zijn niet moeilijk te herkennen, dus laten we met hen beginnen.

U vindt het 'Virgin-type' overal ter wereld. Ik kom ze vaak tegen in bars, cafés, hotels en kleine bedrijven, in bibliotheken, postkantoren, in ziekenhuizen, bij aanlegsteigers in het Caribisch gebied en zelfs in overheidsgebouwen en onder ambtenaren. Virgin-types duiken overal op, in elk land. Deze mensen weten niet dat ze iets bijzonders hebben, maar toch is dat zo; ze zijn echt overal te vinden, en u kunt ze herkennen.

Als u de leiding over een bedrijf hebt of over een Human Resources-afdeling (een ellendig woord; ik zie mensen niet graag als productiemiddelen!), dan moet u ook naar hen op zoek. Vanwege hun karakter en kijk op het leven werken deze mensen graag met anderen samen. Ze zijn attent, lachen graag en zijn vaak energiek en aangenaam gezelschap. Ik onderschat het belang van diploma's zeker niet, maar ik ga er gewoon niet van uit dat die me iets over iemands karakter kunnen vertellen. Het is veel belangrijker om slim en inventief te zijn dan om een afgeronde opleiding te hebben. De dingen die je leert, kunnen alleen maar een aanvulling zijn op wie je bent, en voor mij geldt dat het heel belangrijk is wie je bent.

Ik ben altijd op zoek naar talent; het is niet gemakkelijk energieke, enthousiaste mensen met de juiste mentaliteit te vinden. We zijn op zoek naar mensen die in hun werk kunnen groeien en die enthousiast reageren als we ze meer verantwoordelijkheid geven. Werken valt tenslotte te leren. Onlangs vielen ons twee jongens op die op een geweldige manier de watersportactiviteiten in een concurrerend hotel begeleidden. Iedereen was dol op hen. We hadden zelf geen watersportmedewerkers nodig, maar we hadden wel managers nodig, en daarom vroegen we deze jongens de leiding van ons eilandhuis op Necker Island in de Cariben op zich te nemen. In de zakenwereld is iemand die onder druk kalm en nuchter blijft van grote waarde. Dat geldt vooral voor de Virgin-groep, omdat een groot deel van onze activiteiten direct op het publiek gericht is. De consument van nu kan zeer veeleisend zijn, vooral als niet alles volgens plan verloopt.

Ik wil de Virgin-groep fris houden. Daarom heb ik er alles aan gedaan om in elk bedrijf de sfeer uit de begintijd van Virgin te herscheppen.

Er is geen boek met regeltjes. Het verleden ligt achter ons, en we kunnen het niet bewaren; het zou dom zijn dat te proberen. Maar wat we wel kunnen, is op zoek gaan naar de volgende generatie geschikte mensen. Zoals iedereen zijn we op zoek naar toegewijde krachten die in de zaak geloven en bereid zijn een stapje harder te lopen voor collega's en klanten. Maar daarbij gelden voor ons ook nog andere overwegingen. Als je je werk leuk vindt, dan heb je het volgens mij te druk om op je strepen te staan. Als je je werk goed doet, dan maak je je niet al te druk om je imago. Daarom denk ik dat het een positief signaal is als mensen zichzelf niet al te serieus nemen.

Goede medewerkers hebben altijd het hart van de Virgin-groep gevormd, en dat komt grotendeels doordat we geprobeerd hebben onze bedrijven klein en onze managementteams hecht te houden. Naar mijn mening worden kleine, compacte bedrijven in het algemeen beter geleid. Dat komt deels doordat medewerkers in kleine bedrijven een betere band met elkaar hebben.

In een ideale zakelijke omgeving zou iedereen in elk geval globaal moeten weten waar alle anderen mee bezig zijn. Mensen moeten vrijelijk kunnen praten. Er moet ruimte voor scherts en plezier zijn. Een anonieme, te strak gereglementeerde omgeving produceert middelmatige resultaten. Onbeduidende problemen blijven doorzeuren of eindigen uiteindelijk op uw bureau. Niemand loopt voor u een stapje harder.

En er is nog iets dat u in overweging moet nemen: als uw medewerkers niet met elkaar praten, hoe kunnen ze dan ooit ideeën krijgen? De natuurkundige Albert Einstein zei: wat iemand zelf doet, zonder daartoe gestimuleerd te worden door de gedachten en ervaringen van anderen, is zelfs in de beste gevallen tamelijk banaal en monotoon.

Weinig omgevingen zijn deprimerender dan een kamer vol mensen die elkaar niets te vertellen hebben. *Breng de mensen dus zo bij elkaar dat ze elkaar met ideeën kunnen bestoken, vrienden van elkaar kunnen worden en zich om elkaar bekommeren, dan komen ze opeens niet met gezeur en problemen bij u, maar met oplossingen en geweldige ideeën.*

Natuurlijk zal er altijd wrijving zijn. Mensen die in kleine teams in elkaars nabijheid werken, zullen elkaar van tijd tot tijd irriteren. Maar dat blijft allemaal niet door etteren en blokkeert de voortgang niet. Mensen zetten zich over hun problemen heen en gaan vol nieuwsgierigheid over wat de dag zal brengen aan het werk. Ze hoeven niet af te rekenen met die vervelende, knagende hoofdpijn die veroorzaakt wordt door een gebrek aan contact met degenen met wie ze het grootste deel van de dag doorbrengen.

Als manager hebt u enig psychologisch inzicht nodig om succesvolle managementteams op te bouwen. Maar al doende leert men, en u hoeft zich er niet het hoofd over te breken hoe u uitzonderlijke persoonlijkheden moet vinden. In de juiste omstandigheden manifesteren uitzonderlijke mensen zich vanzelf. De opwinding die Virgin in de eerste jaren teweegbracht, werd door een gevarieerde mengeling van illustere persoonlijkheden teweeggebracht. Ik herinner me de briljante Simon Draper nog, een student uit Zuid-Afrika, die muziekinkoper in ons piepjonge bedrijf werd. Bij Virgin Records was hij ons muzikale klankbord. Hij was hip, cool en was gek op muziek, zodat hij feilloos fantastische muziek wist op te sporen. Hij bracht een paar van onze beste bands onder contract en zijn favoriete muziek vormde het fundament voor ons succes.

Er is nog een eigenaardigheid met teams: ze blijven niet eeuwig bestaan. Beschouw een team als een groep acteurs in een toneelstuk. Acteurs die te lang met elkaar in hetzelfde stuk werken, verliezen hun inspiratie en worden routineus. Als de zaken het toestaan, moet u de boel af en toe wat opschudden.

Zodra een van onze Virgin-bedrijven in de begintijd meer dan honderd medewerkers kreeg, wilde ik de vicedirecteur, de vicesalesmanager en de vicemarketingdirecteur spreken. Ik zei dan tegen hen: 'Jullie zijn vanaf nu directeur, salesmanager en marketingdirecteur van een nieuw bedrijf.' En dan splitsten we het bedrijf op. Als een van de twee bedrijven weer honderd medewerkers had, vroeg ik de vicedirectieleden weer te spreken en deelde het bedrijf wederom op.

Uit Virgin Records kwamen bijna twintig verschillende bedrijven in Notting Hill in Londen voort. Elk bedrijf was zelfstandig en ging de concurrentie in de markt aan, maar ze hadden allemaal dezelfde financiële afdeling. Als iemand directeur van een klein bedrijf is – in plaats van assistent van de vicedirecteur van iets groots –, dan geeft dat mensen schwung. Ze konden trots zijn op hun successen en moesten snel van hun fouten leren. Ze kregen bonussen op basis van hun prestaties.

Hoewel elk bedrijf relatief klein was, werd de groep als geheel de grootste onafhankelijke platenmaatschappij ter wereld, en ook de succesvolste. Als we iedereen in hetzelfde gebouw hadden gehouden, dan hadden we volgens mij nooit zoveel ideeën gecreëerd die tot ons succes hebben geleid.

Zelfs nu nog is elk Virgin-bedrijf relatief klein, hoewel onze luchtvaartmaatschappijen en spoorwegondernemingen uiteraard aanzienlijk zijn gegroeid. Ik kan niet zeggen dat ik nu ieders naam nog ken; dat is echt al een tijdje geleden, maar we hebben geprobeerd de kleinschalige cultuur te bewaren. Als we een nieuwe luchtvaartmaatschappij oprichten, creëren we een volledig onafhankelijke eenheid. Virgin Blue in Australië, Virgin Atlantic en Virgin America zijn zelfstandige ondernemingen. Onze nieuwe luchtvaartmaatschappij in Rusland zal zelfstandig zijn, evenals Virgin Nigeria, ook al hebben we technisch personeel van Virgin Atlantic gedetacheerd dat de eerste tijd zal bijspringen. We wisselen voortdurend op gepaste afstand ervaringen uit. Hierdoor is de Virgin-groep een fascinerende omgeving voor mensen die in de luchtvaartbranche werken. Het ene jaar kunnen Virgin-medewerkers in Groot-Brittannië of Zuid-Afrika werken, terwijl ze het jaar daarop in Australië zitten. Dat is een schitterende manier om goede mensen voor lange tijd te behouden. Bij Virgin is overplaatsing vaste prik. Daarbij komt enig geven en nemen kijken omdat sommige van onze bedrijven verschillende eigendomsstructuren kennen. Maar onze directeuren realiseren zich gewoonlijk dat hun medewerkers van de kruisbestuiving van ideeën en cultuur kunnen profiteren.

Niets is demoraliserender dan keihard werken en vervolgens ontdekken dat er vreemden worden benoemd in de functie die jij ambieert. Bij Virgin houden we bedrijven zo veel mogelijk binnen de familie en bieden we promotiekansen binnen al die bedrijven. De vrouw die directeur van Virgins platendivisie was, was ooit bij de opnamestudio Manor begonnen: ze was daar poetsvrouw. De manager van de Kasbah, ons hotel in Asni in Marokko, liet als masseuse bij Virgin Atlantic voor het eerst zien hoe ze mensen voor zich kon winnen.

In 1995 schatte ik dat circa dertig mensen miljonair of multimiljonair waren geworden na het opzetten van een Virgin-onderneming, en daarbij waren de ongeveer honderd musici die door hun platenverkoop miljonair werden niet inbegrepen. Sindsdien zijn waarschijnlijk nog zo'n tachtig Virgin-medewerkers miljonair geworden in onze ondernemingen. Deze beloning is niet meer dan een bijproduct van succes in zaken.

Het is inherent aan het zakenleven dat mensen komen en gaan. Goede mensen zullen van tijd tot tijd vertrekken omdat ze elders betere vooruitzichten hebben of promotie kunnen maken. Maar hoe zit het met de anderen, met degenen die vertrekken om elders vrijwel hetzelfde te gaan doen voor vrijwel hetzelfde salaris? Wat is er dan fout gegaan?

Managers nemen vaak aan dat het een kwestie van betaling is. Dat is een lui standpunt. Zeker, geld is belangrijk. Het is beslist noodzakelijk mensen goed te betalen voor het werk dat ze doen en de winst van het bedrijfssucces te delen. Maar iemand zakkenvol geld bieden, is niet waar het om draait. Als mensen bij een goed bedrijf vertrekken, is dat vaak omdat ze het niet naar hun zin hebben. Ze voelen zich gemarginaliseerd. Ze voelen zich genegeerd. Ze voelen zich ondergewaardeerd. Er zijn maar weinig mensen die elk vrij uurtje besteden aan het doorvlooien van personeelsadvertenties, op zoek naar een hoger salaris. De meesten worden uit frustratie weer actief op de arbeidsmarkt. Hun bazen luisteren niet naar hen.

Als je echt in een zakelijk idee gelooft, maar niemand erin geïnteresseerd blijkt, dan is er slechts één antwoord mogelijk: 'Verdomme, ik heb genoeg van deze lui. Ik ben weg.'

Zouden managers dus meer moeten luisteren?

Het zou in elk geval geen kwaad kunnen. Bij Virgin Blue, onze Australische binnenlandse luchtvaartmaatschappij, moet het hele managementteam op grond van het managementprincipe van oprichter Brett Godfrey eenmaal per drie maanden het kantoor uit om 'met koffers te smijten'. Dat betekent dat ze om vier uur 's ochtends beginnen en een hele dienst met de bagageafdeling meedraaien. Op die manier krijgen ze inzicht in de problemen en zwaarte van het werk. En omdat de omkeertijd van het vliegtuig zo belangrijk is, wil hij de bagageafhandelaars ook motiveren en belonen. Brett heeft hun extra beloning beloofd als ze de vliegtuigen zo snel mogelijk weer op de startbaan krijgen. Hij noemt ze de *pit crew* en heeft ze allemaal in het Ferrari-rood gestoken. Op sommige luchthavens worden bagageafhandelaars als het laagste van het laagste beschouwd. Bij Virgin Blue is dat heel anders.

Zelf houd ik als regel aan dat ik in een stad zo mogelijk in hetzelfde hotel als de vliegtuigbemanningen verblijf. Ik kom vaak in het Holiday Inn in Potts Point in Sydney, dat zeker betere tijden heeft gekend, maar schitterend gelegen is. Ik verblijf daar dan met 200 bemanningsleden, zodat ik tijd met hen kan doorbrengen en verneem hoe het met ze gaat en of we nog ergens naar moeten kijken.

Maar we zijn nog steeds niet bij de kern. Misschien kan uw manager goed luisteren. Misschien luistert uw manager wel te veel, naar te veel mensen tegelijk en met te veel oor voor detail. Waar het om gaat: als u een goed zakelijk idee hebt, waarom zou u dan steeds toestemming moeten vragen? Waarom kunt u het niet gewoon uitvoeren? Waarom kunt u het niet aan uw manager laten zien terwijl het uitgevoerd wordt? Waarom geven anderen u de vrijheid niet om iets uit te proberen en te slagen, of zelfs (wat vreselijk!) om fouten te maken?

Bij Virgin proberen we mensen zo veel mogelijk het gevoel te geven dat ze voor hun eigen bedrijf werken. Onze meer ervaren managers hebben aandelenpakketten of opties in de bedrijven waaraan ze leidinggeven en als gevolg daarvan hebben we in de loop der jaren veel succesvolle mensen gecreëerd. Maar ook al bestaat ons personeel uit werknemers in loondienst, toch moeten ze allemaal het gevoel hebben dat ze in zekere zin eigenaar van hun eigen werk zijn.

Dat is voor mensen eigenlijk belangrijker dan hun salaris. Ik zal een voorbeeld geven: de bemanningsleden van Qantas verdienen gemiddeld 66.400 dollar per jaar, gebaseerd op anciënniteit. De veel jongere bemanningen van Virgin Blue krijgen 40.000 dollar. Onze bemanningen draaien 700 uur per jaar, terwijl die van Qantas slechts 660 uur werken. Dit verschil zal langzaam verdwijnen naarmate de branche volwassener wordt, maar ondertussen profiteren de klanten van Virgin Blue van lagere tarieven.

Hoe is dit mogelijk? Is de kwaliteit van de Virgin Blue-bemanningen lager?

Absoluut niet. Sommigen denken dat stewardessen en stewards gemakkelijk werk hebben, en misschien is dat ook zo – op papier. Ik heb een paar dagen lang geprobeerd steward te zijn en weet hoe moeilijk dat is. Om alles goed te doen, zodat de passagiers telkens terugkomen, moet de crew uit absolute perfectionisten in servicegerichtheid bestaan. Waar sommige maatschappijen letterlijk op zaterdagavond een kroeg in lopen, een paar visitekaartjes uitdelen en dan alleen nog maar een training geven, onderwerpt Virgin Blue de crew die de passagiers bedient aan een zware selectieprocedure van vijf stadia.

Waarom zouden ze dat allemaal willen doormaken voor een lager salaris? Omdat Brett bij Virgin Blue een beloningssysteem heeft geïntroduceerd. In plaats van een klimaat vol angst te scheppen, heeft hij de zaken zo geregeld dat cabinepersoneel de verantwoordelijkheid voor het eigen handelen kan nemen. Hij noemt het 'Wie iets het eerst weet, maakt dat het eerst', wat inhoudt dat als de cabinebemanning iets oplost en dat geaccordeerd wordt, ze een gratis vliegticket krijgen, dat ze aan iedereen kunnen weggeven. Dit is kenmerkend voor Bretts benadering. Een ander punt waar hij groot belang aan hecht, is dat medewerkers met enige zelfdiscipline niet als ondeugende schoolkinderen behandeld hoeven te worden. Het is belangrijk mensen die fouten hebben gemaakt die niet in te peperen, mits ze die fouten met de beste bedoelingen hebben gemaakt.

We leven tenslotte maar één keer en het grootste deel van onze tijd brengen we op het werk door, en *daarom is het zo belangrijk dat we een goed gevoel mogen hebben over onze bezigheden*. Het is een van de grootste genoegens in het leven om je helemaal op werk te storten dat je leuk vindt, maar het is tegelijk iets dat sommige werkgevers koste wat kost lijken te willen voorkomen.

Plezier op het werk begint met iets waar elk ander plezier mee begint: een goede gezondheid. Ik schrijf dit met niet-geringe gewetenswroeging, want van tijd tot tijd laat mijn conditie beslist te wensen over. Er gaan weken voorbij dat ik vrijwel alleen in de lucht of op vliegvelden lijk door te brengen. Ik denk aan Nelson Mandela, die tijdens zijn jarenlange gevangenschap fit bleef door zich op te drukken. Hij hield zijn geest gezond met een dagelijkse reeks oefeningen. Onlangs reisde ik vier maanden lang heen en weer naar Australië, waarbij iets van Mandela's vitaliteit me zeker van pas zou zijn gekomen. Ik geloof dat ik het tot niet meer dan een uurtje surfen heb gebracht tijdens een tussenstop van een nacht op Bali; in elk geval was dat zo opwindend dat ik er weer een aantal dagen tegen kon.

Het valt niet te ontkennen dat je in een prettige omgeving gemakkelijker gezond blijft. Onze Virgin-fitnessclubs bieden een zo prettig mogelijke ervaring, maar het is veel gemakkelijker een uurtje achter de roggen aan te zitten in de ondiepten rond Necker Island dan baantjes te trekken in een zwembad. Toch loont het zeker iets aan lichaamsbeweging te doen, waar je ook bent en hoe druk je het ook hebt. Hoe energieker we tijdens onze werkdag zijn, hoe beter.

Als u iemand ziet die zichzelf over de kop werkt, dan is het belangrijk om te zeggen: 'Ga op vakantie.' Heeft iemand een familielid verloren, laat hem dan zoveel vrij nemen als nodig is. Het heeft geen zin je mensen onder onmogelijke stress te laten werken. Je moet mensen de tijd geven er weer bovenop te komen. Het geeft blijk van fatsoen, is verstandig en in branches als de onze kan het zelfs levens redden. Vergeet niet dat we luchtvaartmaatschappijen leiden. We leiden spoorwegmaatschappijen. We incasseren geld van de klanten, en in ruil daarvoor jagen we ze met vele honderden kilometers per uur rond de aardbol. Onze hoofdtechnici moeten ervoor zorgen dat de technici tevreden zijn, hun werk leuk vinden en zich kunnen ontplooien. Dat is voor zover we weten de enige betrouwbare manier om de medewerkers ervan te doordringen dat veiligheid en uitmuntend presteren altijd vooropstaan. Als gevolg daarvan bezit Virgin een ongeëvenaarde reputatie als het om veiligheid gaat.

Nu we het er toch over hebben, kan ik hier ook een van onze andere veiligheidsmaatregelen vermelden. Waarschijnlijk hebt u wel gezien dat onze treinen en vliegtuigen namen hebben. Door deze gigantische, potentieel dodelijke machines namen te geven, helpen we onze mensen zich te herinneren waar ze de vorige dag, de vorige week of vorige maand gewerkt hebben. We helpen hen zo problemen met en klachten over bepaalde motoren en treinstellen te onthouden. We maken communicatie gemakkelijker. Mensen hoeven niet telkens hun notitieboeken te pakken als hun naar een bepaald detail wordt gevraagd. We vergeten nooit dat onze technici en onze crews mensen zijn, en we zouden eerder onze machines personaliseren dan ons personeel mechaniseren.

Ik vind het heel merkwaardig dat zoveel managers geen aandacht aan de inrichting van de werkvloer besteden. Hoe kunnen mensen ooit in je bedrijf geloven als ze dag na dag niet meer zien dan een paar verpieterende potplanten en een brandblusser? Bij Virgin geven we mensen de gereedschappen die ze nodig hebben om hun werk goed te doen. Hoe kunnen ze anders ooit trots zijn op hun werk? Virgin-medewerkers hebben me verteld dat hun, als ze na een vermoeiende dag in een café wat drinken of eten, wel eens gevraagd wordt waar ze werken. Als ze zeggen: 'Bij Virgin', antwoordt de vragensteller meestal: 'Bofkont! Dat moet een geweldige werkgever zijn.' Onze medewerkers zijn het daar in het algemeen mee eens.

Voor veel van onze bedrijven is de werkomgeving tevens publieke ruimte. In onze vliegtuigen stellen we er een eer in dat onze stoelen de comfortabelste in de lucht zijn, dat het eten uitstekend is, dat de uniformen de beste zijn en dat de vliegtuigen zelf modern, veilig en efficiënt zijn. Aan boord van een vliegtuig zijn klantenservice en tevredenheid van medewerkers eigenlijk twee loten van één stam. Ze moeten als één geheel worden beschouwd.

Maar aandacht voor de omgeving maakt ook deel uit van de algehele Virgin-filosofie. Al onze ondernemingen worden erdoor beheerst, of ze nu wel of niet rechtstreeks met het publiek zakendoen. We hebben het dan niet over pracht en praal of grote uitgaven. We hebben het over het verschaffen van de juiste middelen voor het uitoefenen van de functie. Als je daarvoor zorgt, zullen de medewerkers elke dag weer fris en enthousiast aan de slag gaan. Als je ze in een soort museum van kantoorbenodigdheden opsluit, zal zelfs de meest enthousiaste medewerker nog wegkwijnen.

Ik heb de indruk dat ik in dit hoofdstuk tot nu toe vooral een hoop verboden de revue heb laten passeren. Bezondig u niet aan micromanagement. Negeer de behoeften van mensen niet. Er is een betere manier om naar de rol van de manager te kijken, en ik kan dat het best uitleggen door u over mijn eerste ontmoeting met Gordon McCallum te vertellen.

De eerste vlucht van Virgin Atlantic landde in 1996 in San Francisco. Terwijl we die heuglijke gebeurtenis vierden, werd ik aan mijn jasje getrokken door een buitengewoon energieke Ierse marketingdirecteur die voor McKinsey & Co werkte. Ze nodigde me uit in hun kantoor in California Street voor een groep analisten en consultants van het bedrijf te spreken.

De consultants van McKinsey brengen het grootste deel van hun werkweek in de kantoren van hun cliënten door. Als gevolg daarvan brengen ze maar weinig tijd met elkaar door. Daarom is de vrijdagse lunch de gelegenheid geworden om elkaar te ontmoeten; zo verstevigen ze de onderlinge band bij een afhaallunch van broodjes met kip en mayonaise en vruchtensapjes. Meestal hebben ze een gast om over zaken te praten. En nu was de beurt aan mij. Op woensdag werd ik uitgenodigd, op vrijdag verscheen ik.

Was ik goed voorbereid? Nee. Ik kan me met geen mogelijkheid meer herinneren wat ik heb gezegd. Maar wat het ook was, voor Gordon was het aanleiding contact met mij te blijven houden. Jaren later vroeg ik hem wat er van mijn toespraak was blijven hangen bij de McKinsey-medewerkers.

'Geen idee.'

'Echt niet?'

'Geen enkel idee.'

'Waarom ben je dan contact blijven houden?'

Gordon haalde zijn schouders op. 'Je kwam binnen met een broodje en een vruchtensapje,' zei hij. 'Je maakte tijd voor ons.'

Toen ik eenentwintig was, beschreef iemand Virgin als een 'onprofessionele professionele organisatie', wat zo ongeveer het mooiste ongewilde compliment is dat een zakenman ooit kan krijgen, als je het mij vraagt. We leiden onze bedrijven op een professionele manier en we zorgen ervoor dat iedereen zijn functie volgens de hoogste normen vervult. Maar we doen dat vooral door ervoor te zorgen dat iedereen plezier beleeft. En plezier heeft niets te maken met zotte dingen doen. Het is het gevoel dat je krijgt als je ergens bovenop zit. We proberen ervoor te zorgen dat de mensen die met een Virgin-onderneming in contact komen, uiteindelijk een glimlach op hun gezicht hebben (wat niet altijd gemakkelijk is).

Procedures kunnen nuttig zijn als de zaken er eenvoudiger door worden: als mensen daardoor weten wat er aan de hand is en wat ze moeten doen. We kunnen niet voortdurend het wiel opnieuw uitvinden telkens als er drie mensen in een kamer bijeen zijn. Afgezien daarvan heb ik een hekel aan procedures. Voor elke gelegenheid waarbij procedures de zaken stroomlijnen en versnellen, kan ik zo vijftig andere gelegenheden opnoemen waarbij ze juist een spaak in het wiel staken, mensen zich ellendig gingen voelen en de communicatie bemoeilijkt werd. Het zegt iets over de toestand van een bedrijf als mensen verrast zijn dat ik een kamer binnenloop om een broodje met hen te eten.

De beste Virgin-manager is iemand die om mensen geeft, die oprecht geïnteresseerd is en het beste in hen naar boven wil brengen.

Een manager moet iemand zijn die in wezen evenveel interesse toont in de telefoniste en de schoonmaker van de toiletten als in zijn collega-managers. Naar mijn mening heeft een baas die bereid is met al zijn medewerkers feest te vieren en aandacht te besteden aan hun persoonlijke problemen de potentie een groot leider te worden.

Ten eerste zullen ze de loyaliteit en het vertrouwen van hun collega's verdienen. Maar even belangrijk is dat ze nieuwe vrienden zullen maken. Weet u nog wat ik eerder al gezegd heb, dat zakendoen eerst en vooral gaat over wat ons bezighoudt? Zakendoen is niet iets waar je zomaar afstand van kunt nemen. Daarom is het voor mij nauwelijks een verrassing dat ik in de loop der jaren vrienden ben geworden met mensen met wie ik heb gewerkt en zaken heb gedaan met mijn vrienden.

Ik vind het jammer dat slechts weinigen op vakantie willen gaan met collega's van het werk. Als ik met mensen werk, wil ik hen echt leren kennen. Ik wil hun gezinsleden leren kennen, met hun kinderen kennismaken en ik wil hun zwakke en sterke punten leren kennen, en ik wil vooral dat ze de mijne leren kennen. Op die manier kunnen we meer samendoen.

Het kan wel eens verkeerd gaan. Ik herinner me een affaire van vele jaren geleden, toen een goede vriend van me een Virgin-divisie ging leiden. We waren er allebei heel opgetogen over. Korte tijd later kwam hij in een roerige levensfase, en een paar andere managers vertelden me dat hij niet goed functioneerde. Ik moest hem ervan overtuigen dat hij te veel hooi op zijn vork nam en zijn functie moest opgeven. Het was een heel moeilijk moment, dat onze vriendschap onder zware druk zette. Maar omdat we vrienden waren, gingen we met het probleem om zoals vrienden dat doen, en bleven we goede vrienden. Toen ik op de eenentwintigste verjaardag van zijn drieling was, voelde ik dankbaarheid omdat we bij Virgin een manier hadden gevonden om de factoren vriendschap en fatsoen niet buiten te sluiten in onze zakelijke omgang, wat deze vriendschap gered had. Ik weet dat dit ons gelukkiger maakt en ik geloof er heilig in dat dit ons werk ten goede komt.

Binnen de gehele Virgin-groep moedigen we de medewerkers aan zich de problemen toe te eigenen waarmee ze in hun werk geconfronteerd worden. Met name in een dienstverlenende branche biedt een dergelijke houding een enorm rendement. Als mensen een gepaste erkenning krijgen voor hun initiatieven, dan zal dat de onderneming zonder meer ten goede komen. *Waarom? Omdat het dan hún onderneming wordt, een uitbreiding van hun persoonlijkheid. Ze hebben dan een aandeel in het succes ervan.*

Herb Kelleher van Southwest Airlines in de Verenigde Staten zei ooit: 'Het is moeilijk iemands houding te veranderen; dus stel iemand aan op basis van zijn mentaliteit en train dan zijn vaardigheden.' Ik heb al iets gezegd over de eigenschappen die ik bij mensen zoek, maar er is één essentiële factor die ik nog niet genoemd heb, en dat is er een die sommigen wellicht zal verrassen, te weten discipline.

In zijn boek *Good to Great* zegt de businessgoeroe Jim Collins dat alle ondernemingen een bepaalde cultuur hebben, maar dat slechts weinige 'een cultuur van discipline' bezitten. Dat betekent niet dat mensen aan een boom worden vastgebonden en met de zweep krijgen als ze niet goed werken, of dat ze op hun salaris gekort worden als ze vijf minuten te laat komen. Over dat soort discipline heb ik het niet. Ik heb het over mensen die gedisciplineerd zijn. En we hebben in al onze Virgin-ondernemingen mensen die gedisciplineerd zijn. Als je mensen zelfstandigheid in hun werk biedt en de ruimte geeft zich daarin te ontwikkelen, dan moet je hen kunnen vertrouwen.

Sommigen tonen zich ietwat verbaasd als ik de lof zing van zelfdiscipline, wat volgens mij komt doordat ze zelfdiscipline met procedures associëren, met een rigide denkwijze, met slaafse, mechanische plichtsbetrachting.

Ze denken dan aan een piloot. De piloot wordt in de cockpit omringd door een heel scala aan gecompliceerde computers en instrumenten. Stap voor stap beginnen de piloot en de copiloot aan de controlelijsten voor de vlucht. Dat is een gedisciplineerde, systematische procedure. Vlak voor de start spreekt de piloot met de verkeersleiding en volgens de exacte instructies daarvan rijdt hij naar de startbaan. De piloot wacht vervolgens op toestemming om op te stijgen, terwijl hij contact met de verkeerstoren blijft houden. Heeft hij toestemming verkregen, dan besluit de piloot hoe het vliegtuig het luchtruim moet kiezen. Eenmaal in de lucht doet de piloot al het noodzakelijke om het vliegtuig, de passagiers en de bemanning veilig in de lucht te houden en het vliegtuig op de plaats van bestemming weer aan de grond te brengen, vaak onder moeilijke omstandigheden. De piloot werkt uiterst gedisciplineerd volgens een zeer strikt gereglementeerd systeem. Van piloten wordt niet verwacht dat ze creatief of ondernemend zijn. Ze mogen niets doen dat buiten de standaardprocedures valt. Zo is het toch? Niet helemaal.

Het is 5 november 1997, Guy Fawkes Day, de dag waarop de Britten traditioneel vuren in de openlucht ontsteken en vuurwerk afsteken. Op Heathrow wacht het personeel op de aankomst van Virgin Atlantics Airbus A340-300 met de naam Maiden Tokyo uit Los Angeles. Ik zit die stormachtige ochtend te wachten om aan boord te gaan van een vlucht naar Boston als ik het telefoontje krijg. Slechts één set wielen van het landingsgestel van vlucht VS024 is uitgeklapt.

Maiden Tokyo zal een noodlanding gaan maken.

Aan de stuurknuppel zit gezagvoerder Tim Barnby, een zeer bescheiden man die een van de beste en meest ervaren piloten van Groot-Brittannië is. Er zijn 114 mensen aan boord, 98 passagiers en 16 bemanningsleden. Ik luister mee op mijn mobiele telefoon en houd mijn mond stijf dicht terwijl de afdeling Operaties en Tim de opties doorspreken. Het klinkt niet goed. Als een viermotorige Airbus met sterke zijwind met slechts één set wielen moet landen, is er een grote kans op een ernstig ongeluk.

Tim kan niet zien of het landingsgestel uit is of niet, en daarom vliegt hij laag over de verkeerstoren, zodat die de situatie met een visuele inspectie kan beoordelen. Het gaat van kwaad tot erger: niet alleen zijn de wielen aan de linkerkant niet neergedaald, het luik van het landingsgestel is evenmin opengegaan.

Slechts vier mensen moeten er nu voor zorgen dat het vliegtuig veilig landt en dat dit niet in een catastrofe eindigt: Tim en zijn twee copiloten Andrew Morley en Craig Matheson en onze eigen chef-piloot Robin Cox, die hen op de grond bij de landing begeleidt.

Tim en zijn collega's slaagden erin het vliegtuig op één set wielen op de landingsbaan te brengen. Aan het eind van de landingsbaan lieten ze de vleugel zachtjes op de grond zakken. De brandweer bespoot het toestel direct met schuim en de passagiers maakten gebruik van de noodglijbanen om het toestel te verlaten. Hoewel er negen mensen voor lichte verwondingen behandeld moesten worden, wisten alle passagiers het toestel veilig te verlaten. En het toestel? Tim bracht het zo zachtjes en voorzichtig op de grond dat het een maand later alweer rondvloog.

Ik geef dit voorbeeld omdat het zo tot de verbeelding spreekt, maar de les die eruit valt te leren, is evengoed van toepassing op een treinmachinist, een medewerker Klantenservice en in feite zelfs op iedereen in onze branche. *Een gedisciplineerd medewerker zal het geduld bezitten om routineklussen geroutineerd uit te voeren, het talent om op bijzondere omstandigheden een bijzondere reactie te geven en de wijsheid om het verschil tussen de twee te kennen.* Onder sommige omstandigheden is dit gemakkelijk. Voor piloten is het ongelooflijk moeilijk. Piloten werken volgens een strak schema, maar ze kunnen het zich niet permitteren dat hun aandacht door deze strikte routine verslapt of tot minder adequate reacties leidt.

Na de noodlanding nodigde ik Tim en de gehele bemanning op Necker uit, ons privé-eiland dat tot de Britse Maagdeneilanden behoort, om hen te bedanken. Ik weet zeker dat ze zich daar vermaakt hebben, en ik weet zeker dat voor Virgin werken meer voldoening geeft dan voor andere luchtvaartmaatschappijen werken. Uiteindelijk kunnen we er echter alleen maar op vertrouwen dat Tim en zijn collega's zichzelf steeds in acht nemen en dat ze ondanks de saaie routine van langeafstandsvluchten toch briljant kunnen reageren als er een penibele situatie ontstaat.

Voor Virgin is het van fundamenteel belang mensen met het juiste temperament de vrijheid en verantwoordelijkheid te geven hun werk goed uit te voeren, en Guy Fawkes Day 1997 bevestigde de juistheid van onze beslissing alleen de beste piloten die we konden vinden aan te stellen.

Virgin Atlantic neemt geen beginnende piloten aan. We overtuigen ons ervan dat ze uitgebreide ervaring in de militaire of burgerluchtvaart bezitten, tot wel tien jaar vliegervaring bij een maatschappij die op de korte afstand vliegt. Tims curriculum vitae is langer dan de meeste: hij heeft onder meer op Spitfires en B17-bommenwerpers gevlogen. We eisen niet dat al onze vliegtuigbemanningen in hun vrije tijd tot de beste Britse stuntpiloten behoren, maar het helpt wel! Dat is ook een reden waarom we nu ruimteschipbemanningen kunnen rekruteren uit het arsenaal van Virgin Atlantic en Virgin America, en zo gemakkelijk de beste testpiloten met supersonische ervaring kunnen vinden die we voor de unieke Virgin Galactic-missie nodig hebben.

Toen ik met Virgin Atlantic begon, benoemde ik Roy Gardner tot onze hoofddirecteur. Hij was hoofd Technische Dienst geweest bij British Caledonian, een gerenommeerde luchtvaartmaatschappij. Daarmee gaven we uiting aan onze overtuiging dat er iemand aan het roer moest staan die met de vliegtuigen bekend was en veiligheid vooropstelde. En op het moment dat ik dit schrijf – ik rust nooit op mijn lauweren omdat ik de eigenaardigheden van massatransport ken – kunnen Virgin Atlantic en al onze andere luchtvaartmaatschappijen er al vijfentwintig jaar lang op bogen dat er nog nooit een ernstig incident of dodelijk ongeval heeft plaatsgevonden. Evenals alle anderen die leidinggeven aan een luchtvaartmaatschappij, hoop ik dat ik nog eens vijfentwintig jaar hetzelfde zal kunnen blijven zeggen.

Vergeet niet wie je bent: dat is de grootste uitdaging waarmee een groeiende onderneming geconfronteerd wordt. Virgin Atlantic is nu een kwarteeuw oud en heeft altijd zijn best gedaan de oorspronkelijke kern te bewaren. Ik weet nog dat ik me de allereerste dag afvroeg of we al dat enthousiasme en die lachende gezichten die ik om me heen zag zouden kunnen behouden. Ik vroeg me af of we de kans zouden krijgen werkelijk anders te zijn. Opeens moest ik aan Herb Kelleher denken.

Herb richtte in de jaren zeventig in Texas Southwest Airlines op, een maatschappij die nu al bijna veertig jaar de standaard is voor succesvol vliegen zonder franje in de Verenigde Staten. Southwest Airlines heeft zijn businessmodel rond twee innovaties opgebouwd: lage tarieven en een uitstekende klantenservice. Gezien de bedroevende resultaten van tal van andere Amerikaanse luchtvaartmaatschappijen ben ik daar altijd van onder de indruk geweest. Als ik terugkijk, denk ik dat de denkwijze van Kelleher een grote invloed heeft gehad op de manier waarop wij met onze luchtvaartmaatschappijen te werk zijn gegaan, met name in Australië met Virgin Blue.

Vanaf de eerste dag hebben Herb en zijn mededirecteur Colleen Barrett zich erop gericht de ondernemingscultuur te ontwikkelen, waarbij de grondprincipes door de jaren heen steeds hetzelfde zijn gebleven.

We hebben al kennisgemaakt met wat Herb op te merken had over personeel aanstellen op basis van mentaliteit en training om vaardigheden te leren. Zijn andere 'grondprincipes' zijn absoluut ook de principes van Virgin en mijzelf:

1. *Medewerkers staan op de eerste plaats. Zoals je je medewerkers behandelt, zo zullen zij ook je klanten behandelen.*
2. *Denk klein om groot te worden.*
3. *Tref in goede tijden maatregelen voor de slechte tijden.*
4. *Gebrek aan eerbied is prima.*
5. *Het is prima om jezelf te zijn.*
6. *Zorg dat je je werk leuk vindt.*
7. *Neem de concurrentie serieus, maar jezelf niet.*
8. *Beschouw het bedrijf als een dienstverlenende organisatie die toevallig in de luchtvaart opereert.*
9. *Doe wat nodig is.*
10. *Neem altijd de Gouden Regel in acht, zowel intern als extern.*

Het egalitaire karakter van Southwest Airlines heeft het succes van deze maatschappij bepaald. Zelfs in het eerste kwartaal van 2008, toen de economie er slecht voor stond en de brandstofprijzen de pan uit rezen, boekte het bedrijf een recordomzet van 2,53 miljard dollar, en steeg de nettowinst met 30 procent tot 43 miljoen dollar! Dergelijke resultaten zijn echt niet haalbaar zonder de loyaliteit van een enorm aantal tevreden klanten.

Beter dan de meesten in de luchtvaartbranche begrepen Herb en Colleen en de managers van Southwest dat tevredenheid van medewerkers en klantgerichtheid twee zijden van dezelfde munt zijn. Ze hebben hun cultuur van klantgerichtheid weten te behouden door medewerkers aan te stellen die voor deze branche geschikt zijn en door hun de middelen en beloningen te bieden om hun werk goed te doen. Tot voor kort hadden ze geen serieuze concurrenten. Ik ben er trots op dat ik kan zeggen dat ze nu met Virgin Atlantic rekening moeten houden: een jongere, frissere organisatie. Dit zal een gedenkwaardige strijd worden, maar geen ruige vechtpartij omdat de echte vijanden de aloude, zwaar beschermde luchtvaartmaatschappijen in de Verenigde Staten zijn die al bijna tien jaar lang van nauwelijks verborgen subsidies van het Congres leven, terwijl ze hun vloot laten verouderen, steeds slechtere service leveren, de tickets steeds duurder maken en met gedemotiveerd personeel te kampen hebben.

Eens in de zoveel tijd moet de enorme Virgin-groep zichzelf weer eens aan de eigen identiteit herinneren. Dit is nooit het werk van één man. De komst van Stephen Murphy als CEO was onderdeel van een grootscheepse reorganisatie binnen Virgin. Samen met collega's als Gordon McCallum, Robert Samuelson, David Baxby, Frances Farrow, Patrick McCall, Mark Poole en Will Whitehorn hebben Stephen en zijn team bijgedragen aan het hervormen en herdefiniëren van onze zakelijke positie.

De voorgaande alinea viel u waarschijnlijk rauw op uw dak. Reorganisatie is een tamelijk rigoureus proces, nietwaar?

Dat kan het zijn. Als uw onderneming zo vastgelopen is dat u geen idee hebt wat eraan schort en u in uw wanhoop een stel managementconsultants hebt laten opdraven die per uur declareren, dan zult u het met me eens zijn dat uw problemen al enige tijd geleden zijn begonnen.

Ik zeg absoluut niet dat de Virgin-groep structurele veranderingen als pijnloos ervaart. Maar we hebben wel een voordeel ten opzichte van andere ondernemingen: we zijn modulair opgebouwd. We kunnen ledematen afstoten en functies splitsen zonder de gehele bedrijfsvoering op zijn kop te zetten. In de loop der jaren zijn we bekritiseerd omdat we tot een allegaartje van ondernemingen zijn uitgegroeid die niets met elkaar te maken hebben. Onze critici gaan dan aan twee belangrijke punten voorbij. Ten eerste hechten ze niet genoeg belang aan het merk Virgin. (Ik zal in het volgende hoofdstuk proberen onze merkfilosofie uiteen te zetten en hoe we daardoor juist in diverse branches succesvol zijn geworden.) Het tweede punt is: en wat dan nog? Als er uiteindelijk een allegaartje van allerlei ondernemingen ontstaat, is dat zeker geen nadeel voor een groep die regelmatig zijn huiswerk doet en de bedrijven zo klein en onafhankelijk mogelijk houdt.

Omstandigheden en kansen veranderen. De wereld verandert, hoe je het ook wendt of keert. De enige constante is verandering zelf. Toen ik in zaken ging, was de standaardleuze over commerciële kortzichtigheid: 'Mensen zullen altijd hoeden nodig hebben.' Tjonge, wat giechelden we als we die lp's in grote bruine enveloppen staken en ze naar het postkantoor brachten. Tegenwoordig zul je waarschijnlijk slechts de spot van de jeugd oogsten met de leuze 'Mensen zullen altijd behoefte hebben aan rockalbums'.

Bedrijven zijn niet immuun voor veranderingen, en geen bedrijf zal eeuwig blijven bestaan. En met name in de Virgin-groep is het een komen en gaan van ondernemingen. Wat is daar verkeerd aan? Bedrijven doen bepaalde dingen. Het zijn werktuigen die een bepaald doel dienen, of zouden dat althans moeten zijn. Als ze voorbijgestreefd zijn of niet meer aan de behoeften voldoen, ontdoen we ons ervan. We doen er alles aan om ons niet van de mensen te ontdoen, of van de knowhow, maar over het bedrijf zelf proberen we niet al te veel nostalgische gevoelens te koesteren. Als Virgin zichzelf vernieuwt, hebben critici die afkeurend brommen over alle bladeren die op de grond vallen de boom zelf niet gezien.

Halverwege de jaren negentig en in de eerste jaren van deze eeuw verloren we inderdaad bladeren. We verloren hele takken. We begonnen zorgvuldig te kijken naar wat voor ons werkte en wat niet. We stelden de Investerings Advies Commissie in, zodat we nieuwe zakelijke projecten volgens een vaste structuur konden beoordelen en de prestaties van onze bestaande bedrijven voortdurend in het oog konden houden. (Dr. Yes was ontstemd, maar hij beet op zijn tong.)

En niet veel later, op 14 februari 2007, kregen we de kans te laten zien waartoe een Virgin-groep in afgeslankte vorm in staat was. In het Verenigd Koninkrijk fuseerden NTL, Telewest en Virgin Mobile tot Virgin Media, de grootste Virgin-onderneming ter wereld.

Hebt u het verhaal van de hond die achter de auto aan ging wel eens gehoord? De auto achtervolgen was geweldig, maar als hij die eenmaal te pakken heeft, wat moet hij er dan mee doen? Dat was precies mijn dilemma toen ik over de 10 miljoen klanten en 13.000 medewerkers van Virgin Media in het Verenigd Koninkrijk nadacht. Tot op dat moment had ik mezelf altijd als een ondernemer van het *small is beautiful*-type beschouwd. Virgin Media was in geen enkel opzicht klein. En mooi was het ook al niet. Er waren dringende zaken die opgelost moesten worden, wat zeker goed was voor een paar maanden hard werken. Ditmaal waren James Kydd, Ashley Stockwell en onze merkexperts en klantenservicemedewerkers present om ons eraan te herinneren wie we waren, zodat we het bedrijf zo konden herstructureren dat het een echt Virgin-merk werd en een bijdrage aan de ontwikkeling ervan leverde.

Vooral het NTL-gedeelte van de onderneming verkeerde in een deplorabele toestand. We moesten drastische verbeteringen in de klantenservice doorvoeren. De medewerkers die zich met klachten bezighielden, leken er bijvoorbeeld niet erg in geïnteresseerd mensen daadwerkelijk te helpen.

We ontdekten waarom dat zo was: het bleek dat ze zich tijdens hun gehele werk uitsluitend van scripts bedienden.

Die gooiden we direct in de vuilnisbak. We hielden onze mensen in het callcenter voor dat problemen liefst met één telefoontje opgelost moesten zijn, en we voorzagen de eerste lijn van meer middelen om de klantencontacten te verbeteren.

We wilden de zaken voor de klant en voor onze eigen mensen eenvoudig houden, en volgens ons was het dan het best om de mensen zelf hun werk te laten invullen. Dit stuitte eerst op de nodige scepsis. Wat zou er gebeuren als een van onze medewerkers bij de klantenservice zijn boekje te buiten ging? Stel dat iemand de klant te veel zou aanbieden?

Mijn reactie daarop was: 'Al doende leert men.' Ik denk niet dat iemand bekritiseerd moet worden omdat hij een ontevreden klant te ruimhartig tegemoet is gekomen. Als een paar van onze mensen zich in de nesten werkten, dan betekende dat slechts dat ze het de volgende keer beter zouden doen.

In de luchtvaartbranche leer je heel snel om niet al te zuinig met goodwill-gebaren om te springen. Zo laat je mensen weten dat je nog altijd voor ze werkt, hoe groot het probleem ook is. Nog beter is snelle, accurate informatie. Zoals we weten gaan 'snel' en 'accuraat' bijna nooit samen, maar we doen wat we kunnen en ondertussen kunnen onze handreikingen een aantal mensen met slechte ervaringen geruststellen. Natuurlijk kunnen gezinnen die vele uren hebben zitten wachten, toegang krijgen tot de business class-lounge. En natuurlijk kunnen we u op

De Branson-way

uw gemak stellen: wilt u misschien een massage? U was een fantastische klant, en daarvoor willen we u bedanken: hier hebt u een vluchtupgrade voor de volgende keer. Dit staat allemaal niet in het servicehandboek, omdat je van bovenaf geen mentaliteit kunt dicteren. Het enige wat je kunt doen, is de juiste mensen aanstellen en hun de bevoegdheid geven problemen op te lossen zodra ze zijn ontstaan.

Als iemand je voor iets betaald heeft en er ontstaan problemen, dan zal het averechts werken als je je verstopt of een verdedigende houding aanneemt. Je zult die klant nooit terugzien, noch zijn familie of vrienden. *Als iemand door jouw toedoen een slechte ervaring heeft, zullen ze anderen waarschuwen.* Het domino-effect hiervan kan een bedrijf de afgrond in helpen. Maar als je daarentegen de problemen van je klanten beter oplost dan ze verwachtten, zullen ze hun leven lang je loyale vriend blijven.

We begonnen dit hoofdstuk met een discussie over het ondernemerschap en we eindigen het met bespiegelingen over klantenservice. Een merkwaardige combinatie, nietwaar?

Ik ben er rotsvast van overtuigd dat jonge, onafhankelijke ondernemingen klanten een geweldige service kunnen bieden; juist de monolieten en de gevestigde bedrijven maken de klanten het leven zuur. Ik ben die mening toegedaan omdat de waarden van het Virgin-merk stuk voor stuk over klantenservice gaan; we richten ons op de klant op een manier waaraan andere bedrijven niet kunnen tippen.

Maar ik wil dit in een nog breder perspectief brengen.

Toen we in de jaren zeventig Virgin Records oprichtten, gebruikte niemand in Groot-Brittannië nog het woord 'ondernemer', en als dat wel gebeurde, dan leek het over iets onwelvoeglijks te gaan. Een zakenman die een aantal bedrijven leidde, werd als een opportunist beschouwd; de stereotiepe tv-comedyfiguur was Del Boy, de sjacheraar die het niet zo nauw nam met de wet, in *Only Fools and Horses*, of Arthur Daily uit *Minder*, de gin drinkende zwendelaar die briljant gespeeld werd door George Cole. Lang geleden werd ikzelf regelmatig als een 'Del Boy' in de hoek gezet (wat me altijd verbaasd heeft, omdat ik mezelf meer op Rodney vond lijken). Eigenlijk is de ondernemer in alle tijdperken een favoriete slechterik geweest. Van het oude Griekenland en *De koopman van Venetië* van Shakespeare tot de film *Wall Street* staan ondernemers symbool voor 'geld verdienen' en 'kapitalisme', en in sommige gelederen van de samenleving zijn dat nog altijd vieze woorden.

De visie op zakenmensen van de Britse media is wel veranderd, maar nog lang niet voldoende. Bepaalde elementen in de Britse pers kunnen er nog altijd niet aan wennen dat zakendoen een tijdbesteding is die de moeite waard is, en die feitelijk het grootste deel van de belastinginkomsten, de werkgelegenheid en de welvaart van het land levert. Ondernemers hebben het risico genomen een bedrijf op te zetten, producten te vernieuwen en de diensten te bieden die het leven van de mens gemakkelijker, beter en veiliger maken.

Mijn vriend Jon Butcher zegt het zo: 'Ondernemers hebben letterlijk de armoede in de westelijke wereld vernietigd, zoals de rest van de wereld die nu nog kent en zoals de geschiedenis die gekend heeft. Geen enkel ander sociaal systeem kan met het systeem van de vrije markt wedijveren als het om productiviteit, verhoging van de levensstandaard en het scheppen van permanente welvaart gaat. Azië heeft zich tijdens mijn leven dankzij de ondernemers aan de armoede ontrukt. De komende tien jaar zal in Afrika de armoede enorm moeten afnemen, dankzij de ondernemers die in de startblokken staan. Het kapitalisme werkt dus echt. Het communisme en het zuivere socialisme worden niet langer serieus genomen, omdat ze simpelweg niet werken. Die systemen doen de mens meer kwaad dan goed. Hele generaties zijn er arm door gebleven. Het zijn rampzalige systemen, hoe goed bedoeld ook, die honderden miljoenen levens geruïneerd hebben. Toch zijn er nog altijd elementen in onze cultuur die winst maken met verdorvenheid associëren.'

Ondernemers zijn ook de filantropen bij uitstek, van Andrew Carnegie in de negentiende eeuw tot Bill Gates nu. Carnegie, die zijn enorme vermogen in de Amerikaanse staalindustrie verdiende, betaalde bijna elke bibliotheek die in de negentiende eeuw in het Westen werd gebouwd, wat tot een kennisrevolutie leidde.

Laat ik het nog één keer precies uitleggen. Ondernemerschap gaat niet over profiteren ten koste van de klant. Ondernemerschap gaat niet over in je eentje werken, niet over proberen de eerste te worden. Het heeft niet per se te maken met veel geld verdienen. Het gaat er al helemaal niet over dat je je leven door je werk moet laten beheersen. Integendeel, ondernemerschap gaat over de omzetting van alles wat je in het leven fascineert in kapitaal, zodat je je daarmee nog meer kunt bezighouden en die fascinatie kunt ontplooien. Ik denk dat ondernemerschap onze natuurlijke toestand is, een belangrijk klinkend woord dat uiteindelijk waarschijnlijk op iets veel voor de hand liggenders als 'speelsheid' neerkomt. Ik geloof dat eentonig werk en op de klok kijken een vreselijk verraad zijn aan de universele, aangeboren ondernemingszin van de mens.

Eeuwenlang – in elk geval sinds de Industriële Revolutie in de achttiende eeuw – heeft de industrie levens opgeslokt en in ruil daarvoor ertoe bijgedragen dat de zakenwereld een slechte naam gekregen heeft. Mannen en vrouwen moesten zich aan een mechanisch arbeidspatroon aanpassen. Ze werden als vee behandeld, vaak zelfs letterlijk. De laatste decennia is de aard van de arbeid door omwentelingen in de politiek, de wetenschap en de technologie veranderd, met name in de ontwikkelde wereld. Voor sommigen van ons is het een ongelooflijk geluk dat we allemaal minder als werkgevers en meer als entrepreneurs moeten denken. Het tijdperk van de 'banen voor het leven' is eindelijk voorbij!

Inspireer uw medewerkers als ondernemers te denken, en behandel ze vooral altijd als volwassenen. De meest veeleisende opdrachtgever van allemaal is het eigen geweten van de mens, dus hoe meer verantwoordelijkheid u mensen geeft, hoe beter ze voor u zullen werken.

Vijfendertig jaar lang heeft de Virgin-groep zich verre gehouden van mechanische middelmatigheid en heeft die zich steeds met volledige inzet op nieuwe plannen gestort, met af en toe een hobbel door een mislukking. Door onze manier van werken hebben we ons ten volle kunnen ontplooien in het leven. Ik kan u daarvoor geen formule geven, en u zou die waarschijnlijk toch niet opvolgen. U moet tenslotte reageren op de omstandigheden waarin ú verkeert, terwijl u met uw eigen werk bezig bent. Ik hoop dat dit boek u een paar ideeën biedt over de manier waarop u uw medewerkers kunt motiveren, en uiteindelijk ook uzelf. Maar u zult de oplossingen die voor u het beste zijn zelf moeten ontdekken.

Het goede nieuws is: *hoe meer u uw mensen vrijmaakt om zelf te denken, hoe meer ze u kunnen helpen. U hoeft het niet helemaal in uw eentje te doen.*

Merk

De vlag laten wapperen

Toen ik zestien was, werd ik benaderd door een zekere Patricia Lambert, die me 80.000 pond bood om *Student*, het tijdschrift dat ik op school had opgezet, te verkopen aan IPC, de voorganger van het Britse kranten- en tijdschriftenconcern Trinity Mirror.

Nu had ik een eilandje bij Menorca ontdekt, dat ik wilde kopen om er te gaan wonen. Het was een prachtige plek, waar slechts één witgepleisterd huis stond dat een wc had met een afvoergat boven op een klif. Op dat moment leek het me heel aantrekkelijk om in gelukzalige eenzaamheid in het paradijs te wonen, want onze muziekpostorderservice begon weliswaar goed te lopen, maar het werd steeds moeilijker het tijdschrift te exploiteren. Voordat ik de advertenties had verkocht, had ik geen geld genoeg om de druk- en papierkosten te betalen. Aanvankelijk was alles van een leien dakje gegaan, maar ik begon er genoeg van te krijgen.

IPC bood me niet alleen een hoop geld, maar ze wilden ook dat ik de redactie bleef voeren. *Student* zou strikt gesproken niet meer mijn tijdschrift zijn, maar ik zou in elk geval werk blijven doen dat ik nog altijd leuk vond.

Daarom besloot ik het aanbod te accepteren en toog ik voor een lunchafspraak naar IPC in Holborn, vlak bij Fleet Street. Alle directeuren zaten rond de tafel. Toen we de deal eenmaal met een handdruk bezegeld hadden, begon ik over mijn visie te praten. Ik zei tegen de directeuren dat ik Student-vakanties, een Student-reisbureau, Student-platenzaken, Student-fitnessstudio's en misschien zelfs een Student-luchtvaartmaatschappij wilde opzetten. Ik zag dat dit idee tot gefronste wenkbrauwen leidde. Na de lunch kreeg ik een telefoontje waarin ik voor mijn komst bedankt werd, maar de directeuren waren van gedachten veranderd wat de investering betrof en hadden het plan om mijn tijdschrift te kopen laten varen. Ze waren veel te beleefd om dat zo te zeggen, maar het was overduidelijk: ze dachten dat ik gek was.

Vele jaren later was Patricia zo sportief me een prachtige brief te schrijven, waarin ze me vertelde dat ze vol spijt hadden moeten toezien hoe Virgin de ene na de andere branche in beroering bracht, vrijwel precies zoals hun jonge beoogde tijdschriftredacteur had voorspeld.

Ik vermoed dat ze terecht niet met mij in zee waren gegaan. IPC zat – en zit nog steeds – in de uitgeversbranche. Het zijn uitgevers. Dat weten ze heel goed, en ze hadden geen behoefte aan een jongen – hoe veelbelovend ook – die hun vertelde wat ze allemaal nog meer konden zijn. Het laatste wat ze wilden was een wesp in de kamer, die voortdurend tegen de ruiten aan vloog en onvermijdelijk steeds gefrustreerder zou raken.

De meeste ondernemingen concentreren zich op één ding, en met een uitstekende reden: omdat hun oprichters en managers zich vooral om één ding druk maken, en ze hun leven uitsluitend daaraan willen wijden. Ze zijn niet beperkt in hun denken, maar concentreren zich sterk op één aspect.

Op een managementopleiding leer je altijd dat je je moet beperken tot zaken waarvan je verstand hebt. Van de twintig grootste merken ter wereld zijn er negentien in een strikt afgebakende branche werkzaam. Coca-Cola is gespecialiseerd in frisdrank, Microsoft in computers en Nike maakt sportschoenen en sportuitrustingen.

De uitzondering op deze lijst is Virgin, en dat we een paar miljard dollar waard zijn – een bedrag dat nog altijd toeneemt – zit iedereen dwars die denkt 'de regels van het zakendoen' te kennen, hoe die ook mogen luiden.

Wij zijn de enige onderneming in de top-20 die een heel scala aan activiteiten ontplooid heeft, waaronder luchtvaartmaatschappijen, treinen, vakanties, mobiele telefoons, media – televisie, radio en kabel –, het internet, financiële dienstverlening en gezondheidszorg. Geloof me, dat zit sommigen enorm dwars. Ik herinner me dat de Londense krant de *Evening Standard* in juli 1997 verslag deed van onze expansie in Amerika met een artikel onder de kop: 'Merkexpansie bedreigt geloofwaardigheid.'

Volgens mij zegt dat meer over de zakenwereld in het algemeen dan over Virgin. Hoe ver moeten we nog vliegen voordat de betweters eindelijk ophouden onze harde landing te voorspellen? Ons zakelijke beginsel is heel simpel: *wij bieden onze klanten een Virgin-ervaring, en we garanderen dat deze Virgin-ervaring in alle sectoren waarin we actief zijn consistent en volledig is.* In plaats van onze merknaam zomaar op een aantal producten te 'kwakken', doen we grondig onderzoek naar de achilleshiel van diverse wereldwijde branches, en alleen als we het idee hebben dat we een branche op zijn kop kunnen zetten en onze sleutelrol als consumentenkampioen kunnen vervullen, begeven we ons erin. De financiële dienstverlening is een veelzeggend voorbeeld. Binnen drie jaar haalde Virgin Direct 200.000 investeerders binnen en beheerde het bedrijf 1,6 miljard pond. Na de marktintroductie zag een groot deel van de branche zich gedwongen de tarieven te verlagen om de concurrentie te kunnen volhouden.

Hoe ongelooflijk het misschien ook lijkt, Virgin is juist tot bloei gekomen door in vele branches die ogenschijnlijk niets met elkaar te maken hebben zijn toverkunsten te vertonen. Tussen 2000 en 2003 heeft Virgin in drie verschillende landen uit het niets drie nieuwe miljardenbedrijven gecreëerd. Virgin Blue legde in Australië beslag op 35 procent van de luchtvaartmarkt en was verantwoordelijk voor een enorme tariefverlaging. Virgin Mobile werd het snelst groeiende Britse netwerk. Virgin Mobile in Amerika werd het snelst groeiende Amerikaanse bedrijf aller tijden, zowel in de publieke als in de private sector. Onze inkomsten per medewerker – 902.000 dollar – zijn de hoogste ter wereld, en we hebben ook de hoogste klanttevredenheid: 95 procent van onze 5 miljoen klanten beveelt ons aan een vriend aan. De afgelopen vijfendertig jaar hebben we bij Virgin meer miljardenbedrijven in meer branches gecreëerd dan enig ander concern.

En nu iedereen de zandzakken voor de deur zet en zich op de eerste echte wereldwijde crisis van de eenentwintigste eeuw voorbereidt, blijkt dat Virgin ook op deze storm voorbereid is. Omdat de risico's gespreid zijn, zal het mislukken van één onderdeel – zelfs al is dat een belangrijk onderdeel – het geheel niet te gronde richten. (Stel je voor dat we niet aan spreiding hadden gedaan en ons tot de platen- en de muziekbranche beperkt hadden, die momenteel voor enorme uitdagingen staat vanwege de digitale downloadrevolutie, dan waren we nu wellicht verdwenen!)

En dan is hier de vraag: als Virgin het beter doet in goede tijden, en zich goed door slechte tijden heen slaat, waarom probeert dan niet ieder bedrijf hetzelfde als Virgin te doen? En waarom krijgen jonge ondernemers op managementopleidingen nog altijd te horen dat ze zich moeten beperken tot wat ze weten?

Welnu, ik denk dat de opleidingen gelijk hebben. Je moet je concentreren op wat je weet. Je moet je ook concentreren op zaken waar je 's ochtends voor je bed uit wilt komen. En voor de meeste mensen houdt dat in dat ze zich op één corebusiness moeten richten.

Het merkwaardige van Virgin – en iets waarmee velen moeite lijken te hebben – is dat juist die speciale gerichtheid van Virgin het absoluut noodzakelijk heeft gemaakt dat het merk zich in vele verschillende bedrijven manifesteerde. Ook al lijkt dat misschien niet zo, Virgin is even sterk gefocust als elk ander succesvol bedrijf. Het onderscheid is te vinden in datgene waarop Virgin zich richt. Mogelijk zijn wij de uitzondering die de regel bevestigt: onze klanten en investeerders beschouwen ons meer als een idee of filosofie dan als een onderneming.

Het succes van Virgin brengt mensen van hun stuk omdat het de aloude wijsheid lijkt te ontkrachten dat je trouw moet blijven aan je passie. Waar ligt onze focus? Wat is ons centrum? Er moet iets zijn waarvoor die Branson elke ochtend zijn bed uit komt, maar wat is het in vredesnaam? We dachten dat het muziek was, maar toen was het opeens de luchtvaart, wat we wel een beetje begrepen omdat hij ballonvaarder was, maar toen werden het treinen, geld en mobiele telefoons, en wat is het nu? Gezondheidszorg? De ruimte? Lieve help!

Ik heb er nooit een geheim van gemaakt waarvoor ik elke ochtend mijn bed uit kom. *Het is de uitdaging. Het is het merk.* Misschien heeft het iets met mijn achternaam te maken. Ik herinner me dat een journalist van de *Daily Telegraph* die onderzoek deed naar de oorsprong van mijn naam, ontdekt had dat Branson oorspronkelijk Brandson was geweest; mijn verre voorvaderen hadden zich dus beziggehouden met het brandmerken van vee!

Voor mij staat het merk centraal. Maar als ik dit aan mensen vertel, krijgen ze vaak een wazige blik in hun ogen. 'Wat bedoelt hij in vredesnaam met "het merk"?'

Ik zal proberen het uit te leggen. Laten we eenvoudig beginnen met een snelle schets van wat een merk kan doen.

Zoals we weten, geeft IPC tijdschriften uit. Probeert u eens drie van de titels te noemen. Als u in de branche werkzaam bent, dan zult u er gemakkelijk tien kunnen oplepelen. (Deze uitgever is zeer succesvol.) Als u niet in de branche werkt, hebt u vast en zeker geen idee. Waarom zou u ook? Het merk IPC betekent heel veel in de branche, maar niets voor de klant. De klant is geïnteresseerd in het karakter, de toon en de inhoud van het tijdschrift, niet in de financier. De klant heeft een band met het merk van het tijdschrift; het merk van de eigenaar zou alleen maar in de weg zitten.

Wie was de uitgever van de laatste roman die u heeft gelezen? Welke producent heeft de dvd gemaakt die u gisteravond heeft bekeken? Waarschijnlijk weet u dat niet en de ondernemingen weten dat u het niet weet. En nog mooier: het kan niemand iets schelen.

Merken zijn niets anders dan een middel om te communiceren wat je van een product of dienst mag verwachten, of om de onderlinge familieband tussen verschillende producten en diensten aan te geven. Een gevestigd merk op een nieuw product is een garantie dat je aankoop op een bepaalde manier zal lijken op iets waar je eerder plezier van hebt gehad. Dat is niet altijd een goede zaak. Lezers van doktersromannetjes zullen steeds weer hetzelfde verhaal willen lezen, en heel veel ouders zien met hun kinderen uit naar de nieuwe Pixar-film, of die nu over dieren, speelgoed of auto's gaat. Over het geheel gezien zijn noviteiten en ontdekkingen in de amusementssector erg belangrijk, en het is zeker af te raden op alles wat je doet hetzelfde juichende etiket te plakken, waarmee je bij het publiek de indruk wekt dat je nieuwe snufje precies hetzelfde als je oude is.

Aan het andere eind van het spectrum, helemaal alleen in het extreme infrarood, vinden we Virgin. Het Virgin-merk vertelt je dat het gebruik van deze creditcard eenzelfde ervaring is als vliegen met deze maatschappij, wat weer eenzelfde ervaring is als dit wellnesscentrum en luisteren naar deze cd en betalen aan dit pensioenfonds.

Wat is de familieband? Welke overeenkomst zouden al deze verschillende goederen en diensten hebben?

Het is duidelijk dat het iets met de klant te maken heeft, want als je de reeks activiteiten beziet waar we ons mee bezighouden, dan is de klant zo ongeveer de enige constante factor daarin.

En dat is dan ook het hele eieren eten. Het merk Virgin biedt een garantie dat je goed behandeld wordt, dat je een kwaliteitsproduct krijgt dat je financieel niet de kop kost en dat je meer plezier van je aankoop hebt dan je verwachtte, welk product dat ook moge zijn.

Weet u, het is de klant die mij elke ochtend weer mijn bed uit krijgt, en het idee de klanten plezier te kunnen doen. Geen enkel merk is zo'n lifestyle-merk geworden als Virgin. En dat hebben we niet bereikt door op een dag nuchter te besluiten dat we zo'n merk zouden worden, maar simpelweg door onze voorkeuren en nieuwsgierigheid te volgen. Ik ben er altijd in geïnteresseerd in geweest nieuwe dingen te leren en – wat even belangrijk is – ik heb wat ik geleerd heb altijd met anderen willen delen.

Moet u nu ook de 'Virgin-formule' gaan volgen en voortaan de klantenervaring in uw bedrijf centraal stellen? Waarschijnlijk niet. Tenzij u er met hart en ziel in gelooft. Tenzij u, net als ik, op een ochtend wakker wordt en tegen uzelf zegt: 'Laten we de mensen eens wat plezier doen!' Uiteraard hoop ik dat u om uw klanten geeft, maar ik kan u niet vertellen dat uw bedrijf om de klanten móét draaien. Hoe uw bedrijf eruit moet zien, bepaalt u zelf.

Het merk Virgin is langzamerhand ontstaan, als een weerspiegeling van alles waar ik wezenlijk in geïnteresseerd was. En tot mijn eigen verrassing publiceerde ik geen tijdschriften en ging het ook niet om muziek. Ik realiseer me nu dat ik gedreven werd door de gedachte *nieuwe manieren te vinden om mensen plezier te doen*, en liefst op plekken waar ze dat het minst verwachtten. Zoals luchthavens.

Ook al is het merk dan geworteld in de jaren zeventig, met mijn overtuigingen en ideeën, toch denk ik dat Virgin Atlantic meer heeft gedaan om uit te dragen wat het merk betekent en voor consumenten inhoudt. Tal van andere Virgin-bedrijven hebben die sterke waarden zoals innovatie, eerlijkheid, zorgzaamheid en waar voor je geld en plezier overgenomen. Naar mijn idee gaat het dus om een optimale klantenservice en je klanten plezier doen.

Daarom is gevoel voor humor een kernwaarde van Virgin. *Wij willen mensen informeren en amuseren.* Je hoeft geen Virgin-klant te zijn om onze reclame en publiciteitsstunts leuk te vinden. In de loop der jaren hebben we ondervonden dat als we mensen plezier doen en hun het gevoel geven dat ze aan de grap meedoen, dat beter voor het merk is dan allerlei ingewikkelde campagnes.

Ik zal een kort voorbeeld geven: op vluchten van Virgin Atlantic hadden we fraai ontworpen peper-en-zoutstellen. Althans, we hadden die als we de lucht in gingen. Tegen de tijd dat we landden, waren de meeste verdwenen. Onze passagiers stalen ze om ze op hun eigen eettafel te gebruiken. Wat moesten we doen? We besloten er een grap van te maken. Onder op elk potje brachten we deze tekst aan: 'Gejat van Virgin Atlantic.' Zo konden we een gênante situatie in een plagerige reclamestunt omtoveren. We kregen mensen aan onze kant door hen bij de grap te betrekken. Op zich was dit iets tamelijk triviaals, maar als je de humoristische inslag in het gehele concern herhaalt, dan maakt dat een enorm verschil in je business.

Oneerbiedige humor is een van de merkwaarden van Virgin, en dat heeft te maken met onze wens om eerlijk te zijn over de pieken en dalen in onze bedrijven en om onze denkbeelden te delen met de mensen die voor ons het belangrijkst zijn: onze klanten. De mensen die onze advertenties lezen, zijn dezelfden die over onze conflicten, onze tegenslagen en onze fouten lezen. Waarom zouden we dan doen alsof de echte wereld ons niet raakt? Iedereen weet dat we in de loop der jaren in de clinch hebben gelegen met British Airways. Toen de verzamelde wereldpers wilde zien hoe BA het London Eye-reuzenrad op de South Bank in Londen rechtop zou zetten en wij hoorden dat ze technische problemen hadden, lieten we onze zeppelin opstijgen. Daarachter wapperde een spandoek met de tekst: 'BA krijgt 'm niet omhoog.' We hadden ook een hoop lol toen we aan boord van Virgin Atlantic-vluchten massages gingen aanbieden, vergezeld van krantenadvertenties met de tekst: 'BA geeft geen shiatsu!'

Toen de luchthaven van Sydney (die eigendom was van een divisie van de zeer succesvolle Macquarie Bank) de landingsgelden opeens verhoogde, besloten CEO Brett Godfrey van Virgin Blue en ik een leuze op onze vliegtuigen en de enorme billboards op de autoweg naar het vliegveld aan te brengen. 'Macquarie. Wat een waardeloze bankiers!' We haalden er de kranten mee en legden de vinger op de zere plek: de bankiers leken eropuit snel een hoop geld te verdienen ten koste van de low-cost-maatschappijen. Uiteindelijk was Macquarie bereid over de tarieven te onderhandelen. Ik verkleedde me als indiaan die een vredespijp rookte en begroef de strijdbijl met hen. (Letterlijk; hij ligt nog altijd ergens onder het platform!) Dat was echt zo'n 'zand erover, *mate*'-moment, en ik denk dat het Australische publiek onze oneerbiedige benadering wel op prijs stelde. Interessant is dat we als gevolg daarvan nu partner in een aantal ondernemingen zijn geworden. *Vrienden worden met je vijand is een goede regel in de zakenwereld, en in het leven.*

Te veel bedrijven willen dat hun merken een geïdealiseerd en geperfectioneerd beeld van henzelf geven. Als gevolg daarvan ontbreekt het hun merken aan inhoud en karakter en kunnen ze het vertrouwen van het publiek niet winnen. Bij Virgin hebben we zeker wel een grote mond, maar we zijn beslist een echt bedrijf dat echt werk in de echte wereld verricht, en niet een of andere buitenaardse delegatie.

Mogelijk is Virgin uiteindelijk een model geworden van wat een modern bedrijf moet zijn. Mogelijk heeft Virgin, door de klant centraal te stellen en door goede klantenservice te geven, werkelijk iets nieuws in de zakenwereld gecreëerd, iets wat toekomstige generaties kunnen adapteren en waarop ze kunnen bouwen.

Boven een bepaalde leeftijd willen we allemaal Mozes zijn en onze mensen naar het beloofde land voeren. En als ik dan na een zware nacht mijn eigen gezicht in de spiegel zie, denk ik: o Richard, hou er toch eens mee op!

Virgin is misschien een merkwaardig geval, een toevallige gebeurtenis in de loop der geschiedenis. Ik hou ervan plezier te maken. Ik begon met werken in een decennium waarin plezier vooropstond. Ik word met dat decennium geassocieerd en sindsdien is die 'feelgoodfactor' aan me blijven hangen. Virgin is altijd een verzamelplaats geweest voor die mentaliteit van plezier, maar zou dat op enig ander moment in de geschiedenis ook gewerkt hebben? Zou het nu nog werken? Dat zullen we nooit weten.

Goede merken weerspiegelen de historie van een bepaalde tijd en de groep mensen die ze gemaakt hebben. Ze kunnen niet gemakkelijk gekopieerd worden. Ze kunnen niet gerecycled worden. Een merk is als de handtekening van een kunstenaar (en bij Virgin is ons merk zelfs letterlijk de handtekening van een kunstenaar!). Wat u van uw merk maakt, ligt aan uzelf. Ik hoop en verwacht dat u uit dit hoofdstuk iets kunt leren, maar ik kan u niet vertellen wat uw merk moet doen. Ik wil u wel vragen het serieus te nemen, even serieus als een schilder de handtekeningen op zijn doeken neemt.

Een merk moet weerspiegelen wat u kunt doen. U moet altijd en zonder mankeren leveren wat uw merk belooft, en daarom kunt u uw aanbod beter innovatief en scherp laten klinken dan meer te pretenderen dan u kunt waarmaken. *Zet het merk direct goed in de markt door eerlijk tegenover uzelf te zijn over uw precieze aanbod.* De leeftijd van uw bedrijf zal uiteindelijk door uw merk bepaald worden, en daarom is het volgens mij beter een merk met verstand te ontwikkelen, zoals wij altijd gedaan hebben, dan het op afgezaagde wijze te vernieuwen. Deze nogal banale *rebranding*-operaties genereren een hoop tamelijk grappige negatieve publiciteit, en met reden: je kunt het vergelijken met kalende mannen die hun haar overkammen, waarbij het uiteindelijke effect al even gering is.

Dit was in elk geval onze filosofie toen we met de naam Virgin kwamen; ik moest praten als Brugman bij het Britse merkenbureau omdat ze de naam Virgin te onkies vonden om te registreren. Ik liet het merkenbureau weten dat de naam Virgin al sinds 1699 zonder klachten als scheepsnaam werd gebruikt en ik kon het bewijzen ook: in de *London Gazette* van mei 1699 stond vermeld dat op 26 april 1699 een schip met die naam in Cadiz was afgemeerd. Het zal vast wel ietwat gewaagd geweest zijn, maar het was gewoon grappig bedoeld. Toch was het woord niet zomaar uit de lucht komen vallen. Het bracht tot uitdrukking dat we elke onderneming helemaal vanaf het eerste begin opzetten. We waren 'maagden' in elke nieuwe onderneming die we zijn begonnen. Naar mijn idee was de naam Virgin allesbehalve onkies: die verwees juist naar iets zuivers, in de oorspronkelijke staat, dat nog niet geëxploiteerd en nimmer gebruikt was. Virgin verwees naar ons, omdat we allemaal maagdelijk in zaken waren. Het was van het grootste belang het merk te registreren. Het is erg duur geweest om het merk in alle landen te beschermen, maar het bleek essentieel voor het succes van Virgin.

Wat een merk precies betekent, wordt na verloop van tijd duidelijk. Sommige betekenissen zijn het product van uitgebreide discussies en jarenlange bewuste inspanningen. Andere betekenissen zijn gewoon onlosmakelijk met het merk verbonden, of je het nu wilt of niet. Vergeet niet dat een merk altijd iets betekent en dat je de betekenis van je merk uiteindelijk alleen kunt beïnvloeden door wat je de klant levert.

Ik zal nu de beginjaren van Virgin beschrijven, zodat u kunt zien hoe het Virgin-merk zich tot het huidige merk ontwikkeld heeft. Ik zou graag willen zeggen dat alles wat Virgin voor het publiek betekent, het resultaat van geweldige zakelijke planning is. Dat is niet zo. Gelukkig hebben we goed werk geleverd, zodat de etiketten die we opgeplakt kregen in het algemeen positief waren, of we dat nu zo bedoelden of niet.

Ik word nu echter met het tamelijk angstwekkende feit geconfronteerd dat ik de jongere lezers zal moeten uitleggen wat muziek voor mijn generatie betekende. Hoe kunnen ze anders ooit iets begrijpen van Virgin Records, onze eerste onderneming?

Ik geloof dat muziek in het leven van jongeren tegenwoordig niet meer zo'n centrale plaats inneemt als in de jaren zeventig het geval was. Er wordt vandaag de dag heel wat briljante muziek gemaakt – ik denk daarbij aan KT Tunstall en Amy Winehouse, om mee te beginnen – maar achteraf gezien waren de jaren zeventig een unieke periode, waarin velen een ongelooflijke passie voor rockmuziek koesterden.

Dat had deels met keuzen te maken. In die tijd hadden we geen dvd's en mobiele telefoons, geen hele reeks tv-kanalen – alleen de BBC en ITV – en computergames waren het speeltje van de supermachten, die daarmee hun dodelijke arsenaal atoomwapens op elkaar richtten. Jongeren besteedden dus het grootste deel van hun tijd en energie aan muziek, wat vooral inhield dat je platen kocht. Dat was de enige luxe die jongeren hadden. We zaten wekenlang in spanning als er een nieuw album van Led Zeppelin, Yes of Queen zou verschijnen.

In de jaren zeventig en tachtig was het een gebeurtenis van belang als een groep een album uitbracht, en op basis daarvan bouwden wij een onderneming op. Ik denk dat er nog altijd interessante zakelijke lessen zijn te leren uit de oprichting van Virgin Records. De progressieve rockmuziekbusiness stond toen tenslotte nog in de kinderschoenen en Virgin Records was er vanaf het begin bij.

Toen we met Virgin Records begonnen, stonden Andy Williams en avantgarde-rocker Frank Zappa in dezelfde alfabetisch gerangschikte bak in de platenwinkel. De jaren zestig waren weliswaar gekenmerkt door een ware explosie van popmuziek en rhythm & blues-groepen – onder aanvoering van de Beatles en de Rolling Stones –, maar de oude platenlabels, die in bezit van grote ondernemingen waren, beheersten de branche nog altijd. Platen werden nooit met korting verkocht en de hele branche was bijzonder conservatief en bekrompen. De labels werden bestierd door mannen van middelbare leeftijd die naar strijkkwartetten luisterden. De meeste opnamestudio's waren steriele, dure ruimten waar maar weinig opnamen plaatsvonden, en de platenzaken met hun geluidscabines van geperforeerd hardboard waren in de jaren vijftig blijven steken. Muziek kopen was allesbehalve een opwindende ervaring. Verder waren er slechts een paar radioprogramma's waarin behoorlijke rockmuziek werd gedraaid.

In de lente van 1970 besloten we een postorderservice in het leven te roepen om het soort muziek te verkopen waar we zelf van hielden: een platenmaatschappij van langharige, oneerbiedige enthousiastelingen. Dat was het karakteristieke van Virgin, en dat was de basis voor het huidige concern. Vanaf de eerste dag identificeerden jongeren zich met Virgin, omdat Virgin zo anders was.

Naast het Amerikaanse tijdschrift *Rolling Stone* waren er twee Britse wekelijkse muziekkranten toen we met Virgin begonnen. *Melody Maker* was een serieuze rock- en popkrant, waarin ook folk en jazz besproken werden. Hoewel het verplichte lectuur was, waren de schrijvers tamelijk braaf en leden ze aan enorme eigendunk. En dan had je nog *New Musical Express* of *NME*, dat zich meer op de popmuziek richtte en een beetje in de jaren zestig was blijven hangen. Toen verscheen er een nieuw blad op het toneel, *Sounds*, met als ondertitel: 'Muziek is de boodschap.'

Toen het eerste nummer van *Sounds* op 10 oktober 1970 in de winkel lag, hing ik direct aan de telefoon met de advertentieafdeling om een paar goedkope advertenties te regelen.

Ik heb er altijd in geloofd dat het gunstig is je gezicht te laten zien in een nieuwe publicatie die de boel wil opschudden. *Sounds* was een tijdschrift dat belangrijk was voor ons succes. Het begaf zich precies in ons marktsegment. De eerste week werden er 200.000 exemplaren verkocht, wat een behoorlijke schok was voor de concurrerende bladen *Melody Maker* en

New Musical Express. De eerste rockalbumlijst van *Sound* werd gedomineerd door *Paranoid* van Black Sabbath, *Get Yer Ya Ya's Out* van de Rolling Stones, *Led Zeppelin II*, *Deep Purple in Rock* en *Cosmo's Factory* van Creedence Clearwater Revival. Dat waren de albums die ons postorderbedrijf ging verkopen. Helaas stonden er ook een paar vreselijke missers in de hitlijst, zoals *The World of Mantovani*. Zijn wereld zou door Virgin Records geboycot worden, en dat gold ook voor Andy Williams.

Het grootste probleem voor ons bedrijf in wording was dat we geen enkel krediet hadden. We beschikten evenmin over referenties, wat betekende dat de platenmaatschappijen ons niet bevoorraadden. Toen we advertenties in de muziekpers wilden plaatsen, slaagde ik erin een dusdanige deal te sluiten dat we een maand later pas hoefden te betalen. We hadden ook geen platen, en daarom gingen we naar de winkel van Ray Larone in Notting Hill Gate, waar we de platen met korting kochten en die vervolgens naar onze klanten verstuurden. Op die manier hadden we cash van het publiek in handen voordat we de platen kochten en voor de advertenties betaalden. Zo begon ons bedrijf te lopen.

Als ik dan hoor dat ondernemers vandaag de dag nieuwe bedrijven opzetten door al hun schulden op hun creditcard te zetten, dan komt dat volgens mij redelijk overeen met wat wij bij Virgin Records deden. Ik zeg dus echt niet: 'Dat moet u niet doen.' Maar als u het wel doet, dan hebt u mijn sympathie. Het is verschrikkelijk moeilijk je eerste zaak met eigen geld te financieren.

Het winkeltje van Ray werd al snel een van de grootste platenverkooppunten van Engeland. De vrachtauto's van de platenmaatschappijen reden met stapels platen naar Ray, en wij parkeerden een vrachtwagen achter zijn winkel om die naar ons kantoor te brengen, dat in de crypte van een kerk in Bayswater gevestigd was.

Vanaf het allereerste moment waren ons imago en onze *sales pitch* ons belangrijkste kapitaal. (Veel meer hadden we niet.) In de begintijd op South Wharf Road leverden we allemaal onze bijdrage, maar John Varnom was degene die echt het verschil uitmaakte. Hij was een maffe, uiterst onbetrouwbare en zeer creatieve vent. Hij schreef onze advertenties in een victoriaans-gotische stijl waarin we onszelf op de hak namen, maar tegelijk vormden die een vroege versie van wat later het Virgin-handelsmerk zou vormen: dat kwaliteit ook 'waar voor je geld' kon betekenen.

'Er moet iets mis met hen zijn.'
'Nee hoor.'
'Ze zijn vast oud, krom, knetter, verschrompeld, schizofreen, krankjorum, mislukt en vast en zeker te afzichtelijk om over na te denken.'
'Dat zijn ze niet.'
'Ze kunnen niet even glad, glinsterend, volmaakt, onbezoedeld, wonderbaarlijk, zwart en glanzend zijn als die je in de winkel koopt.'
'Jawel hoor.'
'Maar er moet toch een verschil zijn? Een spleet, kloof, scheur, afgrond of ander zonderling kenmerk?'
'Dat is er ook.'
'Wat is dat dan?'
'Ze kosten minder.'

We rolden allemaal onze mouwen op om de scherp geprijsde Virgin-postorderalbums van Led Zeppelin, Pink Floyd, Jimi Hendrix en de Rolling Stones in de bruine kartonnen verpakkingen te stoppen. We kregen allemaal hetzelfde uitbetaald: 20 pond per week, en leefden in een hippieachtige sfeer, als in een commune. 'Vijf tot vijftien pond minder voor alle albums van alle labels,' luidde onze verkoopleuze. We werkten nu allemaal keihard in de postorderbusiness om aan de vraag te kunnen voldoen. De platenmaatschappijen beseften dat wij het mysterie achter het enorme succes van Rays platenwinkeltje waren, en daarom besloten ze ons direct krediet te verlenen.

Maar we verdienden helemaal geen geld. In de loop der jaren heb ik heel wat oude klanten ontmoet die meenden dat het allemaal bedrog was. Boze mensen belden op of schreven een brief en zeiden dat ze hun rockalbum nooit ontvangen hadden. We hadden geen bewijs dat het echt verzonden was, want ons kantoor was een chaos, en aan een ordentelijke boekhouding deden we niet. Dan stuurden we een nieuw album. Onze winstmarge was zo laag dat al onze verdiensten daaraan zouden opgaan als we dat regelmatig zouden doen, en we deden dat regelmatig. Dit was een van de belangrijkste zakelijke lessen die ik geleerd heb. *Ook al is de omzet nog zo hoog, het enige wat telt is de winstmarge.*

Toch kwam er steeds meer aandacht voor het merk Virgin Records. We verkochten wekelijks enkele duizenden lp's. Er zat zeker muziek in. Maar opeens gebeurde er een ramp, en op dat moment leerde ik weer iets belangrijks over het leiden van een zaak: zorg dat je een plan B hebt.

In oktober 1970 begonnen de Britse postbodes een verbitterde strijd voor meer loon. De staking duurde 44 lange dagen en bracht ons tot wanhoop. Onze verkopen stortten in. We moesten het merk diversifiëren, en snel ook.

We plaatsten advertenties in de muziekpers. Op 6 februari 1971 kondigden we op een halve pagina aan dat we een winkeltje hadden geopend op Oxford Street 24. Ik slaagde erin voor korte tijd een redelijke huur te bedingen op de eerste verdieping van een winkel van drie verdiepingen, naast een secretaresseopleiding en boven NU Sounds.

Om de omzetderving te compenseren, moesten we de mensen onze winkel in zien te krijgen. We breidden de advertentiecampagne uit met een *Stap-voor-stap-gids naar Virgin Records' nieuwe tent in Oxford Street'*. We boden niet alleen platen aan: we hadden ook koffie, cassettebandjes, posters en hoofdtelefoons, en dat allemaal op dertig seconden afstand van het metrostation Tottenham Court Road. Volgens sommigen verkocht ons personeel nog wel meer dan dat, maar ik voel me niet gerechtigd iets te zeggen over wat ze in hun vrije tijd deden.

Eind 1971 kochten we advertenties over de hele achterpagina waarin we stelden dat we 'de Eerste, de Beste en de Goedkoopste' waren. Een andere advertentie begon zo: *Ha, ha, ha, ha. Dit is onze directeur die een klant geld geeft. De kerel probeerde de volle prijs voor een plaat te betalen.*

In zekere zin is er niet veel veranderd. Wie in 2008 in een volle Central Line-metro in Londen zit en opkijkt, ziet nog altijd onze advertenties voor Virgin Media, waarvan de toon nog altijd lichtelijk oneerbiedig is. En ook in de begintijd legden we de nadruk op het gemak en de keuzevrijheid voor de klant, alleen in een andere dimensie.

In 1971 kwam iemand met een slim idee: we moesten ook een opnamestudio beginnen. Tom Newman, die er vanaf het begin bij was geweest, stelde oorspronkelijk voor dat Virgin Records een viersporenstudio in de crypte zou inrichten. Ondertussen had ik George Martin ontmoet, de legendarische producer van de Beatles-albums, voor een interview in de nieuwe *Student*. Toen ik hem over mijn plannen vertelde, zei hij dat vier sporen uit de tijd was en dat voor moderne opnames minstens achtsporenapparatuur benodigd was. Ik zei tegen Tom dat hij het viersporenspul dat we al gekocht hadden moest verkopen en op zoek moest gaan naar acht sporen. We hadden 1350 pond uitgegeven. Ik leerde een dure zakelijke les over het kopen van de beste apparatuur die je je kunt permitteren.

Toen ik mijn eenentwintigste verjaardag vierde, had ik een tijdschrift en een postorderbedrijf, en dacht ik erover na een opnamestudio te beginnen. Na het eerste jaar in de platenbusiness hadden we een schuld van 11.000 pond en was ik gevloerd door een maagzweer. De dokter raadde me aan het een tijdje kalm aan te doen. Tom Newman en ik meenden dat het een optie was onze studio op het platteland te vestigen. Dat zou in elk geval beter zijn voor mijn gezondheid. Ik kocht het tijdschrift *Country Life*, waarin ik een advertentie zag voor een oud Engels landhuis in Shipton on Cherwell. Het leek een ideaal pand. Ik was verkocht op het moment dat ik het huis voor het eerst in het echt zag. Ik wilde het koste wat kost kopen en beraamde plannen voor een zestiensporenstudio. De bank ging akkoord met een lening en op 25 maart 1971 kocht ik het landhuis, dat we The Manor noemden.

Toen we in oktober 1971 met waterbedden in onze winkels adverteerden, bevatte de tekst een extra mededeling: *We hebben nu een stille studio op het platteland, dus als u iets met geluid gaat doen en ook nog wilt relaxen, bel ons dan.* De studio werd helemaal in gereedheid gebracht en werd een doorslaand succes.

Hij werd geboekt door het soort muzikanten dat we zelf graag hoorden. Het besluit om er een zestiensporenstudio van te maken bleek essentieel, nu de bands steeds professioneler werden. In plaats van een simpele bas, drums, gitaar en zang werd er nu meer gedubd en werden verschillende geluiden en melodieën over elkaar heen gelegd. We beseften al snel dat we een 32-sporen-, 20-kanaalsmengpaneel nodig hadden om aan de groeiende vraag te voldoen; door de opnametechnologie en de ontwikkeling van de synthesizer waren nieuwe muzikale uitdrukkingsvormen en geavanceerde geluiden mogelijk geworden. We lieten gerenommeerde geluidsspecialisten van Westlake Audio uit Los Angeles komen om de studio te ontwerpen – met Dolby-geluid – en kochten alleen de nieuwste apparatuur. De magie van The Manor was dat het een plek was waar de artiesten zich na een opnamesessie konden ontspannen. Het was een inspirerende plek om te verblijven. We zorgden ervoor dat de wijnkelder goed gevuld was en deden nooit moeilijk. Als een band een knalfeest of een eetfestijn wilde organiseren, vonden we dat best. Dat was goed voor de creativiteit. Sindsdien heb ik er bij al onze bedrijven op gehamerd dat Virgin een speciaal gebouw of ruimte probeerde te creëren waar mensen inspiratie kunnen opdoen en hun beste werk kunnen scheppen.

Bijna alle grote namen in de rock- en popmuziek hebben hun reputatie in die studio gevestigd. Met The Manor heb ik geleerd hoe ik een bedrijf moet leiden en met creatieve geesten moet omgaan. Ik heb ook geleerd dat niet iedereen krijgt wat hij werkelijk in het leven verdient. Ik heb naar muzikanten geluisterd die slechts een beperkt talent hadden, maar een paar gelukkige momenten hadden, terwijl anderen overliepen van het talent, maar toch geen succes boekten. Ik heb een borrel gedronken met mensen die hun talenten verspild hebben, terwijl anderen over twijfelachtige muzikale kwaliteiten beschikten, maar daar het maximale uit hebben gehaald.

Het is al vaak beschreven dat *Tubular Bells*, het debuutalbum van Mike Oldfield, een doorbraak was voor het ontluikende Virgin-imperium. Mike was (en is nog steeds) een genie. Maar hij was ook een ongelooflijk harde, ijverige werker, en door die eigenschap kun je het ver schoppen in het leven. Ik herinner me nog dat ik een bandje met een eerste versie van zijn materiaal op onze woonboot hoorde en door de obsederende schoonheid en complexiteit gegrepen werd. Onvoorstelbaar dat iemand van vijftien al die instrumenten zo prachtig bespeelde. We probeerden enkele platenmaatschappijen voor het materiaal te interesseren, maar ze hadden er geen oren naar en de dinosauriërs van de Artiest & Repertoire-afdeling wezen hem de deur.

Toen we op een middag in de pub zaten, zei ik tegen ons team: 'Laten we het zelf doen. We beginnen onze eigen platenmaatschappij en brengen Mike als een van onze eerste lp's op ons eigen Virgin Record-label uit.'

Iedereen dacht dat ik er eentje te veel op had. We waren nog altijd vooral een postorderbedrijf, geen platenmaatschappij. Maar ik dreef mijn zin door. Ik vroeg Mike om een lijst met instrumenten die hij nodig had en huurde die allemaal op Charing Cross Road: drums, synthesizers, gitaren en een klokkenspel. We zorgden ervoor dat Mike tussen de geboekte artiesten door in de lente van 1973 tijd in de studio kon doorbrengen. Hij werkte dag en nacht, waarbij hij alle instrumenten zelf bespeelde, waarna hij met Tom Newman aan het mengpaneel plaatsnam om de opnamen te perfectioneren. Ik had nog nooit iemand gezien die zo intens luisterde en geconcentreerd was en zoveel aandacht aan akoestische details besteedde.

Onze beslissing om het album zelf uit te brengen, was een slimme zet. Maar op dat moment was het nog helemaal niet zeker dat die gok goed zou uitpakken. Virgin Records was een klein bedrijf, zonder de macht en distributiemogelijkheden van de grote jongens.

Tegelijkertijd brachten we *Radio Gnome Invisible* van Gong uit en maakten we promotie voor de Duitse avant-gardistische rockband Faust. (Kenmerkend voor Virgin Records was dat we het album *The Faust Tapes* voor 48 penny weggaven, niet meer dan de prijs van een single.) Maar Gong en Faust waren slechts muzikale voetnoten vergeleken bij *Tubular Bells*. Chris Blackwell, de directeur van Island Records – de maatschappij die nog het meest dacht zoals wij – was gek op Mikes muziek en bood aan het album voor ons te distribueren, en hij bood zelfs aan het voor een aanzienlijke winst van ons over te nemen.

Het was een verleidelijk bod, maar we besloten het helemaal zelf te doen. Het was een baanbrekende, uiterst gewaagde beslissing. Ik ga altijd voor het grotere risico: *meer risico voor een mogelijk grotere opbrengst.* Dat heb ik toen geleerd, en nog altijd pas ik een versie daarvan in het zakendoen toe. Het was misschien verstandig geweest Island al het zware werk te laten doen: de advertenties, de marketing en de levering aan de platenzaken. Maar ik had het gevoel dat we Mike ons vertrouwen geschonken hadden en dat we dit zelf moesten doen.

In juni 1973 liet John Peel de plaat in zijn avondshow *Top Gear* op BBC-Radio 1 horen. Dat was de eerste keer dat de BBC-diskjockey een hele kant van een lp draaide.

De volgende ochtend stond de telefoon roodgloeiend met bellers die de hand op het album wilden leggen. En sindsdien is de telefoon blijven rinkelen.

John Peel had een enorme invloed, evenals de muziekpers. De macht van het gedrukte woord heeft altijd een grote rol in de opbouw van het merk Virgin gespeeld. Maar dat begon ik pas ten volle te beseffen in de zomer van 1973. De recensies van Gong en Faust waren zo-zo, maar die van Mike Oldfield waren dolenthousiast.

Het album stond vijf jaar lang in de hitlijst en alleen al in Groot-Brittannië werden er 2 miljoen van verkocht. Over de hele wereld waren dat er tegen de 10 miljoen.

In november 1972, toen ik 22 was, maakte ik voor mijn vriendin een van mijn eerste lijstjes:

1. *Leren vliegen.*
2. *Voor mezelf/jou/boot zorgen.*
3. *Iedereen om me heen vermaken.*
4. *Aardige mensen weer uitnodigen.*
5. *Het huisje bij The Manor opknappen.*
6. *Van alles kopen voor The Manor.*
7. *Samenwerken bij projecten/met mezelf in het reine komen.*
8. *Meer winkels vinden.*

Ondanks deze ambities was het duidelijk dat we nog altijd een klein bedrijf waren dat maar wat aan rommelde. De meesten van ons waren niet ouder dan begin twintig. We hadden professionele hulp nodig, en in 1973 ging ik op zoek naar een echte boekhouder. De personeelsadvertentie schreef ik zelf:

> *Binnen drie jaar heeft Virgin Records zeventien winkels opgebouwd, naast twee opnamestudio's, een groot exportbedrijf, een importbedrijf, een uitgeverij, een impresariaat, een beheermaatschappij, licenties in alle landen ter wereld, een succesvolle platenmaatschappij en 150 aardige medewerkers. Virgin Records mist nog een verdomd goede financiële afdeling.*

Virgin Records bleef groeien en werd het grootste onafhankelijke platenlabel ter wereld. En na ons mislukte uitstapje naar de beurs in 1987 verkochten we het bedrijf in 1992 voor een miljard dollar aan EMI.

De eerste tijd hebben we behoorlijke risico's genomen. We slaagden erin onze beloften na te komen, maar dat was niet gemakkelijk. Maar als ik het nog eens mocht overdoen, weet ik niet of ik iets zou veranderen aan de belangrijkste besluiten. We gingen nogal gevoelsmatig te werk als het om de mogelijkheden van het merk ging. We begonnen te beseffen dat Virgins belangen niet zozeer in ons eigen enthousiasme voor een bepaalde branche lagen, maar dat we ons er meer op moesten richten onze klanten een reden te geven enthousiast te zijn over de diverse dingen waar we ons mee bezighielden. Volgens mij is dat de reden waarom het Virgin-model voor startende bedrijven zo verdomd moeilijk te kopiëren is. Tenzij je al in een wonderbaarlijke branche werkt – en de muziek was in de jaren zeventig zeker een wonderbaarlijke branche – valt het moeilijk in te zien hoe je op zoveel loyaliteit en solidariteit van je klanten kunt blijven rekenen naarmate je je ontwikkelt en groeit.

Dat wil niet zeggen dat het onmogelijk is. Maar de Virgins van de toekomst zullen er heel anders uitzien dan wij. Ze zullen ontspruiten in de gamebranche, de sociale netwerken of een ander gebied dat voor mij en mijn generatie onbekend terrein is. Ze zullen modern en apart ogen, de jongeren enthousiast maken, hun ouders schrik aanjagen en voor iedereen een volslagen verrassing vormen.

Emma, een zestienjarig meisje, kan zich geen abonnement op een mobiele telefoon permitteren. Ze is net van school af en werkt in een kapsalon. Ze verdient niet veel, maar wil niet achteropraken bij haar vrienden. Ze leest graag roddelbladen, kijkt naar *Friends*, is gek op Madonna, Janet Jackson en MC Hammer, en chat regelmatig met Mark, haar vriend, die ze al een paar jaar kent en die iets ouder is. Hij is net begonnen in een zware baan bij een aannemer en is supporter van een grote voetbalclub, maar een seizoenskaart kan hij niet betalen. Hij drinkt graag een paar biertjes met zijn kornuiten. Hij houdt van rap en hiphop, en wil een heftige geluidsinstallatie kopen voor zijn gepimpte Toyota, zodra hij voor zijn rijbewijs geslaagd is. We hebben het over de jaren negentig. De grote telefoonmaatschappijen zijn niet echt geïnteresseerd in Emma en Mark, maar wij wel.

Onze entree in de mobiele telefoonbranche is nog altijd een van de fraaiste prestaties van ons merk. Door prepaidmobieltjes aan jongeren aan te bieden, boden we een product dat heel duidelijk geen afzetterij was aan klanten die door iedereen genegeerd werden. Dit plan bevestigde de merkwaarden die Virgin in de jaren zeventig had opgebouwd en introduceerde die via een nieuw medium bij een nieuwe generatie. Dit was het moment waarop het merk Virgin echt 'mobiel' werd en bijna geruisloos niet alleen de overstap van de ene naar de andere sector maakte, maar ook van de ene leeftijdsgroep naar de andere, wat nog opmerkelijker was.

We beginnen graag nieuwe bedrijven in onbekende sectoren, en later in dit hoofdstuk zal ik u vertellen hoe ons *'branded* durfkapitaalmodel' echt functioneert. Het blijft voor mij echter een soort mirakel hoe je de sprong van de ene naar de ander generatie kunt maken, en ik weet niet goed in hoeverre zoiets gepland dan wel puur geluk is. Feit is dat ons merk erin geslaagd is al twee generaties aan te spreken en hard op weg is tot de verbeelding van een derde te spreken. Uit marktonderzoek blijkt dat het merk Virgin zowel door ouders als door hun kinderen het hoogst gewaardeerd wordt. Nu ik ouder word, is de uitdaging vooral ervoor te zorgen dat de volgende generatie het merk bewondert, zodat drie generaties van onze ondernemingen genieten. Tegen die tijd zal de nostalgische hang naar de jaren zeventig voorgoed verleden tijd zijn, en dan zullen we ontdekken of het merk Virgin echt tijdloos is!

Onze avonturen in de mobiele telefonie begonnen in Japan. Toen ik daar op bezoek was, vroeg ik aan jongeren wat de nieuwste mode was. Trots lieten ze me hun mobieltjes zien. De Japanners lagen mijlenver voor als het om games voor mobieltjes ging en NTT DoCoMo, een afsplitsing van Nippon Telecom, had mobiele telefoons met beperkte internettoegang op de markt gebracht. Het enthousiasme waarmee de jongeren die ik ontmoette de online games van DoCoMo hadden verwelkomd, gaf me een duidelijk idee waar het met die mobieltjes naartoe ging. NTT DoCoMo, de grootste mobiele telefoonprovider van Japan, was de eerste die met een telefoon met internettoegang voor het grote publiek kwam. Ook wij moesten aan dit spel meedoen.

In de jaren negentig was ik me er opeens van bewust geworden dat onze reputatie bij jongeren afkalfde naarmate onze generatie ouder werd. De pubers aan wie we ooit platen verkochten, waren nu in de markt voor vakanties, pensioenen, financiële diensten en gezondheidszorg. Dat vonden wij prima, want al die zaken verkochten we. Maar hoe zat het met hun kinderen? Mobiele telefoons – en sms-diensten – waren een snel expanderende markt. Voor 16- tot 24-jarigen werden deze apparaatjes een soort extra lichaamsdeel. Vanuit marketingoogpunt gaf de mobiele telefoon ons dus de gelegenheid het merk Virgin opnieuw in de jongerenmarkt neer te zetten. In 1999 was de marktintroductie in Groot-Brittannië.

We wisten dat we een geweldig product hadden, en we wisten hoe we het aan de man moesten brengen. We wilden onze telefoonkaarten verkopen op plekken waar jongeren ze gemakkelijk konden aanschaffen, zoals de boekhandels van WH Smith, Sainsbury's- en Tesco-supermarkten en de benzinestations van Texaco en BP.

Maar eerst moesten we de aandacht van de jeugd zien te trekken.

James Kydd, de reclamegoeroe van Virgin Mobile, had zeker geen onbeperkt budget om het merk op te bouwen. (We vroegen hem ooit om de confrontatie met Coca-Cola aan te gaan, terwijl zijn budget 4 miljoen pond was en dat van Coca-Cola 400 miljoen pond.) De strijd in de mobiele telefoonsector ging tussen vier providers – Vodafone, BT Cellnet, One2One en Orange – en dat betekende dat de heuvel die James moest beklimmen inderdaad een heuvel was en geen Mount Everest, zoals eerder. We schatten dat het bedrag dat tegen hem in stelling was gebracht een factor 3 hoger was. James zei tegen me dat dat hem wel te doen leek. Ik gaf hem 4 miljoen pond voor de introductie.

James richtte zich specifiek op onze doelgroep. Hij vond goede nieuwsverhalen waarover de boulevardpers en andere media zouden berichten. Hij maakte gebruik van de opkomende internetkanalen en virale netwerken om de publiciteit op gang te brengen en allerlei leuke initiatieven te ontplooien.

Tegelijkertijd moesten we in de ogen van het publiek de 'consumentenkampioen' blijven, en daarom attaqueerden we de andere spelers in de markt rechtstreeks. We daagden Hans Snook, directeur van Orange, uit zijn woord gestand te doen toen hij beloofde met onze tarieven mee te gaan. Dat deed hij niet. Daarop haalde Virgin Mobile uit naar Carphone Warehouse van Charles Dunstone door hem ronduit te vragen onze telefoons aan te bevelen. Charles, die een goede zeil- en skimaat van me is, was sportief genoeg erom te lachen, maar ik denk dat onze brutale campagne hem op dat moment wel in verlegenheid bracht.

Vodafone had een bejaard imago, BT verloor marktaandeel,

One2One was goedkoop en Orange, dat als de gouden standaard werd gezien, richtte zich te veel op de zakelijke markt. Dus toen Virgin Mobile de jongerenmarkt betrad, hadden we het rijk vrijwel alleen. We vulden het gat met dezelfde oneerbiedige, humoristische zelfverzekerdheid als we sinds het begin bij Virgin Records gekoesterd hadden. We boden een service voor blind dates die al snel erg populair werd en waarbij de klant zelfs de mogelijkheid had na een halfuur met de blind date opgebeld te worden, zodat hij of zij een goed excuus had om te vertrekken: 'Het spijt me, maar ik moet weg, want mijn hond is overleden!'

Onze tv-spotjes waren gewoon geniaal. De creatieven kwamen met het idee van onze 'Ledigheid is des duivels oorkussen'-serie met een reeks supersterren, onder wie Busta Rhymes, Wyclef Jean en Kelis. Elke ster moest bereid zijn zichzelf voor schut te zetten. Ze moesten echt grappig zijn. Al snel werd deze serie een culthit en waren we bij de stadsjongeren weer helemaal in beeld.

De spotjes, die door Ben Priest geschreven waren en door Bryan Buckley geregisseerd werden, waren scherp en grappig, en gaven de toon aan in de markt. Vanaf het begin wisten we dat het ging lukken. Een belangrijk cijfer voor ons was de ARPU, de gemiddelde omzet per gebruiker. Deze bleef maar stijgen, totdat we de hoogste ARPU in de prepaidsector hadden. In het eerste kwartaal van 2003 haalde Virgin meer klanten binnen dan O2, Orange, T-Mobile en Vodafone bij elkaar.

In mei 2004, toen we onze viermiljoenste klant begroetten, contracteerden we de 23-jarige Christina Aguilera.

In het spotje, dat in Los Angeles opgenomen werd, nam ze haar eigen relatie met de paparazzi op de hak. Christina zit in het luxe kantoor van een platenmaatschappij te wachten, terwijl ze met haar duim afwezig de knop bedient waarmee ze de stoel waarin ze zit op en neer kan bewegen. Dat ze in de stoel op- en neergaat, wordt door bouwvakkers aan de overkant van de straat verkeerd geïnterpreteerd. Ze denken dat ze getuige zijn van het seksschandaal van het jaar. We wisten dat we goed zaten toen echte paparazzi heimelijk foto's van haar namen tijdens de opnamen, wat tot allerlei foutieve sensatieberichten over het spotje leidde, nog voordat het goed en wel klaar was. Bedankt, jongens, jullie hebben beslist geholpen ons imago op te krikken!

Publiciteit is absoluut onmisbaar. Je moet je merk onder de aandacht brengen, zeker als dat zich op de consument richt. Je moet bereid zijn jezelf en je advertentiebudget te gebruiken om je merk op de kaart te zetten. Een goed pr-verhaal is oneindig veel effectiever dan een advertentie over een volle pagina, en heel wat goedkoper. Ik heb één stelregel: als CNN mij belt voor een interview, dan laat ik alles vallen om dat te doen. Ik vind het onbegrijpelijk dat je de kans zou laten lopen de wereld over je merk te vertellen, en het verbaast me dat de mensen die advertentiebudgetten van vele miljoenen dollars goedkeuren – de CEO's en presidenten van grote concerns – zich tegelijkertijd achter hun secretaresses verschuilen en alle journalisten de deur wijzen.

Er kan geen twijfel over bestaan dat Virgin Mobile succes had door aan de belofte van een uniek merk te voldoen: een merk dat niet een bepaalde demografische groep aanspreekt, maar een bepaalde mentaliteit. Het merk Virgin draait om oneerbiedigheid en brutaliteit. Het draait nergens omheen. Het straalt geen vrekkigheid of inhaligheid uit. Het is de stem van een nieuwkomer, en in een wereld van voortdurende technische innovatie is de stem van een bedrijf met een voortvarende, frisse benadering een stem die het publiek merkwaardig geruststelt. Het is een merk dat zegt: 'Wij zitten hier met z'n allen in.' Ik denk dat James Kydd briljant werk verricht heeft door deze waarden voor een nieuwe generatie te concretiseren. Valt zoiets te herhalen? Ik denk het wel. Er is niets typisch jaren zeventig of tachtig aan de waarden die ik zojuist heb opgesomd. Dit is een tijdloze benadering. Het is een menselijke benadering. Ik mag zelf graag denken dat die psychologisch gezien precies doel treft. Maar ik moet toegeven dat als mijn zoon Sam of dochter Holly besluit ook bij Virgin te gaan werken – ik zou overigens nooit druk op ze uitoefenen – dat ons werk gemakkelijker zou maken, want dan zouden jongere gezichten de producten kunnen promoten, in plaats van hun oude vader!

Voordat ik u over Virgin Blue ga vertellen – een recent groot avontuur voor het merk Virgin – kan ik eigenlijk nu wel wat over mezelf zeggen. Ik heb het dan over Richard Branson, de beroemdheid (of mascotte, of zondebok; ik ben het allemaal geweest).

Een groot deel van het Virgin-verhaal heeft altijd in het teken gestaan van mijn bereidheid centraal te staan in onze publiciteit. Ik weet niet hoeveel verschillende uitmonsteringen ik al heb aangetrokken in mijn zakelijk leven; waarschijnlijk zijn het er meer geweest dan Laurence Olivier. Voor een groot deel daarvan moet ik onze directeur Mediarelaties Jackie McQuillan bedanken. De afgelopen vijftien jaar heeft ze talloze kostuums en huiveringwekkende stunts voor me bedacht, van mijn baard afscheren en een bruidsjurk aantrekken tot me verkleden als een Indiase prins en van een gebouw in Mumbai af springen terwijl ik op een trommel speelde, ter gelegenheid van onze eerste onderneming in India. Ik geloof dat het publiek genoten heeft van de spectaculaire stunts die we in de loop der jaren hebben uitgehaald. De reden dat mensen ervan genieten is dat ze heel zorgvuldig gepland worden. Ze moeten grappig zijn. Ze moeten mensen aan het lachen maken. Ze moeten zowel voor het oog als voor de geest interessant zijn. Ze moeten zowel iets vertellen als van iets getuigen. En ze moeten beslist de kwaliteiten van het merk en de boodschap overbrengen. Mijn bijna-naakte verschijning op Times Square in New York in juli 2002 is een goed voorbeeld: om onze alliantie met MTV, een divisie van Viacom, aan te kondigen, droeg ik alleen een mobiele telefoon om mijn edele delen te beschermen. 'Ik ben hier om in levenden lijve te bewijzen dat de mobiele diensten van Virgin Mobile niets te verbergen hebben,' zei ik.

En zoals we zullen zien, heeft Virgins reputatie als bedrijf dat graag iets uitprobeert, een onvoorzien maar toch heel waardevol gevolg: als er iets verkeerd gaat met onze o zo zorgvuldig voorbereide stunts, dan leveren ze nog altijd publiciteit voor het merk op!

Je kunt je afvragen of het wel zinnig is om zoveel aandacht aan de baas van een bedrijf te besteden. Af en toe kan het tegen je werken. Zoals ik later nog zal uitleggen, heeft al die onzin in de media over mijn 'liefdesdeal' met de Britse premier Gordon Brown, alleen omdat we in hetzelfde vliegtuig zaten, ons bod op de in moeilijkheden verkerende bank Northern Rock geen goed gedaan. Maar over het geheel genomen zijn de positieve effecten groter dan de negatieve. Mijn eigen in het oog lopende avonturen hebben het merk niet alleen onder de aandacht gebracht, maar het ook persoonlijker gemaakt. Ik heb mijn succes in zaken gebruikt om me in werkelijk prachtige avonturen te storten. De speedbootraces en ballonvaarten pakten heel goed uit voor het merk omdat het echte uitdagingen waren, die ik ondernam in een sfeer die met onze merkwaarden overeenkwam. En ze waren geweldig leuk om te doen.

Niet iedereen heeft zin een wereldrecord te vestigen en het is niet voor elk merk nuttig. Het gaat erom een eigen manier te vinden om je merkwaarden te personifiëren; ik vermoed dat u zelf het voordeel wel ziet.

In het algemeen zijn de media altijd buitengewoon eerlijk geweest tegenover Virgin. We hebben het nieuws, reportages en opiniepagina's met onze uitdagingen verlevendigd, en omdat zovele van onze bedrijven zich op consumenten richten, is er een constante stroom nieuwsberichten om de media nieuwsgierig te houden. Onze persafdeling zorgt ervoor dat de pers bij elke productintroductie uitgenodigd wordt en is altijd van onze plannen op de hoogte. Voor elk bedrijf dat een consumentenmerk opbouwt, zijn gesprekken met journalisten vaste prik. Ik heb heel wat zakenlui ontmoet die een hekel hebben aan publiciteit, maar ik heb het gevoel dat de Virgin-groep al vele jaren een uitstekende relatie met de media heeft. Daar komt bij dat ik zelf als journalist ben begonnen met *Student*; ik bevind me graag in het gezelschap van redacteuren, journalisten, schrijvers en pr-medewerkers.

Dat gezegd zijnde, denk ik dat het belangrijk is dat de pr-afdeling de afzonderlijke bedrijven en de leiders daarvan een imago binnen het concern verleent. Steve Ridgway is CEO van Virgin Atlantic Airways en blijft op de achtergrond – meestal met een glimlach op zijn gezicht – terwijl ik een aankondiging doe of een mediastunt uithaal. Maar Steve doet ook graag zijn zegje in reportages en zakentijdschriften om de luchtvaartmaatschappij onder de aandacht te brengen. Zo moet het ook, en ik ben blij dat alle directeuren van de Virgin-groep hun best doen om het merk te promoten.

Ik had last van een jetlag na een vlucht van veertien uur en werd direct het vliegtuig uit geloodst. Op het platform van de privévliegtuigjes stond een helikopter met draaiende rotors op me te wachten. Ik dacht even dat ik een snelle lift naar mijn hotel zou krijgen, maar dat bleek niet het geval.

Een van de leden van het Virgin-team legde een tuig om mijn lichaam en over mijn hoofd, trok dat strak aan en bevestigde me aan een kabel. De toestroom van adrenaline zou de dufheid van de vlucht binnen enkele seconden doen verdwijnen.

Met samengeknepen billen kwam ik in Australië aan. Ik vloog door de lucht alsof ik een vogel was; zoiets had ik nog nooit beleefd. Ik kan u verzekeren dat dit niet de normale route is waarlangs Virgin-passagiers die op de luchthaven Kingsford Smith arriveren het centrum van Sydney bereiken. Ik werd van de grond getild en terwijl ik 30 meter onder de helikopter hing, stegen we steeds hoger de lucht in. Het was een spectaculaire manier om aan te komen, zoals Peter Pan ooit boven Londen had gevlogen. In plaats van de Big Ben en de parlementsgebouwen zag ik onder me meisjes zonnebaden op Bondi Beach en surfers over het azuurblauwe water glijden. De vliegtocht voerde me over de Sydney Harbour Bridge, waar ik zo rakelings overheen vloog dat mijn schoenen bijna de top van de boog raakten. We zweefden langs het Opera House, waar tientallen mensen me toezwaaiden, en ik landde op Custom House Quai, waar de mediavertegenwoordigers in groten getale gereedstonden. Ik moest hen over de introductie van Virgin Mobile Australia vertellen. Ik haalde diep adem.

Telkens als ik naar Australië ga, moet ik er flink tegenaan. Ik heb gewaterskied achter een zeppelin in water dat vergeven was van de haaien, ben gered door de dames van Bondi Beach, heb met radiopresentator Rosso (beroemd van het komische duo Merrick and Rosso) gedold, heb chocolade-ijsjes uitgedeeld op het V Festival – kortom, alle gewone dingen die een bestuursvoorzitter moet doen, maar slechts heel zelden doet.

Geregeld krijg ik de vraag wat ik heb geleerd van het zakendoen bij onze tegenvoeters. Was het opzetten van Virgin Blue in Australië een ervaring die van andere elders afweek? Het antwoord luidt: ja, het was zeker anders, en het loonde beslist.

Ik denk dat Australiërs eerder enthousiast zijn voor het Virgin-idee dan inwoners van welk ander land ook, Groot-Brittannië inbegrepen. Al voordat Virgin Blue van start ging, had het merk Virgin een bekendheid van 94 procent in het land, die misschien ook te danken was aan mijn ballonvaart- en speedbootactiviteiten en mijn autobiografie *Richard Branson over Richard Branson*, die in Australië goed verkocht. In 2008 bleek dat Virgin Blue als een van de tien beste merken in de regio Azië-Pacific werd beschouwd en als een van de vijf betrouwbaarste merken in Australië.

Ik heb erover nagedacht waarom Virgin bij de Australiërs zo goed aansloeg, en volgens mij komt dat doordat plezier maken daar een onofficiële nationale sport is. De meeste Australiërs zijn zeker geen provincialen. Vaak hebben ze een rugzakreis over de wereld gemaakt en van alles gedaan voordat ze zich settelen. De Australiërs houden niet van onnodige regels of kleinzielige bemoeizucht, en zijn bereid keihard te werken en daarna uitbundig feest te vieren.

Ik heb Virgin altijd als een jeugdig merk beschouwd (niet als een jeugdmerk; dat is een ander en veel beperkter concept). In Australië hebben de merkwaarden van Virgin volgens mij echter niet dezelfde associaties als het om leeftijd gaat. Ik denk dat iedereen het daar meteen begrijpt, zonder zich druk te maken of ons aanbod voor zijn generatie bedoeld is of niet.

Nu Virgin steeds volwassener wordt en de afstand tussen onze huidige ondernemingen en de herinneringen aan onze wortels in de progressieve rock steeds groter wordt, is de verwelkoming van Virgin in Australië zeker geruststellend. Daardoor ben ik ervan overtuigd dat het niet alleen maar mazzel is dat we diverse generaties aanspreken en dat ons aanbod bij vrijwel iedereen in de smaak valt.

Het was fascinerend om te zien hoe het merk Virgin met andere aspecten van het Australische nationale karakter overeenstemt. Als je tegen Australiërs concurreert, gaat het er hard aan toe, maar meestal wel volstrekt eerlijk. Zij houden ook van de underdog, en de meeste van onze bedrijven in Australië pasten in dat model, hoewel Virgin als groep nu duizenden mensen in Australië werk biedt. Het behoort tot de Australische sportgebruiken om keihard te spelen, je tegenstander zo hard mogelijk tegen de grond te werken en dan na afloop een paar biertjes met hem te drinken en samen de overwinning te vieren of om de nederlaag te treuren. 'Even goede vrienden, *mate*' is een veelgebruikte Australische zegswijze na een harde wedstrijd. En zo gaat het bij Virgin ook, ook al hebben we nooit in dat soort termen aan het merk gedacht toen we ermee begonnen. Het is dus goed mogelijk dat de Virgin Blue-ervaring een nieuwe betekenis aan het merk Virgin toevoegt.

De gewone Australiërs – en Nieuw-Zeelanders – hebben recht op een goede deal. Ze werken hard voor hun geld en hebben er een hekel aan afgezet te worden, maar ze wisten al jaren dat Qantas, de nationale luchtvaartmaatschappij, het inmiddels verdwenen Ansett en Air New Zealand gewoon geen waar voor het geld boden.

Ik heb altijd gezegd dat ik er dol op ben luie bedrijven te tackelen: Qantas en Ansett zijn goede maatschappijen, maar ze vormden een duopolie, en de tijd was rijp dat ze door een concurrent uitgedaagd werden. In augustus 1999 kondigden we aan dat we in Australië een luchtvaartmaatschappij voor binnenlandse vluchten wilden beginnen. We hadden 10 miljoen Australische dollar om te investeren.

Op het moment dat ik dit schrijf, in 2008, heeft Virgin Blue 32 procent van de vliegmarkt in Australië in handen, met meer dan 2200 vluchten per week tussen 22 binnenlandse bestemmingen. De maatschappij heeft zijn vleugels onder de naam Pacific Blue ook naar Nieuw-Zeeland uitgeslagen, vliegt in Tonga, Samoa en Fiji als Polynesian Blue en is van plan als V Australia op de Verenigde Staten te vliegen.

In nog geen tien jaar hebben we een luchtvaartmaatschappij opgebouwd die de Australiërs, Nieuw-Zeelanders en Polynesiërs heel goed lijkt te bevallen, en telkens als ik aan boord van een van onze vliegtuigen stap, proef ik een aanstekelijke sfeer.

Virgin Blue was het geesteskind van de Australiër Brett Godfrey, wiens vader voor Qantas werkte, en Rob Sherrard (die Sherrard Aviation oprichtte en Brett zijn eerste baan als boekhouder gaf). In 1993 stelden ze op de achterkant van een paar bierviltjes hun plan op. Brett liep al diverse jaren met die kartonnetjes in zijn broekzak rond toen hij mij benaderde. Merkwaardig toch dat de beste ideeën in het leven soms na een flinke borrel opborrelen!

Brett was me voor het eerst opgevallen toen hij een briljante reactie schreef op een artikel dat zich tegen onze Europese maatschappij Virgin Express richtte. Hij verwoordde exact hoe ik erover dacht, wat me lange tijd is bijgebleven.

In 1999 was Brett directeur Financiën van Virgin Express. We hadden drie CEO's versleten en Brett was al directeur Operaties geweest, dus hij kende intussen alle valkuilen en problemen van de luchtvaartbranche. Hij werkte ontzettend hard en kon uitstekend met mensen overweg. Door zijn sterke persoonlijkheid had hij enkele penibele kwesties tot een goed einde gebracht.

Op een donderdagavond belde ik Brett op om de baan van algemeen directeur van Virgin Express aan te bieden, met standplaats Brussel. Hij wees mijn aanbod beleefd af. Hij zei dat hij wilde vertrekken omdat hij met zijn vrouw Zahra nu twee kleine kinderen had, Ryan en Nicholas, en hij wilde met hen naar Australië terugkeren.

Ik zei: 'Als je iets in Australië wilt doen, laat het me dan weten en dan kijken we wat we kunnen doen.'

'Grappig dat je dat zegt,' luidde zijn antwoord. Hij vertelde me over zijn plan voor een lowcost-maatschappij in Australië.

'Waarom draai je dan geen plan in elkaar? Ik zal ernaar kijken,' zei ik.

Brett stelde die avond nog zijn voorstel op en liet een van zijn collega's de volgende ochtend naar Oxford vliegen om het plan te bezorgen. Ik las het en belde hem de volgende avond op.

Bretts idee was al verworpen door het Virgin-directieteam in Londen, maar volgens mij had het wel degelijk potentie. Hij zei tegen me dat ik de eerste was die zijn visie deelde en dat hij het idee al bijna opgegeven had. Ik vroeg hem naar vijf problematische kwesties te kijken en dan bij me terug te komen. Ik had vragen over tijdslots, goede vliegtuigen, terminals, ticketuitgifte en personeel en piloten. Brett vertrok naar Australië en keerde binnen een week met alle antwoorden terug. Nadat ik met ons team had gesproken, zei ik: 'Ach wat, we doen het gewoon.'

Er werden handen geschud. Ik zei dat ik hem 10 miljoen Australische dollar zou geven, en de volgende dag stonden die op zijn bankrekening. (Zijn bankmanager belde hem op omdat hij dacht dat het een fout was!)

Brett had zich al verzekerd van steun van de regering van Queensland, die geleid werd door Peter Beattie, wat gunstig was voor de marketing van dit onontdekte toeristengebied. Dit was een enorm geluk voor ons; alle regionale hoofdsteden in Australië wilden graag een nieuwe luchtvaartmaatschappij in hun staat hebben, maar Brisbane was samen met Perth de snelst groeiende stad van Australië, met de Sunshine Coast als geweldige attractie. De inkomstenbelasting was er lager en de stranden waren er mooier. Toen we van start gingen, hadden we 12.000 cv's van mensen die allemaal naar Queensland wilden verhuizen!

Toen de Amerikaanse lowcost-maatschappij JetBlue van start ging, had die een budget van 120 miljoen dollar. Bretts budget van 10 miljoen Australische dollar was buitengewoon krap, maar hij had zijn huiswerk gedaan. Hij wist dat Compass, de eerste budgetmaatschappij van Australië, die te weinig kapitaal had, in december 1991 failliet was gegaan, nadat ze door Ansett en Qantas in een tarievenoorlog uitgeknepen waren. Compass-baas Bryan Gray gaf ons een aanwijzing wat we moesten doen, en waar het allemaal verkeerd was gegaan. We wilden zijn fouten niet herhalen. Wat volgde, was een schoolvoorbeeld van Virgins '*branded* durfkapitalisme' in actie, en illustreerde tevens uitstekend waarom het soms beter is een pionier te volgen dan een pionier te zijn.

Algauw deden geruchten de ronde over een nieuwe speler in de binnenlandse luchtvaartmarkt, en op 30 november 1999 werd Bretts financier tijdens een persconferentie in Custom House Quay bekendgemaakt. Het was Virgin. We hadden onze deal prima geheim weten te houden en hadden de markt volkomen verrast. Een enkeltje van Brisbane naar Sydney, dat 150 dollar had gekost, was nu nog geen 100 dollar. De ASX, de Australische beurs, was door het dolle heen. De aandelen Qantas waren op slag 2 miljard dollar minder waard. Brett en ik grapten dat als we zo slim waren geweest een hedgepositie in te nemen op dalende Qantas-aandelen, we onze opstartkosten er al uit hadden gehad.

We wisten allebei dat Qantas een van de best geleide luchtvaartmaatschappijen ter wereld was, maar ze waren erg zelfgenoegzaam geworden door hun duopolie met Ansett. Virgin Blue moest gewoon anders zijn. Onze cultuur zou het verschil uitmaken, en niemand kon de Virgin-cultuur kopiëren.

Vanaf de eerste dag ging Brett op zoek naar mensen zonder ervaring in de luchtvaart. De advertenties voor Virgin Blue konden er zo uitzien: 'Als je paars haar hebt, in een slagerij werkt en nog altijd kunt lachen na een zware dag, dan ben jij het type dat we voor onze cabinebemanning zoeken.' Zijn hele benadering deed me denken aan de toon die onze publiciteit voor Virgin Music had: direct, informeel en oprecht informatief.

En dat waren natuurlijk precies de eigenschappen die hij bij zijn medewerkers zocht. Het is onmogelijk langdurig net te doen alsof je lacht, en wij hadden mensen nodig die voortdurend wilden glimlachen. Het werk van het cabinepersoneel is zwaar. Je staat tien uur per dag in een beperkte ruimte, waar je voortdurend met het publiek te maken hebt. De piloten kunnen tenminste nog zitten en hoeven de passagiers niet te zien, maar een lid van het cabinepersoneel moet de juiste instelling hebben om met klanten om te gaan die hun bagage kwijt zijn, hun vlucht gemist hebben of rode wijn over hun witte jurk hebben gemorst. Bij Virgin Blue noemden Brett en zijn team het cabinepersoneel 'crew met gastencontacten' en hij werkte er hard aan hun instelling te verbeteren. Ik weet nog dat ik hem ooit vertelde dat zijn Virgin-bemanningen meer 'Virgin' waren dan elders in de branche. Dat was natuurlijk 's ochtends na een geweldig feest met hem! Over de medewerkers van Virgin Atlantic zou ik op zo'n ochtend hetzelfde gezegd hebben!

Een Australische verslaggever stelde me ooit de vraag waarom we hadden besloten onze nieuwe maatschappij Virgin Blue te noemen, terwijl het Virgin-logo rood was. Dat kwam doordat we een wedstrijd hadden uitgeschreven, waarbij een paar mensen dit idee hadden ingestuurd omdat het in Australië grappig was. Iemand met rood haar wordt daar namelijk 'blauwe' genoemd, en daarom vonden wij het heel simbedacht om onze rode vliegtuigen blauw te noemen.

We zijn zeker niet het enige bedrijf dat de draak steekt met het eigen merk, een strategie die vaak heel effectief is. Je dient eerst een jarenlange goede reputatie te hebben voordat het de moeite waard is, maar het idee is zeker niet verkeerd. Het laat zien dat je goed met je publiek overweg kunt. Sommige commentatoren klagen dat Virgins jovialiteit niet echt geloofwaardig is, gezien onze wereldwijde scope. Integendeel, ik geloof dat het publiek slim genoeg is. Het weet hoe groot we zijn. Het ziet onze vliegtuigen in de lucht. Ik denk dat het publiek veel meer door hoogdravendheid en schijnheilige taal geïrriteerd raakt en dat het veel beter is een grapje ten koste van jezelf te maken dan jezelf veel belangrijker te maken dan je eigenlijk bent.

In maart 2000 dacht Brett er nog steeds over om langzaam te beginnen, met slechts een tiental mensen, onder wie directeur Communicatie en derde oprichter David Huttner. Maar alles raakte in een stroomversnelling. In augustus hadden we 350 medewerkers en waren we klaar om de lucht in te gaan. We wilden op tijd klaar zijn voor de Olympische Spelen in Sydney, die op 15 september zouden beginnen, maar onze contanten raakten op. Manny Gill, de financieel directeur, zei tegen Brett dat er geen geld meer was en dat ze de lonen niet meer konden betalen. Brett was een slimmerik: op een aparte rekening had hij precies voor deze eventualiteit een miljoen opzijgezet, en zo was Manny in staat de salarissen uit te betalen.

We hadden nieuwe vliegtuigen nodig, en ook daarvoor moest Brett zorgen. Onze eerste vliegtuigen waren geleast, maar later besloten we ook tien Boeing 737's van de nieuwe generatie te kopen, die we gloednieuw uit Seattle aangeleverd kregen. Toen ik een paar dagen later met Brett aan de telefoon zat – hij belde dagelijks op – was zijn opgewektheid verdwenen en ik merkte dat hij nerveus was.

'Richard, ik heb een cheque van 600 miljoen dollar voor me liggen. Weet je zeker dat ik die moet tekenen? De grootste cheque die ik ooit getekend heb, was voor mijn hypotheek.'

'Brett?'

'Ja, Richard?'

'Teken die cheque nou gewoon.'

Volgens onze aanvankelijke ramingen zouden we binnen drie jaar winst maken, maar we haalden dat doel eerder dan we verwachtten. Brett wilde de Nieuw-Zeelandse markt op nadat Freedom Air, een dochter van Air New Zealand, een dienst van Tasmanië naar Brisbane was begonnen. Dat gaf ons de kans Pacific Blue op te richten, dat vanuit Nieuw-Zeeland opereerde en van Christchurch naar Brisbane vloog.

Het idee was simpel: rechtstreekse *point-to-point*-vluchten, in plaats van de passagiers zonder noodzaak via een *hub* te laten vliegen. Deze 'hub-loze' benadering maakte het leven voor de passagier een stuk eenvoudiger, en aangezien onze nieuwe vliegtuigen buitengewoon betrouwbaar waren, boekten we een enorme efficiencywinst. Binnen vier jaar vloog Virgin Blue met 41 Boeing 737's, het werkpaard van de budgetmaatschappijen die zich over de hele wereld uitbreidden. We hadden inmiddels 3000 mensen op de loonlijst en meer dan 30 procent van de markt in handen. Dat was een niet-geringe prestatie.

De eerst vlucht vond plaats op 31 augustus 2000 om tien uur. De vlucht was helemaal vol en Brett, Rob en het team traden in mijn voetsporen en begonnen een eigen verkleedtraditie. Ze kwamen aan als de Blues Brothers. Ik had graag het gezicht van Geoff Dixon, de CEO van Qantas, gezien toen hij hiervan hoorde. Zijn enige serieuze rivalen namen een loopje met zichzelf en iedereen – de bemanning, de pers en de passagiers – vond het geweldig.

Een jaar later staken we Qantas en Ansett naar de kroon. We wisten dat we ze gevoelig geraakt hadden. Ze werden met een hoop problemen geconfronteerd. Virgin Blue, de nieuwkomer, schopte de hele markt in de war.

Merk

Vanaf het begin was Virgin Blue de maatschappij van het internet. Als je wilde vliegen, deed je dat het goedkoopst door online te boeken. Bij Qantas en Ansett, die nog met oude systemen werkten en relaties met de reisagenten onderhielden, werd slechts 2 tot 3 procent van de boekingen via het internet afgehandeld. Virgin Blue haalde direct al 60 procent van de boekingen via het internet binnen, en na zes maanden was dat 92 procent. Het internet was gemakkelijker te gebruiken, en omdat de boekingstarieven voor ons minimaal waren, gaf dat ons een kostenvoordeel.

In juni 2001 ontvingen we een ongevraagd bod op Virgin Blue. Brett werd benaderd door Gary Toomey, de CEO van Air New Zealand, voor een diner in de Chairman's Club Lounge in Melbourne, een uiterst luxe etablissement met gouden toiletdeksels. Ze kletsten wat en Brett zei dat hij zeker naar een bod zou luisteren. Hij was altijd bereid een of andere vorm van samenwerking in overweging te nemen. Een paar weken later werd Brett voor een nieuw gesprek met Gary uitgenodigd, ditmaal in het Crown Casino in Melbourne, een populaire gelegenheid om grote deals te sluiten. Voordat hun voorgerecht op tafel stond, had Gary hem al 70 miljoen dollar voor de luchtvaartmaatschappij geboden. Brett vroeg direct of dat Amerikaanse dollars waren. 'Natuurlijk,' antwoordde Gary. Dat kwam overeen met 120 miljoen Australische dollar.

Na het diner belde Brett me op en bracht deze informatie over. Dit betekende dat we nu in elk geval wisten wat het bedrijf zo'n beetje waard was. De positie van de Virgin-groep als geheel in aanmerking genomen, zou dit een goed moment geweest zijn om een deel van de investeringen terug te verdienen, maar toch was het nog te vroeg om het aanbod serieus te overwegen.

We sloegen het dus af, maar het duurde niet lang of we werden door een andere, machtiger kandidaat benaderd. De president-directeur van Singapore Airlines, dr. C.K. Cheong, belde me op. Ik kende hem goed. In december 1999 hadden we 49 procent van de aandelen van Virgin Atlantic voor 600 miljoen pond aan Singapore Airlines verkocht, om met de opbrengst elders in de Virgin-groep te investeren.

Singapore Airlines bezat 20 procent van de aandelen van Air New Zealand en Air New Zealand was eigenaar van Ansett. We wisten dat Ansett in ernstige problemen verkeerde. Air New Zealand had het bedrijf te duur gekocht, maar ontdekte al snel dat het niet alle vliegtuigen kon betalen die nodig waren om de verouderde Ansett-vloot te vervangen. Gezien Ansetts problemen, was het voor ons geen verrassing dat Cheong van Virgin Blue af wilde.

Wat ons hogelijk verraste, was zijn aanbod. 'Luister,' zei hij tegen me, 'het heeft jou vorig jaar slechts 10 miljoen Australische dollar gekost om Virgin Blue op te richten. Ik geef je nu 250 miljoen voor het bedrijf. Maar je moet me je beslissing uiterlijk morgenochtend meedelen. Als je geen ja zegt, zullen we enorm in Ansett gaan investeren en dan zorgen we ervoor dat het binnen zes maanden met Virgin Blue gebeurd is.'

Cheong was onze nieuwe partner. En dit was dus een vriendelijk gesprekje! Maar Virgin Blue was een fantastische maatschappij, die echt iets nieuws bracht in Australië. Het was een heel fijne maatschappij om in deel te nemen. Ze hadden de beste cabinebemanning en prachtige nieuwe vliegtuigen en iedereen gaf er hoog van op. Dit was voor ons een dilemma. Aan de ene kant hadden we een schitterend aanbod, werkelijk een geweldig rendement op het geld dat we geïnvesteerd hadden. Aan de andere kant had het bedrijf een enorm potentieel en rekenden het publiek en het personeel op ons.

Brett begreep mijn positie. Hij wist dat ik in dit stadium tot verkoop kon besluiten. We ontmoetten elkaar in Brisbane, waar we langdurig met elkaar spraken. We liepen de hele avond te ijsberen op de hotelkamer, de verschillende opties besprekend. Er zat een luchtje aan het voorstel. Waarom wilde Singapore zo graag van ons af? Waarom waren ze bereid hun geld in de bodemloze put van Ansett te storten, alleen maar om Virgin Blue te vernietigen? Ze waren onze partners. Ze hadden aandelen in Virgin Atlantic. Ik begreep niet welke bedoelingen ze konden hebben.

Mijn directieteam wilde graag dat ik de maatschappij verkocht en het geld incasseerde, maar intuïtief wilde ik juist de andere kant op. Zoals ik al heb uitgelegd, accepteer ik meestal een hoger risico voor een mogelijk hogere opbrengst. Brett belde zijn medestanders, die kwamen opdraven om te proberen mij ervan te overtuigen het bedrijf te houden en verder uit te bouwen. Op de terugweg naar de hotellift nam ik Brett apart en zei: 'Weet je, die groep was echt niet nodig geweest: ik verkoop Virgin Blue niet.'

Even later kwam er een fax. Die bracht ons weer terug naar het begin. *Een kwart miljard Australische dollar.* Daar lag Cheongs bod, zwart op wit. Brett en ik staarden er langdurig naar. Dit was 25 keer zoveel als het ons gekost had om het bedrijf op te richten, nog geen jaar geleden. Waren we krankzinnig aan het worden?

Ik belde Andy Cumming op, onze manager bij Lloyds TSB in Londen. Ik zei tegen hem dat we een bod van 250 miljoen op tafel hadden liggen en dat we morgen konden verkopen, maar dat we de maatschappij wilden behouden. Als we deze lucratieve deal zouden afwijzen, zou de bank ons dan blijven steunen?

Andy en vele van zijn collega-bankiers hebben ons altijd gesteund, zodat we konden groeien en gedijen. Ze wisten hoe we ervoor stonden. Andy zei dat onze andere projecten niet in gevaar waren; we hadden nog altijd hun steun.

We gingen weer op de bank zitten en begonnen weer naar de fax te turen.

De volgende ochtend namen we een besluit. We organiseerden een grote persconferentie in de terminal in Brisbane, met tientallen tv-camera's en het grootste deel van de Australische pers. Er viel een stilte toen ik opstond.

'Dag, allemaal. Ik heb goed nieuws en slecht nieuws. Het goede nieuws is dat ik hier een cheque voor 250 miljoen dollar heb.' Ik stak die omhoog. (De cheque hoorde bij het toneelstukje en was uitgeschreven op een rekening van de Qantas Savings Bank van een van de luchthavenmanagers.) 'En ik ga terug naar Engeland. We hebben zeker een geweldige tijd in Australië beleefd. Het is jammer dat we de maatschappij vandaag moeten verkopen, maar het is een aanbod dat we niet kunnen weigeren.'

Een paar Virgin Blue-meisjes begonnen te huilen. Ik was zo verbijsterd dat ik mijn tekst vergat. Voordat ik me kon herstellen, rende een Associated Press-verslaggeefster de zaal al uit om het bericht door te briefen. Het nieuws zou binnen enkele minuten de hele wereld over gaan. 'Het is maar een grapje!' riep ik, terwijl ik de cheque in stukjes scheurde en die de lucht in wierp. 'Er kan geen sprake van zijn dat we zouden verkopen.'

Er werd gejuicht en luid hoera geroepen. De AP-verslaggeefster hoorde de commotie, kwam terug en trok wit weg. 'Dat gaat me mijn baan kosten!'

Ik kroop op handen en voeten naar haar toe en kuste haar voeten.

Toen we de avond daarvoor naar de fax hadden zitten turen, waren Brett en ik er steeds meer van overtuigd geraakt dat er iets niet klopte. Singapore Airlines leek gewoon te graag van ons af te willen in Australië en Nieuw-Zeeland. Waarom zouden ze goed geld naar kwaad geld gooien door een duidelijk zieltogende maatschappij als Ansett nieuw leven in te blazen?

We kwamen tot de conclusie dat Singapore Airlines niet van plan was Ansett te reanimeren. Ansetts enige hoop was dat wij ons zouden laten verrassen en Virgin Blue in ruil voor cash zouden opgeven.

De volgende dag al besloot Singapore Airlines de stekker uit Ansett te trekken. Op 13 september werd de maatschappij onder curatele gesteld en werd de vloot aan de grond gehouden. De concurrentie van Virgin Blue en de schok van 11 september en de aanval op de Twin Towers in New York hadden het bedrijf de das omgedaan.

Meer dan 16.000 mensen raakten hun baan kwijt – het grootste massaontslag in de Australische geschiedenis. De deconfiture van Ansette werd een politieke kwestie in de Australische verkiezingscampagne van 2001. Kim Beazley, de oppositieleider van Labour, beloofde dat hij de maatschappij in de lucht zou houden en subsidie voor het behoud van de werkgelegenheid zou geven. Daar ging John Howard, de leider van de Liberalen, tegenin door te stellen dat de vrije markt zijn werk moest doen en dat het niet goed voor Australië was om een zieltogende luchtvaartmaatschappij te ondersteunen. Howards coalitieoverwinning met de National Party maakte een eind aan plannen om Ansett weer op de been te helpen.

De wrange ironie van 11 september was dat vele Australiërs uit angst voor het terrorisme niet meer naar het buitenland reisden. In plaats daarvan bleven ze en masse in eigen land om vakantie te vieren in de outback, Cairns en de Gold Coast. Als gevolg daarvan verdubbelde de vloot van Virgin Blue – niet gehinderd door concurrentie van Ansett – in zes maanden, en daarna nog eens, en nog eens. De bezettingsgraad van de 36 vliegtuigen was bijna 100 procent, omdat zoveel Australiërs besloten niet naar Europa of de Verenigde Staten te vliegen.

Als het om productiviteit ging, lag Virgin Blue ver voorop in de efficiencytabellen: Ansett had op het hoogtepunt met 16.000 medewerkers 10 miljoen passagiers vervoerd, terwijl Virgin Blue 4000 mensen in dienst had om 15 miljoen passagiers te vervoeren.

'Virgin Blue is één grote mediahype.'
'De markt is niet groot genoeg om Virgin Blue bestaansrecht te geven.'
'De zakken van Virgin Blue zijn niet diep genoeg om het vol te houden.'
'Qantas zal alle mogelijkheden aangrijpen om de indringer weg te jagen.'
'Waarschijnlijk houden ze het nog geen jaar uit.'
'Beweringen van Richard Branson dat de binnenlandse tarieven hoog zijn, zijn misleidend.'

Dit waren een paar meningen van directeuren van luchtvaartmaatschappijen, geciteerd in interviews met de pers. Het was duidelijk dat we voor onrust begonnen te zorgen in de Qantas-achterkamertjes. Toen we aankondigden dat we de Britse rechten hadden gekregen om naar Australië te vliegen (de Australische regering hoefde ons alleen nog maar landingsrechten te verlenen), verscheen er een vernietigend artikel in de *Australian Financial Review* waarin stond dat onze plannen 'luchtfietserij' waren.

Zo was het genoeg. In 2003 schreef ik een brief naar de *Australian*:

Ik wil Geoff Dixon graag de volgende uitdaging voorleggen. Als Virgin Atlantic binnen 18 maanden naar Australië vliegt, dan zal hij zijn nederlaag erkennen door op een eerste vlucht mee te gaan, verkleed als een van onze stewardessen, en onze passagiers tijdens de vlucht verzorgen. Als ik december volgend jaar nog niet naar Australië vlieg, zal ik bereid zijn hetzelfde te doen op een Qantas-vlucht van Londen naar Australië.

Bij de brief sloot ik een bewerkte foto van Geoffs hoofd op het welgevormde lichaam van een Virgin-stewardess in.

Geoffs antwoord was kortaf: 'Wij leiden een luchtvaartmaatschappij, geen circus.'

De Qantas-aandelen werden direct 3 procent minder waard.

Virgin Atlantic begon in december 2004 met vluchten naar Australië. Geoff heeft het uniform nooit aangehad!

De Branson-way

Brett heeft zich altijd voor de volle 100 procent voor zijn kindje ingezet. Een paar weken voordat Virgin Blue naar de Australische beurs zou gaan, wachtte een groep financieel journalisten op een interview met hem over de cijfers. Hij zou van de vlucht van Brisbane naar Sydney komen, maar toen de laatste passagiers de trap af kwamen, zat hij daar niet bij. Een luchthavenemployé moest hem ophalen. Hij zat wel degelijk op de vlucht, maar was bezig de stewardessen te helpen de vloer te zuigen, de gebruikte bekertjes weg te gooien en de veiligheidsriemen over de stoelen te leggen zodat het toestel sneller kon omkeren. Hij wist dat punctualiteit de sleutel tot een succesvolle maatschappij was, evenals een beursintroductie natuurlijk.

Op donderdag 13 november 2003 waren Brett en ik in cocktailbar The Loft in Darling Harbour feest aan het vieren met een stel Virgin Blue-mensen. Om vier uur die nacht liepen we wankelend naar buiten. Drie uur later vertrokken we in het felle licht van een tv-ploeg die ons tijdens het gehele proces gevolgd had, naar de vergaderingen met bankiers en investeerders.

Het gesprek dat ik een paar dagen later met Goldman Sachs voerde, was een van de meest bemoedigende zakelijke gesprekken die ik ooit heb gevoerd. De Virgin Blue-introductie was elfmaal overtekend. De 250 institutionele beleggers vroegen 3,8 miljard aandelen! Als een kwajongen vroeg ik me af of ik Geoff Dixon moest bellen om te zeggen dat hij de handdoek beter in de ring kon gooien.

Op 8 december 2003, de dag dat Virgin Blue een notering aan de ASX zou krijgen, hadden we in totaal 2,3 miljard Australische dollar aan volgestorte aandelen. Virgins rendement op deze investering was verbijsterend hoog. Maar nog bevredigender was voor mij dat Brett, de medeoprichter, en zijn team eveneens de vruchten plukten van Virgin Blues succes.

Brett bezat voor 80 miljoen aan aandelen. Hij is nu een van de rijkste Australiërs jonger dan 55, dankzij de miljoenen die hij met de beursintroductie verdiende. Als je hem vraagt waarom hij geen ontslag neemt en aan het strand van Queensland gaat relaxen, schudt hij alleen zijn hoofd. Hij ziet nog tal van mogelijkheden en kansen, als Virgin van Australië naar de Verenigde Staten gaat vliegen. Daar komt bij dat hij het nog steeds leuk vindt Virgin Blue te leiden.

Het was absoluut noodzakelijk om bij zo'n snelle groei een consistente koers te blijven varen, en daarbij bleken de merkwaarden een enorme steun. Ik denk dat Brett van nature een Virgin-persoonlijkheid is. Als hij nooit bij ons had gewerkt, zou zijn manier van denken nu niet radicaal anders zijn. Maar door over het merk Virgin na te denken, was hij volgens mij in staat zich op de kern te concentreren en die waarden snel en efficiënt op zijn collega's en zijn staf over te brengen.

Er werken nu meer dan 4200 mensen bij de maatschappij, en hoe moeilijk het ook is iedereen persoonlijke aandacht te geven, toch staat Brett erop bij elke nieuwe introductiecursus het woord tot de nieuwe medewerkers te richten. Het is een verademing om te zien hoe eerlijk hij tijdens die bijeenkomsten is. Hij zegt dat het werk van de cabinebemanning vermoeiend kan zijn. Als iemand met een glimlach lang door kan gaan en dat ook leuk vindt, dan is dat prima; maar hij is niet van plan iemand te betalen omdat die zich ellendig voelt. Hij vindt het belachelijk om iemand een te hoog salaris te betalen terwijl diegene voortdurend loopt te balen in de dienstverlenende baan waar hij of zij een hekel aan heeft. Doe dit werk een jaar of drie, zegt hij, en neem dan een beslissing. Vind je het leuk, dan blijf je, maar zo niet, weet dan dat het leven te kort is om te blijven balen.

Brett bracht me onlangs nog het volgende in herinnering: 'Toen we met deze maatschappij begonnen, stond ik erop dat we bij nul zouden beginnen. In Nieuw-Zeeland was een luchtvaartmaatschappij te koop, maar daar wilde ik niets mee te maken hebben. Ik vond dat we beslist een eigen maatschappij moesten opstarten. Onze maatschappij zou niet van ons zijn geweest als we op de fundamenten van een ander verder waren gegaan.' (Over dit punt heb ik het al eerder gehad: je kunt de cultuur niet herstructureren. Als je mensen kwaad hebt gemaakt en van hun enthousiasme of toewijding hebt beroofd, zal de bestaande cultuur echt niet veranderen als je een nieuw kantoor in gebruik neemt of ze een paar dollar meer salaris geeft.)

Op het moment dat ik dit schrijf, wordt de luchtvaartbranche met wereldwijde problemen geconfronteerd, die een grotere uitdaging vormen dan ik ooit heb meegemaakt. De aandelenkoers van Virgin Blue en Qantas is gedaald en beide moeten de capaciteit verminderen en kosten beperken om de snel stijgende brandstofrekeningen te kunnen betalen.

Dit is het moment waarop een managementteam moet bewijzen hoe sterk het werkelijk is en blijk moet geven van koelbloedig leiderschap en beoordelingsvermogen. Ik denk dat Virgin Blue Qantas uit een diepe slaap heeft gehaald en dat het bedrijf in Geoff een getalenteerde, bekwame CEO heeft gevonden die heeft gedaan wat nodig was. De geschiedenis van Virgin Blue is daartegenover gekenmerkt door snelle groei en uitstekende service; om deze storm te kunnen doorstaan, zullen Brett en zijn team moeten aantonen ook over andere kwaliteiten te beschikken, zoals de bescherming tegen dalende koersen en het beoordelen van risico's.

Virgin Blue is een uniek geval. Het bedrijf heeft een sterke binding met het merk Virgin en heeft die verder ontwikkeld. Virgin Blue heeft het merk met de eigen cultuur vermengd en er iets opwindends en iets geheel eigens van gemaakt, al moet ik zeggen dat het succes Brett niet minder onbeschaamd heeft gemaakt.

Op zaterdag 29 maart 2008 hielden we een feest voor 3000 mensen in onze enorme hangar in Brisbane, op een goed kwartier rijden van het stadscentrum. Voor deze grote gebeurtenis was ik bij Brett thuis uitgenodigd voor een vipreceptie in de tuin. Ik was die middag een beetje afwezig. Ik was net teruggekeerd van Makepeace Island, dat als vakantiebestemming voor medewerkers, familie en vrienden van Virgin Blue wordt ontwikkeld. Het is een prachtig tropisch eiland met een rijke fauna. Ik had kort daarvoor te horen gekregen dat een campagne op het eiland voor beroering zorgde. Makepeace zou de natuurlijke habitat van de Queensland-boomkikker zijn, een beschermde diersoort. Onze plannen voor het eiland vormden een bedreiging voor de kikker en zorgden voor onrust bij de lokale bevolking. Ik had ook te horen gekregen dat er mogelijk protesten tijdens Bretts vipfeestje zouden klinken, maar dat ik me geen zorgen hoefde te maken omdat de politie de omgeving zou afzetten. Ik ging ervan uit dat alles onder controle was, maar het idee dat we zo ernstig over een actuele ecologische kwestie gestruikeld waren, was bepaald verontrustend. Was ik het contact met de werkelijkheid helemaal kwijt? Ik had zelfs nog nooit van de Queensland-boomkikker gehoord, en dat gold ook voor alle anderen in mijn omgeving. Kreeg ik wel goede adviezen?

Terwijl we met z'n allen in Bretts tuin verzameld waren – er waren diverse belangrijke politici bij, onder wie de Australische minister van Financiën Wayne Swan – werd Brett precies om 16.40 uur op zijn mobieltje gebeld.

Hij wendde zich tot mij en zei: 'Weet jij hier iets van, Richard? Er schijnen demonstranten met borden en spandoeken naar het huis toe te komen.'

Ik vertelde Brett over de kikkers op Makepeace. 'Het zijn Queensland-boomkikkers,' zei ik.

Brett floot tussen zijn tanden door.

'Wat?' zei ik.

'Queensland-boomkikkers, zei je?'

'Ja, hoezo?'

Precies op dat moment klonk er lawaai op straat en kwam er een beveiligingsagent aanrennen om te zeggen dat de demonstranten op weg waren naar de tuin. Binnen enkele minuten stond er een hele groep met spandoeken te zwaaien en te roepen: '*Peace* voor de boomkikker op Makepeace', en: 'Sir Richard, je moet je schamen.'

Brett zei: 'Richard, er zit niets anders op: we moeten met deze demonstranten gaan praten.'

Ik verstijfde gewoon.

'Richard, jij moet met hen praten. Het gaat toevallig wel om de Queensland-boomkikker.'

Ik had geen idee hoe ik moest reageren. Maar Brett stapte al naar voren en ik besefte dat ik hem morele steun moest verlenen, hoe moeilijk dat ook was. Ik liep met hem mee. Terwijl ze me strak aankeken, draaiden de demonstranten hun protestborden om.

Op de borden stond: 'Je bent erin getuind – groetjes, Brett.'

In 1973 schreef de econoom Ernest Friedrich Schumacher een reeks essays onder de titel *Small is Beautiful*. Dat werd een credo dat door velen werd overgenomen als tegengif tegen de grote concerns die in de zakenwereld de dienst uitmaakten. E.F. Schumacher was een groot denker, die een aantal voorspellingen heeft gedaan die exact zijn uitgekomen. Hij stelde dat de fossiele brandstoffen uitgeput zouden raken en schreef dat het Westen een te groot deel van de kostbare natuurlijke hulpbronnen op aarde verbruikte. Hij geloofde dat de multinationals en industriële conglomeraten de grondstoffen overal ter wereld uitputten, maar daar weinig tegenoverstelden. Hij was een van de eersten die de richting naar een duurzame wereld wezen.

Toen ik zijn werk in 1999 herlas, zette dat me aan het denken. Ik wilde een positieve richting voor de Virgin-groep vinden. Ik kwam tot de conclusie dat het niet erg zinvol was te proberen het grootste merk ter wereld te worden. Het was veel waardevoller het meest gerespecteerde ter wereld te worden.

Ooit was ik geïnteresseerd in elke zakelijke branche waarin de klant slecht bediend werd. Tegenwoordig heeft de Virgin-groep een meer geografische focus. De huidige prioriteiten liggen op het terrein van transport en toerisme, communicatie en media, financiële dienstverlening, vrije tijd, entertainment en muziek, gezondheid en welzijn, en duurzame energie en het milieu. Niet elke Virgin-onderneming is een daverend succes gebleken. Maar we hebben door de jaren heen veel geleerd. We hebben geleerd verbeteringen aan te brengen in wat al aangeboden werd en op zoek te gaan naar branches waar de klant beter verdiende. We hebben geleerd te profiteren van gelukkige omstandigheden.

We zijn nu een onderneming op basis van *branded* durfkapitaal, en gezien het belang van het woord *brand* (merk) in die definitie, denk ik dat dit het juiste moment is om iets te vertellen over hoe we tot een dergelijk model gekomen zijn.

In 1989 vroeg ik Will Whitehorn, onze voormalige directeur Communicatie (nu hoofd van Virgin Galactic), om eens te kijken hoe bedrijven opereerden die op het onze leken. We begonnen diverse zakelijke organisatievormen te bekijken om te zien welke voor een onderneming als Virgin geschikt was. In Wills verslag werden onze opties keurig op rij gezet, waarbij drie beheermodellen naar voren kwamen die een nadere bestudering waard waren. In Amerika werd de mogelijkheid om in aandelen te investeren veel toegepast. Grote aandeleninvesteerders als Berkshire Hathaway (eigendom van Warren Buffett, de rijkste man ter wereld), Blackston en de Texas Pacific Group kochten een groot deel van traditionele bedrijven die een goede cashflow hadden, en dat bleek voor investeerders, waaronder beleggingsmaatschappijen en pensioenfondsen, een uitstekende manier om geld te verdienen. De Texas Pacific Group had bijvoorbeeld aandelen in Continental Airlines, Burger King,

MGM en de Carlyle-groep, een van de belangrijkste private equity-concerns ter wereld.

Ook al was het een volstrekt betrouwbare manier om een forse winst te behalen, toch kon de aandeleninvesteringsoptie ons niet bekoren. Het leek geen voor de hand liggende combinatie met het energieke merk Virgin. Deze groepen kunnen vaak rustig achteroverzitten en simpelweg kapitaal verschaffen. Dat is niet de Virgin-manier om zaken te doen. Wij maken graag onze handen vuil. Bepaalde aspecten in de organisatie bevielen ons wel, zoals de mogelijkheid snel op veranderingen in de markt te reageren en zich snel vrij te kopen bij problemen. Maar het leek allemaal wat te anoniem naar onze smaak, en alles bij elkaar te veel gericht op het eigen welbevinden.

Het tweede businessmodel dat Will benoemde, kwam uit Zuid-Korea. Daar worden belangrijke zaken afgehandeld door *chaebols*, die grotendeels verantwoordelijk zijn voor de opmerkelijke economische groei van het land. De chaebol wordt meestal bestuurd door de oprichtersfamilie en de eigendom ervan is gecentraliseerd. Het is in wezen een ouderwetse familiezaak – waarschijnlijk een industrieel bedrijf – met dochterondernemingen die de componenten leveren. Concerns als Samsung, Hyundai en LG bestaan uit een reeks bedrijven, van producenten van computerchips, laptops, telefoons en pc's tot autofabrikanten. Daardoor is de chaebol vooral machtig in bepaalde branches, met name computers. We hebben echter gezien dat die vanwege de familiestructuur moeilijk op korte termijn aan het noodzakelijke geld kunnen komen. Deze bedrijven bemoeien zich vaak alleen met hun eigen zaken en de geldstromen tussen de diverse onderdelen waren gering (een beeld waarmee we nu allemaal pijnlijk vertrouwd zijn, in het licht van de kredietcrisis van 2008).

Wills derde businessmodel kwam uit Japan. Ik koester al bewondering voor de Japanse technologische revolutie sinds ik de Virgin Records-winkels dreef. In 1971 was Japan een van de eerste landen waarnaar we platen exporteerden. Ik bezocht het land en begon er een joint venture. Onze Virgin Megastores waren de eerste winkels met computergames en spelconsoles, zoals SEGA Nintendo, Atari en Sony PlayStation, die het Virgin-concept stuk voor stuk zeker ondersteunden. Wat ik over de Japanse manier van zakendoen geleerd heb, heeft een grote invloed op ons gehad.

De Branson-way

Voor de Tweede Wereldoorlog werd Japan bestuurd door enkele grote conglomeraten onder het systeem van de *zaibatsu*. Deze werden door de geallieerden ontmanteld, omdat ze een extreem grote politieke macht bezaten. De machines om wapens en munitie te maken, werden vervolgens omgebouwd om spullen als maaimachines, camera's en motorfietsen te fabriceren. Uit deze gereorganiseerde industrieën ontstonden mede dankzij de gunstige leningen van de Japanse banken de *keiretsu*, die sindsdien in een verrassend groot aantal industriële branches marktleider zijn geworden.

In 1984 telde de *Fortune*-lijst van de grootste 500 niet-Amerikaanse industrieconcerns 146 Japanse bedrijven. Van de 100 grootste handelsbanken buiten de Verenigde Staten waren er 28 Japans, waarbij Japanse banken de eerste vier plaatsen innamen. Toyota en Nissan werden na General Motors en Ford de grootste autofabrikanten ter wereld. Nippon Steel was groter dan US Steel. Hitachi en Mitsushita Electric stonden na General Electric op de tweede en derde plaats, en waren groter dan Philips en Siemens.

Toen ik in zaken ging, waren er circa zes grote keiretsu in Japan, en met bijna al deze keiretsu heb ik de afgelopen 35 jaar op de een of andere manier overeenkomsten gesloten. Terwijl chaebols gekenmerkt worden door gecentraliseerde eigendom, worden keiretsu bijeengehouden door wederzijdse participatieholdings en worden ze door een sterke groep professionele managers geleid. Een onderneming als Mitsubishi is bijvoorbeeld opgezet rond de Mitsubishi Bank en is actief in een reeks sectoren, van autofabricage tot brouwerijen, de petrochemische industrie en onroerend goed. Alle bedrijven zijn met elkaar verbonden, en toch is elk ervan onafhankelijk.

Wat me zo aanstond, was dat het keiretsu-model zoveel verschillende bedrijfsstructuren herbergde. Zowel de chaebols als de keiretsu waren verleidelijke modellen om over te nemen, maar het probleem was dat ze voor ons veel te gecompliceerd waren om te implementeren. Aan de andere kant viel het ook moeilijk in te zien hoe Virgin als een chaebol-achtig uitgebreid familienetwerk kon functioneren, aangezien we nu niet bepaald een familie waren. We probeerden ons zeker goed te gedragen en verantwoordelijkheid tegenover elkaar te tonen, maar veel verder ging de familiemetafoor bij ons niet. Die paste niet bij onze flexibele manier van werken en evenmin bij de vrijheid die elk bedrijf genoot om eigen projecten door te zetten of bij de duizelingwekkende snelheid waarin managers bij ons kwamen werken, vertrokken, zich weer meldden, weer een tijdje bij ons werkten en verdwenen, weer terugkwamen...

Het keiretsu-model stelde ons voor een ander probleem. Inherent aan al deze participatieholdings was dat iedereen op de zak van de anderen teerde, of hij dat nu wilde of niet. Dat betekende dat we bedrijven slechts met veel moeite zouden kunnen afstoten en dat onze bedrijven onmogelijk zonder voortdurende inmenging een eigen koers konden varen. Als wij een keiretsu werden, kon ik me voorstellen dat alle 300 bedrijven in de groep elkaar helemaal kapot zouden adviseren en waarschuwen. We zouden binnen enkele seconden in onze eigen interne strubbelingen omkomen.

We wilden iets doen dat op een keiretsu zonder interventiemogelijkheid leek, iets met participatiemaatschappijen. Op dat moment kwam het Amerikaanse private equity-model in beeld. In plaats van onszelf vast te binden met wederzijdse participatieholdings, zoals bij een keiretsu, beseften we dat we de beste Amerikaanse private equity-bedrijven konden evenaren door als klassieke westerse durfkapitalisten in al onze bedrijven te investeren.

We waren dus weer terug bij het durfkapitaal- oftewel venture capital-model.

Het leek er een tijdje op dat we in kringetjes ronddraaiden, maar toen begon het ons te dagen. Wat zou ons onderscheiden van alle andere durfkapitalisten en private equity-instellingen? Ons merk. Onze wereldwijd bekende merknaam bracht onze ondernemingen niet alleen voordeel, maar verbond ze ook met elkaar. De oplossing lag eigenlijk al heel lang voor de hand. In feite werkte die zelfs al een tijdlang goed. We hadden geen participatiemaatschappijen of sterke familiestructuren nodig: we hadden een gemeenschappelijke vlag.

Door de bindende kracht van het merk Virgin konden we de vergaande beslissing nemen iedereen de gelegenheid te bieden zelfstandig ondernemer te zijn. Het merk is een vlag waaraan alle leden van onze uitgebreide familie gepast respect betuigen. Ze genieten van de voordelen zaken te doen onder de Virgin-paraplu, en in ruil daarvoor gaan ze ermee akkoord de integriteit van het merk te beschermen. Als ze dat niet doen, dan hebben we het recht hen de naam af te pakken. Iedereen vecht voor zijn eigen Virgin-bedrijf en profiteert van de winsten als de zaken goed gaan.

De geschiedenis van de groei van Virgin Active is op tal van manieren een van de beste voorbeelden van Virgins *branded* durfkapitalisme in de praktijk.

In 1997 werd ik door Frank Reed en Matthew Bucknall benaderd met een idee om Virgin-fitnessclubs op te zetten. De twee hadden net hun bedrijf LivingWell aan Hilton Hotels verkocht en wilden nu opnieuw aan de slag met de oprichting van een fitnessonderneming die buiten de gebaande paden trad. Ze hadden het idee dat ze samen met Virgin een gevoel van plezier, waar voor je geld en kwaliteit konden neerzetten in een markt die de klant teleurstelde.

Een deel van de bestaande Britse fitnessclubs was ongeïnspireerd, de tarieven waren te hoog en de service was onvriendelijk. Dat leek in zekere zin op de luchtvaartbranche waar wij in 1984 onze pijlen op gericht hadden.

Frank en Matthew hadden twee jaar besteed aan onderzoek en ontwikkeling van een Virgin-product dat anders was dan andere. Volgens velen leek de markt oververzadigd en Virgin Active (zoals de naam van de onderneming luidde) moest bij ons team op examen.

En ze slaagden; de grote, gezinsvriendelijke clubs waren een schot in de roos. In augustus 1999 openden we de eerste in Preston. Deze was veel groter dan de gemiddelde Britse fitnessclub en er hing die typische sfeer van plezier maken en waar voor je geld krijgen die de kern vormt van zoveel van onze activiteiten.

De combinatie van een sterk, onafhankelijk management, het merk, een uitstekende service en ambitieus personeel bleek werkelijk een recept voor succes. In een branche die de nodige problemen gekend heeft, zijn we zowel in Groot-Brittannië als internationaal blijven groeien.

Onze grote doorbraak was bijvoorbeeld de overname van de Zuid-Afrikaanse Health and Racquet-keten, waarmee de onderneming van een kleine Britse speler opeens de grootste fitnessonderneming van Zuid-Afrika werd.

Een groot deel van onze succesvolle bedrijven is vanaf de grond opgebouwd, waarbij eerder nieuwe krachten werden aangenomen dan dat bestaande ondernemingen werden overgenomen. In het geval van Virgin Active hebben we beide kunnen doen. Het pleit voor het managementteam dat we clubs in Spanje en Groot-Brittannië hebben kunnen kopen en erin geslaagd zijn de medewerkers nieuwe energie te geven om de zaken op de Virgin-manier te doen.

De overname van Holmes Place in Groot-Brittannië – al heel lang een van de grootste in de fitnessbranche – is een prachtig voorbeeld. Matthew en Patrick McCall zagen een gelegenheid om de zaak nieuw leven in te blazen en die de Virgin-behandeling te geven. Omdat hij wist dat we geld wilden besteden aan de *rebranding* en de modernisering van de clubs, overtuigde Patrick de investeerders in Holmes Place ervan aandelen in Virgin Active te nemen en met ons mee te doen.

Een daarvan was Bridgepoint, dat onze partner was geweest in de eerdere ontwikkeling van Virgin Active en zijn aandelen had verkocht, maar nu graag tegen een hogere prijs opnieuw wilde investeren. Ik denk dat ze daar blij mee waren, want het bedrijf is nu een van de grootste fitnessketens ter wereld en is bezig met expansie in Italië, Spanje, Portugal en Dubai.

Virgin Active bezit nog altijd dezelfde ondernemingsgeest, onafhankelijkheid van denken en toewijding die ons in het begin zo aanspraken en heeft een sterk eigen merk weten op te bouwen. Dat bewijst voor mij dat je een bedrijf van wereldklasse kunt creëren als je het juiste management weet te vinden en dat zelfstandigheid en voldoende middelen biedt.

We laten een Virgin-bedrijf nooit failliet gaan, ook al zijn er een paar bedrijven geweest die we liever kwijt dan rijk waren. Omdat onze reputatie zo belangrijk is, hebben we altijd de schulden betaald van elk bedrijf waarvan we eigenaar zijn en dat in de problemen kwam. En we gaan door.

We gaan door. Dat is gemakkelijker gezegd dan gedaan. En daarom heb je eerlijke mensen om je heen nodig.

Een paar botteriken kunnen trouwens ook geen kwaad. In 1996 veegde Gordon McCallum de vloer met me aan. Ik had hem om een eerlijke beoordeling van de Virgin-groep gevraagd. Hij zei tegen me dat Virgin in wezen een beperkt Brits merk was dat in andere, internationale markten sterker moest worden om werkelijk als wereldmerk te kunnen gelden. Ik voelde me als een schooljongen die een rapport kreeg waarin stond dat hij beter zijn best moest doen.

Tegenwoordig kijken we verder dan Groot-Brittannië als we op zoek zijn naar kansen, ook al blijft onze basis daar liggen. We hebben twaalf landen gekozen die volgens ons rijp zijn voor ontwikkeling, gebaseerd op de bevolkingsgrootte, het consumenteninkomen, de kennis van ons merk en het ondernemingsklimaat.

Tot dusverre hebben we succes geboekt in de Verenigde Staten, Canada, Brazilië, Frankrijk, Italië, Spanje, China, India, Japan, Rusland, Australië en Zuid-Afrika. Zoals veel andere bedrijven richten we onze aandacht steeds meer op China en India. Ik rond dit hoofdstuk af met enkele opmerkingen over hoe we met het merk Virgin in deze cultureel complexe landen voet aan de grond willen krijgen.

Voor de Virgin-groep was expansie in India altijd een vanzelfsprekender optie dan China, vanwege de gedeelde cultuur, de Engelse taal en het Indiase rechtssysteem, dat de zakenwereld voldoende garanties biedt. Dat maakte voor ons een enorm verschil.

We namen de tijd in India en investeerden kleine bedragen in de radio en tekenfilms, voordat we in 2008 met Tata Virgin Mobile introduceerden. Om wettelijke redenen mogen we het succesvolle MVNO-model (Mobile Virtual Netwerk Operators) niet gebruiken – ik kom daar verderop nog uitgebreider op terug – en daarom hebben we een marketingpartnerschap opgezet met een van de grootste technologiebedrijven van het land. Dat is een veelbelovend vooruitzicht voor Virgin Mobile: de Indiase gsm-providers sluiten 5 miljoen nieuwe klanten per jaar aan. Dat is een enorme vloedgolf.

Onze langdurige flirt met de Indiase luchtvaartmarkt bleek niet zo succesvol. We hebben langdurig met Air Deccan gesproken, de eerste van India's lowcost-maatschappijen, dat in 2003 was ontstaan uit een particulier charter-helikopterbedrijf. Ik voerde gesprekken met Captain Gopi – oprichter G.R. Gopinath – en we probeerden meer dan een jaar voet aan de grond te krijgen in deze groeimarkt. Ondanks de komst van Spicejet, Kingfisher en andere die met Deccan concurreerden, leek de prijs elke keer dat we met elkaar spraken weer iets hoger te zijn geworden. Uiteindelijk concludeerden we dat de branche zich te snel uitbreidde – wat juist bleek – en na enkele dramatische verliezen fuseerde Deccan met Kingfisher Airlines, een onderdeel van de UB-groep, die eigendom was van de Indiase ondernemer Vijay Mallya. We wensten Deccan het beste en stapten eruit.

Precies door de zaken die India een ideaal land voor ons maken, is India ook een moeilijk land. Ons ongeduld met de slechte service is nu een soort nationale klaagzang geworden en werkelijk iedereen probeert iets aan deze nationale kwaal te doen. Het is moeilijk de kampioen der consumenten te zijn in een land vol bedrijven die terecht of ten onrechte beweren dat ze boven alles waar voor het geld leveren. Hebben we de beste manier gevonden om ons merk hier uit te breiden? Om eerlijk te zijn denk ik dat dat tijd kost.

Maar wat mij betreft ligt er in het Oosten een groter potentieel. En daarom was ik behoorlijk opgewonden toen ik David Baxby opbelde. Het gebeurt tenslotte niet vaak in je leven dat je iemand opbelt om te zeggen: 'Ik wil dat jij China gaat doen.'

David, die Virgin in de regio Azië-Pacific van Sydney tot Shanghai heeft geleid, nam het opvallend goed op. Nu dat hij onze ondernemingen in Australië succesvol in de markt had gezet, wilden we dat hij onze activiteiten in het land met de grootste bevolking ter wereld zou gaan leiden. We praten momenteel met een veelbelovende nieuwe generatie Chinese ondernemers. Ze willen koste wat kost hun Chinese identiteit en tradities behouden, maar willen tegelijk de beste praktijken uit de gehele wereld in de zakenwereld incorporeren.

Ik ben onlangs diverse malen in China geweest en heb daar jonge zakenmensen ontmoet. Het bezoek waarover iedereen natuurlijk spreekt, is dat van januari 2008, omdat dat samenviel met ons bod op Northern Rock. Het is jammer dat dat bod mijn reis overschaduwde, want anders dan gebruikelijk op een officiële missie was er al enorm veel goed werk verricht.

Ik was uitgenodigd om goodwill te kweken en de zakelijke banden tussen Groot-Brittannië en China aan te halen, en ik had specifiek gevraagd om een paar Chinese ondernemers te ontmoeten, zodat we over ervaringen en kansen konden praten.

Het was -10 graden toen onze vlucht in Peking landde. Er was me gevraagd met hulp van een tolk iets te vertellen over het bestaan als ondernemer. Dit was een belangrijk bezoek, in diplomatieke termen, en daarom was het niet echt een verrassing dat er 7000 mensen waren komen luisteren. Toch was ik verrast door de bemoedigende reacties uit het publiek: ondernemerschap staat al vele eeuwen centraal in de Chinese cultuur, en de excessen van de Culturele Revolutie in de jaren zestig hebben het geloof van de Chinezen dat ze een natie van uiterst ambitieuze winkeliers zijn zeker niet de grond in geboord.

De handel begint zelfs weer een integraal onderdeel van het leven te worden en de ondernemingsgeest wordt in China veel hoger gewaardeerd dan bijvoorbeeld in Groot-Brittannië. Dat werd me volkomen duidelijk toen ik in Shanghai deelnam aan een rondetafelgesprek met ondernemers.

Het enthousiasme waarmee ik begroet werd, valt deels te verklaren doordat het om iets nieuws ging. Ik sprak met Zhang Xin, een fascinerende Chinese zakenvrouw die een van de grootste vastgoedbedrijven in China leidt. Ze vertelde me dat de vastgoedexplosie in China een voortdurende kans is. Er zijn al meer dan 400 miljoen burgers die min of meer tot de middenklasse gerekend kunnen worden, en deze categorie groeit met 30 tot 40 miljoen per jaar.

Zhang Xin heeft een passie voor kunst en design en heeft diverse internationale prijzen voor haar visionaire architectuur gewonnen. Ze werd in 1965 in Peking geboren en verhuisde op haar veertiende naar Hongkong, waarna ze in Engeland aan de universiteit van Sussex en vervolgens in Cambridge studeerde. In 1992 ging ze op Wall Street aan de slag bij Goldman Sachs. Ze keerde later naar Peking terug en begon in 1995 haar eerste vastgoedbedrijf. De snelle opkomst van bedrijven die via internet zakendeden, bracht haar en haar man op het idee woon- en werkruimte te combineren. Zhang Xin kwam met het concept van SOHO (Small Office Home Office) voor jonge hoog opgeleiden en hun bedrijven. Deze branche is miljarden waard.

China's eigen versie van Google is eveneens een ongelooflijk businessverhaal. Tijdens onze reis ontmoette ik Charles Zhang, de CEO van Sohu, het belangrijkste Chineestalige internetbedrijf, dat nu een notering aan de NASDAQ in New York heeft. Sohu is een veelbezocht merkportal en de bijbehorende internetzoekmachine Sogou.com heeft meer dan 10 miljard webpagina's geïndexeerd. Charles vertelde me dat het merk Sohu zo sterk is geworden door de online game *Tian Long Ba Bu*, een rollenspel dat heel populair is bij jonge Chinezen.

David Baxby en ik merkten duidelijk dat er onder de jonge zakenlui een enthousiaste stemming heerste. De Chinese autoriteiten hebben een deur opengezet die de burgers ontplooiingskansen biedt, maar de sterke reglementering en de staatsbemoeienis die China van oudsher kenmerken, kunnen een rem op de groei van dit verbazingwekkende land zetten. Ik hoop dat dat niet gebeurt.

De aardbeving in Sichuan van 12 mei 2008 was zo catastrofaal dat de Chinese rampenplannen er niet op berekend waren. Het was enorm bemoedigend om te zien dat dit trotse, gesloten land erkende dat de bevolking in een hopeloze situatie verkeerde en dat buitenlandse hulp nu verwelkomd werd. Ook de organisatie van de Olympische Spelen heeft aangetoond dat de Chinese autoriteiten zich aan de grillen van de internationale opinie kunnen aanpassen en toch zichzelf trouw kunnen blijven.

Er is al vaak geschreven dat de Chinese liberalisering van het zakenleven onvermijdelijk tot een liberalere politieke cultuur zal leiden. Ik denk dat dat waar is, al vermoed ik dat het veel langer gaat duren dan de optimisten ons willen doen geloven. Ik voorspel dat de ontwikkeling van Chinese merken de vrijheid van meningsuiting en de mogelijkheid tot open debat zal bevorderen. Vergeet niet dat merken over betekenissen gaan. Elk merk betekent iets, en niemand kon ooit alle betekenissen controleren die een merk krijgt. Merken zijn ideeën. Het zijn kluwens vol associaties. Het zijn dromen. In de ontwikkelde wereld leven we in een omgeving met zoveel merken dat we de macht ervan als vanzelfsprekend beschouwen. Ik denk niet dat we de macht van het merk in China moeten onderschatten als het om het op gang brengen van veranderingen gaat.

Ik kom uit een juristengeslacht. Mijn vader was advocaat in het Engelse rechtssysteem. Waarschijnlijk was ik de eerste in een aantal generaties die geen juridische baan zocht, maar ik heb altijd wel begrepen hoe belangrijk het is een goede naam te beschermen. We hebben Virgins kleuren aan de masten van heel wat ondernemingen bevestigd, en daarom moet elk daarvan zijn aandeel leveren om de klant tevreden te stellen.

Het dagelijkse voortbestaan van het merk Virgin is van allerlei bedrijven afhankelijk, en als een van onze bedrijven uw dag verpest, dan is dat tegelijk de dag waarop meer dan één Virgin-bedrijf daar schade van ondervindt. Dat is de dag dat u uw tv-abonnement beëindigt en een andere internetprovider gaat zoeken. U maakt uw portefeuille open en ziet bovenin een Virgin-creditcard zitten. Die zult u niet zo snel meer gebruiken. U haalt uw mobieltje uit uw zak om een belletje te plegen, en in uw hand ligt een Virgin-mobieltje. U denkt bij uzelf: was dat ding eigenlijk echt wel zo voordelig?

Wat uw merk verder ook inhoudt, u moet leveren wat u belooft. Beloof niet wat u niet kunt leveren, en lever alles wat u belooft. Dat is de enige manier waarop u de controle over uw merk houdt. En pas op: merken betekenen altijd iets. Als u niet omschrijft wat het merk betekent, dan doet een concurrent dat wel. De Apple-advertenties waarin een frisse, creatieve Mac tegenover een dikke, *nerdy* pc wordt gepositioneerd, zeggen voldoende over de manier waarop dat werkt. Zelfs als de concurrentie ontbreekt, kan een merk dat in de steek gelaten wordt op verschrikkelijke wijze wraak nemen op een onverschillig bedrijf. Hoeveel merken kent u die u met slechte kwaliteit, vertraging en oplichterij associeert?

Ziet u wel? Makkelijk zat.

En daarom gaat het volgende hoofdstuk over levering.

Levering

Per expresse

Ik zit in het huis van mijn dochter in Londen, waar de hele ochtend bezoekers zijn langsgekomen die met mij over Virgin wilden praten. Ik heb al diverse gesprekken met financiers, onze bankiers en een Zweedse tv-ploeg die een programma over Groot-Brittannië maakt achter de rug. Ik heb ook telefoontjes van vele van onze directeuren en zakenpartners beantwoord. Ik heb Nicola, mijn persoonlijk assistente, en andere medewerkers van Virgin Management Limited gevraagd een hele reeks e-mails te versturen. Ik heb een lijst met uitnodigingen goedgekeurd voor een media-evenement. En gisteravond laat heb ik, nadat ik vanuit Necker Island hier aangekomen was, nog met zangeres Christina Aguilera gedineerd, die me vertelde over haar baby Max en haar muzikale plannen. Later vanmiddag neem ik het vliegtuig voor een afspraak met de Franse president. Morgen vertrekken we naar Mumbai voor een bijeenkomst met Indiase zakenlui van het industrieconcern Tata, en vervolgens gaan we naar Japan, waar ik op een investeringscongres zal spreken. We zitten nooit lang op dezelfde plek, tenzij we op vakantie zijn. We putten onze kracht uit ideeën, maar ons dagelijks werk gaat over levering, over doen wat je beloofd hebt.

Stipte levering is van tal van factoren afhankelijk. Twee van de belangrijkste elementen zijn goede communicatie en aandacht voor detail.

Deze essentiële factoren zijn geen van beide moeilijk te begrijpen of te implementeren, en daarom zijn het vaak de eerste dingen die we vergeten.

In de begintijd van Virgin Atlantic schreef ik al onze medewerkers regelmatig wat er in de business allemaal gebeurde. Ik schreef mijn gedachten in een notitieboek op, corrigeerde die, liet iemand mijn spelfouten corrigeren en stuurde iedereen het bericht toe. Ik was van mening dat brieven een belangrijk communicatiemiddel waren.

Dit was niet zo gemakkelijk meer toen we groter werden, en vanwege Virgins succes en mijn beroemdheid die daaruit voortvloeide, kwam alles wat ik schreef onvermijdelijk als nieuws in de pers. Daarom werd het moeilijk de ongedwongen brieven uit de begintijd te blijven schrijven. Niettemin is het belangrijk dat iemand die een bedrijf leidt, de medewerkers regelmatig schrijft om in contact met hen te blijven. Een persoonlijke brief die iemand thuis krijgt, wordt volgens mij nog altijd veel meer gewaardeerd dan een e-mail. Wees dapper: geef je e-mailadres en je telefoonnummer. Mensen zijn niet dom en ze weten best dat ze die niet moeten misbruiken en u niet moeten lastigvallen; als u dat doet, geeft u de mensen die voor u werken een enorme opkikker. Hoe dan ook is regelmatige communicatie door het managementteam een must in elk dienstverlenend bedrijf. Blijf dus praten en blijf uitleggen.

Ik beschik nu over een team dat eenmaal per week bij elkaar komt om elk Virgin-bedrijf te evalueren en naar cijfers, ramingen en inkomsten te kijken. Het team heeft een prioriteitenlijst en een lijst met nieuwe projecten. Het team zorgt ervoor dat de Virgin-groep efficiënt geleid wordt. Dit geeft mij de vrijheid om ergens in te duiken als dat nodig is. De teamleden weten dat als er iets dringends is ze me kunnen bellen, en dan kan ik me richten op de zaken waarvoor echt mijn persoonlijke input nodig is.

Verspil geen kostbare tijd. De hele dag kan verloren gaan aan telefoontjes en e-mails. Voorkom dat. Niemand zal het u kwalijk nemen als u direct ter zake komt. Omdat ik dagelijks zoveel telefoontjes pleeg, hou ik die gewoonlijk erg kort. Een kort berichtje aan iemand kost vaak minder tijd dan een telefoontje. Nu het bedrijf steeds groter wordt en wereldwijde vestigingen heeft, wordt veel via korte berichten afgehandeld. Ik ben echter altijd bereid de telefoon te pakken en rechtstreeks met mensen te praten als een kwestie op die manier opgelost moet worden. Het lijkt geen twijfel dat als je iemand probeert over te halen om met je mee te doen en samen met jou te investeren of veranderingen door te voeren, het belangrijk is rechtstreeks met diegene te spreken en de tijd te nemen zodat hij of zij weet wat hem of haar te doen staat. Persoonlijke gesprekken zijn efficiënter en videoconferenties zijn altijd een zwak surrogaat voor een goed gesprek bij een kop thee.

Onlangs heb ik met Raymond Blanc geluncht. Hij is eigenaar en gevierd chef-kok van Le Manoir aux Quat' Saisons in Oxfordshire. De reden dat Le Manoir zo succesvol is, is dat Raymond ervoor zorgt dat alles tot in het kleinste detail doordacht is. Of je nu een luchtvaartmaatschappij, een restaurant of welk ander bedrijf ook leidt, *het is vooral de aandacht voor detail die de zakelijke prestatie bepaalt.*

Ik wil elke ondernemer adviseren een notitieboekje bij de hand te houden en alles wat er te doen valt daarin op te schrijven. Luister naar uw medewerkers of klanten en schrijf de hoofdzaken op. Bezoekt u een fabriek of een nieuwe locatie of bent u aan het feesten met de medewerkers, hou dan het notitieboekje paraat. Als je voortdurend druk bezig bent met alles wat er om je heen gebeurt en dan niets opschrijft, kun je je de volgende dag vast en zeker nog niet een op de twintig aandachtspunten herinneren.

Ik zal daarvan een voorbeeld geven. De hoofdreden dat medewerkers gefrustreerd raken, is dat dezelfde problemen en klachten steeds weer opduiken en nooit afdoende opgelost worden. Tijdens een recente Virgin Atlantic-vlucht vertelde iemand me dat de suiker op was, en dat was niet eenmaal gebeurd, maar wel twee of drie keer. Waarom hadden we niet meer suiker in voorraad? En waarom hadden we altijd te veel vegetarische maaltijden, zodat mensen die voorgeschoteld kregen terwijl ze iets anders wilden? Dit waren geen grote problemen en ze waren gemakkelijk op te lossen, maar iemand moet ergens een telefoontje plegen om ze op te lossen, en wel direct de volgende dag. Zo niet, dan worden wij de suikerloze luchtvaartmaatschappij. De gezond-eten-luchtvaartmaatschappij. En het ergste van alles is dat we ook de luchtvaartmaatschappij worden die niet goed luistert. En daarvan zijn er al genoeg op de wereld.

De Branson-way

Ik heb altijd en overal een notitieboekje bij me. Zo heel af en toe word ik filosofisch. Maar de meeste aantekeningen zijn zoals deze en zijn niet meer dan gortdroge, maar absoluut noodzakelijke opmerkingen die iedereen zou moeten opschrijven, maar waar slechts weinigen ook echt aan toe komen: 'Smerige tapijten. Pluisjes. Ruimte rond de boeg vuil. Apparatuur: roestvrij staal, lelijk. Menukeuze teleurstellend; terug uit Miami, garnalen en daarna kreeft (hoofdgerecht) in Upper Class. Kipcurry erg smakeloos. Kip moet in stukjes gesneden. Rijst erg droog. Geen stilton op kaasplateau.'

Ik merkte ook op dat de cabinebemanning helemaal niets verkocht met de belastingvrije verkoop. Ik bekeek het verslag van de cabineservice. Inderdaad: geen verkoop. Er moest iets gedaan worden om de passagiers enthousiaster te maken of de verkoopkansen te vergroten (waarschijnlijk beide) of de kar gewoon weg te doen en zo gewicht te besparen.

Maar wat het meest opmerkelijke was op deze bladzijde met aantekeningen, en ook het nuttigst als u dit echt leest om er zakelijke lessen uit te trekken: 'Crew wil dolgraag dat er iemand naar hen luistert.'

Daaronder noteerde ik een idee: 'Zorg ervoor dat er DIRECT actie wordt ondernomen op verslagen van het cabinepersoneel.' Tot mijn genoegen kan ik zeggen dat dit nu ook gebeurt en dat de crew de benodigde feedback en antwoorden krijgt.

Toen we onze vluchten op Japan introduceerden, wist ik dat Virgin Atlantic speciale aandacht aan de culturele verschillen en de Japanse omgangsvormen moest besteden, zonder afbreuk te doen aan onze identiteit. Dat is bepaald niet eenvoudig. Tijdens de eerste vlucht noteerde ik het volgende: 'Er moeten slippers in de Upper Class komen, geen sokken. Er moet Japans bier komen. Slechts één krant vanuit Londen: Engels. Er moet ook een Japanse krant komen. Japanse thee vanuit Londen niet goed. Japans eten vanuit Londen. Smaakt goed maar presentatie moet beter. Lijkt op fish and chips. Schotels voor Japanse theekopjes.'

Ik vind dat ondernemers en bestuursvoorzitters achter hun bureau vandaan moeten komen en hun eigen producten zo vaak mogelijk moeten uitproberen. Ik zie heel vaak bazen de ronde doen om met hun personeel te spreken, maar nooit schrijven ze iets op. Zo zullen ze nooit ofte nimmer iets kunnen oplossen. En maand na maand en jaar na jaar zullen ze daarvan de kwalijke gevolgen ondervinden.

Stelt u zich eens voor dat je je best probeert te doen terwijl je voortdurend door ambtenaren tegengewerkt wordt. Stelt u zich eens voor dat je voortdurend te horen krijgt dat je moet bezuinigen. Stelt u zich eens voor dat je voor je goede prestaties beloond wordt met een reorganisatie waarbij je hele bedrijfsonderdelen kwijtraakt. Stelt u zich eens voor dat je marktaandeel groeit en dat je dan niet mag uitbreiden.

Kortom, stelt u zich eens voor hoe de Britse overheid de spoorwegen reguleerde!

Met een goede communicatie en aandacht voor detail zal uw onderneming beter draaien, maar het belang ervan is veel groter. Het verslag hieronder toont aan dat goede communicatie en aandacht voor detail ons in staat stelden om überhaupt zaken te doen in een van de moeilijkste branches waarin we ooit actief zijn geworden.

Toen we in januari 1997 de eerste van onze twee spoorwegconcessies overnamen, beloofden we publiekelijk dat we nieuwe treinen zouden bestellen en een 'rode revolutie' voor de reizigers zouden ontketenen op de drukste spoorwegtrajecten in Europa. Ik had me er persoonlijk sterk voor gemaakt om dat te bewerkstelligen. Het heeft de nodige tijd gekost, maar uiteindelijk werden we in januari 2008 door het Instituut voor Klantenservice tot de beste Britse spoorwegmaatschappij gekozen. Dat was naar mijn mening veel te laat, maar niettemin zijn we er dankbaar voor! Virgin Trains stond met een klanttevredenheid van 86 procent ook op de eerste plaats in het Nationale Passagiersonderzoek van de consumentenorganisatie Passenger Focus. En het vakblad *Travel Week* riep Virgin Trains na een verkiezing door de reisbranche uit tot de beste spoorwegmaatschappij. Deze eerbewijzen zijn in de eerste plaats bedoeld voor alle medewerkers van Virgin Trains die dag in dag uit in behoorlijk zware omstandigheden moeten werken. Het is ook een enorme eerbetuiging aan Tony Collins, de CEO van Virgin Trains, die zich altijd sterk heeft gemaakt voor de klanten en medewerkers, maar zich als pragmaticus in het leiden van een spoorwegbedrijf heeft ontpopt.

Zoals de meeste mensen door mijn ballonavonturen wel zullen weten, ben ik iemand die zijn nek wil uitsteken en bereid is risico's te nemen. Toen we op 9 maart 1997 de West Coast Main Line-concesssie binnenhaalden, zeiden we dat we alle treinen zouden vervangen en de service en aansluitingen zouden verbeteren. We beloofden ook nieuwe dieseltreinen in te zetten op het CrossCountry-netwerk dat Groot-Brittannië doorkruiste. Maar het zou nog een aantal jaren duren voordat we deze belofte gestand konden doen. We hadden het meest verwaarloosde deel van de infrastructuur overgenomen en voorlopig moesten we ons behelpen met veertig jaar oud rollend materieel dat we van British Rail geërfd hadden. Een deel daarvan was in zeer slechte staat en de motoren waren versleten. Mijn eerste daad als trotse eigenaar van een nieuwe spoorwegmaatschappij was het tekenen van een cheque van 10 miljoen pond, zodat we reserveonderdelen voor de treinen konden kopen.

We reinigden en schilderden de treinstellen en kalefaterden ze zo goed mogelijk op. Mooier nog was dat we ze in bedrijf hielden, terwijl we onze passagiers voor de toekomst een betere service beloofden. Dat kostte tijd, veel moeite en de nodige ontwrichting. We kregen een hoop negatief commentaar van mensen die het nog altijd maar niets vonden dat de spoorwegen gedereguleerd en geprivatiseerd werden nadat ze een halve eeuw staatseigendom waren geweest.

De 650 kilometer spoor van de West Coast Main Line van London Euston naar Glasgow behoort tot de mooiste spoorwegtrajecten ter wereld. Het is een nogal bochtige route, zodat het voor de machinist moeilijk is een behoorlijke snelheid aan te houden. Alleen kanteltreinen kunnen dit terrein goed aan. De naam West Coast Main Line is overigens niet goed gekozen, want slechts eenmaal raakt het traject even de kustlijn, bij een strandje bij Morecambe Bay. Het is een route die door het binnenland loopt, langs het in beton gegoten Birmingham met zijn kanalen, fabrieken en deels haveloze buurten, langs drukke plaatsen in de Midlands zoals Crewe en Wolverhampton en Border Uplands. In de jaren twintig vertrokken de luxueuze stoomtreinen dagelijks om tien uur vanuit de stations King's Cross en Euston voor de reis naar het noorden. Virgin Trains was ambitieus genoeg om te proberen iets van die verdwenen glamour in de eenentwintigste eeuw te laten terugkeren.

We hadden het idee dat we het Britse spoorwegnet van het slechtste in Europa tot een van de beste konden omvormen. Maar om het merk

Virgin niet te veel schade te laten oplopen terwijl we daarmee bezig waren, moesten we het publiek mee zien te krijgen. Innovatie moest voor Virgin Trains het verschil gaan maken.

De eerste paar maanden na het verkrijgen van de concessie onderzochten we alle technologische mogelijkheden. In mei 1998 vloog ik van de luchthaven London City naar Italië, waar ik de Fiat Ferroviaria-fabriek in Turijn bezocht, de fabrikant van treinmaterieel die deel uitmaakt van het grootste particuliere concern van Italië. Ik bekeek daar de stijlvolle, goed geconstrueerde treinen die we op het verwaarloosde Britse spoorwegnet nodig hadden. Ik kreeg er uitleg over de innovatieve kanteltreinen en over de complexe relatie tussen kanteling, snelheid en stabiliteit. De volgende dag reisde ik voor het eerst in een kantelende Pendolino ETR 460 van Turijn naar Rome, die snel en comfortabel met 240 kilometer per uur door Piemonte reed. Op de terugreis had ik een bespreking met Will Whitehorn en de rest van het Virgin Trains-team. Ik was diep onder de indruk, maar bleef kalm. Ik zei: 'Ik wil dat deze treinen de beste treinen ter wereld zijn, en ook de veiligste. We moeten gaan kijken wat er in Europa en elders beschikbaar is.'

Het bleek dat ik terecht zo onder de indruk was geweest: de Pendolino bleek de beste elektrische trein ter wereld te zijn. Door het kantelsysteem kan een ervaren machinist de trein met hoge snelheid laten rijden, terwijl de veiligheid gewaarborgd blijft. De treinen kunnen acht graden kantelen in bochten; je merkt dat wel, maar je morst geen koffie. Een automatisch waarschuwingssysteem laat een bel in de cabine rinkelen als de trein een zender langs de rails passeert. De machinist krijgt dan het bericht dat hij veilig kan kantelen, waarna hij de snelheid van 140 naar 175 kilometer per uur kan opvoeren. Op rechte trajecten bedraagt de toegestane snelheid 200 kilometer per uur, en binnenkort wordt dat 215 kilometer per uur. We bouwen nu treinen die 225 kilometer per uur kunnen en die gereed zijn voor de toekomst, als we de spoorbeddingen nog verder verbeterd hebben. De machinist is degene die de limieten van de trein leert kennen, maar als hij bepaalde waarschuwingssignalen negeert, dan trapt de computer automatisch op de rem.

We tekenen een overeenkomst ter waarde van 1,85 miljard pond, wat op dat moment mijn grootste financiële gok ooit was. De onderstellen van de Fiat-Pendolino's zouden in Birmingham door GEC-Als-

thom voor de smallere Britse spoorbreedte worden aangepast. (Alstom
– het gefuseerde bedrijf had de 'h' laten vallen – nam in 2002 de treindivisie van Fiat over.)

Bestuursvoorzitter Brian Souter van de Stagecoach-transportgroep is een van de belangrijkste zakenlieden van Groot-Brittannië en een transportondernemer in hart en nieren. Hij en zijn zus Ann Gloag vormen een geweldig duo: na de deregulering van het busvervoer begonnen ze een ware oorlog, waarna ze op de trein overstapten. Vanuit hun basis in Perth, waar Ann de kaartjes verkocht en de bussen schoonmaakte en Brian zelf een deel van de routes reed, hebben ze het bedrijf tot een van de grootste zakelijke succesverhalen van Groot-Brittannië omgevormd. De onderneming maakte een zware tijd door toen die probeerde door de aankoop van Coach USA in de Verenigde Staten voet aan de grond te krijgen, maar door hun eigen volharding en ijver wist Stagecoach zich van deze terugslag te herstellen. Terwijl ik dit schrijf, in 2008, is Stagecoach een van de succesvolste Britse transportbedrijven en zit Brian nog steeds achter het stuur.

Toen bekend werd dat ik aan een aandelenemissie van Virgin Trains dacht, belde Brian me op en zei: 'Ik deel je visie inzake het spoorwegsysteem.' Negen dagen later hadden we een akkoord gesloten. Stagecoach nam een belang van 49 procent in Virgin Trains voor de koppeling met South West Trains, het grootste Britse forensennetwerk en de Island Line van het eiland Wight, een smalspoorbedrijf. Ik had bewondering voor zoveel besluitvaardigheid, die de basis vormde voor een vriendschap en samenwerking die al meer dan tien jaar duurt. In een tijd waarin het openbaar vervoer – en vooral de spoorwegen – voortdurend de krantenkoppen haalde, wilden we een positief geluid laten horen, nadat er jarenlang verwachtingen waren gewekt. Het ging erom goed nieuws te creëren om het murw geworden reizigerspubliek te verzekeren dat er echt wel iets gedaan werd.

Brian deelde onze visie dat innovatie, die tot een betere reiservaring moest leiden, de beste manier was om meer mensen in de trein te krijgen. En hoewel hij toegaf dat hij zijn bedenkingen had over de Pendolino, zei hij: 'Mijn moeder hield me altijd voor dat je nooit half afgemaakt werk aan kinderen en dwazen moet laten zien. Als de mensen uiteindelijk zien wat hier allemaal gecreëerd wordt, dan zullen ze begrijpen dat we echt ons best doen om het spoorwegnet te verbeteren.'

In 2003 begonnen de sprookjesvoorstellingen voor Kerstmis al vroeg. Op 4 december arriveerde ik in een van de grote Alstom-werkplaatsen in Birmingham om een reusachtig cadeau af te geven.

Ik was verkleed als de Kerstman en nam naast twee schaars geklede dames plaats op een met klatergoud versierde kar die door een rendier getrokken werd. Brian, gekleed in een Glenalmond-schoolblazer, een korte broek en een zwierige blauwe hoed, en voorzien van een ouderwetse leren pukkel over zijn schouder, was het gelukkige schooljongetje dat zijn enorme trein mocht uitpakken.

Onder de ogen van de verzamelde Britse pers vroeg ik Brian of hij wel een brave jongen was geweest en wat hij voor Kerstmis wilde. 'Iets moois en glinsterends, nieuwe treinen die heel snel rijden, graag.'

Ik kon me voor de tv-camera's niet bedwingen een steek onder water te geven: 'En wat dacht je van een hogere aandelenkoers?' (De beurskoers van Stagecoach was fors gedaald sinds de megadeal met Coach USA. Brian en ik kennen beiden het klappen van de zweep, dus ik kan me dergelijke grappen permitteren.)

Terwijl er droog ijs neerdwarrelde, er vuurwerk werd afgestoken en de bonkende dreun van de *Mission Impossible*-tune klonk, vloog de neus van een nieuwe trein door de satijnen verpakking. Het genationaliseerde British Rail had nooit zoveel opwinding veroorzaakt. En hoewel het slechts het chassis van de eerste Pendolino was, die vanuit Italië naar Bristol en vervolgens naar Birmingham vervoerd was, waren we toch een stap verder gekomen.

Virgin West Coast investeerde 1,2 miljard dollar in 53 Pendolino's. De treinen kostten 11,5 miljoen pond per stuk, wat volgens de spoorwegofficials van de overheid 1,5 miljoen te duur was. De extra veiligheidsmaatregelen waarom ik gevraagd had, hadden de prijs opgedreven. De passagiersbezetting begon te stijgen, maar soms daalde die weer vanwege technische problemen met de rails.

Angel Trains, dat toen een dochter van de Royal Bank of Scotland was, werd eigenaar van de treinen; het bedrijf leaste het materieel vervolgens op dezelfde manier waarop vliegtuigen al tientallen jaren aan luchtvaartmaatschappijen geleast worden. Dat is een lucratieve business, omdat Angel Trains in juni 2008 voor 3,6 miljard pond werd verkocht aan een consortium onder leiding van Babcock & Brown, een Australisch infrastructuurconcern, dat ook Deutsche Bank en AMP Capital omvat. De treinfabricage vormde een enorme opsteker voor Birmingham, een industrieel centrum waar nu veel werkgelegenheid en technische knowhow bewaard bleef.

De nieuwe treinen produceren 76 procent minder CO_2 per stoel dan luchtvaartmaatschappijen met binnenlandse vluchten en vormen qua uitstoot het meest efficiënte rollende materieel in Europa. Ze zijn zeer betrouwbaar. Ze staan minder lang in de werkplaats en kunnen dus meer passagiers vervoeren. Telkens als een trein afremt, worden de remmen heet en levert het regenererende remsysteem elektriciteit aan de pantograaf, een andere innovatie waar transportofficials van de overheid niet aan wilden. Aangezien de olie 48 dollar per vat kostte, zagen ze het nut er niet van in stroom aan het net terug te geven. Nu de olieprijs in 2008 bijna 150 dollar per vat is, is het wellicht zelfs tot hen doorgedrongen dat dit een goede beslissing was.

De nieuwe treinen kwamen op maandag 27 september 2004 in dienst op de West Coast Main Line. Meteen op de eerste dag ging er iets fout. En die pech (Murphy's Law bleek weer eens van kracht) viel samen met de introductie in Londen van Virgin Galactic, het eerste commerciële lanceersysteem voor wetenschappelijke en toeristische ruimtevluchten. De Royal Scot-trein uit Glasgow was bij Carlisle gestrand. De passagiers moesten op een andere trein overstappen en kwamen met twee uur vertraging in Londen aan. De pers combineerde de pech en Virgin Galactic met elkaar en de *Daily Mail* ruimde een hele pagina in om de draak met ons te steken: '*Euston, we have a problem...*' Het was een absoluut briljante kop, waardoor ik de hele dag niet te genieten was.

Maar als ik op zoek was naar troost, hoefde ik alleen maar naar de situatie aan het eind van de eerste week te kijken. Het nieuws was heel hoopgevend. Ik schreef in mijn notitieboekje:

'Eerste week – Pendolino's. 27 september – 2 oktober. 82 procent op tijd. Beloofd 72 procent. Geannuleerde treinen 4 van de 210 per dag. Pendolino kantelend in bedrijf 32, twee meer dan op maandag 27 geschat. Slechts twee treinen met problemen. Heel veel publiciteit met ruimtelancering. Jack Straw reisde mee en zei dat de premier van de ontvangst had genoten en dat hij een geweldige feedback van onze medewerkers had gekregen.'

Ik voegde daaraan toe: 'Precies geleverd wat we een jaar geleden beloofd hebben en de algemene stemming onder de passagiers is dat alles goed functioneerde en dat het nog beter wordt.'

In de begintijd hadden we voortdurende kritiek over de twee Virgin-concessies moeten pareren. Virgin Trains moest de trajecten overnemen waar de dienstregeling het slechtst gehandhaafd werd. Onze West Coast Main Line behaalde een punctualiteit van slechts 84 procent in het jaar tot 16 oktober 1999. En de prestaties van Virgin CrossCountry, dat een ingewikkeld netwerk van spoorlijnen bezat, was nog slechter, met niet meer dan 80 procent. Maar dit was niet eerlijk tegenover ons team. We reden nu met meer treinen en vervoerden op een verwaarloosd spoor meer passagiers met verouderd materieel, dat we zo goed mogelijk op de rails moesten zien te houden totdat de nieuwe treinen arriveerden.

Ik had met al onze medewerkers te doen. Het was demoraliserend om voortdurend bekritiseerd te worden. We hadden keihard gewerkt om de prestaties op te krikken, en de service was inderdaad ook verbeterd. De privatisering van de spoorwegen had zeker profijt gebracht, maar deze was onderworpen aan een institutionele en politieke structuur die vanaf het begin ernstige gebreken vertoonde. Dat bleek uit het Hatfield-ongeluk, waar een kapotte rail niet opgemerkt was.

Bij het treinongeluk bij Hatfield op 17 oktober 2000 kwamen vier mensen om het leven en raakten er zeventig gewond. Het was een dieptepunt voor de Britse spoorwegen en sommigen vroegen zich zelfs af of die zich daarvan ooit zouden herstellen. De railbeheerder Railtrack legde voor het gehele spoorwegnet snelheidsbeperkingen op en onze geplaagde passagiers hadden te kampen met vertragingen en uitgevallen treinen. Er klonken beschuldigingen over en weer, en kritiek stak de kop op. Ik herinner me langdurige discussies met Stephen Byers, de toenmalige minister van Verkeer, over wat er nu moest gebeuren. Diep vanbinnen vroeg ik me af of het ooit nog goed zou komen. In 2001 ging Railtrack, dat aan de beurs genoteerd stond, mede door Hatfield failliet en verloren de aandeelhouders hun investeringen. In 2002 confronteerde de Rail Regulator, die de spoorwegmaatschappijen controleert, de belastingbetaler met een enorme rekening van nog eens 1,25 miljard pond per jaar vanwege hogere infrastructuurkosten, die grotendeels te wijten waren aan het langdurige gebrek aan investeringen en Railtracks wanbeheer. Het was een enorme, ingewikkelde chaos.

Sinds Hatfield heeft de spoorwegbranche echter langzaam de weg omhoog gevonden. De Britse overheid richtte Network Rail op, een particuliere onderneming (zonder dividenduitkeringen) die de railinfrastructuur moest beheren, bestaande uit de spoorrails en de signalering. Deze veranderingen werden in de Spoorwegwet van 2005 geïmplementeerd, waarbij de minister van Verkeer verantwoordelijk werd voor de strategie en het budget van de spoorwegen in Engeland en Wales.

Virgin Rail heeft een steeds betere relatie met de overheid, Network Rail en leveranciers als Alstom en Bombardier kunnen opbouwen, wat enorme verbeteringen teweeg heeft gebracht. Onze treinen rijden nu om de twintig minuten tussen Manchester en Londen – de hoogste frequentie ter wereld voor een dergelijke route. Voor zakenlieden zijn treinen nu een veel beter alternatief voor vluchten over korte afstand. Virgins eigen prestaties zijn ook verbeterd. In 1997 gebruikten 13,6 miljoen passagiers de West Coast Main Line. In 2003 was dit aantal gestegen tot 14,1 miljoen, in 2004 was het 15,1 miljoen, in 2005 18,7 miljoen en in 2007 meer dan 20 miljoen. Onze punctualiteit bedroeg meer dan 90 procent. Wat een *mission impossible* had geleken, bleek ruimschoots haalbaar. De doelstellingen konden zelfs overtroffen worden. Network Rail moet nog altijd grote problemen uit de weg ruimen bij het verbeteren van de laatste spoortrajecten en het ongemak dat het publiek daarvan ondervindt. Maar hoe dan ook zal 2009 weer een grote verbetering van de dienstverlening, snelheid en punctualiteit opleveren voor de West Coast Line, zodat het waarlijk een spoorwegmaatschappij van wereldklasse wordt. Het is een moeilijke reis geweest, maar dankzij het leiderschap van Tony Collins en de steun van het Stagecoach-management hebben we heel zware tijden overleefd.

Je mag nooit vergeten dat elke verandering onvoorziene gevolgen heeft. Dat geldt zowel voor welkome als voor onwelkome veranderingen. Het werkt altijd op mijn lachspieren als een woordvoerder op tv met een ernstige frons uitlegt dat een bedrijf dat in zwaar weer verkeert, het 'slachtoffer van zijn eigen succes' is geworden, alsof er iets uitzonderlijks en onbegrijpelijks gebeurd was, een soort zakelijk equivalent van een ontvoering door buitenaardse wezens.

Succes op de ene dag biedt zeker geen garantie op succes voor de volgende dag. Natuurlijk kun je geen plannen maken voor onverwachte gebeurtenissen. Het enige wat je feitelijk kunt doen, is altijd op je hoede blijven. Leveren is niet alleen hard werken, er komt ook geen einde aan.

We hadden meer dan 2 miljard geïnvesteerd voor de vervanging van alle treinen op onze CrossCountry-routes door Voyager-dieseltreinen. De treinen waren populair en buitengewoon betrouwbaar. Het aantal passagiers groeide met 50 procent, zodat het op de drukkere routes opeens moeilijk werd nog een plaats te reserveren. We waren het slachtoffer van ons eigen succes geworden!

Nog veel verontrustender was de gedachte dat onze passagiers eveneens het slachtoffers werden. Ik kreeg bijvoorbeeld een brief van een echtpaar dat van Preston naar Londen reisde. Ze hadden een uitstapje naar Londen gepland en beseften niet dat ze nu een stoel moesten reserveren. Toen ze op het station aankwamen, bleek het personeel niet bereid hen te helpen. Omdat de man gehandicapt was en in een rolstoel zat, was dat een behoorlijke blunder van ons. Ik loste deze kwestie persoonlijk op en drong er bij het Virgin Rail-team op aan om voor verbetering zorg te dragen. Ik maakte me er zorgen over dat we de klantenservice aan het verwaarlozen waren. Ik schreef een brief aan Ashley Stockwell, die verantwoordelijk was voor de klantenservice van de Virgin-groep:

> *Beste Ashley,*
> *Ik maak me zorgen over Virgin Trains en de service die we de klant verlenen. Onze raad van bestuur wordt begrijpelijk genoeg geheel in beslag genomen door de concessieonderhandelingen en het algemene beleid. Toen we hiermee begonnen, brachten we mensen van Virgin Atlantic in, die veel aandacht aan medewerkers en klanten schonken. Op de een of andere manier lijkt de aandacht verslapt. Tony Collins beseft dit; hij vertelde me gisteren openhartig dat we 'onvoldoende aandacht aan klantenservice gaven'. Ik weet zeker dat hij er alles aan doet het probleem op te lossen. Ik weet zeker dat elke hulp van jouw afdeling door hem verwelkomd wordt.*

De Branson-way

We zorgden voor verbetering. We kregen steeds meer applaus. In april 2006, toen we ons besluit aankondigden weer naar de CrossCountry-consessie te dingen, begon ik te geloven dat we iets heel bijzonders hadden gepresteerd in Groot-Brittannië. In een parafrase van de aloude opmerking van Magnus Magnusson in *Mastermind* merkte ik op: 'We zijn begonnen, dus we maken het ook af.'

Maar vanuit het ministerie van Verkeer werden er bezwaren tegen onze concessie geuit. Voor een belangrijke vergadering met ambtenaren kreeg ik een telefoontje van een journalist die goed in de sector ingevoerd was. Hij wist precies hoe laat de bijeenkomst zou plaatsvinden, wat er zou gebeuren en wie de aanwezigen waren. Hij had dat allemaal precies op een rijtje. Hij vertelde me ook dat de overheid van plan was een eind te maken aan de CrossCountry-concessie van Virgin en dat ze naar een excuus zochten om het plan uit te voeren. Ik schreef in mijn notitieboek: 'Als deze man in al die andere dingen gelijk heeft, heeft hij hierin dan ook gelijk?'

We voerden aan dat we hard gewerkt hadden en dat de punctualiteit sinds de overname nog nooit zo goed was geweest, dat de inkomsten met 40 procent waren toegenomen en het aantal passagiers met 50 procent, en ook dat de overheid nu 87 penny voor elke pond aan meerinkomsten kreeg.

In mijn notitieboek schreef ik: 'We hebben gehoord dat bepaalde elementen op het ministerie van Verkeer CrossCountry terug willen zodat de maatschappij gereorganiseerd kan worden en in andere netwerken op kan gaan. Ik hoop dat dat niet waar is. Ik vertrouw erop dat het bod van de Virgin-groep niet door een andere aanbieder in een biedprocedure verbeterd kan worden. Ik vind dit op z'n minst enigszins bizar. Maar zo zit de spoorwegbranche in elkaar.'

Dat was zeker het geval. Nadat Virgin Trains al het zware werk had gedaan, alle kritiek had moeten incasseren en het aantal passagiers in tien jaar niettemin met 50 procent gegroeid was, raakte de onderneming de CrossCountry-concessie kwijt. Maar zo is het leven in het Groot-Brittannië van de eenentwintigste eeuw. Van spijt is geen sprake (zei hij met opeengeklemde kaken). En ook al was dat wel het geval, in het zakenleven ben je, net als in het gewone leven, beter af als je gewoon doorgaat. We hadden tenslotte altijd de West Coast Main Line nog.

Levering

Virgin Trains wordt in sommige kringen bekritiseerd omdat we onze ruif gemakkelijk met overheidssubsidies gevuld zouden hebben. Ik denk dat deze criticasters eens naar alle tijd en moeite zouden moeten kijken die we besteed hebben en waar we heel weinig opbrengsten voor terug hebben gekregen. Met de subsidies moesten we Network Rail betalen om op de rails van dat bedrijf te mogen rijden, en terwijl de problemen daar alleen maar toenamen, gold dat ook voor het bedrag dat ons in rekening werd gebracht. Toen we de eerste overeenkomst sloten, hadden we geen moment rekening gehouden met een dergelijke stijging. Tussen 1996 en 2006 ontvingen we inderdaad 2 miljard pond subsidie, die we direct weer gedag konden zeggen omdat we eerst aan Railtrack en vervolgens aan Network Rail 2,4 miljard pond moesten betalen om op het spoor te mogen rijden; dat geld vloeide dus weer terug naar de Britse regering. Daar kwam bij dat Virgin Trains een hoger bedrag aan Network Rail betaalde dan enig ander spoorwegbedrijf, en dat terwijl de subsidie eind maart 2006 werd gehalveerd van 526 miljoen tot 268 miljoen pond!

Niet zo lang geleden kwamen we met een voorstel om de lengte van elke trein van negen op elf rijtuigen te brengen, zodat we aan de snel toenemende vraag konden voldoen. Ik legde de toenmalige minister van Verkeer Douglas Alexander uit dat we weliswaar aan de voorwaarden van onze concessie konden voldoen, maar dat de passagiersaantallen vanaf februari 2012 zo groot zouden zijn dat er niet genoeg zitplaatsen meer beschikbaar waren. Ons voorstel was om vanaf circa 2010 met tien en elf ruituigen te gaan rijden. De totale investering daarvoor bedroeg circa 260 miljoen pond, geheel betaald uit particuliere fondsen. We deden ook voorstellen voor autoparkeerplaatsen en chipkaart-tickets, en in ruil daarvoor zouden we onze concessie graag met een paar jaar verlengd zien. Ik vond dat we onze sporen wel verdiend hadden – sorry voor deze woordspeling – en dat er een kans was dat de overheid op ons voorstel zou ingaan. Maar later dat jaar werd ons aanbod om het aantal wagons te vergroten verworpen. Op het moment van schrijven zijn we alweer in discussie over een verlenging van de treinen. Ik hoop dat het gezonde verstand zal zegevieren. Maar als u in 2010 de hele reis naar Birmingham moet staan, weet dan wie u daarvoor moet bedanken. Ik vind het ronduit verbijsterend dat de steeds grotere populariteit van onze treinen door de valse zuinigheid en het gebrek aan visie van de overheid in gevaar komt.

Tegelijkertijd worden we geplaagd door de slechte staat van het spoor, dat de afgelopen vier jaar grootschalig gerenoveerd is. Ons geweldige team heeft zich er onder de vakkundige leiding van Chris Green en nu van Tony Collins altijd op gericht uitstekende service te leveren, ondanks al deze onvoorstelbare obstakels. Ondanks deze problemen ben ik er trots op te kunnen zeggen dat Virgin Trains zich altijd aan zijn beloften heeft gehouden, al was dat niet gemakkelijk. Laat ik vooropstellen dat we vanaf het begin wisten wat we precies wilden leveren, en daaraan hebben we ondanks alle ambtelijke tegenwerking en een negatieve pers vastgehouden. We wilden de mooiste en comfortabelste treinen aanschaffen, omdat we wisten dat we anders niet geloofwaardig zijn voor de reizigers, die al veel te lang met steeds slechtere service geconfronteerd waren. Onze treinen moesten efficiënt zijn – zo milieuvriendelijk mogelijk –, omdat we geen idee hadden wat er met de energieprijs zou gebeuren. Er was in elk geval geen enkele aanwijzing dat de energiekosten op de lange termijn zouden dalen. (Daarin hadden we helemaal gelijk!) Ten slotte wilden we ook zo veilig mogelijke treinen, omdat dat de kern van de reisbranche is: de mensen leggen hun leven in jouw handen. Voor zover mogelijk dien je elk risico voor de klant uit te bannen.

Ons ondernemingsplan was volledig in overeenstemming met onze kernwaarden, onze strategie op de middellange termijn en onze ideeën over de vooruitzichten op lange termijn voor deze branche. Hoe gezwollen dit ook mag klinken, toch is dit precies wat u voordurend moet doen als u erover nadenkt hoe u uw zakelijke beloften gaat invullen. Denk nooit dat u immuun bent voor ingrijpende gebeurtenissen. Als u altijd het algemene beeld voor ogen houdt, ook bij het nemen van kleine beslissingen, dan weet u dat u in elk geval de juiste richting hebt gekozen om ook in zwaar weer te overleven.

Vergeet niet dat de wereld vol mensen is die u op uw plaats willen zetten, die de realist willen spelen en u als een onnozele naïeveling beschouwen. Overheden zijn daar beruchte voorbeelden van. Ministers zijn net eendagsvliegen. Ze zijn nog niet begonnen met waar ze voor aangesteld zijn of ze zijn alweer verdwenen. Dat mag dan een van de fundamenten van onze vrijheid zijn, zakelijk gezien is het een ramp. Met name in Groot-Brittannië hebben ministers, die onvoldoende beslissingsbevoegdheid hebben over hun dossiers, geen enkele aandacht voor de lange termijn. Niet dat ze daar geen kijk op hebben of het er niet mee eens zijn, maar ze hebben er gewoon geen enkel vertrouwen in dat zo'n voorstel door de minister van Financiën goedgekeurd wordt.

Mensen met een negatieve instelling en krachteloze instanties zijn altijd van verre herkenbaar. Wees zo moedig u aan uw eigen overtuigingen te houden en negeer ze. Verzamel in plaats daarvan mensen om u heen die u kunt vertrouwen en laat hen advocaat van de duivel spelen; zorg dat zij de problemen op tafel brengen waar u ongemerkt op afstevent.

Wanneer u het geluk hebt een verandering teweeg te kunnen brengen, dan is het heel frustrerend als anderen uw ideeën niet oppikken of – erger nog – als ze die direct verwerpen. Maar u begrijpt waarom dat gebeurt. Verandering kan gevaarlijk zijn. Hoe groter je bent, hoe trager je je vaak voortbeweegt en hoe gevaarlijker verandering wordt. Natuurlijk zijn overheden bang voor veranderingen: ze weten dat ze er nooit snel genoeg op kunnen reageren. En dat geldt ook voor vele grote ondernemingen.

Het geeft geen zin om te zeggen: 'Bereid je voor op verandering', of: 'Verwelkom veranderingen', of welk ander cliché de businessboeken ook oplepelen. Verandering is nu eenmaal meestal een bedreiging, het enge beest dat je wil vermoorden. En laten we eerlijk zijn: meestal is dat ook zo.

In het zakenleven vinden veranderingen altijd sneller plaats dan je wilt; ze steken razendsnel de kop op, precies op het moment dat je ze het minst verwacht. Dat gold zeker voor Virgin Records in de muziekbranche.

De multinationals in de consumentenelektronica kunnen alleen overleven als ze innovatieve technologieën ontdekken en die op de markt brengen. Als je de eerste bent die dat doet, is dat bewonderenswaardig. Maar waar het echt op aankomt, is dat je de beste bent. Ik ben altijd mijn neus achternagelopen: ik heb nooit overwogen te wachten tot anderen fouten zouden maken, alleen om daarvan te leren. Ik zie daar de lol niet van in. Afgezien daarvan kan ik niet echt kritiek uitoefenen: de pioniers zijn meestal degenen die afgeschoten worden.

Terwijl de Philipsen, de Sony's, de Panasonics en de Hitachi's van deze wereld in de jaren tachtig en negentig voorturend doodlopende wegen insloegen met producten die de consument niet wilde, was de muziekbranche onvermijdelijk de weg van de digitale, te downloaden muziek ingeslagen, een proces dat culmineerde (althans, gezien vanuit de positie waarin ik me nu bevind) in de iPod van Apple.

De digitale muziekrevolutie werd ingeluid met de komst van de compact disc. De overgang van analoge naar digitale opnamen vormde een ware revolutie voor de trommelvliezen. Halverwege de jaren zeventig was de 7-inch single de gouden standaard voor de popmuziekbranche. Alle popbands (maar niet alle progressieve rockbands) wilden een nummer 1-hit in Groot-Brittannië, Amerika en dan in de rest van de wereld. Als je een nummer 1-hit had, dan had je het als band of soloartiest gemaakt.

Begin jaren tachtig was Virgin Records mede door onze dominantie in de hitlijsten de grootse onafhankelijke muziekonderneming ter wereld geworden. Het was fantastisch om te zien hoe een nieuwe plaat hoog in de hitlijst binnenkwam, de donderdag daarop gevolgd door het bijna verplichte optreden in *Top of the Pops* van de BBC. Al deze publiciteit had een positief effect op de albumverkoop van de groep; die twee gingen hand in hand.

Het is gemakkelijk met weemoed terug te denken aan oude concepten, maar daar is geen historische rechtvaardiging voor. Sinds de negentiende eeuw heeft de opnametechnologie zichzelf in een dertigjarige cyclus vernieuwd. Dertig jaar nadat de wascilinder in de jaren tachtig van de negentiende eeuw de elite imponeerde, bracht de breekbare 78-toerenplaat van schellak een revolutie teweeg in de luistergewoonten van het grote publiek. Na de Tweede Wereldoorlog maakten de lp, de single en de ep (*extended play*, een plaat met twee of drie nummers per kant) van vinyl het een stuk gemakkelijker naar muziek te luisteren. Jemig, je kon die stevige, flexibele schijven zelfs met de post versturen!

De wijsneuzen die nu beweren dat digitaal downloaden de dood in de pot is voor de grote muziekbedrijven, zouden zich moeten realiseren dat de laatste keer dat de branche instortte – wat een verrassing! – bijna dertig jaar geleden was, in 1982. De economische recessie zorgde toen voor een enorme terugslag. Op dat moment had Virgin Retail meer dan honderd platenzaken in elke grotere plaats in het land, waar op werkdagen geen sterveling te vinden was.

Steeds meer mensen namen thuis op bandjes op van de radio of van een vriend die de lp had meegenomen, wat een vroege variant van het illegale downloaden was. Dit mondde uit in Napster en alle andere sites die de consument gratis muziek aanboden.

De digitale revolutie was enige tijd eerder in de opnamestudio gearriveerd en er werd al computersoftware gebruikt om albums en soundtracks te mixen. Maar nu stond de digitale muziek op het punt bezit te nemen van het grote publiek.

Dire Straits was de eerste groep die een bestseller op cd had. Vinyl bleef in de achterhoede dapper meevechten en de ware liefhebbers zeiden dat ze nog altijd de voorkeur gaven aan analoog geluid. Heel wat muzieksnobs met een quadrofonie-installatie haalden hun neus op voor Dire Straits op een plastic bierviltje. Maar een oneindig veel grotere groep omarmde de vooruitgang en kocht de cd. Philips, de Nederlandse elektronicagigant, voorspelde op de grote Parijse muziekbeurs dat de cd de 'nieuwe audiostandaard in de wereld' zou worden.

Bij ons op kantoor vonden hevige discussies tussen de hifi-fanaten plaats. Zou de vinylplaat ooit ingehaald worden door zo'n banale digitale geluidsinstallatie? Op dat moment werd daar serieus aan getwijfeld, en zelfs nu nog hoor ik mensen zeggen dat vinyl veel beter is. Elpeehoezen en de bijbehorende hoeksteksten zijn ondertussen een hedendaagse kunstvorm geworden.

Maar de glinsterende cd was aan een niet te stuiten opmars begonnen. Het schijfje was gemakkelijker in het gebruik en het beschermde je meubilair tegen kringen van je bierglas.

Philips, dat het systeem ontwikkeld had, kondigde plannen aan voor software die door PolyGram gemaakt en uitgebracht zou worden en via de platenzaken gedistribueerd zou worden, afzonderlijk van de apparatuur. De cd had nog een concurrent in de LaserVision-schijf, die in de lente van 1983 gereed was voor productie. JVC, het Japanse elektronicaconcern, maakte promotie voor het VHD-systeem. Er waren zo'n dertig bedrijven die speciale cd-spelers wilden maken, en ik wilde koste wat

De Branson-way

kost voorkomen dat ik de boot zou missen als dit de nieuwe standaard werd.

Alleen PolyGram en Ariola hadden overeenkomsten met Philips gesloten over het uitbrengen van producten voor het nieuwe cd-systeem. (Op dat moment vond ik de royalty's die Philips vroeg te hoog.) Philips begon de eerste cd-spelers in België te leveren. Ze konden op een hifi-systeem aangesloten worden, net als een bandrecorder, en moesten 300 tot 400 pond kosten. Dat was veel geld voor het jonge, platenkopende publiek; in de begintijd was degene met een cd-speler meestal de rijkste man in de straat.

Er zouden direct al 200 titels verkrijgbaar zijn, voor een prijs die tussen 7,50 en 8,50 pond lag. PolyGram bouwde een cd-fabriek in Hannover in West-Duitsland, die in 1982 500.000 schijfjes kon produceren en de jaren daarna maar liefst 4 miljoen. In juni 1982 verschenen er kleurenadvertenties van Sony in de muziekpers. Daarop was een 12-inch-lp te zien naast een cd, afgebeeld op ware grootte. De advertentiecampagne was slim opgezet en maakte indruk op me: 'Zes maanden na nu zal de muziekbranche een daverende innovatie meemaken.'

De cd was het antwoord op de smeekbeden van de muziekliefhebbers: geen *wow*, geen *flutter*, onverslijtbaar, een bijna onmeetbare vervorming, een groot dynamisch bereik en geen ruis.

Mijn notitieboekjes staan vol vragen die ik over de impact van de cd op onze bedrijven had en wat we moesten doen om de bedreigingen te pareren. Ik schreef: 'Wat gebeurt er met de platenverzamelingen in het land? Gaan mensen hun platen door cd's vervangen?'

De komst van de cd was een prima medicijn voor de muziekbranche, maar zoals met de meeste medicijnen, kon een verkeerde dosis de patiënt gemakkelijk fataal worden. De cd was een technologie die het hele spel veranderde, en wij moesten ons aanpassen dan wel ten onder gaan. De komst van de cd en later de dvd stelde de verkopen weer voor lange tijd veilig, maar in het begin konden onze bedrijven de komst van de cd alleen overleven door de kosten van de vinylplaten terug te brengen. En dat deden we dan ook. We moesten oude voorraden opruimen en de platenbakken leegmaken voor de nieuwe. Het tijdperk waarin we de platen met vrachtwagenladingen tegelijk verkochten, liep ten einde.

Ondertussen wijzigde Virgin Records in maart 1982 de prijsstructuur voor platendealers. De wijzigingen werden aan de hele branche opgelegd door de hoge inflatie in de eerste jaren van het regime-Thatcher in Groot-Brittannië. We moesten de prijs van onze meest succesvolle bands verhogen, en daarom moest *Dare* van Human League 3,40 pond opbrengen. We verhoogden de prijs van de albums die niet in de hitlijsten stonden voor de dealers met 18 penny van 2,74 tot 2,92 pond. Maar van een aantal titels verlaagden we de prijs tot 1,82 pond, zuiver als experiment, om te zien of materiaal dat geen aandacht had gekregen zoals de Skids en Magazine, het nu beter zou doen.

Een paar kleine, onafhankelijke handelaren protesteerden. Alan Davison, vicevoorzitter van de RAVRO, de vereniging van platenhandelaren, die een kleine platenzaak dreef, grapte in *Music Week*: 'Als ik bedenk wat ik dit jaar allemaal zou willen, dan is dat vooral dat Our Price en Virgin ermee ophielden. Ze mogen best weer open als ze willen, maar dan moeten ze wel platen voor de juiste prijs verkopen. Platen zijn een specialistisch product. Om die net als levensmiddelen goedkoper te verkopen, is het ergste wat ooit is gebeurd.'

Arme Alan: de enige manier om hoge prijzen te kunnen rekenen in een krimpende markt is afslanken en specialiseren. Dat betekent dat je de brand bestrijdt en tegelijk innoveert, wat een moeilijke dubbele salto is, en Alan was daar simpelweg niet toe bereid. Hij verhoogde zijn prijzen tot de volledige adviesprijs om zijn marge van 33 procent veilig te stellen. Dat leek me een zakelijke blunder. De marge op platen en cassettes daalde van 32 procent in 1978 tot 23 procent in 1981 en door de enorme kortingen was die soms maar 16 procent. Volgens de BPI, die Britse organisatie voor de muziekbranche, was de adviesprijs van een lp in 1981 gemiddeld 5,22 pond, terwijl de consument gemiddeld 4,39 pond betaalde. De marges waren zo klein dat een platenmaatschappij die een seizoen geen hitartiesten had waarschijnlijk ten onder ging.

Ondertussen kwam er nog een ander interessant – of bedreigend, afhankelijk van je visie – fenomeen op in de winkels. In 1980 doorbrak de Britse uitvinder en ondernemer Clive Sinclair de barrière van 100 pond met zijn Sinclair ZX80-computer. Als je het aandurfde, kon je voor 79,95 pond een bouwpakket kopen en dat zelf in elkaar solderen. Een jaar later bracht hij de ZX81 uit en in 1982 de Sinclair ZX-Spectrum. Halverwege 1982 waren er in Groot-Brittannië al bijna 500.000 gamecomputers in gebruik. Ik was verrast door de snelle infiltratie daarvan in onze business, en ook op deze aardverschuiving moesten we voorbereid zijn.

Op een dag kwam een van de vertegenwoordigers naar me toe. 'Richard, de jeugd is helemaal dol op die *Pac-Man*-videogames. Misschien moeten wij ook games gaan verkopen.'

We begonnen de computergames rechtstreeks te bestellen bij Atari, een dochter van Warner Communications. De komst van *Pac-Man*, een buitenaards wezen dat door een doolhof rende en daar op fruit knabbelde, bracht jarenlang goed geld op. Er werden er meer van verkocht dan van welke andere arcade game ook, met inbegrip van het buitengewoon succesvolle *Space Invaders*, dat je in elke studentenbar in het land aantrof. Samen met *Tetris* was *Pac-Man* de eerste game voor de Game Boy van Nintendo, die in 1989 op de markt kwam. Begin jaren negentig bracht Game Gear van Sega ons *Sonic the Hedgehog*. De populaire games voor jongeren baanden de weg voor de pc-games, met name in Groot-Brittannië, en maakten een hele generatie met de computer vertrouwd. Het hardwareaanbod groeide in duizelingwekkende vaart: de Atari ST, de Commodore 64, de Amiga, de Apple Mac... De gamebranche stond aan de vooravond van een ongekende expansie.

Pac-Man was zonder twijfel de eerste echte computergame. Wij kwamen pas goed op dreef met de komst van *Super Mario* van Nintendo, met Kerstmis 1985. Dat zou een waardevol bijartikel worden voor onze winkels, waarvan het aantal vestigingen in Groot-Brittannië en Europa sterk toenam. De softwarecassettes, die 15 tot 35 pond moesten kosten, waren voor ons veel lucratiever dan muziek, en zo werden computerspellen, gevolgd door films – eerst op video, later op dvd – steeds belangrijker in ons assortiment.

De waarheid is dat onze kleinere Virgin Records-platenwinkels vanaf het begin al heel weinig opbrachten. De winkels waren goed voor onze naamsbekendheid en vertegenwoordigden ons jeugdige, oneerbiedige merk, maar op de lange termijn konden we er niet mee verder. Een van mijn grootste zakelijke fouten, die ik zeker betreurd heb, was dat ik niet al onze winkels eerder heb verkocht.

In 1986 liepen zelfs de Megastores gevaar. HMV, onze grootste concurrent, had de strijd met ons aangebonden en opende in juni in Oxford Street in Londen een nieuwe winkel waar alle platen die op dat moment verkrijgbaar waren te koop waren, terwijl Tower Records een winkel opende op een A-locatie in Piccadilly Circus.

We lieten ons niet afschrikken en openden in maart de grootste winkel ter wereld in Aston Quay in Dublin. We gaven 1 miljoen pond uit aan de verbouwing van het vijf verdiepingen tellende gebouw van McBirney's, dat een vloeroppervlak van ruim 4500 vierkante meter had en een soortgelijke inrichting kreeg als onze Megastore in Oxford Street.

De pers dacht dat we gek waren geworden. Stanley Simmons, een directeur van Music Makers, mengde zich in *Music Week* in het debat. 'Naar mijn mening is het hele concept van de megastore in de Britse platenhandel volstrekt verkeerd en is het op verkeerde aannamen gebaseerd.' Hij wees erop dat de grote retailers in de Verenigde Staten betere krediet- en retourvoorwaarden konden bedingen, die in Groot-Brittannië onmogelijk waren. En hij had inderdaad gelijk toen hij waarschuwend naar onze vaste lasten verwees – de huur en de gemeentebelastingen – en onze verplichting een enorme voorraad aan te houden.

Maar hij had het toch niet goed begrepen. Onze winkel in Dublin was niet alleen gespecialiseerd in klassieke muziek en jazz, in folk en rockmuziek, maar verkocht ook muziekvideo's, spellen en computersoftware. Hier kon ik de toekomst van ons bedrijf alvast zien. We boden nu echt tegenspel aan de ouderwetse winkelbedrijven zoals Woolworth, Dixons en Currys.

Onze etalages en winkelinrichting waren dynamisch en innovatief. Als het warenhuis Selfridges geweldige etalages kon maken, dan konden wij dat nog beter. Toen Depeche Mode het nieuwe album *Black Celebration* uitbracht, lieten we een bijna vier meter hoge spiegeltoren in de etalage van de winkel in Oxford Street neerzetten. Dat was nog eens oogverblindend. In de winkel lieten we de bands live een paar nummers spelen. Dat werden hele gebeurtenissen, die goed waren voor de verkoop en publiciteit genereerden.

Onze Virgin-medewerkers vormden de kern. Het waren gewoonlijk muziekkenners die niet veel ouder waren dan de klanten die hun wekelijkse zakgeld of de verdiensten van hun bijbaantje kwamen besteden. We hadden van de winkel een aangename locatie om te werken gemaakt, en daardoor werd die ook een leuke plek om de zaterdagmiddag door te brengen.

Dixons-directeur Stanley Kalms raakte steeds meer onder de indruk van de prestaties van Virgin. We startten ook gesprekken met Debenhams om Virgin-afdelingen in hun regionale warenhuizen te beginnen.

De dagen van de kleine platenzaak met voor elk wat wils waren geteld, en je kunt nu eenmaal geen zakenimperium bouwen op basis van nostalgie. In juni 1988 werden we benaderd door WH Smith en besloten we 67 van de kleinere winkels voor 23 miljoen pond aan dat bedrijf te verkopen en ons op de paar Virgin Megastores te concentreren, waaronder een nieuwe in Parijs aan de Champs-Elysées. Een groter winkelconcept had nog wel toekomst. Maar de glorietijd van onze bemoeienissen met de muziekbranche lag nu achter ons.

In 2008 was de cd als muziekdrager inmiddels op sterven na dood. De cd kende zijn hoogtepunt in 1999, toen consumenten wereldwijd 17 miljard dollar aan muziek uitgaven. In 2005 was dat bedrag tot circa 10 miljard dollar gedaald, terwijl het digitale downloaden sterk opkwam. (In 2012 zullen de inkomsten naar verwachting nog maar iets meer dan 9 miljard dollar bedragen, waarbij de helft via het internet gedownload wordt.) De grote muziekconcerns – deels in handen van participatiemaatschappijen – raakten steeds meer geïnteresseerd in het verkopen van plastic schijfjes en steeds minder in het ondersteunen van talentvolle artiesten.

Toen we met Virgin Records begonnen, betaalden we de opnamesessies, vervaardigden het product en distribueerden we het naar de winkels, waarna we de band en de muziek promootten. We gaven leningen en voorschotten voor tournees, voor promotievideo's, voor apparatuur, toneelattributen en de lichtshow. We gaven ook carrièreadviezen aan onze muzikanten en regelden hun financiële zaken.

Konden we door al dat werk de toekomst zonder zorgen tegemoetzien? Natuurlijk niet. De waarde van deze diensten is verdwenen, hoofdzakelijk door de digitale technologie, het internet en de komst van YouTube en sociale netwerken.

Is downloaden dodelijk voor de muziek? Laat me niet lachen. De muziekwereld verandert, maar is zeker niet op sterven na dood. Muziekproducties zijn vandaag de dag veel gemakkelijker te financieren dan ze in Virgins hoogtijdagen als muziekonderneming ooit geweest zijn. Toen we de Monstor Mobile-opnametruck en de Manor-opnamestudio in Oxford bouwden (waar we Mike Oldfield de kans van zijn leven gaven), was dat een enorme onderneming. Het kostte dagelijks duizenden ponden om een professionele studio te huren, een eersteklas technicus en een producer te betalen, plus alle wijn die je op kon en alle dope die je wilde roken. Het was aan Virgin Records om dit allemaal te voorfinancieren en dus alle risico's te nemen. Nu kun je een geweldig album op een behoorlijke laptop maken, en dan kun je dat als muziekbestand via het internet over de hele wereld distribueren.

De vervaardigings- en distributiekosten zijn minimaal, vergeleken met de tijd waarin Virgin Records promotie maakte voor Phil Collins, de Sex Pistols, Human League of zelfs de Stereophonics. Om geld te verdienen moesten we enorme aantallen lp's en later cd's verkopen, alleen al om de fabricage, het persen, de verzending, de winkelkosten en de royalty's te betalen. Dat businessmodel bestaat niet langer en komt volgens mij ook nooit meer terug. Digitale distributie kost vrijwel niets en het is per album even goedkoop een miljoen exemplaren via het internet te distribueren als om er vijftig met de post te versturen. Schaalvoordelen spelen geen rol voor jonge opkomende bands, hoewel ze voor de platenmaatschappijen en hun aandeelhouders nog altijd van groot belang zijn.

Als ik nu een band was die op het punt stond om door te breken, zou ik geen conventionele platenmaatschappij in de arm nemen. Ik zou een klein team om me heen verzamelen en de plaat zelf uitbrengen. Ik zou overwegen de distributie, de promotie en de marketing te delen met muzikanten en marketingdeskundigen die er hetzelfde over denken. De promotie is gemakkelijk zat: je maakt een pagina op MySpace, Facebook of een ander sociaal netwerk. Kleinere en nieuwere bands verdienen minder omdat platenmaatschappijen minder bekende bands alleen kunnen promoten uit de opbrengsten van grote artiesten. Maar de keuze aan nieuwe muziek zal steeds groter worden, want steeds meer mensen zullen van zich laten horen.

De platenmaatschappijen zullen wel overleven, maar ze zullen dat in afgeslankte vorm doen, veel meer volgens mijn *small is beautiful*-model. Ze zullen echte talenten moeten ontdekken. Als u wilt weten hoe de toekomst van het downloaden er werkelijk uitziet, denk dan aan artiesten als Brian Eno, de producer van Coldplays nieuwste album *Viva la Vida*, aan David Byrne, beroemd geworden met de Talking Heads, en met name aan Radiohead.

Toen de Oxfordse band in 2007 aankondigde dat het nieuwe album *In Rainbows* als download uitgebracht zou worden voor een prijs die de koper zelf mocht bepalen, werd hun verweten dat ze stapelgek waren en hun muzikale intellectuele eigendom verkwanselden. Al vijftien jaar lang zijn Thom Yorke en Radiohead rockartiesten met recordverkopen op hun naam. Ze hadden hun platencontract uitgediend, hadden een eigen studio en hun eigen server, zodat de distributiekosten minimaal waren. Het was een gok die goed uitpakte, en 40 procent van de fans betaalde gemiddeld 3 pond voor het album. De band verdiende bijna 1,5 miljoen pond. En dat niet alleen: ze hebben de muziek via een licentie ook op cd laten uitbrengen. Yorke zei dat de leden van de band meer geld hadden verdiend aan het downloaden dan met al hun vorige Radiohead-albums bij elkaar.

Dit soort economische feiten is dodelijk voor de grote labels. Madonna is eveneens een artieste die het beheer van haar muziek in eigen handen heeft genomen door een recente overeenkomst met Live Nation. Daarin wordt de reputatie die ze met fantastische liveconcerten heeft opgebouwd gecombineerd met de promotie en het downloaden van haar muziek via een website.

In de loop der jaren is muziek op diverse dragers vastgelegd en zijn er diverse manieren uitgeprobeerd om er geld mee te verdienen, maar muziek zal altijd een belangrijke persoonlijke ervaring blijven, die mensen van alle leeftijden een intense emotionele ervaring biedt. Terwijl de muziek op vinyl en op cd-schijfjes werd vastgelegd en nu online wordt gedownload, trokken wij van Virgin er elke zomer met honderdduizenden andere fans op uit om gezamenlijk onze liefde voor de muziek te betuigen.

In 1995 werd ik gebeld door Jackie McQuillan en James Kydd. 'Richard, ik heb een geweldig idee. Het wordt een unicum in de wereld, echt heel vernieuwend, en zal Virgin Cola en daarmee natuurlijk ook alle andere Virgin-merken, een enorme muzikale goodwill bezorgen, of ze nu met muziek te maken hebben of niet. En we hebben een paar fantastische experts ontmoet die ons bij de realisering kunnen helpen.'

Net toen het me begon te dagen waar dit heen moest, voegde James eraan toe (met de nodige ironie, moet ik zeggen): 'Richard, we doen dit voor de jongeren', en Jackie voegde eraan toe: 'Richard, ik zweer je dat het een gigantische happening wordt!' Wat het idee ook mocht inhouden, ik wist dat ze me al overgehaald hadden.

Al een paar minuten later, toen ze me de details hadden verteld, hoorde ik mezelf zeggen: 'Als ik het goed begrepen heb, wordt het V Festival dus het eerste muziekfestival ter wereld dat op twee dagen op twee plaatsen in één weekend wordt gehouden door prominente bands 's nachts per bus van de ene kant van Groot-Brittannië naar de andere te vervoeren? Wat een briljant idee. Ik doe mee...' Voor anderen zouden de logistieke complicaties van dit plan wellicht een brug te ver zijn, maar ik besloot mijn vertrouwen in het team te stellen en hun intuïtie op dit punt te volgen.

Door met de meest ervaren concertpromotors van Groot-Brittannië te werken – Bob Angus van Metropolis Music, Denis Desmond van MCD Concerts, Simon Moran van SJM S Concerts en Stuart Clumpas van DF Concerts – wisten Jackie en James dat hun gesprekspartners de beste in de hele business waren. Geen van de betrokkenen had ooit tevoren een festival als V georganiseerd, maar ze konden goed met elkaar overweg, en soms is er niet meer voor nodig.

De promotors zagen in dat het merk Virgin iets nieuws kon brengen, namelijk een festival dat echt op de consument gericht was. Een merk dat geloofde dat alles op het festival iets aan de gehele weekenderm moest toevoegen: goedverlichte campings, wegwijzers die je ook echt ergens heen brachten, grotere bars, zodat de rijen korter waren, en eten dat je voor de verandering best zou willen opeten, naast de introductie van Virgin Angels, die iedereen moesten helpen die om informatie of hulp vroeg. De aandacht voor detail was zo groot dat er tienmaal zoveel toiletpapier aanwezig was als bij enig ander festival. Ik betwijfel of de promotors ooit zulke lange en verhitte gesprekken over toiletpapier hebben gehad, met name over toiletpapier dat met de woorden 'Poopsie and Cack' was bedrukt; een subtiele hint naar de twee belangrijkste concurrenten van Virgin Cola.

Jackie en James toonden op hun beurt het nodige respect voor de expertise van deze ervaren concertpromotors. Ze weten tenslotte hoe ze tienduizenden mensen tegelijkertijd door een aantal hekken kunnen leiden zonder dat er rellen uitbreken; ze hebben verstand van podia, lichtshows en het temperament van artiesten; en ze weten hoe ze de veiligheid kunnen waarborgen op een grootschalig muziekevenement terwijl er tegelijk een fantastische show wordt gegeven. Wel stond het team er in authentieke Virgin-stijl op dat de sympathiekste, meest behulpzame en vriendelijkst lachende beveiligers in de branche werden ingehuurd. Dat was echt een unicum!

Tot mijn grote genoegen kan ik zeggen dat de band die dertien jaar geleden gevormd is, nog altijd even sterk is. Het V Festival vindt jaarlijks in het derde weekend van augustus plaats op twee prachtlocaties: Hylands Park in Chelmsford en Weston Park in Staffordshire. Het is een van de grootste en populairste Britse festivals, met meer dan 175.000 bezoekers in 2007, en er treden meer dan honderd bands op. Het is ook zeer geliefd in de muziekbranche, en de livemuziekbusiness heeft V de afgelopen zeven jaar tijdens de jaarlijkse *Live Magazine* Awards tot Europees Festival van het Jaar gekozen. Ik prijs me gelukkig dat ik op hun intuïtie vertrouwd heb!

We nemen een sprong naar de lente van 2006 in de Verenigde Staten. We zijn al voor het tweede jaar in gevecht over de oprichting van Virgin America, onze nieuwste luchtvaartmaatschappij, en een duidelijke einddatum is nog niet in zicht.

Terwijl het Amerikaanse ministerie van Transport de tijd neemt voor een besluit, blijft het ontwerpteam onverdroten aan het werk om een revolutionaire reiservaring voor de Amerikaanse consument te creëren. Maar nu raakte ons geduld op. Het nieuwe bedrijf had inmiddels al van start moeten gaan.

Dat voorjaar werd ik gebeld door Dan Porter van Virgin USA, die over een enorme ervaring in technologie en muziek beschikte. Hij zei: 'Richard, alle Virgin-ondernemingen zijn van nature sociaal, of het nu om fitnessclubs, mobieltjes of vliegmaatschappijen gaat. Dat geldt ook voor de muziek. Elk jaar heb je met de V Festivals in Groot-Brittannië een geweldige gemeenschap weten op te bouwen, dus wat dacht je ervan om, terwijl Amerika nog op die nieuwe vliegmaatschappij wacht, het grootste muziek- en kunstfestival van de oostkust te organiseren? Wat dacht je ervan om de Amerikanen alvast een voorproefje van het merk Virgin te geven?'

'Hoe snel kun je dat regelen?' vroeg ik. Een enorm evenement kon de zaak misschien toch nog aan het rollen brengen, dacht ik, en de organisatie zou zeker niet zo lang duren als de oprichting van een luchtvaartmaatschappij. Ik ben gek op livemuziek en ik geloof in de verjongende kracht van feesten. En ik was beslist ook dol op kamperen.

'Geef ons zeven maanden,' zei Dan, terwijl ik hem hoorde slikken.

We hadden nog nooit een festival georganiseerd in de grootste muziekmarkt ter wereld, en wat wist het Virgin USA-team nu van de logistiek van een festival af? Hoe konden ze de juiste kampeerplek vinden, de beste data bepalen en 50.000 bezoekers binnenhalen? Er waren een bepaalde magie en chemie voor nodig om een festival als het Britse V Festival te organiseren. Kon zoiets in Amerika herhaald worden?

Het Amerikaanse team besloot twee festivals te organiseren, eentje aan de oostkust van de Verenigde Staten en eentje in Canada. Ze zouden allebei Virgin Festival genoemd worden; we hadden het geluk dat we een merknaam hadden die niet als een bedrijf of een schoonmaakmiddel klonk. Eerst moesten we concertpartners vinden die onze visie deelden; het festival was weliswaar een zakelijke onderneming, maar het was niet alleen maar bedoeld om geld mee te verdienen. Het was een uitbreiding van het merk en de Virgin-lifestyle, dus alles moest tot in detail perfect zijn.

Twee onafhankelijke promotors die veel waarde aan kwaliteit hechtten, sloten zich bij ons aan: Seth Hurwitz, de laatste grote onafhankelijke rockpromotor in een genadeloze markt waarin reusachtige concerns de concertarena's en platenlabels opslokten, en Andrew Dreskin, promotor en vertrouwd partner, die met Dan Ticketweb had opgezet. Net als wij wilden ze dolgraag een unieke ervaring creëren, en daarom besteedden ze graag extra geld aan het beste programma, de beste productie en de beste catering. Het was belangrijk trouw te blijven aan de originele waarden van het V Festival in 1996, een festival dat echt op het publiek gericht was. Ze stelden Baltimore voor, omdat dat een locatie is in het noordoosten waar nog niet zoveel festivals waren en waar honderden hogere opleidingen en diverse grote steden in de buurt lagen. Virgin Mobile VS sloot zich als sponsor aan en bood de eigen marketingexpertise aan; het bedrijf had veel ervaring met een jeugdige doelgroep.

Ondertussen begon het Virgin Mobile Canada-team – onder wie marketinggoeroes Nathan Rosenberg (die van Virgin Mobile Australië was gekomen om Virgin Mobile Canada op te zetten) en Andrew Bridge – het weelderige Toronto Island Park om te vormen tot een Virgin-festivalterrein.

Zonder fantastische hoofdact is er geen festival. The Who kreeg gelukkig de geniale inval die zomer op tournee te gaan en Seth wist hen als openingsact voor de Red Hot Chili Peppers in Baltimore te contracteren. Dit zou hun enige concert in deze regio worden. Toen we The Who eenmaal hadden, wisten we dat het festival direct indruk zou maken.

Dan haalde mijn zoon Sam er zelfs toe over zich in alle opwinding te mengen. In juni, minder dan drie maanden voor het festival, gaf Sam in de Union Square Megastore in New York de aftrap voor de kaartverkoop. Hij werd geflankeerd door een rij jongens die niets anders dan sokken droegen en daarmee de Red Hot Chili Peppers eer bewezen. Na afloop belde Sam Jackie op in Groot-Brittannië en verzekerde haar dat hij tijdens de mediagebeurtenis slechts in een sok gekleed was – gelukkig bezit mijn zoon meer gevoel voor decorum dan zijn vader en wilde hij haar alleen maar op de kast jagen!

September was dat jaar voor mij een drukke maand. Op 9 september leverde ik een bijdrage aan de opening van het Virgin Festival in Toronto en vertrok vervolgens naar New York, waar ik tijdens het Clinton Global Initiative aankondigde dat 100 procent van de winst uit de transportbelangen van de Virgin-groep in schone energie geïnvesteerd zou worden. Een paar dagen later reisden mijn vrouw Joan, Sam en ik naar Baltimore voor het Amerikaanse festival. Terwijl ik over het terrein liep en duizenden festivalgangers de hand schudde, werd ik getroffen door de vele dankbetuigingen dat we Virgin en het festival naar de Verenigde Staten hadden gebracht. Velen bedankten me grijnzend dat ik de aarde gered had, maar ik herinnerde hen eraan dat dat evengoed hun verantwoordelijkheid is als de mijne!

De Noord-Amerikaanse markt mag dan heel anders zijn dan de Britse, één ding was duidelijk: we zijn allemaal dol op een te gek feest. We hielden rekening met de eigenschappen van elke markt, maar gaven er wel een kenmerkende Virgin-touch aan, die grotendeels op het Britse V Festival geïnspireerd was. We wilden dat er over ons gesproken zou blijven worden vanwege de unieke productiekwaliteit, de Virgin Angels die de bezoekers op charmante en verrassende wijze bijstonden, de chill-out-tenten en de uitstekende catering. We sloten deals met subsponsors die zich ermee akkoord verklaarden de algehele beleving voor de bezoekers te verbeteren en niet alleen maar hun logo's te laten zien, en onze podia werden niet naar gymschoenen of radiostations vernoemd. Omdat we het als een serieuze zakelijke onderneming zagen, genoten de mensen ervan alsof het niet meer dan een feest was. In 2007 begonnen we met V Festival Australia (Sydney, Gold Coast, Melbourne en Perth), en de Australiërs weten echt wel hoe ze feest moeten vieren!

In een tijdperk van digitale downloads en hoofdtelefoons die de rest van de wereld overstemmen, biedt livemuziek een authentieke gemeenschappelijke ervaring, een zeldzame gelegenheid om samen met anderen je favoriete groep te zien en onverwachte ontdekkingen te doen. Dertien jaar geleden, toen Jackie en James me met het idee van het V Festival in Groot-Brittannië benaderden, hadden we er nog geen enkel idee van dat we ooit in de voorhoede van nieuwe muziekfestivals in Noord-Amerika zouden verkeren.

Zoals de vliegpassagiers van concurrentie profiteren, zo zullen ook de muziekfans van concurrentie profiteren. Sinds die zomer zijn er tal van nieuwe festivals bij gekomen, en uiteindelijk zullen de beste overblijven.

De hoedenmaker zegt tegen zijn zoon: 'Maak je geen zorgen, jongen. Mensen zullen altijd hoeden nodig hebben.'

Wat hij bedoelt is: '*Ik* zal altijd hoeden nodig hebben.' Hoeden zijn zijn leven, en hij is trots op zijn vak. Is dat een gezonde houding?

Natuurlijk wel. Geen enkele zaak heeft het eeuwige leven, en als je trouw blijft aan je levenswerk, dan bestaat het risico dat je op zeker moment geen toekomst meer hebt. Dit is de deal die we met de wereld sluiten: we beschikken over een vrije wil en aanvaarden de consequenties daarvan. (Ik ben dol op ballonvaren, en dat heeft me al diverse malen bijna het leven gekost.) Elk risico is het waard genomen te worden, zolang het om een goede reden gebeurt en aan een goed leven bijdraagt.

Wanneer in een zakelijke onderneming geld van anderen geïnvesteerd wordt, schept dat natuurlijk bepaalde wettelijke en morele verplichtingen. Misschien moet u uw onderneming aanpassen om aan die verplichtingen te voldoen.

Maar vooral in het licht van de veranderingen in de muziekbranche heb ik alle begrip voor de ondernemingen die een product met zorg en trots hebben afgeleverd, ook al is dat product allang niet meer actueel. Het is een klassiek geval van op het verkeerde moment het juiste doen. Soms is het een fout, soms – en geen enkel businessboek zal dat droevige feit erkennen – is het helemaal geen fout. De onderneming is dan gewoon ten dode opgeschreven.

Virgin gedraagt zich niet echt agressief in de markt. (We vechten hard en langdurig als dat nodig is, maar we halen geen smerige trucs uit en we zoeken de strijd niet per se op.) En wie weet is het succes van Virgin niet eens te danken aan onze kristalheldere visie op de toekomst. Als dat zo was, zou u onze bedrijfsbeoordelingen op het internet *Virginen* in plaats van googelen en dan zouden onze Megastores in de jaren tachtig verkocht zijn.

Het succes van Virgin is vooral te danken aan de consistente manier waarop het merk aan zijn imago heeft beantwoord. Hoe je het ook wendt of keert, het was een pijnlijke ervaring het boek *Virgin Music* te sluiten. Maar omdat het merk Virgin nu eenmaal om de klantbeleving draait, heeft Virgin het over het geheel genomen als minder pijnlijk ervaren dan de meeste anderen om producten of diensten te vernieuwen teneinde aan de behoeften van de klant te voldoen. Voor ons – en daarin zijn we mogelijk uniek – betekent een verandering van branche en de intrede in een nieuwe sector geen drastische verandering in onze filosofie of levensdoel.

Wat velen verbaast, is niet zozeer ons vermogen om nieuwe sectoren te betreden – participatiemaatschappijen doen niet anders – als wel de snelheid waarmee we leveren. De bereidheid om van baan te veranderen staat uiteraard voorop, maar hoe slagen we erin onze producten zo snel aan de man te brengen?

Levering is echt niet zo ingewikkeld. Als we van de ene naar de andere sector switchen, kunnen we circa 90 procent van onze leveringsstrategie zonder enige aanpassing en zonder enig probleem overnemen. Vertrouwd raken met een onbekende infrastructuur is simpelweg een kwestie van je werk doen, van aandacht geven aan details. Er komt echt geen mysterieuze poespas bij kijken.

Hoe complex de onderneming ook is, u zou die moeten kunnen terugbrengen tot een aanbod dat gewone mensen kunnen begrijpen. Wanneer een branche een aanbod doet dat buitengewoon ingewikkeld en contra-intuïtief lijkt, dan hebt u hetzij een elementaire fout gemaakt en moet u uw marktonderzoek overdoen, hetzij de gehele branche is er vooral op uit snel geld te verdienen en de klant een poot uit te draaien. En als dat het geval is, gedraagt u, de onschuldige naïeveling, zich hetzelfde als de jongen die verklaarde dat de keizer geen kleren droeg. U staat op het punt alles te veranderen.

Dat kan gebeuren. Het gebeurt zelfs voortdurend. We kunnen er hier bij Virgin zelfs een boek over schrijven hoe vaak dat gebeurt.

Om te beginnen nemen we een kijkje in de luchtvaartbranche.

Er zijn een paar kandidaten voor de grootste zakelijke Virgin-deal aller tijden. Maar nooit werd onze ondernemingsgeest zo perfect belichaamd als in 1984, toen we zomaar een jumbojet huurden om met Virgin Atlantic te beginnen. Onder al onze ondernemingen is dit een klassiek voorbeeld van een kans grijpen en ermee aan de slag gaan. De oprichting van Virgin Atlantic is een prima casestudy voor de manier waarop we sindsdien zaken hebben gedaan. Zelfs nu nog, vele jaren later, geeft die blijk van onze onbevangen brutaliteit en onttrekt die zich nog altijd aan alle logica, zoals die op de businessopleidingen wordt onderwezen.

Ik was geïnteresseerd in een vliegmaatschappij als zakelijk idee, maar het waren toch vooral mijn frustraties als *frequent flyer* die me ertoe brachten dat idee te concretiseren. Ik bracht steeds meer tijd in de lucht door en net als iedereen vond ik het verschrikkelijk. Er was geen enkel excuus om nog met British Airways, PanAm of TWA te vliegen. De service was hopeloos en de cabinebemanning was verveeld en chagrijnig. Begin jaren tachtig vond er een incident plaats dat voor mij de druppel was die de emmer deed overlopen.

De Branson-way

Joan en ik zouden van de Maagdeneilanden naar Puerto Rico vliegen, maar de lijnvlucht van American Airlines ging niet door. De terminal zat vol gestrande passagiers. Opeens was ik het helemaal zat. Ik belde een paar verhuurbedrijven en sprak af om voor 2000 dollar een vliegtuig naar Puerto Rico te charteren. Ik leende een schoolbord, deelde de kosten van de charter op het aantal gestrande passagiers en schreef het bedrag op. Voor 39 dollar per persoon konden we iedereen naar Puerto Rico brengen.

De enorme frustratie die ik had ondervonden tijdens het vliegen met andere maatschappijen, overtuigde me ervan dat Virgin Atlantic een vrolijke maatschappij moest worden die kwaliteit uitstraalde en waarbij alle details vanaf het begin klopten. Maar onze grote doorbraak kwam pas in februari 1984, toen de Amerikaanse jurist Randolph Fields me benaderde met het nieuws dat er landingsslots beschikbaar waren voor een Britse maatschappij op het traject van de luchthaven Gatwick bij Londen naar Newark, New Jersey. Randolph liep al een tijdje bij alle gewone vliegmaatschappijen te leuren met zijn idee van een budgetmaatschappij voor zakenreizigers, maar die herinnerden zich nog maar al te goed welke harde lessen Freddie Laker en People's Express uit Florida geleerd hadden. Beide maatschappijen waren bezweken onder de druk van de vier trans-Atlantische maatschappijen British Airways, British Caledonian, PanAm en TWA. De gevestigde maatschappijen hadden samengezworen om Freddie ten onder te laten gaan door McDonnell Douglas onder druk te zetten om geen vliegtuigen aan hem te leveren; ze hadden de banken ertoe overgehaald hem geen krediet te verschaffen toen hij dat nodig had en verkochten tickets tegen afbraakprijzen om onder zijn tarieven te duiken. Het was een staaltje van ouderwetse straatroverij, en ze kwamen ermee weg. Het Britse publiek heeft het hun nooit vergeven, maar wat kon hun dat schelen?

Randolph had duidelijk bot gevangen en ik stond als buitenbeentje in de platenbusiness blijkbaar op zijn lijst van laatste strohalmen. In een normaal bedrijf krijgt een onaangekondigde beller misschien de secretaresse van de directeur te spreken, die hem dan vertelt een brief te schrijven (of tegenwoordig: een mailtje te sturen) zodat er later een afspraak kan worden gemaakt. In 1984 waren we echter nog in een woonboot gevestigd en vond ik het belangrijk mijn eigen telefoon op te nemen. Randolph kreeg me gelijk te spreken. Hij had een heel overtuigend verkooppraatje: hij zei tegen me dat er lucratieve landingsrechten voor het grijpen lagen, maar dat die naar een Britse maatschappij moesten gaan. En dat niet alleen: niemand zou verder nog aan die slots mogen meedoen als ze eenmaal vergeven waren. Dit was een echte kans. Was ik misschien geïnteresseerd? Ik vroeg hem me een voorstel te sturen en nam dat mee naar mijn buitenhuis om het in het weekend te bestuderen.

Randolphs voorstel behelsde een maatschappij met uitsluitend businessclass-stoelen, maar ik meende dat een combinatie van business en economy beter was, zodat we de vliegtuigen ook met Pasen, Kerstmis en lange weekends vol konden krijgen. Ik was bereid 1 miljoen pond in het project te stoppen om het op gang te brengen. Ondertussen moest ik als de wiedeweerga luchtvaartdeskundige zien te worden.

Ik belde Freddie Laker, die me voorhield dat ik geen vliegtuig hoefde te kopen; zo gingen die dingen niet. Hij legde me uit dat de banken het vliegtuig in een deal met Airbus, Boeing, Lockheed of McDonnell kochten, waarna de maatschappijen de toestellen leasten met de garantie een maandelijks bedrag te betalen.

Ik probeerde zo veel mogelijk te weten te komen over hoe je een vliegmaatschappij moest beginnen. We registreerden de merknaam Virgin Atlantic en vroegen de slots aan. In een internationaal telefoonboek vond ik het telefoonnummer van Boeing. Het verloop van het gesprek maakt me nog altijd aan het lachen. Ik weet nog dat ik Seattle belde en vroeg om doorverbonden te worden met de vicedirecteur Verkoop. 'Goedendag, u spreekt met Richard Branson van Virgin, en ik ben geïnteresseerd in een tweedehands 747,' zei ik met mijn beleefdste Engelse accent.

De man die ik aan de lijn had, zei: 'Wat doet uw bedrijf dan precies?'

'Nou,' zei ik, 'we brengen platen van bands als de Sex Pistols, Boy George en de Rolling Stones uit.'

'Zo, zo. En hoe heette uw bedrijf ook alweer? Virgin?'

Op dat moment ging het heel slecht met de wereldwijde verkoop van vliegtuigen en kostte het Boeing moeite zijn vloot van tweedehands 747's te slijten. Veel toestellen stonden in de woestijn van Arizona geparkeerd. Daarom legde de man de telefoon niet direct neer. Ik denk dat hij misschien toch geïntrigeerd werd door mijn schaamteloze brutaliteit. Hij noteerde mijn gegevens. En aan het eind van het gesprek zei hij bij wijze van grap: 'Met een naam als Virgin zullen we zeker overwegen u een vliegtuig te verkopen als u uw plannen echt doorzet!'

Boeing stuurde een verkoper naar me toe. Het was een vriendelijke oude man die maandenlang in een hotel verbleef terwijl we tot overeenstemming probeerden te komen. Uiteindelijk ging Boeing ermee akkoord dat als de vliegmaatschappij zou mislukken, ze het vliegtuig aan het eind van het eerste jaar zouden terugnemen.

Dat betekende dat we konden beginnen, in de wetenschap dat als ik het zou verknallen, ik mijn inzet in elk geval afgedekt had. Achteraf gezien was dit een van de beste beslissingen die ik ooit heb genomen.

Wat is de meest kritische factor bij een zakelijke beslissing die je moet nemen? Het komt feitelijk op de volgende vraag neer: *als dit helemaal mislukt, stort dan alles als een kaartenhuis in?*

Er is één zakelijke mantra die voortdurend in me weerklinkt: *dek je in voor het geval dat het misgaat*. Door de mogelijkheid Boeing na een jaar hun vliegtuig terug te geven, bedroeg het totale risico voor Virgin 5 miljoen pond, ofwel de helft van wat we met Virgin Records verdienden. We namen dus de gok van een acceptabel verlies over zes maanden, afgezet tegen de kans op een enorme winst. Als er een ramp gebeurde, zouden we daar zeker last van hebben, maar het kaartenhuis zou niet instorten. 'Je indekken voor het geval dat het misgaat' is een van de weinige zakelijke grondbeginselen waar we ons bij Virgin aan proberen te houden. Zeker, het is best eens voorgekomen dat we tegen onze eigen regel gezondigd hebben en ik heb ook wel eens gezegd: 'Ach wat, we doen het gewoon', waarna ik een hypotheek op mijn huis nam en mijn nek mijlenver uitstak. Maar dat kan ik niet aanbevelen.

Het was al snel volkomen duidelijk dat we geen nieuwe trans-Atlantische luchtvaartmaatschappij konden beginnen, tenzij we een werkkapitaal van minstens 3 miljoen pond hadden. We moesten aan meer contanten zien te komen.

Terwijl we daarmee bezig waren, wist ik dat we de andere Virgin-ondernemingen op een professionelere basis moesten gaan leiden. Daarom benaderde ik Don Cruickshank met de vraag of hij ons uit de brand wilde helpen en directeur wilde worden. Door Dons komst hoefde ik me niet meer met de platenbusiness bezig te houden, zodat ik meer over de luchtvaartbranche te weten kon komen.

Ik belde Freddie Laker nog eens en nodigde hem uit voor een lunch op mijn woonboot *Duende*. Hij vertelde me toen waarom hij mislukt was, en wat ik moest doen om zijn fouten te vermijden. Hij waarschuwde me dat British Airways de vijand zou worden, dat ze meedogenloos waren en zijn zaak vernietigd hadden.

We moesten onszelf tegen schommelingen in de valutakoersen indekken. De vaste termijnen voor de jumbojet moesten in Amerikaanse dollars worden betaald, maar de waarde van het pond daalde snel tegenover de dollar. Onze klanten betaalden hun tickets met Britse ponden, en we moesten oppassen dat we daarmee niet het schip in gingen.

We waren ook verantwoordelijk voor de verzekering, en dat kostte ons bijna de kop. We konden alleen een verzekering krijgen als de Britse burgerluchtvaartdienst ons een volledig luchtwaardigheidscertificaat had gegeven.

Daarom maakten we een proefvlucht. Het toestel was nog niet opgestegen of er vloog een zwerm vogels de motor in. En die ontplofte.

Een nieuwe motor ging ons 600.000 pond kosten, en omdat we de proefvlucht hadden afgebroken, waren we uiteraard nog niet verzekerd. Dit betekende bijna het einde voor geheel Virgin, omdat dit net iets meer was dan we bij de bank mochten lenen. Don en de andere directeuren wilden dat ik de eerste vlucht uitstelde, maar toen ik er eenmaal van overtuigd was dat alles veilig was, wilde ik onze maatschappij ook van start laten gaan.

In de circa vier maanden die voor de oprichting nodig waren, moesten we werkelijk alles over de luchtvaartbranche leren, van de reserveringen tot de ticketverkoop en of we onze tickets via reisagenten of direct zouden verkopen. Ik moest van alles over marketing leren om te weten hoe ik het publiek op de hoogte moest brengen van onze nieuwe maatschappij en in welke kleuren we het vliegtuig moesten beschilderen. 's Avonds werkte ik aan het interieurontwerp en koos ik stoffen uit. Ik overlegde zelfs over de menu's en de wijnkaart. We hadden vrijwel geen advertentiebudget, en daarom ging ik op Freddies advies in. Hij zei tegen me dat ik niet verlegen moest zijn en mezelf moest gebruiken om de onderneming te promoten.

De Branson-way

Vier maanden om te leren hoe je een luchtvaartmaatschappij begint. Niet gemakkelijk, maar beslist te doen. De zakelijk leiders die er in woord en geschrift op uit zijn complexe puzzels van hun bedrijven te maken en doen alsof het om een subtiel schaakspel gaat, kunnen me echt vreselijk irriteren. Het is voor hen niet genoeg om een goede zakenman of zakenvrouw te zijn: ze moeten meteen Confucius zijn. Als je hen hoort, zou je denken dat je in een branche geboren moet zijn om er iets in te kunnen presteren. En dat is zelden waar, tenzij je op truffels jaagt. Wanneer je een globaal begrip van de branche hebt en alle details een paar maanden of zelfs weken hebt bestudeerd, dan weet je meestal genoeg om te beginnen. Je zult heel veel informatie tot je moeten nemen – zoek dus een paar vrienden om je te helpen –, maar het businessmodel dat eraan ten grondslag ligt, is altijd tamelijk simpel.

Vergeet niet om te communiceren en aandacht aan details te besteden. Weinigen beseffen hoe ver je het kunt schoppen door deze twee regels te onthouden en toe te passen, maar het bewijs van de effectiviteit ervan is voor iedereen zichtbaar op onze Virgin Atlantic-vluchten. Veel van onze oorspronkelijke beslissingen worden nog altijd toegepast. Virgin had in die tijd als enige een bar in de businessclass, en die is er nog steeds. De robijnrode uniformen zagen er schitterend uit, en die zijn er ook nog steeds. We gingen voor een first class-product, maar rekenden een businessclass-tarief, en dat is ook vandaag de dag nog onze filosofie.

Op 21 juni 1984 kozen we op Gatwick het luchtruim in Maiden Voyager. Het was een vlucht voor tal van vrienden, familie en anderen die ons geluk wensten. Joan en ik zaten gedurende de hele vlucht met Holly op onze knieën. Maar de maatschappij was op een haar na een doodgeboren kindje. Op de dag dat ik terugkeerde, kwam de Coutts Bank bij me op bezoek om te zeggen dat we onze kredietlimiet hadden overschreden. Ze zouden onze cheques voortaan weigeren. Daar stonden we dan. We waren een van de succesvolste particuliere Britse ondernemingen met een winstverwachting van 12 miljoen pond, en de bank dreigde er nu mee de hele Virgin-groep insolvent te maken omdat we ons krediet van 3 miljoen pond iets hadden overschreden. Zoals ik al zei, is communicatie belangrijk, en daar zou ik nu aan toe willen voegen: 'Vooral de communicatie met je bank!' Maar eerlijk gezegd was Coutts op dat moment een hopeloze bank. Behalve als we een spiritistisch medium en een ouija-bord hadden gebruikt, hadden we geen schijn van kans in contact te komen met die lui. Ze ontbeerden elk inzicht in onze projecten en dochtermaatschappijen. Dat moest veranderen. Aan het eind van de week hadden we een nieuwe bank, Lloyds, die onze kredietlimiet tot 30 miljoen pond vertienvoudigde. Schrik er vooral niet voor terug van bank te veranderen als die zich onredelijk toont. U zit echt niet uw hele leven aan één bank vast, maar stel het niet uit tot het laatste moment!

In de beginjaren zaten we voortdurend verlegen om cash. In het zomerseizoen hadden we de meeste passagiers, maar onze kosten waren het hele jaar door gelijk. Maar het opwindende voor iedereen bij Virgin Atlantic was dat het publiek vanaf het allereerste begin graag met ons vloog. We hadden gevoel voor humor, wat volgens mij belangrijk is, en onze piloten en stewardessen wilden zich allemaal dolgraag in dit avontuur storten. Mijn vervelende ervaring met de Coutts Bank had me ondertussen geleerd dat we een professionele relatie met onze bankiers moesten onderhouden. We moesten hen op de hoogte houden van al onze acties en precies laten weten wat onze bedoelingen waren, en we moesten managers zoals Don Cruickshank hebben om het contact te onderhouden.

Als het jongetje in het sprookje begint te lachen en naar de naakte keizer kijkt, beseft iedereen, inclusief de keizer, welke fout de keizer heeft gemaakt en wordt het jongetje direct van alle blaam gezuiverd.

Welnu, zo zit het leven niet in elkaar. Ik zal u in het kort een paar voorbeelden geven van gelegenheden waarbij we lachend naar een bespottelijke zakelijke absurditeit wezen, terwijl de ministers van de keizers direct kwamen aanrennen om ons de mond te snoeren.

Op 25 oktober 2003 schreef Matthew Parris in de *Times*: 'Toen we jonger waren, dachten we dat we de de eerste generatie waren die zou beleven dat iedereen sneller dan het geluid zou vliegen. We zouden de laatste zijn, niet de eerste.'

Hij schreef over de laatste lijnvlucht van de Concorde. De vlucht onder nummer BA-002 landde op 24 oktober 2003 om 16.05 uur op de Londense luchthaven Heathrow, waarmee het eerste supersonische-vervoerstijdperk ten einde kwam, zevenentwintig jaar en negen maanden nadat het begonnen was.

De Branson-way

Het besluit van British Airways en Air France om de vloot aan de grond te houden, was schandelijk, omdat het zo werd uitgevoerd dat niemand ooit meer met de toestellen zou kunnen vliegen. Soms werden de vleugelpunten zelfs letterlijk afgezaagd. Dit was een belediging voor het briljante technische ontwerp van de Concorde. Omdat we wisten dat we de dienst een nieuwe kans konden geven, begon Virgin de Red de Concorde-campagne. Maar die liep op niets uit omdat British Airways weigerde anderen toe te staan met de vloot te vliegen. Haastig ontmantelden ze de vliegtuigen en voor alle zekerheid brachten ze die naar musea over het hele land. Het was een bedroevende manier om zo'n glorietijdperk te beëindigen.

Tijdens het feestje na de laatste vlucht wilde British Airways-bestuursvoorzitter Colin Marshall de 300 gasten, die kort tevoren met de drie vluchten aangekomen waren, het rechtstreekse BBC-nieuwsverslag van de historische aankomsten laten zien. Tot zijn grote schrik bleek de muziek bij de beelden van John Hutchinson te zijn, een ex-Concorde-piloot! John had British Airways de wind van voren gegeven omdat ze de vliegtuigen aan de grond hadden gezet terwijl ze daar nog lang niet aan toe waren en had mij heel gul alle lof toegezwaaid omdat ik had geprobeerd ze in de lucht te houden.

Sir Colin verdween achter het scherm, waarna het geluid opeens stopte. Er zou sprake zijn van interferentie door alle tv-satellietwagens die in de buurt geparkeerd stonden...

De moraal is dat het belangrijk is voet bij stuk te houden. Het publiek is niet achterlijk en ik denk dat we enorme beloningen hebben opgestreken door altijd recht-door-zee te zijn in de markt.

In 1997 deelde ik mijn ervaringen in de loterijbranche met Thabo Mbeki, die toen vicepresident van Zuid-Afrika was. Ik meende dat een nationale loterij een uitstekende manier was om het broodnodige geld voor het land in te zamelen.

Een loterij biedt tevens de kans om geld te drukken, omdat er geen concurrentie is. Aan een nationale loterij is geen enkel risico verbonden, en het is ook een van de organisaties die het gemakkelijkst op te zetten zijn. Het is een formule die zich over de hele wereld bewezen heeft. In vrijwel elk land bestaat een staatsloterij, zodat 100 procent van de winst naar goede doelen kan gaan. Het land benoemt een betrouwbare zakenman of -vrouw met loterij-ervaring die de winst direct aan de liefdadigheidsorganisatie van de overheid kan overhandigen om de ergste nood in het land te lenigen. Meestal wordt het geld besteed aan onderwijs, gezondheidszorg of armoedebestrijding. Wat deze loterijen niet hebben, zijn aandeelhouders die de winsten tussen degene die de loterij beheert en het goededoelenfonds afromen.

Ik had in 1994 en 2001 tweemaal zonder succes op de National Lottery in Groot-Brittannië geboden, en tot op de dag van vandaag sta ik er versteld van dat Camelot, het bedrijf dat de loterij namens de overheid organiseert, en dat GTech heeft aangesteld (waarvan een van de directeuren ons tijdens ons bod wilde omkopen), zoveel geld heeft kunnen verdienen ten koste van de goede doelen.

In die periode konden Camelot en ik elkaar niet luchten of zien. Het loterijbedrijf huurde op een keer Madame Tussaud's, het beroemde wassenbeeldenmuseum in Londen, voor een bedrijfsevenement af. Een broer van een van onze Virgin-medewerkers was op het feest en ontdekte dat mijn wassen beeld tijdelijk weggehaald en in de bezemkast geplaatst was. Eigenlijk denk ik dat mijn beeltenis na één blik op het bedrijf dat daar die avond verzameld was gewoon weggelopen is.

Maar goed, ik zei dus tegen Mbeki dat als de loterij op de juiste wijze werd opgezet, daarmee goede doelen konden worden gefinancierd. Maar ik was erop gebrand dat ze niet dezelfde fout zouden maken als Groot-Brittannië. Ik maakte me ernstig zorgen dat bepaalde personen in de zakenwereld druk op de regering uitoefenden om van de loterij een lucratieve business voor de zakenwereld te maken.

Ik wees erop dat de Conservatieve regering in Groot-Brittannië diezelfde fout in 1994 had gemaakt en dat er zelfs door degenen die regelmatig loten kopen met enig dedain over de loterij wordt gesproken, in plaats van dat ze er trots op zijn. De Labour-partij, die op dat moment in de oppositie zat, realiseerde zich dat er een enorme fout was gemaakt en vroeg dringend om van de loterij een loterij voor het volk te maken zodra de vergunning van Camelot afliep.

In 2007, toen Labour aan de macht was, kreeg Camelot voor de derde keer een vergunning – het zoveelste voorbeeld van een politieke belofte die verbroken werd zodra een partij eenmaal aan de macht was.

De Branson-way

Ik deed mijn best om Thabo Mbeki en de president ertoe te bewegen niet dezelfde fout te maken als in Groot-Brittannië was gemaakt. Maar het lijkt erop dat ze uiteindelijk toch in dezelfde val zijn gelopen als de Britten door de vergunning aan het commerciële bedrijf Uthingo Management te geven.

Soms kun je een zakelijke onderneming niet hervormen vanwege de kortzichtigheid van anderen. Een andere keer mislukt de operatie vanwege de hebzucht van anderen. Zo simpel en zo zuur is het. Later zal blijken dat het gevecht dat je verloren hebt toch de moeite waard is geweest; het publiek zal je erom respecteren en je daarna zijn grote loyaliteit tonen.

De levering is het moment waarop je goede bedoelingen de echte wereld ontmoeten. De levering kan het best solide en vastberaden benaderd worden. Je hebt uithoudingsvermogen en geduld nodig om goed te kunnen leveren, met name als iedereen eropuit is je pootje te haken.

Ik heb lange tijd een grote ambitie gekoesterd: een winstgevende luchtvaartmaatschappij in Amerika exploiteren. Het belangrijkste woord in de vorige zin is 'winstgevend'. Dat was gemakkelijker gezegd dan gedaan, en hoewel de nieuwe baby nu kerngezond is, was de geboorte van Virgin America, onze luchtvaartmaatschappij in de Verenigde Staten, een langzaam en pijnlijk proces.

De Verenigde Staten van Amerika liggen bezaaid met de karkassen van Britse ondernemingen – en van rockbands – die daar groot wilden worden en gefaald hebben. Ik wilde dat Virgin anders zou zijn, en Virgin Records USA en Virgin Mobile USA hebben laten zien wat er mogelijk is. Maar luchtvaartmaatschappijen zijn een ander chapiter vanwege de talloze federale regels, de eigendomskwesties en de tegenstand uit de branche. Je kunt het vergelijken met Arsenal dat aan de American football-competitie meedoet.

De eerste horde was het certificeringsproces. Volgens de Amerikaanse wet kunnen buitenlanders 25 procent van de aandelen met stemrecht in een Amerikaanse luchtvaartmaatschappij bezitten en nog eens 24 procent van de aandelen zonder stemrecht. Ik verwachtte dat dit vereiste door de onderhandelingen tussen de Verenigde Staten en de Europese Gemeenschap versoepeld zou worden, wat goed zou zijn voor de buitenlandse investeringen en de concurrentie zou stimuleren. Maar dat gebeurde niet snel genoeg, zodat wij er nog altijd voor moesten zorgen dat 51 procent van de onderneming in handen van de Amerikanen was.

De komst van Fred Reid als baas van Virgin America in april 2004 was een zegen. Fred, ex-president en ex-hoofd Operaties van Delta Airlines, beschikte over meer dan vijfentwintig jaar ervaring in de luchtvaart en wist de weg in Washington. Onze juridisch en politiek adviseurs deden hun uiterste best een vliegvergunning voor Virgin America binnen te halen. Het was een zeer gevoelige kwestie, en Fred waarschuwde mij en de Virgin-medewerkers dat zelfs de futielste verkeerde opmerking door een van ons tijdens een officiële bijeenkomst of elders gemakkelijk tot negentig dagen uitstel van de certificering kon leiden. Het was een verkiezingsjaar en onze aanvraag had unieke aspecten, die het voor een vijandige partij angstwekkend gemakkelijk maakten ons de voet dwars te zetten. En daar waren er heel veel van: Fred vertelde me dat elke luchtvaartmaatschappij in Amerika onze komst in de markt vreesde.

Na 11 september en de nasleep daarvan zag ik een kans van de zwakheden van de grote Amerikaanse maatschappijen te profiteren. United Airlines opereerde onder de Chapter 11-faillissementsbescherming en American Airlines en Continental bezuinigden op uitgaven en personeel om te kunnen blijven concurreren. Er is me wel eens gevraagd of er in de zakenwereld ook onoverkomelijke problemen bestaan. Ik denk dat die er voor deze ouderwetse maatschappijen met hun enorme loonkosten, achterhaalde praktijken en relatief bejaarde luchtvloot zeker waren. De *Economist* schreef in 2007 dat ze door hun eigen slechte management en door omstandigheden die buiten hun invloed lagen – een verdriedubbeling van de olieprijs, terreuraanvallen in 2001 en een sterk dalende dollar – in de vijf jaar tot en met 2005 35 miljard dollar hadden verloren, wat voor investeerders een onvoorstelbaar bedrag is om te verliezen.

We dachten oprecht dat er op tijd een besluit zou worden genomen als we ons aan de regels van de Amerikaanse overheid en het ministerie van Transport zouden houden. We hadden niet verwacht dat de zaak zich zo lang zou blijven voortslepen. Onze aanvraag bleek een les in naïviteit. Het Amerikaanse ministerie van Transport is aan niemand verantwoording verschuldigd over het tijdstip waarop aanvragen goedgekeurd worden, en het leek daarom geen enkele haast te hebben. Bestaande Amerikaanse maatschappijen, die er toch duidelijk zichtbaar niet in slaagden het publiek met redelijke tarieven en service te bedienen, namen hun toevlucht tot spectaculaire vertragingstactieken om ons er zo lang mogelijk van te weerhouden het luchtruim te kiezen. We waren een zichtbare bedreiging met onze nieuwe, zuinige vliegtuigen en oprechte aandacht voor de dienstverlening aan de klanten. Opmerkelijk was dat de twee maatschappijen waartegen we zeker moesten concurreren, JetBlue en Southwest, zich verre hielden van deze bendevorming. Je zou denken dat die toch meer te verliezen hadden, maar deze gezonde, sterke maatschappijen begonnen niet stampvoetend 'Het is niet eerlijk!' te schreeuwen.

De Virgin-groep moest hemel en aarde bewegen om de obstakels die het ministerie opwierp te omzeilen en deed concessies die verdergingen dan volgens de Amerikaanse wet vereist was. Fred Reid stelde de Amerikaanse regulerende instanties gerust dat onze maatschappij echt *Born in the USA* was. We hadden de steun van een aantal gerespecteerde investeerders weten te verkrijgen en die investeerders stelden Don Carty, een veteraan met dertig jaar ervaring in de branche die zowel bestuursvoorzitter als president van Canadian Pacific en American Airlines was geweest, als directeur van de raad van bestuur aan. Virgin had wettelijk het recht drie directeuren te benoemen, maar we gaven er slechts één op.

Uiteindelijk kregen we in mei 2007 toestemming, maar er zat een addertje onder het gras. Fred kreeg van het ministerie van Transport te horen dat, aangezien hij door mij persoonlijk aangesteld was (wat niet waar was) en ik buitenlander was, hij de onderneming niet mocht leiden.

Dat was een zware klap voor Fred en voor ons: nu moesten we een ander zien te vinden. Virgin America had eind 2003 al voor de eerste vlucht gereed moeten zijn. Nu konden we pas in augustus 2007 aan de slag. Het had ons bijna vier jaar gekost, terwijl Virgin Atlantic vier maanden had gekost. Tijdens ons gevecht om de gordiaanse knoop van de Amerikaanse regulering door te hakken, stonden zes nieuwe vliegtuigen bijna achttien maanden lang werkeloos aan de grond. Dat alleen al kostte 11 miljoen dollar, terwijl we geen cent verdienden. In het eerste jaar heeft Virgin America allerlei prijzen gewonnen, waaronder de 'beste eersteklas service in Amerika' van *Zagat* en 'beste binnenlandse maatschappij' van *Travel & Leisure*'s World Best Awards. De maatschappij heeft de onderlinge concurrentie gestimuleerd en duizenden banen gecreëerd. En als kampioen der consumenten houdt Virgin zich aan zijn belofte van een betere algehele vliegervaring en betere prijzen, of je nu met Virgin America vliegt of niet.

Virgin America's nieuwe president en CEO David Cush, die van American Airlines afkomstig is, en zijn team hanteren een uniek businessmodel waarin de flexibiliteit is ingebouwd om met beleid door deze turbulente tijden te navigeren. Ze blijven volgens het point-to-point-principe een optimale vliegervaring leveren tussen een klein, maar groeiend aantal stedelijke centra. Nu komt het erop aan de maatschappij winstgevend te maken. Tijdens een recente lunch van Washington Aviation zei een directeur van American Airlines tegen een collega dat het ironisch was dat American Airlines een van zijn beste mensen was kwijtgeraakt, omdat ze zelf op Capitol Hill hadden gelobbyd om van Fred Reid af te komen. Achter de wolken schijnt soms inderdaad de zon.

Alle ondernemingen willen veranderingen teweegbrengen, zeker in het begin. Dat is niet altijd gemakkelijk, vooral niet als je met een klein budget in een ontwikkelingsland met een slechte infrastructuur opereert, waar de leveringssystemen slechts door omkoperij nog enigszins functioneren. In die omstandigheden is vrijwel alles een bedreiging voor je onderneming.

En zo is het ook heel mooi om in een ambitieus, zich ontwikkelend land als veranderingsinstrument te worden gezien, maar daarvoor geldt dat u nooit mag vergeten dat uw komst anderen pijn zal doen. De welkome veranderingen die u brengt, kunnen voor de bestaande belangen een bedreiging lijken en zullen dat vrijwel zeker ook zijn. Die belangen mogen voor u vrij futiel lijken, voor anderen maken ze het verschil tussen leven en dood uit.

Precies weten wanneer je je voorzichtig moet voortbewegen en wanneer je je voet stevig moet neerplanten, is een les die alle ondernemingen moeten leren, anders zal de mondialisering nooit echte verbeteringen kunnen brengen.

De Branson-way

Juni 2004: ik was met mijn gezin in onze tuin in Oxfordshire aan het tennissen, toen het telefoontje kwam. Ik was niet al te verrast over de oproep. Ik was al een paar jaar lang in gesprek met diverse Nigeriaanse ambtenaren over lijndiensten naar Afrika. Nu zou ik naar Parijs gaan om de Nigeriaanse president in eigen persoon te ontmoeten.

Nigeria is een geweldig land voor ondernemers, dat verspreid over het land vele uitstekende zakenlieden telt. Maar het wordt gehinderd door een slechte infrastructuur.

Chief Olusegun Obasanjo, inmiddels ex-president van Nigeria, is een indrukwekkende persoonlijkheid. Hij is een gepensioneerd generaal die zijn land gediend heeft en nu in geheel Afrika met ontzag bejegend wordt. Wat me aan president Obasanjo zo beviel, was dat hij (toen) als een zeer rechtschapen man op me overkwam. Ik mocht hem, en hij mocht mij. Zo gaat dat in het zakenleven. De president toonde zich zeer openhartig en eerlijk over de problemen in het verleden. Hij was nu bezig met een privatiseringsprogramma. De luchtvaartbranche stelde hem echter voor ernstige problemen, met name wat de regulering betrof. In het verleden waren er allerlei schimmige deals en lobbyactiviteiten tussen de luchtvaartmaatschappijen en de vliegtuigleveranciers geweest, zo erkende de president. Hij wilde een veel eerlijker en transparanter systeem. (Later schreef ik in mijn notitieboek: 'Tijdens al mijn gesprekken met hem en zijn kabinet nooit een zweem van corruptie. Wil graag bureaucratie vermijden en dingen gedaan krijgen.') Ik was het met hem eens en zei dat we niet geïnteresseerd waren in alles waarbij van smeergeld of 'speciale' betalingen sprake was. Als hij ons wilde helpen, dan zouden we op basis van vertrouwen samenwerken.

De luchtvaart scoort in bepaalde delen van Afrika bijzonder slecht qua veiligheid; regelmatig crashen er vliegtuigen, vooral in Sudan en Nigeria. Ik wilde onze ervaring gebruiken om het op een andere manier te doen. Maar ik probeerde ook zo veel mogelijk rekening te houden met de gevoeligheden van de mensen daar; ik zou algauw een westerling lijken die een ontwikkelingsland bekritiseert, ook al is dat met hervormingen bezig. In mijn ervaringen met Virgin Nigeria zouden deze spanningen zich haarscherp manifesteren, terwijl we moeizaam probeerden een service van wereldklasse te bieden in een sector die onderontwikkeld was en over te weinig kapitaal beschikte.

Ik had de president verteld dat ik een luchtvaartmaatschappij van wereldklasse voor me zag die de ondernemingsgeest van Afrika representeerde en waarin Nigeria een draaischijf was. Dat zou zeker bijdragen aan een herstel van het gevoel van eigenwaarde voor Nigeria, meende Obasanja. Maar we moesten nog een ernstig probleem oplossen: het Afrikaanse verkeersleidingsysteem was aan hervorming en vernieuwing toe en de verkeersleiders moesten beslist bijgeschoold worden. Verder gold Nigeria als een van de meest onveilige landen in de luchtvaart.

Begin september 2004 was ik in Abuja, de hoofdstad van Nigeria, waar ik de president weer zou ontmoeten. Het was bijna één uur 's nachts en een lange rij Nigerianen stond geduldig in de gang van een van de beste hotels van de stad te wachten. Gelukkig hoefde ik niet in de rij te staan en werd ik door regeringsadviseurs naar zijn suite op de bovenste verdieping gebracht.

Hij legde zijn hand op mijn schouder en zei: 'Ik mag je graag, Richard.'

'Dank u, meneer de president,' zei ik, nogal in verwarring door zo'n verwelkoming. 'Eh... waarom mag u mij eigenlijk zo graag?'

'Onder andere omdat je nooit een stropdas draagt. Ik heb een hekel aan die bekrompen Engelse heren met hun stropdassen.'

Ons gesprek was heel vruchtbaar en ik kon rustig zeggen dat hij van Virgins toewijding aan zijn land overtuigd kon zijn. We schudden elkaar de hand om de overeenkomst te bekrachtigen en de volgende dag was Afrika een nieuwe luchtvaartmaatschappij rijker.

Ik wist dat de president ons vlaggenschip Virgin Atlantic bewonderde. Hoewel dat een lagetarievenmaatschappij was, was het succes ook gebaseerd op het principe dat de zakenreiziger de best mogelijke service moet krijgen. We boden onze zakenreizigers wat first class-passagiers bij andere maatschappijen niet kregen. We waren de eerste met comfortabele ligstoelen, geheel horizontale bedden, lounges met kappers en masseuses en een ophaalservice per motor en limousine.

In de economy-klasse was Virgin Atlantic de eerste die in elke rugleuning persoonlijke videoschermen aanbracht, zodat de reiziger zelf kon bepalen naar welke films en tv-programma hij keek.

Nigerian Airways was van 1965 tot 2002 de nationale luchtvaartmaatschappij geweest, maar was de dupe geworden van bureaucratie en corruptie. In de zomer van 2004 nam de Nigeriaanse federale regering in het kader van het privatiseringsprogramma het initiatief tot een nieuwe nationale maatschappij. Ze zocht daarbij de steun van Virgin. Op dinsdag 28 september 2004 – diezelfde week brachten we een verklaring uit over Virgin Galactic – vloog ik van Londen naar Abuja voor een nieuwe ontmoeting met president Obasanjo en de minister van Luchtvaart Mallan Isa Yuguda om een memorandum van overeenstemming te ondertekenen waarmee Virgin Nigeria officieel de nieuwe nationale luchtvaartmaatschappij werd.

De maatschappij werd gecreëerd met een investering van 50 miljoen dollar en de aandelen werden opgesplitst tussen de Nigeriaanse investeerders (51 procent) en Virgin Atlantic (49 procent). Het doel was te zijner tijd meer geld binnen te halen op de Nigeriaanse effectenbeurs. Er werd vastgelegd dat Murtala Muhammed International (MMIA) in Lagos de thuisbasis zou zijn, met vluchten naar Londen, Abuja, Kano en Port Harcourt en later naar Abidjan, Accra en Dakar. Hoewel we een minderheidsbelang in deze nieuwe maatschappij bezaten, wilde ik al onze ervaring inbrengen om onze Nigeriaanse partners te helpen de beste maatschappij op te zetten, niet alleen in Afrika maar in de hele wereld.

We stelden Simon Harford, die met Barbara Cassani aan het opzetten van Go, de lowcost-maatschappij van British Airlines, had gewerkt, als CEO aan en hij ging voortvarend aan de slag. Hij liet de personeelswerving, die voor ons zeer belangrijk was, aan KPMG en Philips Consulting over. We werden bedolven onder de sollicitaties; bijna 25.000 mensen wilden bij de maatschappij werken.

Virgin Nigeria moest vanaf de grond opgebouwd worden, als een moderne luchtvaartmaatschappij met een uitstekende service. We geloofden dat de onderneming binnen vijf jaar enkele duizenden banen zou scheppen en indirect nog eens 200.000 banen.

We begonnen met de bouw van een moderne terminal voor Virgin Nigeria op de luchthaven van Lagos en gaven EDS opdracht ons een geïntegreerd reserverings-, ticket- en bagagesysteem te leveren dat zich met de beste ter wereld kon meten. We tekenden een leaseovereenkomst voor de eerste Airbus A320, met zestien businessclass-stoelen, voor de binnenlandse routes.

Levering

Ondertussen werkten Simon en zijn team aan de laatste goedkeuringen van de Nigeriaanse luchtvaartautoriteiten. Op 13 juni 2005 begon de ticketverkoop via de telefoon, reisagenten en het internet voor onze eerste vlucht van Lagos naar Londen Heathrow, met aankomst in Terminal 3. De tickets waren binnen enkele dagen uitverkocht. We wilden de dienst wekelijks en later driemaal per week onderhouden met een Airbus 340-300, met 187 economy-, 28 premium economy- en 40 businessclass-stoelen.

Onze eerste vlucht vertrok op dinsdag 28 juni van Lagos naar Londen. Isa Yaguda, de minister van Luchtvaart, reikte de *wings* uit aan de eerste groep cabinepersoneel die de opleiding voltooid had.

De dagen daarna zouden ook de binnenlandse vluchten van start gaan. De eerste reacties waren overweldigend. *Frequent flyer* Dan Ekpe zei bijvoorbeeld dat de aanblik van het Virgin Nigeria-toestel op het platform in Londen hem een 'gevoel van trots' had gegeven dat een Nigeriaanse maatschappij nu kwaliteit kon leveren.

De eerste tien maanden vervoerden we 500.000 passagiers met onze zes vliegtuigen: twee Airbus 340-300's, een A320-200 en drie Boeings 737-300's.

Op 11 juli 2005 stuurde president Obasanjo Virgin een brief om ons voor onze inspanningen te bedanken: 'Ik geloof dat uw rol in de luchtvaartsector innovatie, concurrentie, nieuwe technologie en uiteraard grote tevredenheid onder het Nigeriaanse publiek zal brengen.'

Hij herinnerde me er vervolgens aan dat het personeel in alle geledingen 'genigerialiseerd' moest worden, zodat de maatschappij in de toekomst vooral op Nigeriaanse krachten zou kunnen draaien, van het management tot de cabinebemanning en de technici. 'Ik weet dat u over uitstekende opleidingsfaciliteiten en -programma's beschikt. Ik ga ervan uit dat u deze faciliteiten gebruikt om Nigerianen in alle belangrijke segmenten van het management en de operationele diensten op te leiden.'

Dat deden we inderdaad. We besteedden veel tijd en moeite aan de opleiding en werving van personeel voor de maatschappij. We gingen een technisch partnerschap met het Nigeriaanse College voor Luchtvaarttechnologie aan om nieuwe piloten op te leiden, die vervolgens ervaring zouden opdoen bij regionale maatschappijen. We stelden ook leercontracten op en gaven een baangarantie aan de technici die hun opleiding met succes afrondden.

Binnen een jaar konden we de diensten uitbreiden naar Dubai en de frequentie van de binnenlandse vluchten van Lagos naar Abuja, Port Harcourt en Kano verhogen, evenals die van Lagos naar Johannesburg.

Nadat hij de maatschappij door de zo belangrijke beginfase had geloodst – een karwei van formaat in zo'n korte tijd – besloot Simon Harford dat het tijd was dat iemand anders de leiding overnam; hij kondigde aan dat hij elders aan de slag ging. Zijn werk werd overgenomen door Conrad Clifford, die mij en Simon op onze eerste reis naar Nigeria in 1996 had vergezeld. Het was een moeilijke periode om de leiding over te nemen, maar Conrad, die de operationele dienst van Virgin Atlantic in Nigeria had opgezet, wilde zich graag voor de verdere uitbreiding van de maatschappij inzetten.

Ik kan niet ontkennen dat ik toen al bedenkingen koesterde over de manier waarop de zaken verliepen.

De bestaande Nigeriaanse maatschappijen verkeerden in grote problemen. Een ervan was failliet en had weliswaar voldoende cash om de kosten van de bemanningen, de landingsgelden, brandstof en verzekering te dekken, maar er was geen geld voor herinvesteringen en onderhoud. Een andere maatschappij had nog maar één operationeel vliegtuig. De rest van de vloot stond aan de grond omdat er geen geld meer was voor onderhoud. Dit was simpelweg een rampzalige situatie.

De Nigeriaanse federale luchtvaartautoriteiten hadden nog altijd veel hulp nodig om de zaken te stroomlijnen. Uit de rapporten die ik kreeg, maakte ik op dat de branche buiten Virgin Nigeria buitengewoon slecht geleid werd. Het zou een hoop tijd gaan kosten om in Afrika een nieuwe luchtvaartmaatschappij van hoge kwaliteit op te zetten. De vliegtuigen van onze concurrenten in Nigeria vielen nog steeds uit de lucht, wat veel slachtoffers kostte.

Op 22 oktober 2005 vertrok een 25 jaar oude Boeing 737 van Bellview Airlines van de luchthaven van Lagos met zes bemanningleden en 111 passagiers aan boord. Nadat het toestel een hoogte van 13.000 voet had bereikt, raakte het overtrokken en stortte het met de neus omlaag neer. Hoewel het toestel 30 kilometer ten noorden van Lagos was neergekomen, kostte het de reddingsteams negen uur om de plaats van het wrak te bepalen. Het vliegtuig had een ouderwets opsporingssysteem, wat het zoeken bemoeilijkte.

Op 10 december crashte een DC-10 van Sosoliso Airlines bij de landing in Port Harcourt, wat 109 mensen het leven kostte. Onder de slachtoffers waren 71 studenten van het Jezuïtisch College Loyola in Abuja, die voor de kerstvakantie naar huis terugkeerden.

Een paar maanden later was het alweer raak in Port Harcourt: een toestel van Air France kwam bij de landing in een kudde koeien terecht. Gelukkig raakte er ditmaal niemand gewond.

Op 18 september 2006 verongelukte er een militair toestel van het type Dornier 228, waarbij veertien officieren, onder wie tien generaals, om het leven kwamen. Bij een ander ongeluk in Nigeria kwam een aantal belangrijke politici om.

Het is belangrijk het merk Virgin ook in Afrika op de markt te brengen. Het moet daarbij voor dezelfde waarden staan als in andere werelddelen: integriteit, veiligheid en uitstekende klantenservice. Er mogen nooit concessies worden gedaan aan de strengst mogelijke veiligheidsvoorschriften. In de loop van de jaren zagen diverse internationale transportconcerns zich dan ook gedwongen zich uit Afrika terug te trekken omdat de plaatselijke concurrentie het niet zo nauw nam met de regels.

Het werd steeds moeilijker in de Nigeriaanse markt te blijven werken. De frustraties voor mijzelf en mijn team bij Virgin Nigeria namen steeds verder toe. We deden heel erg ons best een veilige maatschappij van topkwaliteit op te zetten, maar werden steeds weer gedwarsboomd. We werden geconfronteerd met alle kosten die bij het opzetten van een kwaliteitsbedrijf horen, maar in een markt waar veiligheid en kwaliteit op de laatste plaats kwamen. Uiteindelijk waren we gewoon een vliegmaatschappij: we mochten niet de hoop koesteren dat we in ons eentje de hele luchtvaartinfrastructuur konden veranderen. We hadden hulp nodig.

Ik vroeg de president snel maatregelen te nemen tegen maatschappijen die niet aan de kwaliteitseisen voldeden en een loopje namen met de regels. Zo nodig moest hij de vliegvergunningen intrekken. Het was heel eenvoudig: vliegtuigen die niet in orde waren, moesten gerepareerd worden of aan de grond worden gehouden.

De Branson-way

Niet lang daarna ontvingen we het bericht dat Virgin Nigeria uit Terminal 1 in Lagos (de Nigeriaanse operationele basis van Virgin Atlantic) moest vertrekken en voortaan in Terminal 2 gevestigd was.

We wilden al onze operaties in één terminal houden, zodat we een hub konden creëren, in plaats van over twee terminals verspreid te zijn, en dat stond ook in het contract dat we met de overheid hadden gesloten. Conrad en zijn team waren bezig een maatschappij op poten te zetten die de concurrentie op het wereldtoneel aankon. De maatschappij was sinds 2005 spectaculair gegroeid en voerde nu dertig vluchten per dag uit, zonder dat er een noemenswaardig incident had plaatsgevonden. Als de maatschappij werd opgesplitst, zouden de kosten fors toenemen.

We wilden de instructie voor het gerecht betwisten, maar een paar uur voor de hoorzitting drongen agenten die de toestemming van het federale ministerie van Transport en de federale luchthavenautoriteiten leken te hebben, als maffiosi in het duister de terminal binnen met sloophamers en maakten onze businessclass-lounge met de grond gelijk.

Er restte me niets anders dan president Yar'Adua, de opvolger van Obasanjo, een brief te schrijven, waarin ik hem vroeg persoonlijk op te treden in dit geschil. Ik wist dat de Nigerianen een internationale en binnenlandse luchtvaartmaatschappij wilden hebben waarop ze trots konden zijn, en wij hadden er hard voor gewerkt om dat te bewerkstelligen. We hadden nu behoefte aan een dosis gezond verstand en mensen die het hoofd koel hielden, zodat geschillen nooit meer zo konden escaleren.

Gelukkig begreep de president waar ik het in mijn brief over had en bij het ter perse gaan van dit boek leek de kwestie de wereld uit.

Dikwijls vormt een recessie de basis voor nieuwe ideeën en ondernemingen. Maar hoe lever je nieuwe producten aan een markt die nog maar net de chaos ontgroeid is? Hoe krijg je mensen die de afgelopen maanden of zelfs jaren op elkaar hebben lopen schieten zover om strategisch te denken? Dit was een van de uitdagingen waarmee ik geconfronteerd werd toen ik me begon te wijden aan het opzetten van mobiele telefoonnetwerken over de hele wereld.

Sinds 1995 had ik het Virgin-managementteam in Londen lastiggevallen met de vraag toegang tot de groeiende markt voor mobiele telefoons te zoeken. De afgelopen vijftien jaar is het mobieltje het persoonlijke attribuut geworden dat de manier waarop we over de hele wereld leven en werken het meest heeft veranderd. In 1998 werden er wereldwijd meer mobieltjes dan auto's en pc's bij elkaar verkocht. Maar de aanvankelijke dominantie van de grote telecomconcerns was niet bepaald gunstig voor de consument. Dat irriteerde me steeds meer en ik wilde me graag in de business mengen, maar we beschikten noch over de nodige vuurkracht, noch over de infrastructuur. Wel hadden we Virgin en een bepaalde ethiek als het om service ging.

Na de komst van Gordon McCallum richtten we ons op de mobiele telefoon als de sector die het meest onze aandacht verdiende. Een van de problemen was dat Virgin Radio, onze FM-zender, het vooral goed deed door de verkoop van reclamespotjes aan de grote telecomconcerns, en het management probeerde mij ervan af te houden iets te doen dat hun inkomsten in gevaar kon brengen. De met elkaar concurrerende telefoonmaatschappijen besteedden enorme bedragen en er heerste een – wat mij betreft ongefundeerde – angst dat ze hun klandizie konden verliezen.

Gordon McCallum, Stephen Murphy en het team stuitten op een rapport van Goldman Sachs dat ik volgens hen zeker interessant zou vinden. Het ging over MVNO's, en zoals u zich wel kunt voorstellen, was dat niet bepaald lectuur voor op het nachtkastje.

Een MVNO is een *mobile virtual netwerk operator*. Het is een telefoonmaatschappij, maar dan zonder de gebruikelijke telecomattributen. Geen telefooncentrales, geen zendmasten, geen netwerken, kabels, schakelborden of kabels onder de grond. In plaats daarvan huurt een MVNO tijd en brandbreedte op het systeem van een andere provider.

Ik ben altijd op zoek naar koopjes. En meestal vind je die op plekken waar iemand te veel van iets geproduceerd heeft en niet genoeg verkoopt om de kosten te dekken. Dit was precies wat er overal in de telefoonbranche gebeurde. De grote mobiele-telefoonproviders hadden op voorhand enorme bedragen voor hun mobiele infrastructuur betaald; nu moesten ze inkomsten zien binnen te halen en wilden ze graag tijd aan anderen verhuren.

De eerste die we belden was British Telecom, de Britse nationale telefoonmaatschappij, waar tienduizenden mensen werken. Sinds de privatisering was BT door de Europese regelgeving gedwongen andere telefoon- en internetproviders op het uitgebreide vaste netwerk toe te laten. Het leek ons geen aantrekkelijk idee een eigen telefoonmaatschappij op te richten. Tijdens onze gesprekken kwam ik in contact met Tom Alexander, die ooit professioneel go-karter was geweest en nu vicedirecteur Commerciële Zaken bij BT Cellnet was. Mijn intuïtie bedriegt me meestal niet als het om mensen gaat, en ik mocht Tom graag. Hij was een even gepassioneerd zakenman als ik. (Later vertelde hij me dat zijn vader uitvinder in de tuinbouw was geweest en dat dit zijn ondernemingslust had gewekt.)

We meenden dat BT Cellnet een goede partner zou zijn, en daarom deed Virgin een aanbod. We begonnen uit te zoeken hoe Cellnet als 'op de jeugdige consument gerichte mobiele provider' met ons zou kunnen samenwerken, en we wilden ook graag met BT samenwerken om een mobiele licentie van de derde generatie (3G) veilig te stellen. De concurrentie voor de vijf in Groot-Brittannië uit te geven licenties was zo hevig dat BT Cellnet het overleg met Virgin moest afbreken om zich op zijn bod te concentreren (en, zoals we later ontdekten, op een van de meest succesvolle *rebrandings* die ik kan bedenken, namelijk van O2, dat veel meer op jongeren gericht is en direct met Virgin Mobile concurreert!). Toch belde ik Tom. 'Kom een keertje langs, dan kunnen we wat kletsen over het opzetten van een nieuw bedrijf.'

Tom kwam diezelfde dag nog bij mij thuis in Oxfordshire langs, waar we met pen en papier aan tafel gingen zitten om een plan voor een MVNO te beramen.

Het lukte Gordon en mij Tom over te halen met ons mee te doen. Hij bracht zijn collega Joe Steel mee, een gsm-whizzkid van begin dertig. Ondertussen gingen we op zoek naar een andere partner, nu BT Cellnet afgehaakt was om op een 3G-licentie te bieden. One2One was een bedrijf dat in het zuidoosten van Engeland opereerde, binnen de M25-rondweg. Het bedrijf was een joint venture tussen Cable & Wireless en het Amerikaanse concern MediaOne en wilde graag met ons praten. One2One's strategie van 's avonds en in het weekend gratis bellen had ertoe geleid dat er overdag via dat netwerk vrijwel geen gesprekken werden gevoerd. Ik was ervan overtuigd dat Virgin hun overcapaciteit kon gebruiken.

Levering

Op 1 augustus 1999 tekenen we een overeenkomst, waarin we het plan vastlegden om Virgin Mobile in november op de markt te brengen. We stortten gezamenlijk meer dan 180 miljoen pond in de joint venture, waarbij we onze Virgin Megastores- en V Shops-winkelketen als verkoopkanaal gebruikten. Maar enkele weken later kondigde Cable & Wireless aan dat het One2One ging verkopen. Deutsche Telekom was er als de kippen bij om het bedrijf te kopen, zodat het ernaar uitzag dat Virgin Mobile een doodgeboren kindje was. Ik besloot tussenbeide te komen. Ik bracht een bezoek aan Ron Sommer, baas van Deutsche Telekom, om duidelijkheid te krijgen. Het moet gezegd worden dat de Duitsers pijlsnel aan de slag gingen met onze plannen. En tot ons genoegen was hun indruk positief: ze wilden verder met ons en zetten hun handtekening onder de joint venture, waarbij One2One nu T-Mobile werd.

De Virgin-groep en T-Mobile investeerden elk 40 miljoen pond, zodat we 80 miljoen pond hadden. We begonnen onderhandelingen met de Royal Bank of Scotland en JP Morgan voor een extra bankkrediet van 100 miljoen pond. Dit was een van de grootste Britse start-ups aller tijden, die werk bood aan meer dan 500 mensen, terwijl er plannen waren voor nog eens 500 banen binnen twee jaar. De Londense analisten Investec Henderson Crosthwaite Securities schatten de waarde van het bedrijf op 1,36 miljard pond, en dat terwijl we nog geen cent verdiend hadden! We hadden het beginkapitaal en we hadden het vertrouwen van de analisten. Nu moesten we onszelf bewijzen, en snel ook.

Als je een markt laat betreedt, moet je een geheel eigen gezicht hebben om nog klanten te kunnen winnen. Als je de eerste bent in een markt, wordt dat vaak als voordeel beschouwd in de zakenliteratuur, maar er zijn heel wat voorbeelden waarbij dat niet zo is. Het sterke punt van Virgin is de kracht van het merk, en als wij een markt betreden, kan dat flinke schokgolven veroorzaken. Dit hoopten we ook in de mobieletelefoonmarkt te bewerkstelligen.

Tom en Joe waren weliswaar keien in de telecombranche, maar ze hadden nog wel een informeel lesje in het merk Virgin nodig. Degene die hun dat het best kon geven, was James Kydd, die aan de introductie van Virgin Cola had gewerkt. James was marketingdirecteur en kende Will Whitehorn al sinds ze bij de studentenvereniging op de universiteit van Aberdeen met elkaar in de kroeg hadden gezeten. Hij had ook bij een aantal gerenommeerde bedrijven in de retailsector gewerkt. Zoals zovelen die nu voor Virgin werken, was hij in 1993 binnengekomen om de luchtvaartmaatschappij voor een periode van drie maanden te helpen en was hij blijven hangen. Onze campagne voor de businessclass was knudde, en ik wilde daarvanaf. James regelde dat en het leek hem leuk nog een tijdje bij Virgin te blijven, en daarom gaven we hem een enorme uitdaging: de marketing van Virgin Cola en Virgin Vodka. Zoals ik later nog zal uitleggen, was het Cola-project een van onze ambitieuzere zakelijke avonturen. In 1998 vroeg ik hem het team van het Virgin Mobile-project te versterken in de functie van merkdirecteur.

De grote telefoonproviders maakten het leven van de consument ondertussen behoorlijk ingewikkeld, met opzet natuurlijk. In heel Europa schoot de vraag naar mobiele telefoons de hoogte in, maar de kosten van de nieuwste Nokia, Ericsson, Siemens of Motorola waren vaak enorm hoog. Daarom begonnen de providers de nietsvermoedende consument aan zich te binden met twee- en driejarige contracten. 'Verwarringsmarketing' heette dat valselijk. Een klant tekende en betaalde dan voor 200 gespreksminuten en 100 sms'jes, maar als dat er meer werden, moesten ze per minuut meer betalen en niet minder, zoals je als klant zou verwachten, juist omdat je een goede klant was. Deze logica was te krankzinnig voor woorden. En dat klopte natuurlijk ook, want de bedoeling was de mensen voor de gek te houden. De branche verzon met opzet ingewikkelde tariefstructuren om de klanten af te zetten.

James Kydd en Will Whitehorn beraadslaagden een dag lang in een hotel in Hertfordshire om met een tiental mensen van One2One, onder wie Alan Gow, de financieel directeur, en Tim Samples, algemeen directeur, te overleggen over de te volgen strategie. De discussie draaide om het punt hoe het merk Virgin effectief in de gsm-markt kon worden ingezet. Er waren volop specialisten die de technische specificaties konden oplepelen, maar dat waren niet de mensen die verstand hadden van ons merk. Later hoorde ik dat James en Will iets te enthousiast werden toen ze Virgin Mobile wilden positioneren als telefoonproduct dat in handen van de consument was.

Voor Virgin is het een steeds terugkerend probleem dat sommigen die geprobeerd hebben zaken met ons te doen denken dat ze een etiket hebben gekocht dat ze op het product plakken, alsof Virgin niet meer dan een marketing-*tagline* is. Integendeel, Virgin moet juist de consument vooropstellen, in plaats van niet meer te zijn dan een vet rood logo. Door de jaren heen is het moeilijk geweest de commerciële voordelen van deze benadering uit te leggen, maar ik denk dat het succes van Virgin Mobile zonneklaar heeft bewezen dat die werkt. We begonnen helemaal bij het begin: als je de consument afzet, vernietig je de integriteit van het merk. Zo simpel is het.

Daarom wilden we de 'verwarringsmarketing' van de anderen niet volgen. Ik wilde dat de hele mobiele sector zo simpel werd dat zelfs ik kon begrijpen wat ik precies moest betalen. Dat is een elementaire zakelijke boodschap. Als de managers al geen inzicht hebben in de prijsstructuur van iets, hoe moet de consument die dan ooit snappen? Verder wilden we de prepaidmarkt op gaan zodat meer jongeren en mensen met lage inkomens aan de gsm-revolutie konden deelnemen.

We moesten de tarieven simpel houden. Ik schreef in mijn notitieboek: 'Laat mensen precies weten waarvoor ze betalen, en beloon degenen die bij ons blijven. James zei dat we aan blikken bonen moesten denken! (Hoe meer bonen ze kopen, des te goedkoper worden ze.)'

James zei later tegen me dat alle telefoniespecialisten met een blik van afschuw opkeken toen voorgesteld werd de mensen het leven gemakkelijker te maken. Dat was niet wat onze telecompartners aanvankelijk wilden; ze wilden doorgaan met de toenmalige tariefstructuur. Joe Steel had ervaring met dit soort tariefplannen, en daarom vroegen we hem die eens om te draaien. Hij begreep het meteen. We keken naar kortingen – die in ons aanbod centraal moesten staan – en naar beloningen voor loyaal gedrag. Als een heel gezin mobieltjes kocht, dan werd het goedkoper; een telefoontje van Virgin naar Virgin was eveneens goedkoper. Er was dus een concrete reden om Virgin te kopen. We wilden dat mensen naar de Virgin Megastores kwamen om hun telefoons en prepaidvouchers aan te schaffen, en we sloten contracten met een enorm aantal plaatsen – benzinestations, winkelketens, lokale winkeltjes en zelfs nachtclubs – waar je beltegoed kon kopen.

Voor de introductie stelden we een eenvoudig tarief vast: 15 penny voor de eerste vijf minuten, 10 penny voor de volgende tien en 5 penny voor de minuten daarna. Later wilde ik dat zelfs nog simpeler maken.

We stelden het tarief vast op 15 penny voor de eerste vijf minuten en daarna 5 penny. Aan verwarrende bepalingen met piek- en daluren, lokale en interlokale telefoontjes deden we niet. Belde je een ander mobiel netwerk, dan kostte dat 35 penny per minuut. Klanten betaalden 12,50 pond voor een eenmalig servicepakket, inclusief simkaart, telefoonnummer en 10 pond beltegoed. En ze konden hun eigen mobieltje kopen, met een keuze uit zeven modellen die tussen 70 en 380 pond kostten.

Toen dit allemaal vastgelegd was, had ik er vertrouwen in dat het team dat we bijeengebracht hadden een prachtig bedrijf kon leiden. Ik werd niet teleurgesteld; elk lid van het Virgin Mobile-team kon onderwerp zijn van een casestudy in een opleiding bedrijfskunde over de vorming van excellente businessteams. Graeme Hutchinson, die in een heavy metalband speelde die twee albums uitgebracht had, was hoofd Verkoop. Andrew Ralston van de klantenservice werkte buitengewoon hard om voor de nodige consistentie in ons callcenter te zorgen. Steven Day, die journalist was geweest bij de *Daily Express*, werd directeur Communicatie. Hij slaagde er steeds weer in ons in het nieuws te houden en leverde ook een nuttige bijdrage in de relaties met investeerders.

Tom, Joe en het team slaagden er prima in Virgin Mobile op autonome wijze te leiden. Ik hoefde me er niet dagelijks mee te bemoeien, maar kreeg regelmatig informatie en cijfers toegestuurd, waar ik elke avond naar keek. Vanaf het begin functioneerde het bedrijf volgens de normen van een beursgenoteerd bedrijf, en zo zou elk bedrijf zich moeten gedragen. Ik kwam graag in het callcenter in Trowbridge in Wiltshire om de enthousiaste medewerkers te ontmoeten en aan de feesten mee te doen – ze wisten daar hoe ze plezier moesten maken en ik was enorm trots op hen, en opgetogen over hun succes. Het jonge Trowbridge-personeel kwam massaal opdagen als ik op bezoek kwam en ze wilden graag Virgin Angels zijn tijdens de V Festivals om bezoekers te helpen hun tent op te zetten en tassen met cadeautjes uit te delen. Een van de feestjes liep een beetje uit de hand, waarna de plaatselijke krant op de voorpagina meldde dat het op een orgie was uitgelopen. Daarbij zouden dronken jongeren zich op de parkeerplaats van de nachtclub aan ongebreidelde seks hebben overgegeven. Zij liever dan ik, dacht ik, want buiten vroor het tien graden en er lag dertig centimeter sneeuw. Of dit nu klopte of niet, deze onzin was in elk geval effectiever dan een personeelsadvertentie over een hele pagina: de week daarop werden we overspoeld met sollicitaties van mensen die bij Virgin Mobile wilden werken.

Ook de introductie was een enorme kwajongensstreek, die de koppen van alle grote Britse kranten haalde. Op 11 november verscheen ik met zeven zeer aantrekkelijke jongedames – allemaal naakt, op enkele strategisch geplaatste oranje kussentjes na – in een reusachtige doorkijktelefoon op Trafalgar Square in het centrum van Londen om de komst van Virgin Mobile aan te kondigen. Onze leuze was: 'Wat je ziet, is wat je krijgt.' Ik zei dat de verwarrende hoeveelheid aanbiedingen en tarieven alleen maar bedoeld was om mensen voor de gek te houden, en dat als iedereen in Groot-Brittannië die een mobieltje had op Virgin Mobile zou overstappen, ze met elkaar 1,6 miljard pond zouden besparen.

Toen de politie kwam kijken, zag die natuurlijk dat onze lieftallige dames helemaal naakt waren. We namen snel de benen.

Ik had toen geen idee hoe succesvol deze onderneming zou worden.

Op 21 februari 2001 woonde ik in Cannes het 3GSM-Wereldcongres bij, waar ik ons plan aankondigde om van Virgin Mobile de eerste wereldwijde MVNO te maken, waarbij we de komende jaren in tien landen op vijf continenten actief zouden worden. Ik bracht de afgevaardigden op de hoogte van ons partnerschap met Singapore Telecommunications, die diezelfde zomer in de introductie van Virgin Mobile Asia zou uitmonden, en zei dat de partnerschapsplannen voor Virgin Mobile USA op zeer korte termijn bekend zouden worden.

Ik zei dat Europa, Azië, China, India, Indonesië, Hongkong, Taiwan, Vietnam en andere landen in Zuidoost-Azië en het Pacifisch gebied allemaal rijp waren voor MVNO's. Ik meende dat ik de zaal een uitleg schuldig was over mijn ideeën. 'Ik geloof dat geen enkel zichzelf respecterend gsm- of toekomstig UMTS-netwerk zich kan permitteren geen MVNO te hebben.' (Deze branche bedient zich van zoveel afkortingen dat ik die de hele ochtend uit het hoofd had zitten leren. In elk geval: GSM betekent Groupe Special Mobile, de populairste wereldstandaard voor mobiele netwerken. UMTS – Universal Mobile Telephone System – is de opvolger daarvan.)

De Branson-way

Het was gemakkelijk in te zien waarom je een MVNO zou willen beginnen. De opstartkosten zijn miniem, vergeleken met het kopen van een bestaand mobiel netwerk, en vrijwel nihil als je ze vergelijkt met de kosten om een nieuw netwerk op te bouwen. Maar waar zat 'm dan de winst voor de bestaande providers?

MVNO's zijn een uitstekend middel om het gebruik van het netwerk te optimaliseren. Als een klant bij een provider vertrekt, is het dan niet beter dat hij naar de MVNO-partner gaat dan naar een concurrent? Dan maakt hij in elk geval nog gebruik van het netwerk en levert hij nog inkomsten op. De MVNO maakt gebruik van een bepaald merk, zoals ook het netwerk zijn eigen merk heeft, en verschillende merken trekken verschillende mensen aan. Twee goede merken zullen tezamen altijd meer klanten aantrekken dan één goed merk in zijn eentje. Ik stelde daarom dat netwerken MVNO's als een soort verzekeringspolis moesten beschouwen. Als je met een MVNO samenwerkt, spreid je de zakelijke risico's. De 3G-standaard heeft tal van extra diensten mogelijk gemaakt, van push-e-mail tot video messaging, maar niemand wist precies hoe die diensten het best geëxploiteerd, verpakt of verkocht moesten worden. Ik stelde dat 'een MVNO met een andere strategie op hetzelfde netwerk de kans op succes vergroot, terwijl gebruik en inkomsten toenemen'.

Het was een presentatie zonder veel toeters en bellen en zeker niet de meest sprankelende die ik ooit had gehouden. Maar het publiek in de zaal luisterde met aandacht. De markt bevond zich in een moeilijke periode en iedereen probeerde 3G-businessmodellen te vinden die werkten.

De oorspronkelijke mobiele netwerken waren hoofdzakelijk voor gewone spraaktechnologie opgezet, met overdrachtsnelheden die nu bijzonder laag leken. Eind jaren negentig stelde de Internationale Telecommunicatie Unie een nieuwe reeks standaarden op, die 3G genoemd werden, zodat de netwerkoperators geavanceerdere diensten konden aanbieden, waaronder videobellen en snel internet. Omdat de 3G-netwerken een veel smallere band in het radiospectrum gebruikten dan de oude netwerken, kwam er nu meer ruimte voor nieuwkomers om hun geluk in de gsm-branche te beproeven. Dat was althans de theorie.

In werkelijkheid gebeurde er iets heel anders. In Duitsland en Groot-

Brittannië vormden de overheidsveilingen van de 3G-licenties bijvoorbeeld een zware aderlating voor de markten, terwijl ze er juist van hadden moeten profiteren. In Groot-Brittannië had de veiling feitelijk een verlammend effect op de gsm-operators. Het kwam allemaal ten goede aan Gordon Brown en Tony Blair met hun New Labour-project. Er vloeide een enorm bedrag van 22 miljard pond in de Britse schatkist – goed voor een hoop scholen en ziekenhuizen. In dat opzicht viel nog wel te begrijpen waarom ze in de verleiding waren gekomen om van de veiling te profiteren. Maar in zekere zin had die een averechts effect, omdat de winnaars van de veiling zoveel geld aan hun licenties kwijtgeraakt waren dat ze grote moeite hadden de netwerken uit te bouwen en de diensten te ontwikkelen die de overheid wilde stimuleren! Omdat we bang waren dat T-Mobile ons geen toegang tot het 3G-netwerk zou geven, wilde we zelf een bod uitbrengen.

Ons consortium besloot op 1,5 miljard in te zetten, en toen het bieden op de licenties begon, werden we gewoon weggevaagd door het grote geld. Op 5 april trokken we ons terug. Eind april werden de winnaars bekendgemaakt: TIW, het bedrijf van Canadese Telecom waarin Hutchinson Whampoa, bekend geworden met het merk '3', participeerde, betaalde 4,3 miljard pond, BT, One2One en Orange circa 4 miljoen en Vodafone maar liefst 5,9 miljard!

We kwamen goed weg door aan onze principes vast te houden en niet meer te bieden dan wat de licentie volgens ons werkelijk waard was. We hadden ons niet laten meeslepen door het gokelement dat inherent was aan de gekozen procedure.

Toen ik in februari 2001 in Cannes beschreef hoe de toekomst van de mobiele telecommunicatie er volgens mij uitzag – terwijl ik ondertussen met al die ellendige afkortingen in kapitalen jongleerde of probeerde te jongleren – begonnen de plannen van Virgin Mobile in de Verenigde Staten vaste vorm aan te nemen.

Het probleem met de gsm-markt in Amerika was niet zozeer dat de overheid die helemaal uitgeknepen had, maar meer dat iedereen terugschrok voor de enorme infrastructuurkosten die je moest maken om volledig van de voordelen van de 3G-standaard te profiteren. In de nasleep van de deregulering hadden de operators miljarden dollars in

De Branson-way

nieuwe communicatieapparatuur gestoken om van alles te kunnen aanbieden, van telefoondiensten en tv-netwerken tot snel internet. Er werd een gigantisch bedrag aan de infrastructuur besteed: meer dan 100 miljard dollar in 2000. Tientallen nieuwe telecombedrijven die de laatste jaren de markt hadden betreden, raakten in geldnood en bezweken. Tussen juni en september 2000 begonnen de telecomconcerns in de Verenigde Staten ook in te storten. *Business Week* schreef in september over een recessie in de branche, op een moment dat de drie grote telefoonmaatschappijen –Verizon Communications, BellSouth en SBC Communications – moesten toekijken hoe hun aandelenkoers wegzakte.

De inkomsten, die jaarlijks met een respectabele 10,5 procent toenamen, waren simpelweg niet meer in verhouding met de kosten van deze megaprojecten. De grond begon de investeerders te heet onder de voeten te worden. En dat maakte de MVNO van Virgin Mobile zo'n intrigerende optie voor onze nieuwe partner Sprint.

Het probleem was dat Sprint even grote problemen had als de anderen. Het bedrijf besteedde steeds meer tijd aan branden blussen en steeds minder aan strategische visies. Toen Sprint met slechte kwartaalcijfers geconfronteerd werd, verloor het bedrijf zijn enthousiasme voor onze innovatieve plannen. De situatie werd steeds hachelijker en na bijna anderhalf jaar discussiëren en investeren begon het financiële team druk uit te oefenen om een eind aan het project te maken. Charles Levine, de president van Sprint PCS, de draadloze divisie van het Amerikaanse telecomconcern, wilde doorgaan, maar stuitte op hevige tegenstand. Het werd tijd voor een laatste wanhoopspoging. Gordon raadde me aan president van de Sprint-groep Ron LeMay en bestuursvoorzitter Bill Esrey te bellen.

Ik zei dat het hun niet veel geld zou kosten.

Geen reactie.

Ik zei dat ze geld zouden verdienen in een nieuw marktsegment. Niets.

Ik nam mijn toevlucht tot grof geschut. Ik zei tegen hen dat we hen van hun duffe imago af konden helpen.

Niets.

'Hoor eens,' zei ik, terwijl ik inmiddels tamelijk wanhopig was, 'jullie hebben een merk als Virgin nodig. Jullie zijn nu de telefoonmaatschappij voor... voor jonge Republikeinen.'

Nu veranderde Bill van mening.

We konden verder.

In juni 2000 publiceerde het zakenblad *Red Herring* een lijst van de '100 belangrijkste bedrijven ter wereld' en hun merken. Virgin kwam niet op die lijst voor. Toen het tijdschrift *Forbes* me in juli 2000 enige tijd volgde voor een coverstory, concludeerde auteur Melanie Wells dat ons merk over te veel ondernemingen verspreid was. Gordon McCallum had me recht in mijn gezicht gezegd dat Virgin nog altijd een 'Brits merk' was.

We moesten gerichter te werk gaan en laten zien dat we ook in moeilijke internationale markten een uitstekend product konden leveren. We moesten ons op de juiste plek bewijzen. En die plek was de Verenigde Staten.

In oktober 2001 kondigden Sprint en de Virgin-groep officieel een joint venture aan: een MVNO onder het merk Virgin, die van het digitale PCS-systeem van Sprint gebruikmaakte. We richtten ons op consumenten tussen vijftien en dertig jaar in de Verenigde Staten.

Frances Farrow was onze schakel met Amerika. Ik had haar in 1993 gevraagd lid te worden van de raad van bestuur van Virgin. Ze was een scherpzinnige, bedachtzame vrouw, die inmiddels CEO van Virgin USA, het hoofdkantoor van de Virgin-groep in Noord-Amerika, was en nu verantwoordelijk was voor de uitbreiding van het merk, de ontwikkeling van nieuwe producten en het beheer van de investeringen in de regio.

De algemene mening was dat de prepaidmarkt in de Verenigde Staten geen schijn van kans had. Met prepaidtelefoons is anonimiteit feitelijk gegarandeerd, en ik kreeg te horen dat pooiers, dealers en prostituees de enigen waren die dergelijke telefoons wilden hebben. Dat argument sprak ons helemaal niet aan. We zeiden dat het principeel niet deugde en dat de prepaidtelefoon een attractieve aanbieding was voor jongeren die geen lastige financiële verplichtingen wilden aangaan.

We werden herinnerd aan een buitengewoon slimme man die Dan Schulman heette en CEO van Priceline.com was, een van de bekendste internetmerken. Dan, die eerder hoofd Consumentenmarkt van AT&T was geweest, was op dat moment bezig Priceline.com winstgevend te maken. We hadden al met hem gesproken over de vermelding van Virgin Atlantic-vluchten op zijn prijsvergelijkingsite, en nu begonnen we gesprekken over de toekomst van mobieltjes. Op 15 juni 2001 konden we de geruchten bevestigen en introduceerden we Virgin Mobile in de Verenigde Staten.

In Groot-Brittannië hadden we inmiddels onze miljoenste klant binnengehaald. In slechts negentien maanden hadden we een record gevestigd als de snelst groeiende Britse gsm-provider aller tijden. (Het had Orange meer dan drie jaar gekost om een miljoen klanten te krijgen, One2One meer dan vier jaar, Vodafone meer dan acht jaar en Cellnet bijna tien jaar!)

We waren al bezig met Virgin Mobile Australia in een markt die naar innovaties smachtte; Canada, Frankrijk en Zuid-Afrika zouden volgen zodra we het businessmodel geperfectioneerd hadden. In een memorandum van overeenstemming met Sprint legden we vast dat we een Virgin Mobile-joint venture in de Verenigde Staten zouden beginnen.

Sprint zou de eerste MVNO in de Verenigde Staten faciliteren. Dat gaf ons alvast een vliegende start, maar ik wist dat de anderen met belangstelling toekeken, en het duurde niet lang of Disney waagde een poging met een eigen MVNO-deal, die overigens mislukte. We hadden al snel een grotere kapitaalinjectie nodig en moesten op zoek naar een bestuurder van kaliber. We vroegen het headhuntersbureau Heidrick & Struggles de markt voor ons af te stropen, en zij kwamen toevallig met Dan Schulman aan zetten, die in mei 2001 van Priceline.com naar ons overstapte.

Het is een ingewikkeld verhaal, maar ik hoop dat het inmiddels duidelijk is dat er geen bedrijfskundig of juridisch genie voor nodig is om succesvol een bedrijf te leiden. Onze benadering wordt gekenmerkt door vragen te stellen.

Stel dat we een product creëren dat het beste ter wereld is, zal er dan een markt voor zijn? Het antwoord daarop is niet zo vanzelfsprekend als het lijkt. Als kwaliteit het altijd zou winnen in de markt, dan zou het

Betamax-videoformaat korte metten met VHS hebben gemaakt en zouden er meer Apples dan pc's zijn.

Maar stel dat ik u vroeg: 'Willen mensen met de beste luchtvaartmaatschappij ter wereld vliegen?', dan zou uw antwoord zonder verdere cijfers zeker 'ja' luiden.

Wanneer u een idee voor het eerst begint uit te werken, is belangrijk u niet te laten overweldigen door de complexiteit ervan. Het is moeilijk om simpel en helder te denken. Daar zijn concentratie, oefening en zelfdiscipline voor nodig. Het kostte het nodige werk de eerste rapporten over het MVNO-model tot een simpel businessplan terug te brengen. En als ik het zeggen mag: er was ook wat moed van de kant van Virgin voor nodig om het merk op het spel te zetten en van degenen die hun comfortabele baan in de steek laten om de visie tot realiteit te maken.

Het is gemakkelijk om je door technisch klinkende details in de luren te laten leggen, die overal na te bauwen en je dan belangrijk te voelen. Het is moeilijk een naïeve vraag te stellen, want niemand wil dom lijken.

Maar volgens mij kun je er nooit te ver naast zitten als je denkt als een klant voor wie de branche ook nieuw is. Waarom zijn die gsm-tarieven zo onzinnig? Omdat ze onzinnig zíjn, juist daarom! Omdat ze bedoeld zijn om u voor de gek te houden! Tot op de dag van vandaag kan ik niet begrijpen dat wij, toen wij deze lucratieve en spannende jonge markt betraden, de enigen waren die lachend naar de passerende keizers van de gsm-branche stonden te wijzen.

Het is gemakkelijk – te gemakkelijk zelfs – om de verantwoordelijkheid voor uw idee aan deskundigen over te laten. Dat is bijna altijd een vergissing, omdat deskundigen alleen op hun eigen terrein deskundig zijn. Zij zijn niet deskundig in uw idee. In dat stadium bent u de enige die uw eigen idee kan beoordelen.

Mogelijk ontbreekt het uw zakelijke ideeën aanvankelijk aan detail. Dat geeft niet, maar deskundigen kunnen er dan niet mee aan de slag. Als u hun om hun mening vraagt, komen ze met een algemeen, voorspelbaar en tamelijk nutteloos antwoord. Ik weet dat als ik een onrijp idee aan deskundigen als Ernst & Young of McKinsey presenteer, ze me zullen laten weten hoeveel geld ik ermee ga verliezen. Maar als ik daarentegen met hetzelfde idee naar PricewaterhouseCoopers of KPMG loop, vertellen ze me wellicht hoeveel ik ermee ga verdienen. In geen van beide gevallen kom ik iets nuttigs over mijn idee te weten.

U zult uw eigen ideeën moeten uitwerken. U moet uw eigen onderzoek doen. U moet verantwoordelijkheid nemen voor de manier waarop u een idee in daden omzet. En als u dan alsnog de deskundigen benadert – de accountants en de juridische bollebozen –, dan hebben ze iets om hun tanden in te zetten.

Dat Virgin ook in de financiële branche stapte, heeft velen verbaasd, en nog steeds trekken sommige politici en *captains of industry* hun wenkbrauwen er ongelovig over op. De financiële wereld is zonder meer een heilig gebied: een onvoorstelbaar mysterieus en verheven werkterrein – het domein van deskundigen, nietwaar?

Ons succes in de financiële sector is daaraan te danken dat we onszelf altijd heel duidelijke vragen hebben gesteld en ons daarna (en alleen daarna) omringd hebben met deskundigen die op meesterlijke wijze tot de belangrijke details wisten door te dringen. Een deskundige die de zaken ingewikkelder maakt, doet zijn werk niet goed, en eerlijk gezegd is dat waarschijnlijk aan u te wijten. Een deskundige moet de zaken simpeler maken. Een deskundige moet u een open blik op de zaken geven. Als ze de juiste middelen krijgt om haar werk te doen, kan ze wonderen verrichten.

Ik heb het nu over Jayne-Anne Gadhia.

Jayne-Anne volgde haar opleiding tot registeraccountant bij Ernst & Young en ging aan de slag bij verzekeringsmaatschappij en pensioenfonds Norwich Union. Ze werd daar een van de rijzende sterren, met beleggingsfondsen en particuliere spaarproducten als specialiteiten. Nu was ze op zoek naar een volgende uitdaging.

Op een dag in 1994 nam ze de trein naar Londen voor een lunch met Alastair Gornall, een communicatiedeskundige die Consolidated Communications leidde. Tijdens de treinreis bladerde ze door het boulevardblad *Hello!*. Er stond een artikel met kleurenfoto's in van een bebaarde, grijnzende Richard Branson, die over de Virgin-groep sprak.

'Ik las het artikel en dacht: goh, dat is een heel ander bedrijf dan Norwich Union; het moet fantastisch zijn voor zo'n man te werken,' vertelde ze me later.

Ze sprak met Alastair over het artikel. Alastair was een vriend van Rowan Gormley, die net bij Virgin aan de slag was gegaan en het brein achter een joint venture met Norwich Union en Virgin was. De naam ervan was Virgin Direct.

Jayne-Anne en ik ontmoetten elkaar in mijn huis in Holland Park. Het was een roerige tijd, omdat we net met Virgin Cola waren begonnen. Ze herinnert zich nog dat ze op de bel drukte in Holland Park en zelf de weg moest zoeken. Ze liep de trap op en trof me aan het werk aan in een van de slaapkamers. Ik bracht haar naar de snookerkamer, waar haar baas Philip Scott alle benodigde papieren had klaargelegd. In de snookerkamer werkten we een tijdlang aan de plannen voor de introductie van Virgin Direct, waarna we naar beneden gingen. Philip dronk snel een gin-tonic en vertrok om zijn trein te halen.

Hoofdschuddend zei ik tegen Jayne-Anne: 'Wat kan het leven toch snel veranderen. De ene dag zijn we bezig met de Sex Pistols, de volgende dag houden we ons onledig met pensioenen.' Ik wees naar de stoel waarin Philip had gezeten. 'Nog niet zo lang geleden zat Sid Vicious daarin.'

'O ja?'

'Ja. Zie je die hoek daar?'

'Ja?'

'Daar heeft hij staan overgeven.'

We tekenden de overeenkomst om met Virgin Direct te beginnen op 19 december 1994, waarbij Norwich Union en Virgin elk 2 miljard pond investeerden.

We moesten hard werken om de deal mogelijk te maken, de onderneming van start te laten gaan en al het papierwerk te regelen, maar toch lukte het ons ook nog echt plezier te maken. Ik denk dat dat precies is wat Jayne-Anne zo leuk vond aan Virgin.

Virgin Direct was in december 1994 een nieuwe speler op de markt omdat het een van de eerste financiële dienstverleners was die telefonisch producten verkochten. Jayne-Anne zei tegen me dat de toestemming van de Britse verzekeringskamer LAUTRO (Life Assurance and Unit Trust Regulatory Organisation) en de investeringskamer IMRO (Investment Management Regulatory Organisation) vele maanden op zich zou laten wachten. Eerst dacht ik dat ze het over haar Italiaanse neven had. Ik zei: 'Ik begrijp dit niet, Jayne-Anne. Dit is een relatief klein bedrijf; we hebben in negentig dagen een luchtvaartmaatschappij opgericht.'

Maar we zetten toch door en de combinatie van Norwich Union, Jayne-Anne en Virgin gaf ons genoeg kracht om de klus op tijd te klaren.

We hadden een nieuw computersysteem nodig en benaderden daarvoor de grote marktpartijen. IBM schatte dat het 7 miljoen pond zou kosten en dat het vele maanden zou duren om dat te bouwen. We hadden niet zoveel geld en evenmin zoveel tijd. Daarom ontwierp een van Jayne-Annes collega's, Kevin Revell, met een computervriend op een zolderkamer in Norwich het eerste systeem voor Virgin Direct. Dat kostte in totaal 17.000 pond. Op zondag 5 maart 1995 ging Virgin Direct van start op dat systeem, waarbij zestig mensen de telefoontjes aannamen in Discovery House in Whiting Road, waar nog altijd het kantoor van Virgin Money gevestigd is. Ik toog naar Norwich voor de introductie. Het kantoor zag er pico bello uit met de nieuwe logo's en alle computers werkten. De baas, Rowan Gormley, was niet aanwezig omdat hij in *The Money Programme* van de BBC onze komst in de branche zou toelichten. Ik nam daarom de leiding: ik sprong op een bureau en opende een fles bubbels door te schudden, zoals ook bij de Formule 1-autoraces gebeurt. Het spul spoot schuimend de lucht in, over het feestvierende personeel en vier van de pc's heen. De computers begonnen te sissen en gaven de geest.

Het was vanaf de eerste dag duidelijk dat Virgin een succes zou worden in de financiële dienstverlening. De medewerkers deden het fantastisch en werkten zich uit de naad. Het computersysteem van 17.000 pond functioneerde als het prototype voor de introductie van levensverzekeringen en pensioenen.

Norwich Union voelde niet veel voor uitbreiding van de onderneming, maar Virgin Direct had het kapitaal nodig om te kunnen groeien. Daarom verkocht Norwich Union in 1997 zijn 50-procentaandeel in Virgin Direct aan AMP, de Australische levensverzekeraar die eigenaar van Pearl Assurance is. AMP en Virgin werden elk voor de helft partner in de joint venture. In november 1996 schreef ik aan George Turnbull van AMP een brief met een voorstel voor een 'ondernemingsplan om eerst een basishypotheek te introduceren (samen met een creditcard), gevolgd door een creditcard voor het grote publiek'.

De vraag was alleen: hoe? Bijna alle Britse winkelketens hadden me al benaderd om over bank- en verzekeringsdiensten te praten. Ze wilden allemaal onder de paraplu van het merk Virgin schuilen. Zo simpel was het. Maar Virgin wilde veel meer doen dan alleen een logo op andermans product plakken. In 1997 werd ik op zeker moment benaderd door de Royal Bank of Scotland, die toen onder leiding stond van George Mathewson en Fred Goodwin. Eindelijk was er een bedrijf dat wilde innoveren.

Het idee rond de Virgin One-rekening was even revolutionair als simpel; zelfs ik kon het begrijpen. Het was afkomstig uit Australië, waar het steeds populairder werd. Het ging erom alle producten van een klant bij elkaar te nemen. Aan het eind van elke avond wordt er rente berekend over het saldo. De meeste mensen hebben een aparte hypotheek, rekening-courant en spaarrekeningen, en betalen rente over de hele hypotheek. Als je alles op één hoop gooit, heb je een lagere schuld en zou je de lening voor je huis sneller kunnen afbetalen.

George Mathewson, een geslepen Schot, zocht Jayne-Anne Gadhia in Norwich op. Hij was enthousiast, maar leek er tegelijkertijd niet veel voor te voelen dit geweldige product te promoten.

'Het lijkt erop dat je dit niet van de daken wilt schreeuwen,' merkte Jayne-Anne op.

Hij antwoordde dat als het succesvol was, hij de helft van de winst zou incasseren; was dat niet het geval, dan zou niemand weten dat hij ermee van doen had.

Maar George en zijn team waren in feite virtuoos bezig, en we hebben al jarenlang een prima relatie, die tot op de dag van vandaag standhoudt (hij heeft ons geadviseerd over ons bod op Northern Rock). Hij zei tegen het Virgin One-team dat hij wilde dat wij een bedrijf opbouwden op een manier die voor de klanten het best uitpakte. Hij gaf toe dat als RBS het als reguliere bank zelf had kunnen doen, ze dat ook gedaan hadden, maar de innovatieve Virgin-cultuur en ons principe om te doen wat we beloven sprak hen aan. In oktober 1997 werd de Virgin One-rekening intern geïntroduceerd bij de Virgin-groepmedewerkers en in 1998 bij het publiek. Ik geef toe dat het begin moeilijk was, omdat het Britse publiek niet gewend was alles op één kaart te zetten, hoe veilig dat ook was. In oktober 1998 hadden we 2000 Virgin One-rekeningen geopend. Het jaar daarop openden we er 9000 en het jaar daarna 15.000. We deden nu echt mee.

Onze beste promotors waren te vinden in het dinercircuit. Artsen, advocaten en andere hoogopgeleiden begonnen de voordelen van het systeem in te zien; ze vertelden het aan hun vrienden, en zo verspreidde het idee zich door aanbevelingen. We hoorden dat mensen hun Virgin One-kaarten tijdens etentjes tevoorschijn haalden en het idee als het ware verkochten. Zakelijk gezien heb je dan goud in handen. Een dergelijke reclame is onbetaalbaar. In Norwich wierf Virgin One medewerkers die de klant wilden helpen en echt iets wilden betekenen; dat was een belangrijk onderdeel van de opleiding. Ze hoefden geen starre scripts te volgen of zich aan gemiddelde gesprekstijden te houden. We beantwoordden gewoon de vragen. We stelden medewerkers aan die evenals wij geloofden dat Virgin met een revolutionaire kruistocht bezig was om het bankieren in Groot-Brittannië te veranderen. Een van de thema's was 'ongewone mensen', waarbij duidelijk gemaakt werd dat onze medewerkers en onze klanten bijzonder waren omdat het 'ongewone mensen' waren. We hadden voor 1500 medewerkers en voor de klanten honkbalpetten, T-shirts en jacks gemaakt om rond te bazuinen dat we net een stapje harder wilden lopen.

In 2001 zag RBS in dat dit een geweldig bedrijf was. De bank besloot dat ze 100 procent van Virgin One wilde kopen. Ze hadden al 50 procent in bezit, maar het resterende deel was van Virgin Direct, wat een joint venture tussen Virgin en AMP was, met beiden een aandeel van 50 procent. Ik was eigenaar van een kwart daarvan, en er volgden een hoop discussies over de aandelen. Ik lunchte met Fred Goodwin, die er tegenover mij geen doekjes om wond: hij had beslist niet heel veel tijd voor AMP.

Ik schreef in een van mijn notitieboeken: 'Fred Goodwin. Wil niet aan drieledige structuur deelnemen. Probeer andere 50 procent van Virgin One uit te kopen. Kom met basis om 50 procent te pakken. Op een of andere manier toch chemie: wij en AMP kunnen niet met elkaar overweg. Zorg voor relatie met CGNU.'

Even verderop voegde ik eraan toe: 'Net Monopoly. Ik speelde graag Monopoly als kind. Pasgeleden ben ik me gaan realiseren dat ik nooit gestopt ben. Hypotheek op mijn hotels om Euston Station te behouden. Hypotheek op mijn huizen om het Elektriciteitsbedrijf binnen te halen. Van de bank lenen om alles te betalen! Alles verkopen om de bank te betalen!'

Uiteindelijk sloten we een overeenkomst met AMP. Toen die eenmaal bekend was gemaakt, belde ik Jayne-Anne op. 'Het spijt me echt.'

'Wat?'

'Dat ik je kwijtraak. Ik bel je om te zeggen dat ik me vandaag echt treurig voel.'

'Spijt? Waarom?' zei ze. 'Ik heb net een heel behoorlijke cheque gekregen, net als mijn team.'

'Tja, ik heb het gevoel dat ik jou en de jongens tegelijk met al het meubilair verkoop. Ik heb een clausule getekend bij de Royal Bank waarin staat dat we de komende twee jaar in Groot-Brittannië geen hypotheken mogen verkopen. Dus als je over twee jaar geen zin meer hebt in het bedrijfsleven, kom dan bij ons terug.'

Precies twee jaar later belde ik haar op. 'Ben je gelukkig daar?'

Mijn telefoontje verraste haar, maar ze was inderdaad gelukkig. Ze deed het uitstekend bij sir Fred Goodwin, waar ze zich met de ontwikkeling van de One- en de First Active-belangen bezighield. Ze was bij RBS nu verantwoordelijk voor de direct marketing van alle particuliere bankzaken, en later voor de hele hypotheeksector in Groot-Brittannië. Ze was een buitengewoon energieke en kundige vrouw, en ik vond eigenlijk dat ze een bank zou moeten leiden.

Ze bleef contact houden en op 19 december 2006 – de verjaardag van de introductie van Virgin Direct – vertrok ze met wederzijds goedvinden bij RBS. We wilden haar graag terug hebben bij Virgin om onze financiële sector te leiden. Gelukkig kon Gordon haar overhalen na een korte pauze terug te keren, en in maart 2007 trad ze weer in dienst bij ons. Ik belde haar op vanaf Necker: 'Jayne-Anne, welkom thuis.'

Virgin Direct had zich inmiddels ontwikkeld tot Virgin Money, een joint venture-constructie die met verschillende partners producten aanbiedt, terwijl de onderneming eigenaar is van onze groep. Virgin Money zorgt voor de marketing en ontwikkelt de producten: creditcards, spaar- en investeringsproducten, algemene en levensverzekeringen. Onze partners verzorgen de rest. (De Bank of America exploiteert onze creditcards, wat betekent dat de kaarten op de balans van de Bank of America staan, niet die van Virgin!) Maar nadat we het One-belang verkocht hadden, konden we niet meer terug in de hypotheekbranche (wat misschien maar goed was ook, gezien de zich ontwikkelende hypotheekcrisis). Ik vroeg Jayne-Anne en het team dat ze meebracht om het One-belang op een ander niveau te herstellen, teneinde het gat te dichten dat alle in problemen verkerende hypotheekverstrekkers hadden achtergelaten. Deze springplank gaf ons de kans een voorstel voor Northern Rock te doen, waarover meer in het volgende hoofdstuk.

In dit hoofdstuk heb ik geprobeerd te laten zien hoe Virgin enkele van zijn beste ideeën heeft geconcretiseerd. Ik heb geprobeerd op het belang van goede communicatie en aandacht voor detail te wijzen. Ik heb benadrukt hoe essentieel het is helder te denken en een onderneming tot de kern terug te brengen. Onderschat vooral niet hoeveel inspanning dit kost. Het is heel moeilijk om buiten je eigen branche te kijken en te denken zoals een klant denkt, met name als je je vooral op één bepaald aspect in één sector richt, zoals zo vaak het geval is.

Ongedwongenheid en openhartigheid zijn kernwaarden bij Virgin, die bij uitstek nuttig zijn bij onze dagelijkse levering, omdat die ons met beide benen op de grond houden. Ze voorkomen dat we het contact kwijtraken. Ze voorkomen dat we ooit in een vreselijke nachtmerrie aan zoiets onzinnigs als 'verwarringsmarketing' zouden denken.

Vergeet niet dat ingewikkeldheid uw vijand is. Elke dwaas kan iets ingewikkeld maken. Het is moeilijk iets simpel te maken. Maak verstandig gebruik van deskundigen. Geef hun leiding. Geef hun werk te doen. Ze zijn er niet om uw hand vast te houden. Negeer kritiek. Vergeet niet dat iedereen een agenda heeft, wat betekent dat het advies dat u van buiten uw vertrouwde kring ontvangt, niet alleen maar bedoeld is om u ter wille te zijn. Vrijwel alle adviezen zullen goedbedoeld zijn, maar zelfs het beste advies dient geïnterpreteerd te worden.

Hou het hoofd koel. U bent in zaken om veranderingen te bewerkstelligen, en als u daarin slaagt, is de kans dat niemand daarbij gekwetst wordt vrijwel nihil. Dat hoort nu eenmaal bij de woelige zakenwereld. Wees sportief, speel om te winnen en blijf zo veel mogelijk vrienden met anderen.

Als u met iemand ruzie hebt, bel hem dan een jaar later op en ga met hem uit eten. Word vrienden met je vijanden.

Schakel uw emoties niet uit tijdens het werk. Uw intuïtie en emoties helpen u juist. Ze maken dingen gemakkelijker. Voor mij is zakendoen een intuïtief gebeuren, en als mijn intuïtie me in de steek laat, zou ik er morgen meteen mee ophouden, denk ik. Met intuïtie bedoel ik dat ik denk een natuurlijk talent ontwikkeld te hebben, dat door een enorme ervaring in toom wordt gehouden en me eerder in de juiste dan in de verkeerde richting wijst. Daardoor geeft mijn intuïtie me ook het zelfvertrouwen betere beslissingen te nemen.

Mijn plannen winnen aan detail doordat ik die uittest aan de hand van vragen die in wezen heel simpel zijn, en die meer met emoties dan met cijfers te maken hebben. Als we de beste fitnessclub in de stad opzetten, zullen de mensen die nu aan fitness doen dan de moeite nemen bij een andere club op te zeggen en naar ons te gaan? Als het antwoord 'ja' is, dan wagen we het erop en kijken we of het werkt.

Dat is het punt waarop je als gevestigd bedrijf een enorm voordeel hebt. Grote ondernemingen kunnen zich dergelijke dingen permitteren. Het leuke voor kleine ondernemingen is dat de grote dat voordeel slechts zelden ten volle benutten. Waarom? Omdat ze vergeten zijn hoe ze als ondernemers moeten denken. Erger nog: velen van hen zijn vergeten hoe ondernemers voelen.

Leren van fouten en tegenslagen

Schaderapport

In 1969 maakte ik de grootste fout van mijn leven. Dat was een gebeurtenis waar zelfs eind 2007 in het Lagerhuis nog aan werd gerefereerd door het Liberaal-Democratische parlementslid Vince Cable, ten tijde van het bod van Virgin Money op de Northern Rock-bank. Onder bescherming van zijn parlementaire onschendbaarheid beweerde hij dat ik niet geschikt was om een bank te leiden. Bijna veertig jaar nadat ik een fout had gemaakt, werd ik nog altijd aan de schandpaal genageld.

Ik was negentien jaar en reed met een lading platen naar België, toen ik ontdekte dat er over platen die in Groot-Brittannië gekocht waren en voor de export bedoeld waren, geen btw verschuldigd was. Daarom kocht ik de platen die ik nodig had, deed alsof die voor de export waren en verkocht die aan Britse klanten. Het plan behelsde dat vier Ford Transit-bestelwagens vol platen naar Dover reden en de veerboot naar Frankrijk namen, waar ze direct de volgende veerboot terug namen, terwijl de platen nog aan boord waren. Dat was niet alleen illegaal, het was ook ontzettend stom. In mei 1969 werd ik op heterdaad betrapt door de Britse douane, een nacht in de cel gestopt en beticht van het overtreden van Sectie 301 van de Douanewet 1952. Dat betekende bijna het einde van mijn ondernemersdromen; gelukkig gebeurde dat niet, maar het

Leren van fouten en tegenslagen

was voor mij wel een harde les om nooit meer iets illegaals of onethisch te doen. Ik had onvoldoende beseft hoe ernstig onze handelwijze was en hoe groot de schade aan mijn reputatie kon zijn. Mijn vader en moeder betaalden de borgsom voor me, waarbij ze hun huis als onderpand gaven. Uiteindelijk ging de douane ermee akkoord me niet te laten vervolgen, mits ik driemaal het bedrag van de ontdoken belasting betaalde – circa 60.000 pond. Zo ontkwam ik aan een strafblad. Op dat moment wist ik nog niet dat de grote platenzaken dezelfde truc op een veel systematischer manier uithaalden, en ook zij kwamen binnen de kortste keren in de problemen.

Na deze schok kwam het hele personeel bijeen en we besloten dag en nacht te werken en het bedrijf zo snel mogelijk uit te breiden om de schulden af te betalen, zodat ik niet voor de rechter hoefde te verschijnen.

Dat kostte ons drie jaar. Maar ik had een heel belangrijke les geleerd: doe nooit iets dat je 's nachts uit je slaap houdt.

Eén ding is zeker in de zakenwereld: jijzelf en iedereen om je heen zullen fouten maken. Als je voortdurend de grenzen opzoekt, is dat vanzelfsprekend, en het is belangrijk je dat te realiseren. Zelfs als de zaken goed gaan, kan er opeens een nieuwe werkelijkheid de kop opsteken. Opeens berokkenen alle goede beslissingen die je vorige week nog nam je onvoorstelbaar veel schade. Waar is het in 's hemelsnaam fout gegaan?

Bij Virgin zijn we er altijd op voorbereid geweest de feiten onder ogen te zien, hoe onaangenaam die ook kunnen zijn. Fouten ontstaan gewoonlijk als leiders de zakelijke werkelijkheid niet onder ogen willen zien. Je moet de mensen om je heen vertrouwen om van hun fouten te leren. Elkaar over en weer de schuld geven is zinloos.

In de zakenwereld zijn er, net als in het leven, altijd externe risicofactoren die buiten onze invloedssfeer liggen. De olieprijs verdrievoudigt, een terrorist blaast zich op in een winkelcentrum, orkanen verwoesten hele steden, koersschommelingen laten een spoor van faillissementen na.

Maar u kunt altijd maatregelen nemen om de zakelijke risico's te verminderen en beheersen. Als het noodlot dan toeslaat, wordt uw aandacht in elk geval niet voortdurend afgeleid door andere zorgen. *Zorg altijd, maar dan ook altijd voor een rampenplan.* Als er echt iets vreselijks gebeurt, komt er namelijk altijd een hele stoet doodsbange mensen naar u toe die op zoek zijn naar antwoorden.

Op 23 februari 2007 rond 20.15 uur ontspoorde een van onze nieuwe Pendolino-kanteltreinen in Cumbria in Noordwest-Engeland, op een afgelegen deel van de West Coast Main Line, toen die met een snelheid van 160 kilometer per uur over een wissel reed.

Aan boord was Margaret Masson, een oudere dame die op weg was naar haar huis in Cardonald bij Glasgow. Margaret, die door haar familie en vrienden Peggy werd genoemd, werd door het rijtuig geworpen toen de ontspoorde trein over de spoorbedding voortgleed en vervolgens van een steile helling af denderde.

Tien jaar lang had Virgin Trains veilig miljoenen passagiers door geheel Groot-Brittannië vervoerd. Virgin Atlantic had ondertussen miljoenen vliegpassagiers zonder één incident rond de aardbol gevlogen. Die avond veranderde er iets wezenlijks voor Virgin. We hadden onze eerste slachtoffers. Margaret Masson was dood. Diverse andere passagiers waren zwaargewond.

Zermatt, Zwitserland. Mijn gezin en ik keerden na een heerlijk dagje skiën terug van de hellingen. Er was gelukkig een flink pak sneeuw gevallen en iedereen was het erover eens dat het een prachtige dag was geweest. 's Avonds zaten we met z'n allen uitgeput naar een film in de plaatselijke bioscoop te kijken, toen ik mijn gsm acht of negen keer zachtjes voelde trillen. Ik ging naar buiten. Het was een sms met de mededeling dat er een treinongeluk was gebeurd – code Zwart, wat betekende dat het ernstig was. Ik belde onze toenmalige directeur Communicatie Will Whitehorn (nu president van Virgin Galactic), die in de raad van bestuur van Virgin Trains zit. Ik kreeg zijn voicemail, wat ongebruikelijk was voor iemand die voortdurend in contact met mij staat. Ik belde Wills vrouw Lou op haar gsm en zij herinnerde me eraan dat het zijn verjaardag was; voor het eerst in een jaar tijd had hij zijn gsm uitgeschakeld. Ik belde Tony Collins, de directeur van Virgin Trains, die verantwoordelijk was voor het bouwen van de Pendolino-treinen.

'Ik ben bang dat het om een ernstige ontsporing gaat. De trein is in een ravijn terechtgekomen en de politie probeert bij de passagiers te komen. We moeten ons op het ergste voorbereiden.'

'Ik ben er over een paar uur,' zei ik. 'Kun je me ophalen?'

'Ik haal je op zodra je aankomt. Laat me je aankomsttijd weten.'

Leren van fouten en tegenslagen

Ik kon geen helikopter charteren omdat het nog altijd sneeuwde – dezelfde sneeuw waarin ik die dag zoveel plezier had gehad – en een groot deel van Zwitserland onbereikbaar was. De vliegvelden in Sion en Genève waren gesloten. Het beste wat ik kon doen, was naar Zürich gaan, wat vijf uur rijden was. Ik huurde een auto en vertrok direct, het duister in. Ik nam de volgende ochtend om 6.30 uur de eerste vlucht uit Zürich. De vlucht ging naar Manchester, waar ik opgehaald werd door Tony Collins en Will, die uit Londen daarheen waren gevlogen. Ze brachten me op de hoogte van de laatste stand van zaken, waarna we naar het BBC-ochtendnieuws keken. Volgens de verslagen was de trein nog intact, en daaraan was het grote aantal overlevenden te danken. Dat was bemoedigend: Pendolino nr. 390033, de *City of Glasgow*, was evenals al onze nieuwe treinen welbewust als een tank gebouwd. In een tussentijds verslag werd gesteld dat het ongeluk te wijten was geweest aan een mankement aan de rails, wat later bevestigd werd. Dit nieuws betekende dat we het nu iets gemakkelijker kregen, omdat we er op dat moment tamelijk zeker van konden zijn dat niets wat Virgin Trains had gedaan of nagelaten aan het ongeluk had bijgedragen.

Terwijl we naar het Royal Preston Hospital in Lancashire reden, hadden we echter nog altijd geen idee van de omvang van het ongeluk. Volgens een specialist in het ziekenhuis had de Eerste Hulp zich opgemaakt om meer dan honderd slachtoffers op te vangen nadat het nieuws bekend was geworden. Omdat de Pendolino-rijtuigen de botsing zo goed hadden doorstaan, hoefden er slechts vierentwintig mensen naar het ziekenhuis te worden gebracht. Toch zagen we dat het ziekenhuis nog altijd bezig was op grote schaal voorbereidingen voor de opvang van slachtoffers te treffen.

We reden naar Grayrigg om de plaats van het ongeluk te bezoeken. Het leek wel alsof er een enorme Hornby-modelspoorwegtrein door een verveelde reus was opgepakt en op de grond was geworpen. Met een schok realiseerde me hoe ik met het ministerie van Verkeer, dat het spoor grootschalig subsidieert, had moeten bakkeleien om de veiligheidsspecificaties van onze treinen te mogen opvoeren. Als dit met een van onze oude British Rail-treinen was gebeurd, zouden er verschrikkelijk veel doden en gewonden zijn geweest. Nu waren de rijtuigen intact gebleven. Zelfs de ramen waren nog heel.

Terwijl ik me op de hoogte stelde van de verwoestingen, vertelde iemand me hoe moedig één man was geweest. Wanneer ik sindsdien aan de moed van onze testpiloten denk of aan mijn vriend Steve Fossett, de avonturier die nu helaas vermist is, of de ballongoeroe Per Lindstrand, denk ik ook altijd aan de vastberadenheid die nodig moet zijn geweest om te proberen een ontspoorde trein van 400 ton in bedwang te houden. Treinmachinist Iain Black, een ex-politieman, heeft iets ongelooflijks verricht. Toen de trein eenmaal ontspoord was, gleed die door zijn eigen snelheid nog 600 meter over de spoorbedding door. Iain probeerde de trein op de stenen vaart te laten minderen. Hij bleef bijna 500 meter in zijn stoel zitten, terwijl hij probeerde de trein onder controle te houden. Hij probeerde niet zichzelf in veiligheid te brengen door uit zijn cabine naar achteren te rennen. In plaats daarvan deed hij wat hij kon om zijn passagiers te redden, waarbij hij ernstige nekverwondingen opliep. Door deze onzelfzuchtige handelwijze voorkwam hij dat er meer slachtoffers vielen. Als je het mij vraagt, is hij een echte held.

Nadat we een tijdje zwijgend naar de verongelukte trein hadden staan kijken, keerden we naar het ziekenhuis terug.

Ik ontmoette de familie van Margaret Masson nota bene in het mortuarium daar. Ze waren duidelijk zwaar aangedaan. Ik betuigde hun mijn medeleven. We omhelsden elkaar.

Een minuut later – althans zo leek het – stond ik al voor de tv-camera's en een horde journalisten die op zoek waren naar antwoorden. Het leek alsof mijn keel werd dichtgeknepen. Het scheelde niet veel, maar ik wist me te beheersen en me tot de feiten te beperken zoals die op dat moment bekend waren.

Ik kon toen nog niet veel zeggen. Weer betuigde ik mijn medeleven aan de familie van Peggy. Ik betuigde ook mijn dankbaarheid aan Iain, die in een ander ziekenhuis in de buurt lag. Door zijn verwondingen zou hij vele maanden niet kunnen werken. De andere leden van het treinpersoneel – Karen Taylor, Derek Stewart en Gordon Burns – hadden zich allemaal voorbeeldig van hun taak gekweten en zich tot het uiterste ingespannen; zonder op hun eigen lichte verwondingen te letten, hadden ze de passagiers veilig de trein uit geleid.

Ik concludeerde dat als ik anderen wilde helpen – de politie, het ambulancepersoneel en de verpleegkundigen en artsen, de vrijwilligers

Leren van fouten en tegenslagen

van de bergreddingsdienst, spoorwegcollega's van Virgin, Network Rail en andere maatschappijen –, ik het best uit hun buurt kon blijven. Ik vertrok met een onbevredigd gevoel: kon ik echt niets meer doen? Het leek erop, en de gedachte dat ik in elk geval aanwezig was geweest gaf me enige troost.

Het is de plicht van een baas om zo snel mogelijk ter plaatse te zijn. Als je je gezicht bij een dergelijke calamiteit te laat vertoont, leidt dat onvermijdelijk tot beschuldigingen over en weer, boosheid en verwijten. Als baas zul je daardoor zeker schade oplopen: bedenk maar eens wat al die verwarring en onzekerheid met degenen doen die bij het ongeluk betrokken waren. Ik ben van mening dat als de pers om gerechtvaardigde redenen – zoals hier zeker het geval was – snel om antwoorden vraagt, de hoogste baas de media bij de allereerste gelegenheid te woord moet staan. Elke directeur moet in staat worden geacht als woordvoerder voor het bedrijf te fungeren als de nood aan de man komt. Ik weet nog hoe sir Michael Bishop, CEO van de luchtvaartmaatschappij British Midland, in januari 1989 na een ernstig vliegtuigongeluk in Kegworth de media openhartig en betrokken direct te woord stond.

Voor de ontwikkeling van de eigen noodprocedures van Virgin Trains analyseerden we een aantal ernstige spoorwegongevallen. Daarbij waren we steeds ontzet over de tijd die het kostte voordat iemand zich meldde met de woorden: 'U kunt hier met mij over praten.' En we schrokken van de snelheid waarmee de verwarring toenam en er beschuldigingen werden geuit, terwijl iedereen op een verklaring wachtte over de precieze aard en oorzaak van de gebeurtenissen.

Onze rampenplannen hebben daarom drie hoofddoelstellingen: snel op de plaats des onheils aankomen, efficiënt met de passagiers, medewerkers en media omgaan, en eerlijk zijn over wat er gebeurt. De andere les die we leerden was dat de geweldige planning en onze beslissing de Pendolino volgens de hoogst mogelijke normen te fabriceren, zonder wat dat betreft op de kosten te besparen, nu absoluut juist bleken en het leven redden van velen die er nu niet meer geweest zouden zijn als ze passagier waren geweest in de oude treinen die we hadden vervangen.

Je kunt jezelf niet tegen elk onverwacht onheil beschermen, en daarom dien je je huis altijd zo goed mogelijk op orde te houden. Als er dan een ramp gebeurt, wil je koste wat kost vermijden dat je tien dingen tegelijk moet doen, waarbij je onder de ogen van het publiek dan ook nog verkeerde prioriteiten stelt. Het is daarom van essentieel belang dat u de interne zakelijke risico's afdekt, voor zover u die kunt beïnvloeden.

Ik heb mijn eigen advies in dezen zelf een paar keer niet opgevolgd, en daar heb ik altijd spijt van gehad. Ik ben er bijvoorbeeld niet altijd goed in mijn verlies te beperken. Bij Virgin Megastores had ik de marktomstandigheden onder ogen moeten zien en de winkels al jaren eerder moeten verkopen. Mijn beslissing om niet naar mijn collega's te luisteren en ze te lang vast te houden heeft ons veel geld gekost. De enige verzachtende omstandigheid was dat de winkelketen het distributiekanaal voor Virgin Mobile was en samen met de merknaam het fundament voor een succesvolle introductie daarvan vormde.

Ik denk niet dat een ondernemer in zijn eigen zwaard hoeft te vallen als iemand in het bedrijf iets verknalt. Ondernemers moeten van het incident leren en proberen ervoor te zorgen dat bepaalde fouten nooit meer herhaald worden. Een spijtbetuiging namens het bedrijf – misschien in een publiek forum, misschien persoonlijk aan degene die het nadeel heeft ondervonden – is een goed begin. Ik weet dat in businessboeken beweerd wordt dat je je fouten nooit moet toegeven, maar ik zou een dergelijke houding onder mijn medewerkers niet tolereren. Ik zie er niets verkeerds in om een echte fout toe te geven.

Een ondernemer moet zelf het slechte nieuws overbrengen. Sommigen zeggen dat je een meedogenloos karakter moet hebben. Daar ben ik het niet mee eens. Ik denk niet dat ik meedogenloos ben, ook al ben ik zo afgeschilderd door een paar mensen die me niet echt kennen en me nooit hebben ontmoet. Zeker, ik heb spijt van bepaalde dingen in mijn zakelijk leven, en ik heb fouten gemaakt als het om mensen ging. Een van mijn fouten is dat ik vaak zo geconcentreerd met een zakelijk project bezig was dat ik niet zag wat er in iemands leven gebeurde, ook al speelde zich dat vlak voor mijn neus af. Ik heb geprobeerd daarvan te leren en extra tijd uit te trekken om te luisteren. Ik denk zelfs dat het contraproductief is om meedogenloos te zijn. *Je moet anderen behandelen zoals je jezelf zou behandelen, of zelfs beter.*

Laten we hier duidelijk zijn over de verantwoordelijkheden van de manager. Het idee heerst dat mensen tegenwoordig weigeren ontslag te nemen als ze dat zouden moeten. Volgens sommigen zou ontslag nemen de enige juiste actie zijn die een manager van een bedrijf in problemen resteerde. Dat is volslagen nonsens. En trouwens, er is nooit een periode in de zakenwereld of de politieke geschiedenis geweest waarin talentvolle mensen om een bagatel of uit een soort eergevoel aftraden. Dat is een fabeltje.

Als er iets catastrofaals met een bedrijf gebeurt en de directeur degene die daar verantwoordelijk voor is zelf aangesteld heeft, moet de directeur zeker overwegen om op te stappen. Als een grote bank niet over de veiligheidssystemen beschikt om oplichters buiten de deur te houden en die oplichter met zijn transacties de bank enorme schade berokkent – ja, dan moet de directeur of bestuursvoorzitter er waarschijnlijk over denken om af te treden. Hij of zij is immers de hoogst verantwoordelijke.

In de meeste andere gevallen moeten de managers op hun plek blijven en hun eigen troep opruimen. Daar worden ze tenslotte voor betaald. Het allerbelangrijkste is dat iemand zijn verontschuldigingen aanbiedt voor de ontstane chaos.

U dient in elk geval de beste medewerkets om u heen te verzamelen als u met een ernstig probleem geconfronteerd wordt. Probeer het niet helemaal in uw eentje op te lossen. Wees niet bang om hulp en advies te vragen. Als een ander een probleem beter kan oplossen dan u, delegeer het dan in vredesnaam. En vlieg die ander dan niet direct naar de strot als het probleem niet opgelost wordt.

Volgens mijn managementteam was 2003 niet bepaald een topjaar. Het was het jaar waarin Apple zijn eerste iPod-muziekspeler op de markt bracht. Wij hadden een paar heel slimme lui van Palm in dienst die met hun eigen hippe versie van de MP3-speler en een reeks accessoires kwamen. Volgens het managementteam deugde de marktanalyse niet, maar ik stond erop dat we ermee doorgingen: onze eigen MP3-speler, de Virgin Pulse! We moesten van enkele gewaagde aannamen omtrent de productie uitgaan, omdat we de apparaten uit China en Taiwan haalden. We besteedden 20 miljoen dollar aan het ontwerp en de marktintroductie, wat tot een goede ontvangst in Amerika leidde, maar het ding miste de eenvoud van de iPod en de fabricagekosten waren zo hoog dat we er niet mee konden concurreren. Apple was in het voetspoor getreden van Texas Instruments, de producent van zakjapanners die al vele jaren dat marktsegment domineerde. Wanneer je de verkoopprijs maar snel genoeg laat zakken als je de markt beheerst, kan een ander je nooit bijbenen, simpelweg omdat er niet genoeg geld mee te verdienen valt. De marktleider moet dan wel moed tonen, want als je de verkoopprijs laat zakken, kan dat nadelig zijn voor de huidige verkopen. En dat gebeurde toen iPod de goedkopere en kleinere iPod nano introduceerde; daarmee werd de deur dichtgeslagen voor alle concurrenten die daaronder een marktaandeel van betekenis probeerden op te bouwen. De Virgin Pulse werd een mislukking en we moesten 20 miljoen dollar afschrijven.

Wanneer je druk bezig bent met je dagelijkse werk, is het vaak moeilijk toe te geven dat wat jij als juist beschouwde, toch verkeerd blijkt uit te pakken. In 2000 plaatsten we bijvoorbeeld werkelijk innovatieve businessclass-stoelen in de Virgin Atlantic-vliegtuigen. De ontwikkeling ervan had echter te lang geduurd en we hadden het project onvoldoende geheimgehouden. British Airways kreeg lucht van wat we van plan waren (ze kregen de plannen zelfs in bezit) en overtrof onze innovatie met een nog betere stoel. De reacties van klanten logen er niet om. De reizigers kozen direct met hun creditcards en boekten bij andere maatschappijen, wat Virgin Atlantic veel inkomsten kostte. We hadden de stoelen kunnen houden totdat ze afgeschreven waren, maar we besloten dat de fout te ernstig was om mee te kunnen leven. We kozen eieren voor ons geld en verwijderden de stoelen. En dat kostte ons 100 miljoen pond. En wat leverde het ons op? We hebben nu de beste businessclass-bedden ter wereld, ontworpen door ons eigen team, en we hebben een product gecreëerd waar onze concurrenten niet aan kunnen tippen. Met deze beslissing hebben we ons verlies gemakkelijk terugverdiend.

Het is altijd gênant om dit soort dingen toe te geven, en ik geloof dat het vooral angst voor vernedering is die vele bestuursvoorzitters en directeuren ervan weerhoudt hun werk goed uit te voeren. U kunt natuurlijk rustig blijven zitten en u afvragen waarom uw zaak zo achteruitgaat, maar alleen door achter uw bureau vandaan te komen en de producten uit te proberen, kunt u zien wat er precies verkeerd gaat. Als

Leren van fouten en tegenslagen

u erachter bent wat er verkeerd gaat, is de volgende stap niet om het verantwoordelijke team te ontslaan, maar om de teamleden zover te krijgen dat ze de fouten herstellen. Op die manier kunt u een team bij elkaar houden en de deur sluiten voor concurrenten die van uw fouten kunnen profiteren door de mensen die net een harde les geleerd hebben zelf aan te stellen.

Het was gekkenwerk om een frisdrankoorlog tegen Coca-Cola te beginnen. Dit was een van onze bekendste zakelijke fouten, maar tegelijk droeg die ertoe bij dat het merk Virgin in Amerika veel bekender werd. Toen we Virgin Cola in 1994 introduceerden, genoten we van ons underdog-imago en vonden we het heerlijk naar de poten van de grootste hond van de stad te happen. Door het tegen Coca-Cola op te nemen, leerden we twee dingen: hoe we een lekkere cola met een andere smaak moesten maken, en hoe we een multinational met een omzet van 28 miljard dollar en een winst van 5 miljard dollar in 2007 tegen ons in het harnas moesten jagen.

Pas een paar jaar later kwam ik te weten dat Coca-Cola uiteindelijk zelfs een SWAT-team – een speciale gevechtseenheid – had gevormd om ervoor te zorgen dat Virgin Cola nooit echt voet aan de grond zou krijgen in de frisdrankmarkt. Ja, we kregen het op een of andere manier voor elkaar volstrekt blind te blijven voor de macht en invloed van een wereldmerk dat de kracht en de omvang van het Amerikaanse kapitalisme symboliseert.

Ik zal uiteenzetten hoe we dat deden, met de kanttekening dit vooral niet zelf te proberen.

De Virgin Trading Company, een volle dochter van Virgin, was onze eerste drankendivisie. Virgin Spirits, een joint venture met de Schotse whiskydistilleerderij William Grant, was opgericht om Virgin Vodka op de markt te brengen en te distribueren. Virgin Vodka is nog altijd verkrijgbaar aan boord van onze Virgin Atlantic-vluchten, evenals onze speciale Glenfiddich Scotch whisky.

De Virgin Cola Company was een joint venture met de Canadese frisdrankonderneming Cott Corporation, de grootste leverancier van frisdranken die onder een winkelmerk verkocht worden. Cott bottelde frisdranken voor winkelketens als A&P, Loblaw's en Safeway in Canada

De Branson-way

en Albertson's, K Mart, Safeway, 7-Eleven en Wal-Mart in de Verenigde Staten. Virgin Cola werd in 1994 in Groot-Brittannië geïntroduceerd en aanvankelijk waren we succesvol in de café- en restaurantsector. Wijlen Gerry Pencer, directeur van Cott Corporation, overtuigde me ervan dat we in de positie verkeerden om een deel van de wereldmarkt te veroveren. Cott had tenslotte klanten in Australië, Groot-Brittannië, Hongkong, Israël en Japan, stuk voor stuk belangrijke markten voor ons. Maar Cott deinsde ervoor terug om Coke direct aan te vallen. We hadden naar hem moeten luisteren.

We wisten dat er achter de coulissen een hoop gebeurde. Een van de leden van het centrale inkoopteam van de supermarktketen Tesco, John Gildersleeve, een directeur die commissaris bij diverse bedrijven was, had aangegeven dat ze een miljoen kratten Virgin Cola zouden afnemen. Het volgende dat we hoorden, was dat hij Simon Lester bij Cott had verteld dat ze ons toch niet zouden steunen. Dit gebeurde drie weken voor de introductie, terwijl de uitnodigingen voor het evenement bij Planet Hollywood in Londen de deur al uit waren.

Ik belde John op over deze koerswijziging. Hij zei: 'Het was een heel delicate beslissing; de deur zit nog niet helemaal op slot.' Hij wist dat ik een persbericht wilde uitbrengen en hij wist dat ik niet zonder een grote winkelketen als partner kon. 'Maar we hebben twee bedenkingen. Ten eerste zijn er commerciële overwegingen, maar die zijn op te lossen. Het tweede aspect betreft echter de hele kwestie van de merkpositionering en wat die voor ons kan betekenen.'

Hij legde uit dat een exclusieve overeenkomst met Tesco een tweesnijdend zwaard was. Hij zei dat Tesco met het product geïdentificeerd zou worden, of het nu goed of slecht was. Als ik er na drie maanden genoeg van had, zou dat zijn weerslag hebben op Tesco, in goede of kwade zin. Hij zei dat toen Sainsbury's een eigen Classic Cola op de markt bracht, Tesco ervoor koos alleen 'The Real Thing' te verkopen.

John zei dat hij zich er grote zorgen over maakte dat we wat al te opruiend te werk konden gaan in de manier waarop we Coca-Cola zouden aanvallen. Hij wees erop dat Coke altijd een heel goede klant voor Tesco geweest was en het laatste wat hij wilde, was dat Coke in zijn winkels uit de schappen werd gehaald. Dat was een eerlijke mening, die ik respecteerde. Ik had begrip voor Tesco's positie, maar het was heel belangrijk voor Virgin Cola in de supermarktschappen te staan, en dan liefst in de aanbieding aan het eind van de gangpaden.

Ik legde uit dat we vasthouden aan elk bedrijf dat we beginnen, dat we het publiek meer keuze wilden geven en dat onze campagne erop gericht was onze positie te verdedigen en uit te leggen waarom wij beter waren. We waren er echt niet op uit een concurrent af te kraken. Ik vertelde hem dat dit voor al onze campagnes gold, zelfs voor het gevecht dat Virgin Atlantic tegen British Airways leverde. Ik wees erop dat onze reputatie onder klanten uitstekend was. (Ik had gelukkig een NOP-marktonderzoek in een recente editie van *PR Week* bij de hand om dit te staven!) Zowel David Sainsbury van Sainsbury's als Archie Norman van ASDA had me verteld dat ze Virgin Cola zouden aanbieden.

De volgende dag kwam John langs voor een persoonlijk gesprek. Als gevolg van het telefoontje en onze ontmoeting veranderde Tesco van gedachten en besloot het winkelbedrijf onze cola te verkopen. Dat was een prachtige opsteker voor ons. In december groeide de colaverkoop bij Tesco met 36 procent, en 75 procent daarvan bestond uit flessen Virgin Cola.

Op dat moment begon Coke ons het leven moeilijker te maken.

Ik zat in een Virgin Trains-vergadering toen een van de directeuren van het voormalige British Rail me vertelde dat hij tijdens een managementcursus een paar Coca-Colamanagers had ontmoet. Hij had hun gevraagd wat ze bij die cursus deden. Ze hadden geantwoord: 'We maken ons op voor de strijd tegen Virgin Cola.'

Ik meende op dat moment dat het een overdreven reactie was, maar achteraf gezien begrijp ik dat, toen Coke eenmaal wakker was geworden, het de introductie van Virgin Cola uiteraard als een oorlogsverklaring had beschouwd.

Cokes commando's kwamen in actie. Het geheime recept van Coca-Cola is een siroopconcentraat dat naar honderden onafhankelijke bottelaars over de hele wereld wordt verstuurd, die zelf verantwoordelijk zijn voor de productie, de emballage, de distributie en de merchandising. Coke bezocht alle bottelaars en deelde mee dat Virgin Cola niet door de bottelaars geproduceerd mocht worden. Het ging niet alleen om de cola, want de bottelaars waren voor hun bestaan ook afhankelijk van de andere frisdranken van het Coca-Colaconcern, zoals Sprite, Fanta, Diet Coke en Minute Maid; dat was een zeer lucratieve business voor de bottelaars.

In 1998 kochten we Cotts aandeel in de zaak en brachten Virgin Cola opnieuw op de markt met een investering van nog eens 35 miljoen dollar. Ons doel was Coke op eigen grondgebied aan te pakken. Coke wilde oorlog, en daarom reden we met een Britse tank Times Square in New York op en schoten zogenaamd een granaat op het Coca-Cola-billboard af (we hadden dat die nacht door een pyrotechnisch team laten prepareren, zodat het leek alsof het in rook opging), waarna we dwars door een enorme muur van colablikjes reden. Toeristen renden in paniek van het plein weg en we eindigden bijna in de gevangenis.

In Groot-Brittannië vloog Virgin Cola de schappen uit. In Frankrijk begonnen we Pepsi steeds dichter te naderen, in België en Zwitserland deden we het goed en we waren met franchiseonderhandelingen bezig in Japan en Italië. We meenden echt dat het ons zou kunnen lukken.

In 2004 kreeg ik een uitnodiging de nieuwe baas van onze zakenbank te ontmoeten. Dat was Diana Brightmore-Armour, een bijzonder intelligente vrouw die in Londen voor Lloyds TSB werkte. Tijdens een aangename avond onthulde ze: 'Richard, dit weet je niet, maar ik werkte voor Coca-Cola in Atlanta toen jij Virgin Cola introduceerde. Ik wist wat voor impact jij zou hebben, en daarom haalde ik het management over een SWAT-team samen te stellen om ervoor te zorgen dat Virgin Cola mislukte.'

Ik was hoogst verbaasd. In 1997 wisten we dat Coca-Cola ons graag de branche uit wilde werken, maar we beseften niet dat ze zover wilden gaan.

'Tijdens een directievergadering werd gemeld dat jij op het punt stond de cola in Amerika op de markt te brengen. De meeste mensen op het hoofdkantoor reageerden nogal blasé. Ze wisten niet echt veel van Virgin af en dachten dat het om het zoveelste plaatselijke frisdrankje ging.' Maar tijdens de vergadering kreeg ze steun van een paar Britten, die haar bijvielen in haar waarschuwingen aan het management. 'Dit is niet zomaar iemand – dit is Richard Branson, die een groot prestige bezit en een groot merk kan opbouwen. We moeten dit zo snel mogelijk zien te stoppen,' zei ze tegen hem.

Coca-Cola mocht zich dan niet veel zorgen maken over een regionaal

Leren van fouten en tegenslagen

merk dat op een plaatselijke markt met Coke en de andere frisdranken concurreerde, het concern had beslist geen trek in nog een concurrent als Pepsi. Mijn tafelgenote onthulde dat er een team naar Engeland was vertrokken om een ander team te benoemen dat ervoor moest zorgen dat grossiers en winkels extra beloningen kregen als ze Coke verkochten en ons uit de schappen hielden. Later hoorde ik dat het aantal Coke-mensen dat moest proberen ons uit de markt te drukken groter was dan ons hele Virgin Cola-team! We waren echt de underdog in dit gevecht.

Nadat we een top van 75 procent van de verkoop bij Tesco en meer dan 10 procent van de totale Britse markt hadden behaald, zakte de verkoop in. De SWAT-teams van Coca-Cola straften ons. Coke begon de cola goedkoper te verkopen dan flessen mineraalwater, en daar konden we niet tegenop: we hadden het geld simpelweg niet. De enige manier om bij zo'n lage prijs geld aan een product te verdienen is ervoor te zorgen dat je enorme hoeveelheden verkoopt, en dat is precies wat Coca-Cola doet. Coca-Cola dreigde kleine winkeliers ermee dat ze hun koelkasten weer zouden meenemen als ze ons in de schappen zouden houden. Ze zinspeelden er ook op dat ze Coke helemaal niet meer aan die winkeliers zouden leveren.

Onze Coke-escapade leidde tot een reeks artikelen waarin de vraag gesteld werd of Virgin wel een echte strategie had. In een coverstory vroeg *Business Week* zich af of wij wel het vermogen hadden om het 'chaotische' Virgin-imperium te leiden. Natuurlijk wel. We waren een merk dat een manier van leven symboliseerde en dat een consistente en aangename ervaring aan onze klanten bood, of ze nu over de Atlantische Oceaan vlogen of een telefoontje pleegden met hun gsm. Virgin was niet chaotisch; het concentreerde zich juist bij uitstek op de taak de kernwaarden in tal van sectoren te verwezenlijken.

Cola is een drankje dat geliefd is bij jongeren, en daarom meenden we dat Virgin Cola een goed idee was. Coca-Cola is een enorm concern, en aangezien Virgin zich er juist op richt de grote jongens het nakijken te geven, grepen we de kans om de aanval te openen. De meeste cola's lijken als twee druppels water op elkaar en een groot deel van het genot van de consument zit 'm in de identificatie met het favoriete merk: het merk Virgin was populair, hoe konden we dan ooit verliezen?

We verloren omdat we de enorme fout in deze verder zo plausibel klinkende redenering niet zagen: als colafabrikant waren we geen favoriet bij de consument. Coca-Cola was dat wel. Coca-Cola bracht zijn product elke dag weer overal ter wereld aan de man. Het concern bood zijn product tegen een onverslaanbare prijs aan omdat het de grootste schaalvoordelen ter wereld bezat. Het bood de consument een tamelijk lekker frisdrankje aan voor een spotprijs. En de merknaam stond zo sterk in ieders geheugen gegrift dat als iemand om een cola vroeg, hij om een 'Coke' vroeg.

Ja, Coca-Cola speelde het hard tegenover ons. Maar we hadden al verloren. We produceren nog altijd Virgin-frisdranken, maar dan in een veel doelgerichtere nichemarkt. En Virgin Cola is nog altijd de nummer één-cola... in Bangladesh!

Ik zag dat Red Bull nu zijn eigen cola heeft geïntroduceerd. Ik weet dat het een tijdje zal duren en dat er veel geld voor nodig is om een marktaandeel van betekenis te behalen. Maar Red Bull is een frisdrankonderneming, dus het gaat om hun corebusiness.

Misschien wel het mooiste wat onze Virgin Cola-escapade opleverde, was een prachtig nieuw bedrijf dat Innocent Drinks heette en door ondernemende jongens geleid werd die bij Virgin Cola werkten en een gat in de markt zagen voor smoothies van vers fruit. Inmiddels hebben ze een bedrijf opgebouwd dat honderden miljoenen dollars waard is. Toen ze nog bij Virgin werkten, richtten ze een kraam in op het V festival en lieten het publiek van hun producten proeven. Ze hadden twee vuilnisbakken, eentje met 'ja' en eentje met 'nee'. Ze vroegen de bezoekers of ze hun fulltimebanen moesten opgeven en een nieuw bedrijf moesten beginnen. De bezoekers testten het product en aan het eind van de dag was de 'ja'-vuilnisbak boordevol. Dat was jammer voor ons, maar ook al is het geen Virgin-bedrijf, toch geeft het me een heel tevreden gevoel om te weten dat deze jongens ervaring hebben opgedaan in een Virgin-bedrijf en succesvol zijn geworden.

In 1971, toen ik nog veel onbevangener was, schreef ik in mijn notitieboek: 'We hebben geen advocaten nodig.' Maar in de loop der jaren is steeds weer gebleken dat het voor ons succes van vitaal belang is geweest onze overeenkomsten in duidelijke, ondubbelzinnige termen vast te leggen. Met name ons contract met T-Mobile bleek een essentieel do-

Leren van fouten en tegenslagen

cument voor ons te zijn. Onnodige honoraria van juristen kunnen een zware wissel trekken op een beginnend bedrijf, maar de remedie is volgens mij niet om de juristen te negeren, maar ervoor te zorgen dat je de basis vanaf het begin goed voor elkaar hebt. Elk beginnend bedrijf dient zijn contractuele verplichtingen nauwgezet te beoordelen.

Virgin Mobile deed het geweldig goed in Groot-Brittannië. Het merk creëerde een enorme *buzz*; we wisten de Britse jongerenmarkt precies te treffen met coole, brutale advertenties en geweldige aanbiedingen. Tom Alexander en zijn team gingen voortvarend te werk en haalden duizenden nieuwe klanten binnen. Iedereen had er plezier in. De eerste drie maanden van 2003 bedroeg de omzet meer dan 1 miljoen pond per dag.

Onze tv-spotjes kregen de ene na de andere prijs voor innovatieve marketing, en we pikten marktaandeel af van Orange, Vodafone en zelfs onze netwerkpartner T-Mobile. In Groot-Brittannië konden we de Amerikaanse rapper Wyclef Jean voor een cultreclame gebruiken. Hij tekende daarin zonder het te weten een contract waarin hij de verplichting aangaat seksslaaf te worden in een stacaravanpark. Na een ontsnappingspoging wordt hij in de gevangenis gestopt wegens 'contractbreuk'. De boodschap die erachter schuilging, om voorzichtig te zijn met wat je tekent, verwees naar de voordelen van Virgin, waarvoor je geen contract hoefde te tekenen.

Voor iedereen bij Virgin Mobile had dat spotje een tweede, speciale betekenis gekregen.

In onze oorspronkelijke overeenkomst zou T-Mobile het netwerk verzorgen en Virgin de inkoop van telefoons, de marketing en het Virgin Mobile-merk. Het liep allemaal prima, totdat er in Groot-Brittannië een nieuwe Amerikaanse directeur op het toneel verscheen, Harris Jones. Hij gooide de knuppel direct in het hoenderhok.

Hij was geslepen. Hij keek naar ons oorspronkelijke contract en zag dat we een joint venture hadden die 1 miljard dollar waard was en waarvan Virgin 50 procent bezat: een geweldig succesverhaal waarin beide partijen het goed deden. Harris Jones, en in laatste instantie zijn superieuren, wilden heel graag onze aandelen in bezit krijgen en waren bereid diverse tactieken uit te proberen om ze verwerven. Wat was hun probleem?

Ze zagen de Virgin Mobile-deal als een gewone kostenpost, omdat T-Mobile ons voor elke klant bij Virgin Mobile een maandelijkse marketingvergoeding betaalde. Deze betaling was een bedrag dat T-Mobile bij de andere netwerken declareerde om hun bellers met de Virgin Mobile-klanten te verbinden. Virgin Mobile had recht op die betaling, ook al waren we geen eigenaar van de netwerkinfrastructuur. Het stond zwart op wit in het contract.

T-Mobile beweerde dat de contractvoorwaarden in strijd met de wet waren. Omdat wij van mening waren dat de overeenkomst glashelder was, was het een angstwekkend vooruitzicht om op een rechtszaak aan te sturen: T-Mobile was een groot bedrijf, met voldoende reserves om een dure rechtsgang te financieren. Elke dag die je met advocaten doorbrengt, is niet alleen kostbaar, maar het kost topmanagers ook enorm veel tijd. Onze relatie werd al snel bijzonder onprettig, en de beursgang waar we eerst zo naar uitkeken werd steeds minder waarschijnlijk.

De zaak eindigde voor het hooggerechtshof in Londen, en T-Mobile verloor. Volgens de rechter zou het gedrag van T-Mobile 'moreel afkeurenswaardig' geweest zijn.

De baas van T-Mobile in Duitsland nam de nederlaag goed op. Hij was zo goed mij in Duitsland uit te nodigen, zodat hij zich persoonlijk bij mij kon verontschuldigen; dat was netjes, en we stelden het zeker op prijs. Na vele maanden overleg wisten we een regeling te treffen met de voormalige bazen van Harris Jones in Duitsland en met een nieuw Brits team onder leiding van zijn opvolger Brian McBride. Volgens gerechtelijke uitspraak moesten ze hun aandelen voor 1 pond aan ons verkopen (Brian presenteerde de munt netjes in een sieradendoosje!), en ze boden Virgin Mobile een nieuw netwerkcontract aan dat nog steeds van kracht is. Het was grotendeels aan hem te danken dat we aan een beursgang konden gaan denken.

De les van dit alles is dat de belangrijkste zakelijke contracten volkomen duidelijk moeten zijn. *Het is altijd de moeite waard het contract helemaal op orde te hebben.* En hou er rekening mee dat het soms nodig kan zijn naar de rechter te stappen om de belangen van de onderneming te verdedigen. Ik ben bang dat als je een contract voor een joint venture tekent, je er alvast rekening mee moet houden wat er kan gebeuren als er ruzie komt, of erger nog: als iemand probeert je te bedonderen. Het zou geweldig zijn als alle zaken met een handdruk bekrachtigd konden worden – en ik heb in het verleden heel wat succesvolle zaken op die manier gedaan –, maar er lopen altijd mensen zonder scrupules rond, en je moet jezelf en je zaak beschermen. We hebben in veertig jaar zakendoen nooit een belangrijke rechtszaak verloren. In het proces tegen GTech (waarin ik een aanzienlijke schadevergoeding wegens smaad toegekend kreeg), het proces tegen British Airways en het proces tegen T Mobile hebben we ons aan onze beslissing gehouden ons standpunt altijd te verdedigen.

Bescherm je reputatie. Wees niet bang om fouten te maken.
Dat zijn de regels die ik altijd volg. Ze zouden niet met elkaar in tegenspraak mogen zijn, maar veel ondernemingen nemen abusievelijk aan dat dat wel zo is. Toch valt niet te ontkennen dat het risico bestaat dat als er met modder naar je gegooid wordt, er iets van blijft plakken, en een beschadigde reputatie in het zakenleven kan je nog jaren blijven achtervolgen. Ook al kom je elke belofte na, hou je je aan je woord, onderhandel je eerlijk en betoon je geduld, toch kun je onverwacht te maken krijgen met beschuldigingen die je reputatie beschadigen. En lang nadat je je lesje geleerd hebt en je pad hebt vervolgd, zullen anderen nog altijd over die ene tegenslag of die ene fout zeuren. Ik heb heel wat talentvolle, betrouwbare zakenmensen gekend die nog altijd last hadden van fouten die ze in het verleden gemaakt hadden, en wier carrière daar nadeel van heeft ondervonden.

Dit probleem is op geen enkele manier op te lossen, maar de effecten ervan zijn wel te beperken. Natuurlijk moet u het hoofd nooit laten hangen. Dat is helemaal nergens goed voor en zal de negatieve mening van een ander over u slechts bevestigen.

Volgens mij is de communicatie verbeteren het allereerste wat een ondernemer te doen staat. Bij Virgin vinden we het heel belangrijk de media op de hoogte te houden van waar we mee bezig zijn. Behalve dat we daarmee in de publiciteit blijven, helpt dat goede journalisten ook om oud, slecht nieuws in z'n context te blijven zien. Onze cultuur van openheid voorkomt eveneens dat slecht nieuws zich ophoopt voordat het het publiek bereikt. Het publiek toont zich zelfs tamelijk vergevingsgezind tegenover de meeste zakelijke fouten, behalve hypocrisie, terwijl smoesjes ophangen vrijwel altijd een averechts effect heeft.

We houden ons altijd aan de principes die we uitdragen. We zijn op zoek naar mensen met spannende, dynamische cv's, niet met onberispelijke cv's. Het is niet gemakkelijk om bij ons te werken, maar we nemen graag een gokje met mensen en zijn bereid om ze diverse functies te geven om te zien waar ze het best passen. We geven medewerkers niet zomaar de schuld en zetten ze niet op een zijspoor als het fout loopt. Hoe langer we bestaan, des te meer profijt we hebben van deze cultuur, omdat mensen uiteindelijk beseffen dat we een bedrijf zijn dat weet hoe het met zijn problemen moet omgaan en dat bereid is risico's te nemen.

In de loop der jaren heeft het merk Virgin een reputatie van schaamteloze onverschrokkenheid opgebouwd. Is het niet vreemd dat zo weinig merken die eigenschappen willen overbrengen? Commercieel gezien heeft onze reputatie van onbevreesdheid ons geen windeieren gelegd. Ons gevecht tegen Coca-Cola, dat vanuit commercieel oogpunt slecht voor ons was, werd daardoor een geschiedenis die marketingtechnisch gezien onze klantentrouw juist versterkte.

Een dubieuze reputatie is schadelijker als gerucht dan in persoonlijke onderhandelingen. Satirische tijdschriften als *Private Eye* tonen zich altijd ontzet als ze ontdekken hoeveel succesvolle, beroemde vrienden met figuren blijven omgaan die kennelijk persona non grata zijn geworden. Maar dat is geen verrassing: individuen slagen er beter in iemands karakter te beoordelen dan groepen.

Uw vrienden zijn uw bondgenoten in de strijd om uw reputatie na een terugslag te verbeteren. Ze zullen niet alleen een goed woordje voor u doen, maar ook als façade voor u dienen. Hun reputatie zal helpen de uwe te herstellen. Gerenommeerde persoonlijkheden zijn niet dom, en proberen bij iemand in het gevlij te komen om van zijn reputatie te profiteren, is een heilloze weg. Maar ze tonen zich wel begripvol en mild tegenover fouten. (Ze kennen het klappen van de zweep en weten hoe het leven in elkaar steekt.) Wees dus niet bang de oude rotten in uw omgeving om hulp en advies te vragen.

Ik weet waarover ik het heb, omdat ik zelf in 2004, toen we erover dachten Virgin Mobile naar de Londense beurs te brengen, een van de veronderstelde risicofactoren was.

Investeerders zijn meestal kort van memorie. Maar de oudere leden van de krijtstreepbrigade in het financiële centrum van Londen herinnerden zich nog dat ik de Virgin-groep in november 1986 met het nodige trompetgeschal vol verwachting naar de beurs had gebracht, en na de grote beurscrash van oktober 1987 had aangeboden die weer in particulier bezit te brengen. Ik kon de dikke rode letters al op mijn voorhoofd zien: 'Let op uw gezondheid: deze man is gevaarlijk.'

De beursgang van Virgin had meer inschrijvingen van het publiek opgeleverd dan welke eerdere introductie ook, behalve de grootschalige privatisering van de nutsbedrijven en de telecomsector. Niettemin was mijn eerste ervaring bij Virgin als beursgenoteerd bedrijf een van de ellendigste in mijn hele zakelijk leven. Ik raakte volstrekt gedesillusioneerd door de voortdurende bijeenkomsten met analisten en promotietours voor investeerders. Ik gruwde ervan verantwoording te moeten afleggen aan institutionele beleggers die niets van onze filosofie leken te begrijpen, en ik weet dat veel managers bij beursgenoteerde bedrijven een zeker begrip voor mijn visie hadden. Maar niemand werd er slechter van toen we van koers veranderden, en onze investeerders kregen hun oorspronkelijke aandelenkapitaal plus een mooi dividend terug.

Het volgende was er aan de hand. In 1985 raakte het pasopgerichte Virgin Atlantic in een trans-Atlantische prijzenoorlog verwikkeld en werd onze kaspositie snel slechter. Mijn toenmalige adviseurs overtuigden me ervan dat we het aandelenkapitaal van de groep moesten vergroten. Don Cruickshank nam de taak op zich een primaire aandelenemissie voor de muziek-, winkel- en tv-bedrijven van Virgin te organiseren, die werden samengebracht in de Virgin Group plc, een rechtspersoon waarvan 35 procent van de aandelen aan de beurs van Londen en de NASDAQ genoteerd was.

Achteraf gezien was het een nogal merkwaardige emissie. Virgin Atlantic werd als een veel te riskante investering beschouwd en was van de emissie uitgesloten. En dat gold ook voor onze nachtclubs, Virgin Holidays en Virgin Cargo. Toch werd Virgin Atlantic de op een na grootste Britse intercontinentale luchtvaartmaatschappij, werd Virgin Holidays de grootste reisorganisatie voor verre bestemmingen, hebben de clubs een fortuin opgebracht en vervoerde Virgin Cargo in 2000 bijna 100.000 ton vracht.

Begin 1986 haalden Don en Trevor Abbott, die door Don als financieel directeur was binnengehaald, 25 miljoen pond op met een onderhandse uitgifte van convertibele preferente aandelen van Morgan Grenfell. Er bestond geen wettelijke verplichting deze bij een beursgang in vrij verhandelbare aandelen te converteren, maar het leek allemaal opmerkelijk gemakkelijk. Bij de openbare verkoop zouden de financiële instituten hun preferente aandelen in 15 procent van het beursgenoteerde bedrijf converteren, en wij zouden nieuwe aandelen voor andere investeerders uitgeven, waarmee we nog eens 30 miljoen pond zouden binnenhalen. Daarmee had ik nog altijd 55 procent van de Virgin-groep in handen, terwijl de externe investeerders 34 procent bezaten. De waarde van de onderneming, die twaalf maanden eerder door toedoen van Coutts Bank bijna failliet was gegaan, werd op 240 miljoen pond gesteld. Een deel van de opbrengst werd overgebracht naar Voyager, het bedrijf dat was opgezet om in Virgin Atlantic te investeren.

Begin 1987 gebruikten we geld van de beursgang om de overname van EMI Music van Thorn EMI voor te bereiden. Uiteraard slokten beide projecten het nodige kapitaal op. In oktober 1987 werden we getroffen door de ineenstorting van de aandelenmarkten, en toen maakte ik een fout. Ik bleef aandelen in EMI kopen, die steeds minder waard werden. Don Cruickshank en onze commissarissen gingen tegen me tekeer: 'Richard, dit kun je niet maken. Je gooit goed geld naar kwaad geld.' Dit was precies wat we hadden moeten doen als we meer kapitaal beschikbaar hadden gehad, maar dat was niet het geval.

Terwijl de wereld zich van de oktobercrash herstelde, rekende ik erop dat de aandelenkoers zich zou herstellen nadat we onze resultaten hadden bekendgemaakt. De winst was in het jaar dat in juli 1987 eindigde van 14 miljoen pond meer dan verdubbeld tot 32 miljoen pond. Maar de prijs van onze aandelen was net als alle aandelen fors gezakt, van een uitgifteprijs van 140 penny tot iets meer dan 70 penny. Een verdubbeling van de winst, maar een halvering van de aandelenkoers: dat was krankzinnige logica. In juli 1988 lieten we de markt weten dat we een managementbuy-out zouden doorvoeren, tegen de oorspronkelijke prijs van 140 penny per aandeel. Ik wilde het leger kleinere investeerders, onder wie ook vele goede vrienden, die hun spaargeld in ons bedrijf hadden gestoken en er hun vertrouwen aan hadden geschonken, niet in de kou laten staan. We gingen daarvoor een lening van 300 miljoen pond aan, wat betekende dat onze gearing (de verhouding tussen onze schuld en kapitaal) erg hoog werd. Mijn droom om EMI Music

Leren van fouten en tegenslagen

over te nemen kwam op dat moment ten einde. De financiële sector in Londen had onze onderneming niet goed op waarde weten te schatten. We zouden ons terugtrekken en een van de grootste particuliere ondernemingen ter wereld worden, met daarbij diverse beursgenoteerde investeringen.

In 2004 koesterde ik de hoop dat de beursgang van Virgin Mobile in Groot-Brittannië onze deels al geslaagde rehabilitatie in de ogen van de financiële sector nog verder zou completeren.

Vanaf het begin werd er in de zakelijke pers al over gespeculeerd dat we naar de beurs zouden gaan, waarbij de *Sunday Times* Virgin Mobile als het nieuwe kroonjuweel van Virgin kwalificeerde. Maar er waren nog een paar hobbels te nemen voor onze beursgang in juli, die grotendeels veroorzaakt werden door de externe marktomstandigheden. Deze maakten het voor bedrijven lastig een notering aan de Londense beurs te verkrijgen.

Ironisch genoeg zouden we in dezelfde week naar de beurs gaan als Premier Foods, de fabrikant van Branston Pickle, wat de kranten weer eens een kans gaf mij als kwajongen neer te zetten met hun 'Branson Pickle'-koppen.

Hoe zouden investeerders in juli 2004 reageren op een terugkeer van een grote Branson-onderneming? Ditmaal waren de omstandigheden volstrekt anders. Ik had in de tussentijd veel geleerd over zakendoen, en ook al werd mijn lachende, bebaarde gezicht in de kranten gebruikt, ik koos er toch voor geen bestuursvoorzitter van een van onze beursgenoteerde bedrijven te worden, en daarom zou ik geen directe zeggenschap hebben. Het bestuur van een naamloze vennootschap was in 2004 iets geheel nieuws voor ons en Virgin Mobile was vanaf het begin gestructureerd als een toekomstig beursgenoteerd bedrijf.

Er werd een team van zeer ervaren managers van beursgenoteerde bedrijven samengesteld om Tom Alexander bij te staan, zodat het mislukte avontuur van de jaren tachtig zich niet zou herhalen. Charles Gurassa, bestuursvoorzitter van TUI Northern Europe, en daarvoor algemeen directeur van Thomson Travel, werd voorzitter, en Caroline Marland, commissaris van Burberry en de Bank of Ireland, Rupert Gavin, bekend vanwege zijn werk als hoofd van BBC Worldwide, en David Maloney, hoofd Financiën van Le Meridien Hotels, werden lid van de raad van commissarissen. Dit waren stuk voor stuk zwaargewichten die het team zouden aansturen dat voor de notering aan de FTSE 250 zorg zou dragen.

Tom Alexander en zijn team, geassisteerd door de raad van commissarissen, beschikten over jarenlange ervaring. Ze hadden alleen behoefte aan mijn steun als belangrijk investeerder als promotor van Virgin, en daarom lieten ze mij erevoorzitter worden!

Onze financiële cijfers zagen er heel goed uit, en Virgin Mobile was altijd strikt bestuurd met het oog op een beursgang. Ik wist dat de ervaringen van 1987 een paar investeerders konden afschrikken. Dat was dan maar zo; niemand dwong mensen te investeren als ze geen trek in ons hadden.

Op 30 juni 2004 kondigde Virgin Mobile aan alle aandelen naar de beurs te willen brengen, en alle Virgin Mobile-medewerkers die meer dan een jaar bij het bedrijf werkten, ontvingen een aantal gratis aandelen. JP Morgan en Morgan Stanley begeleidden de beursgang en vormden samen met Investec Securities het garantiesyndicaat.

Op 7 juli 2004 zeiden we dat de introductiekoers van het aandeel tussen 235 en 285 penny zou liggen, wat betekende dat het bedrijf bij de maximale koers meer dan 1 miljard pond waard was. Geen slecht resultaat, meende ik, maar misschien waren we te optimistisch. Omdat het beursklimaat verslechterde, moesten we onze verwachtingen bijstellen, en op 21 juli kondigde Virgin Mobile een biedprijs van 200 penny per aandeel aan. Daarmee was het bedrijf 811 miljoen pond waard, met een winst van 125 miljoen pond en een aandelenkapitaal van 500 miljoen pond.

Ik mocht niet klagen, zeker niet gezien de moeilijke markt, waarin diverse bedrijven hun beursgang hadden moeten afblazen. De Virgingroep verdiende circa 400 miljoen pond aan de beursgang van Virgin Mobile op de Londense effectenbeurs. Dat geld is geïnvesteerd in nieuwe Virgin-deelnemingen in de Verenigde Staten, China en Afrika. De 'Branson-factor' heeft geen rol van betekenis gespeeld en problemen zoals in 1987 zijn uitgebleven; Virgin Mobile is blijven groeien.

Als de zaken niet goed gaan, is het voor een bedrijf erg moeilijk flexibel genoeg te blijven om een antwoord op de problemen te vinden. Virgin

Leren van fouten en tegenslagen

Mobile USA heeft zich vanaf het begin in een vechtmarkt moeten zien te handhaven. Het bedrijf heeft vrijwel alles goed gedaan, maar het is nog altijd niet in veilige haven.

Wat me plezier doet, is de manier waarop het bedrijf altijd innovatief bezig is geweest om uit de problemen te komen. Een verdedigende, voorzichtige houding – een natuurlijke reactie als er problemen zijn – kan dodelijk zijn in een markt vol concurrenten. *Als je voortbestaan op het spel staat, zul je moeten veranderen.* Dit is een van de moeilijkste lessen die er in het zakenleven te leren zijn, omdat het zo tegen de eigen intuïtie ingaat. Daar komt bij dat het ook nog eens erg moeilijk is om te doen, zoals uit de ervaringen van Virgin Mobile USA blijkt.

We beleefden in 2002 een vliegende start. Virgin Mobile USA gaf jonge Amerikanen precies wat ze wilden, terwijl we ook een eenvoudig tariefplan aanboden zonder lastige contracten en kleine lettertjes. Maar in 2005 was de concurrentie in de prepaidmarkt moordend geworden. Na vier jaar moesten Dan Schulman en zijn team concluderen dat de omstandigheden heel moeilijk waren. Concurrenten met meer geld begonnen Virgin Mobile USA uit te knijpen door zich specifiek op de prepaidbeller te richten.

Dan reageerde hierop met de introductie van geweldige producten. Onze Flasher V7-telefoon had een camera met flitser, mms-faciliteiten, superphonic ringtones, downloadable games en individuele graphics, en het was de eerste Virgin Mobile-telefoon die met ons nieuwe snelle netwerk te gebruiken was. Ook met de prijs was niets mis. En toch was het nog niet genoeg. Het kostte ons steeds meer geld om marktaandeel te winnen.

Het Amerikaanse team had een grote lening afgesloten om in dit enorme land voet aan de grond te krijgen, en het leek er op zeker moment op dat die niet meer afbetaald kon worden. De situatie werd nog nijpender door leveringsproblemen en een juridisch geschil met Nokia, de grootste gsm-leverancier van Virgin. Ik hoorde van Dan dat de medewerkers steeds pessimistischer werden nu de geplande beursgang steeds verder naar de toekomst werd geschoven. Er werd fors bezuinigd op bonussen en er werd zelfs getwijfeld aan de levensvatbaarheid van het bedrijf. De aandeelhouders maakten zich zorgen. Eén ding was zeker: onze huidige strategie was niet langer te handhaven.

De Branson-way

Dan dacht een weekend lang in zijn eentje na en kwam net een nieuw manifest: 'Virgin Mobile: de weg omhoog.' Dit was zijn oproep aan het bedrijf en zichzelf om de leidende positie weer te veroveren en zich op een reeks radicale maatregelen te richten. Houd vier miljoen klanten tevreden. Maak een eind aan de schulden en de slechte moraal. Regel de juridische problemen met Nokia, Freedom en Telcordia. Maak een nieuwe start met het bedrijf. En dat allemaal binnen zes maanden.

Het was ongehoord. Het was dapper. Ik vond het prachtig, en dat gold ook voor zijn team.

In 2006 beleefde Virgin Mobile USA een radicale reorganisatie. Het merk werd helemaal vernieuwd, evenals de telefoons en het distributienetwerk. Nieuwe diensten zoals Sugar Mama (een manier om extra belminuten te verdienen), Stash (een prepaid-debitcard) en ReGeneration (een liefdadigheidsnetwerk om jonge daklozen te helpen) speelden in op nieuwe jongerentrends. Eind juli gingen de zaken al veel beter. Zelfs tegenover Cingular, dat eveneens goedkope toestellen verkocht, kon Virgin zijn marktaandeel vergroten. Het klantenbestand groeide tot 4,6 miljoen, een groei van 20 procent, en de verliezen werd omgebogen in winst. Virgin-klanten stuurden of ontvingen 1,5 miljars sms'jes, één voor elke klant op elke dag van het jaar. Daarbij downloadden ze 15 miljoen beltonen en 2,5 miljoen games. In december 2006 verbelden Virgin Mobile USA-klanten 950 miljoen minuten met hun mobiele telefoons. Dat zijn heel wat gesprekjes.

We maakten ons op voor de reis naar Wall Street. Op 11 oktober 2007 was de beursintroductie van Virgin Mobile USA, waarbij 27.500.000 aandelen voor 15 dollar per aandeel verhandeld werden.

Niemand had overigens ooit gezegd dat de zaken van een leien dakje zouden gaan. Weliswaar was 2007 het eerste jaar waarin Virgin Mobile USA winst maakte – het nettoresultaat bedroeg 4,2 miljoen dollar –, maar vijf maanden na de beursgang zag het er niet zo florissant uit. De Amerikaanse aandelenmarkt duikelde omlaag door de *subprime*-hypothekencrisis en de ineenstorting van de zakenbank Bear Stearns. Er dreigde een recessie. De aandelenkoers had te lijden onder het algehele negatieve marktsentiment en de toenemende concurrentie. Sommige analisten begonnen aan het MVNO-model te twijfelen, waarna onze aandelenkoers tot 2 dollar daalde. Dit was een teleurstelling voor al onze investeerders.

Leren van fouten en tegenslagen

Maar ik was ervan overtuigd dat de koers zich zou herstellen.

Ook Dan was optimistisch en duidelijk over de vooruitzichten van Virgin Mobile. 'We denken dat we een van de aantrekkelijkste aanbiedingen in de markt hebben en dat ons bedrijf goed op de toekomst voorbereid is,' zei hij tegen investeerders. Ik ben het daarmee eens. Gedurende de vijf jaar dat het bedrijf bestaat, heeft Virgin Mobile USA altijd vooropgelopen bij de innovatie in de branche, en ik geloof dat als het bedrijf besluitvaardig blijft en de producten en diensten blijft versimpelen en ontwikkelen, de vraag zal groeien.

Ondanks alle problemen – of misschien juist vanwege die problemen – ben ik ongelooflijk trots op Virgin Mobile USA. Het bedrijf heeft de moed getoond om door innovaties uit de moeilijkheden te komen. De dichter Robert Frost zei het ooit al eens: 'De beste uitweg is altijd dwars erdoorheen.'

Dan wist dat en besloot door de zure appel heen te bijten. Hij wist dat als een bedrijf nieuwe kracht moet vinden, daarvoor een radicale reorganisatie nodig is. Hij wist dat hij de ingrijpende herpositionering die aan een herintroductie verbonden was niet met de cosmetische vernieuwing van een *rebranding*-operatie mocht verwarren. Hij slaagde erin de fundamentele problemen te regelen: bedrijfsschulden aflossen en de juridische geschillen beëindigen. En hij wist zijn medewerkers aan zijn kant te houden door hen volledig op de hoogte te houden en eerlijk te communiceren.

Virgin Mobile USA verdient het om een succes te worden. En als u dit voorbeeld in moeilijke tijden volgt, zult u ook succes boeken.

Op zondag 17 februari 2008 nam ik 's avonds de motorboot van Necker Island naar Briss Creek in de North Sound van Virgin Gorda. Het begon te schemeren en er stond een flinke bries, dus ik droeg een kasjmier trui – niet mijn gewone kledij in de Cariben. Maar ik had last van koude rillingen en voelde me wanhopig en moedeloos.

Ryan West (door iedereen op Necker 'Westy' genoemd), Nicola Duguid, mijn toenmalige assistente, en professor Dan Kammen voeren met me mee. Dan en Westy hadden me die dag op de hoogte gebracht van de voortgang van ons duurzaam-toerismeproject op het naburige Mosquito Island.

De Branson-way

Het energielaboratorium van Dan op de Berkeley-universiteit in Californië was bezig computermodellen te ontwikkelen om een vakantieresort te creëren dat zo min mogelijk CO_2 produceerde: overal windmolens en zonnepanelen.

Maar ik was met mijn gedachten ergens anders. Ik was vreselijk teleurgesteld. Zojuist was gebleken dat tientallen Virgin-groep-medewerkers zich vijf maanden lang voor niets hadden uitgesloofd, en ik treurde nu over een van de meest vermetele overeenkomsten die we ooit beraamd hadden. Het ging om enorme bedragen en het risico voor het merk dat in veertig jaar gecreëerd was, was enorm. Als we deze affaire niet tot een goed einde brachten, kon dat ernstige repercussies hebben voor het merk. Maar ik wist dat we ons goed hadden voorbereid. Ik wist dat we succesvol hadden kunnen zijn. En ik wist dat we goed werk hadden kunnen verrichten. Nu zou niemand ooit de resultaten kunnen zien.

Ons bod op de in moeilijkheden verkerende bank Northern Rock was afgewezen.

Terwijl we ons op de steiger verzamelden, zei ik: 'Oké, jongens, ik heb net gehoord dat Northern Rock genationaliseerd wordt. Dus als jullie er geen bezwaar tegen hebben, laat ik me vanavond vollopen.'

Dit verhaal illustreert tal van positieve punten die ik in dit hoofdstuk en in dit hele boek heb geprobeerd te maken. Maar als de sterren echt verkeerd staan, kun je soms helemaal niets doen. Het kan een tijdje enige rancuneuze opluchting bieden als je allerlei beschuldigingen gaat rondstrooien, maar dat gif verspreidt zich en zal je toekomstige ondernemingen onherroepelijk schaden.

Onze kans kwam in augustus 2007, toen de internationale kredietcrisis de kop op stak. Maandenlang had ik aandachtig toegekeken hoe de situatie verergerde en uiteindelijk besloot ik al mijn persoonlijke aandelen – uitgezonderd de Virgin-aandelen – van de hand te doen en liquide te gaan. Dat bleek een verstandige zet: ik had meer geluk dan veel anderen met aandelen Northern Rock. De weken daarna werden de problemen steeds groter, omdat de hypotheekbanken geen leningen meer konden afsluiten. Maar we verwachtten op dat moment niet dat dit een van de grootste crises in de Britse financiële geschiedenis zou worden.

Leren van fouten en tegenslagen

Jayne-Anne Gadhia zat er tot over haar oren in – in de modder, welteverstaan. Op zondag 16 september liet ze zich met haar vriendinnen Susan en Rosemary verwennen in het Stobo Castle-wellnesscentrum bij Peebles, in de buurt van Edinburgh. De zondagskranten spraken over de ineenstorting van Northern Rock, en Jayne-Anne bedacht dat Virgin daar misschien wel iets mee kon...

Ze ging rechtop zitten, liet de krant op de grond vallen en keek rond, op zoek naar een telefoon.

Ze belde Gordon McCallum.

'Niet overmoedig worden,' was zijn eerste reactie. 'Dit is een stap te ver.' Die avond stuurde ze toch een mailtje aan Gordon en Stephen Murphy:

Hallo,
Je mag me krankzinnig noemen, maar ik heb diep nagedacht over hoe we voordeel kunnen putten uit de huidige toestand bij Northern Rock, en tegelijkertijd hulp kunnen bieden. Ik denk dat er een aantal mogelijkheden is, variërend van 'goed te doen' tot 'buitengewoon gewaagd':

1. *Accepteren dat de grote jongens op de balans de bezittingen en de systemen etc. overnemen voor een mooie prijs.*
2. *Een deal sluiten met een Citi of BOA [Bank of America], waarbij die het bedrijf koopt, maar wij het merk inbrengen, zodat ze onder het merk Virgin in Groot-Brittannië retailactiviteiten kunnen beginnen.*
3. *Rechtstreeks met Northern Rock en de Bank of England praten. Richard zou als boegbeeld ingezet kunnen worden om de crisis duiding te geven. Northern Rock kan omgedoopt worden in Virgin en de Bank of England kan garant staan voor de huidige leningen.*
4. *Wat er ook gebeurt, ik denk dat we in elk geval moeten onderzoeken wie mensen nu vertrouwen als het om financiële diensten gaat. Ik wed dat het antwoord luidt: Richard Branson.*

De Branson-way

Enerzijds weet ik dat dit allemaal nogal krankjorum klinkt, maar anderzijds: als het systeem verstoord raakt, is dat het goede moment voor verandering, en ik denk dat we iets kunnen doen als Richard met Darling of Brown kon spreken om te vragen hoe we kunnen helpen.
Wat denken jullie? Ik heb dit bericht nog niet ge-cc'd naar Richard, want ik wil eerst jullie mening.
J-A

Gordons antwoord bestond uit zijn gebruikelijke mengeling van voorzichtigheid en gezond verstand: 'Ik denk dat punt 1 interessant is en dat de rest krankjorum is! Laten we morgenochtend verder praten.' Stephen was al even voorzichtig.

Jayne-Anne besloot mij rechtstreeks op te bellen. Ze vroeg me of ik de rijen voor de Northern Rock-filialen op het nieuws had gezien.

Zeker.

'En? Denk je dat we het erop moeten wagen?'

'Ach wat,' zei ik, 'laten we het doen.'

Je kunt alleen koploper worden als je iets uitprobeert. Al vele jaren lang heeft Virgin zich ten doel gesteld een sterke positie in een sterk veranderende markt te vinden. We hebben dat gedaan in de platen-, de media- en de telecombusiness, met fitnessclubs en in de luchtvaartbranche en zullen dat binnenkort in de ruimtevaart doen. We begeven ons in een branche en gaan op zoek naar nieuwe kansen. En we weten dat die eerder onze kant op zullen komen als we zelf op verkenning gaan en de nodige voorbereidingen treffen.

De volgende dag besprak Jayne-Anne haar 'krankjorume' ideeën met Peter Norris, die ons al heel lang adviseert en Barings had geleid. Peter zei direct dat Virgin het idee zeker serieus moest overwegen. Gordon en Stephen waren inmiddels over de eerste schok heen en het werd tijd een team samen te stellen dat zich aan deze enorme taak zou zetten. Ons Northern Rock-avontuur was begonnen.

De dag daarop belde ik Matt Ridley, bestuursvoorzitter van Northern Rock. Ik zei tegen hem dat we graag wilden weten hoe we konden helpen de bank te redden. Matt is een charmante man, die heel blij leek te zijn met mijn telefoontje.

Leren van fouten en tegenslagen

'Dat is geweldig nieuws, Richard. Het merk Virgin is precies wat de bank nodig heeft,' zei hij. 'Je realiseert je zeker wel dat je letterlijk een paar miljard pond nodig hebt?'

'O, jawel hoor,' zei ik. En ik dacht bij mezelf: miljarden? Zei hij nu echt 'miljarden'?

'Ik heb er alle vertrouwen in dat dat geregeld kan worden,' zei ik. Natuurlijk had hij 'miljarden' gezegd. Hij was immers een bank.

'Ik begrijp het helemaal,' zei ik, en terwijl het zweet op mijn voorhoofd parelde, begon ik het inderdaad te begrijpen.

Hoe de bank eraan toe was, was donderdag 13 september 2007 om 8.30 uur duidelijk geworden, toen de BBC meldde dat Northern Rock aan de Bank of England om een noodkrediet had gevraagd en dat ook had gekregen. De financiering was in de kleine uurtjes geregeld en om 7 uur aan de Londense beurs gemeld. Binnen enkele uren na de beursopening vormden zich lange rijen voor de Northern Rock-filialen in heel Groot-Brittannië. De website begaf het en ook telefonisch was er geen doorkomen aan. Dit was schokkend nieuws: de eerste stormloop op een bank in Groot-Brittannië sinds het victoriaanse tijdperk.

Northern Rock was in veel opzichten een bewonderenswaardige bank, en ik wilde de goede elementen ervan beschermen en redden. Toen de stormloop op de bank begon, keek ik net als iedereen naar de tv-beelden van de lange rijen. Die rijen waren beslist dramatisch, evenals het verhaal daarachter. Maar gezien de ondernemingen waarmee ik me bezighoud, zal het geen verrassing zijn dat ik ook naar het begin van die rijen keek, waar de Northern Rock-employés de uiterst bezorgde klanten gerust probeerden te stellen. Ik had bewondering voor de manier waarop de medewerkers in de filialen met de klanten omgingen die hun geld kwamen opeisen. Ze stonden in de frontlinie, maar slaagden erin de klanten kalm en bedaard advies te geven. Ik hoorde van betrokkenen dat iedereen zich gemeld had om hulp te bieden; het was alle hens aan dek.

De bank had zeker zwakke plekken en had zichzelf en zijn klanten in enorme problemen gebracht door op de geldmarkten kortetermijnleningen af te sluiten voor langlopende hypotheken. Maar achteraf heb ik gemakkelijk praten: de bank was geliefd geweest bij intermediairs, de financieel adviseurs die de hypotheken van de bank aanbevalen, en ze beschikten over zeer moderne systemen. Het was een motor met goede rij-eigenschappen, maar te gulzig voor de weg waarop die reed. En nu was de benzine op. Wij wilden nu bekijken of we hem weer op gang konden krijgen met een milieuvriendelijker brandstof dan de kortetermijnmarkten.

Allereerst dienden we een onverslaanbaar team op de been te brengen. De komende maanden zou een groot deel van de mediabelangstelling zich op mij persoonlijk richten, maar het zal geen verrassing voor u zijn dat ik noch over de tijd, noch over de capaciteiten beschik om een bank te leiden. Wat het reddingsteam betrof – een geweldige groep mensen onder leiding van Jayne-Anne Gadhia, hoofd van Virgin Money – bleef ik absoluut op de achtergrond. Elke avond belde ik Jayne-Anne op om op de hoogte te worden gebracht en om te zien of ik iets kon doen.

Stephen Murphy stelde James Lupton van Greenhill aan om ons in Londen te helpen, samen met investeringsbank Quayle Munro van Peter Norris en Andrew Balheimer van het gerenommeerde advocatenkantoor Allen & Overy; zij vormden de basis van ons team. We moesten weten hoe we met een bank van de omvang van Northern Rock moesten omgaan. 'Denken jullie echt dat we de bank kunnen overnemen?' Het antwoord van het team luidde dat als we de financiering rond konden krijgen, de bank voor ons was. Maar alleen als we het konden financieren.

Ik kreeg daarom de taak steun te zoeken voor ons aandelenconsortium. Een van de teamleden noemde het 'bedelbellen', en ik kon inderdaad van een paar contacten in de hoogste kringen gebruikmaken om mensen aan boord te halen. Ik pleegde ook een aantal persoonlijker telefoontjes om ervoor te zorgen dat er voldoende goodwill was voor een particulier bod om de bank te redden; ik kreeg groen licht van het hoogste niveau.

We maakten een ondernemingsplan waarin we uitlegden hoe we Northern Rock tot de Virgin Bank zouden transformeren. (Ik had met het idee gespeeld de bank Virgin Rocks te noemen, een verwijzing naar onze oorsprong in de rockmuziek; Jayne-Anne wist me daar met zachte dwang van af te brengen.) Mijn eerste bezoek bracht ik aan AIG, het verzekeringsconcern dat de voetbalclub Manchester United sponsort.

Leren van fouten en tegenslagen

Ze wilden ons heel graag steunen. Dat was een vliegende start. We gingen op tournee om onze plannen aan de grote internationale bankconcerns te presenteren. Onze langdurige relatie met de Royal Bank of Scotland bleek te lonen; de bank wilde dat we op exclusieve basis met hen en hun partners Citigroup en Deutsche Bank zaken deden. Dat was een geweldige opsteker voor ons. We konden nu uitzien naar een mogelijke investering van 11 miljard pond (miljard, ja!).

Op vrijdag oktober 2007 maakten we bekend wie er in ons consortium van financiële zwaargewichten zitting hadden. Leden van ons team waren Wilburr Ross, de ervaren *distressed debt*-investeerder, AIG, de grootste verzekeringsmaatschappij ter wereld, First Eastern Investment, onder leiding van Victor Chu en Toscafund, het hedgefonds dat door Martin Hughes geleid werd en onder voorzitterschap van sir George Mathewson stond. (Sir George, de voormalige CEO van de Royal Bank of Scotland, was zo vriendelijk als senior-adviseur te fungeren zolang wij nog op zoek waren naar een voorzitter.)

Het Virgin-team ging naar Freshfields, het advocatenkantoor in Londen, voor een eerste ontmoeting met het Northern Rock-managementteam, toen Adam Applegarth, de geplaagde CEO, nog in functie was. Jayne-Anne vertelde me later dat ze buitengewoon onder de indruk was geweest van de bereidheid van het Northern Rock-team om informatie te verschaffen, en van hun goede wil om orde in de chaos te scheppen. Na deze bijeenkomst stelde Northern Rock zijn databestanden aan het Virgin-team beschikbaar.

Er waren echter nog andere mededingers die hun oog op de bank hadden laten vallen. De investeringsfirma's Olivant, Cerberus, JC Flowers en Five Mile stelden zich allemaal teweer tegen ons plan. Het leek erop dat dit een concurrerend bod zou worden en dat het gevecht om de financiering hevig zou worden, gezien de kredietcrisis.

Het was voor ons duidelijk dat we een geloofwaardige zwaargewicht moesten hebben die het project kon dragen. Daarom bedeelde Jayne-Anne mij de taak toe sir Brian Pitman, de grootste bankier van zijn generatie en een man met een enorme kennis, over te halen onze voorzitter te worden.

Ik had jarenlang met sir Brian samengewerkt voor Virgin Atlantic en in het kader van ons partnerschap met Singapore Airlines. Ik mag hem graag en bewonder hem. Hij is 76, maar een onverminderd scherp en geconcentreerd denker. Hij zit in de raad van bestuur van Carphone Warehouse en ITV, en is senior-adviseur van Morgan Stanley. Stephen en Jayne-Anne hadden diverse malen met hem gesproken, waarbij we ons voorstel steeds meer toespitsten. Hij voelde er bijzonder weinig voor bij de zaak betrokken te worden en zei tegen me dat het moeilijk zou worden de bank om te vormen.

Maar ik bleef hem lastigvallen en uiteindelijk stemde hij toe. Hij zou ons in elk geval laten uitspreken.

Jayne-Anne bezocht hem thuis in Weybridge om een twee uur durende presentatie te geven. Hij zag nu in elk geval in dat ons bod geloofwaardig was. Ook begreep hij dat er iemand van zijn kaliber nodig was om het vorm te geven. Hij deed enkele welkome suggesties aangaande het plan en kwam een paar dagen later naar Londen om het team te ontmoeten. Maar hij had nog steeds geen ja gezegd.

De druk op ons werd steeds groter. Lee Rochford, de algemeen directeur Zekerheidstelling Financiële Instanties van de Royal Bank of Scotland (ik vraag me af hoe hij zijn functie op feestjes omschrijft...), belde op om te zeggen dat ze er zeker van moesten zijn dat we een voldoende gekwalificeerde voorzitter hadden, wilden ze ons steunen. Daarom belde Jayne-Anne sir Brian in Surrey op met de vraag of hij er toch nog eens over wilde denken. Uiteindelijk ging hij akkoord. Het was een geweldige prestatie. Jayne-Anne belde Lee op om hem de naam te vertellen. Hij toonde zich opgetogen: 'Dat is fantastisch nieuws.'

Sir Brian woonde alle belangrijke bijeenkomsten bij, waaronder sessies bij de Bank of England, de Autoriteit Financiële Diensten en het ministerie van Financiën, en was verreweg de eminentste en meest ervaren persoonlijkheid onder alle bankiers die bij deze bijeenkomsten aanwezig waren. Onze geloofwaardigheid was nu voldoende gewaarborgd.

Gezien de kredietcrisis en de *subprime*-hypotheekproblemen in de Verenigde Staten moest onze planning voor een eventuele recessie perfect zijn. Ten eerste moest die aan alle overheidsregels voldoen. Onze voorzitter beijverde zich daar voortdurend voor. Dit was de vraag die we ons voortdurend moesten stellen, wilden we in een krimpende markt overeind blijven: wat zou er in het ergste geval gebeuren, als de huizenmarkt in Groot-Brittannië in een diepe crisis zou raken?'

Leren van fouten en tegenslagen

De vraag die sir Brian stelde was even scherp als praktisch. Toen Jayne-Anne hem eens vroeg waarom hij zich bereid had verklaard zich bij ons aan te sluiten, zei hij dat daarvoor een aantal redenen was, maar een ervan was dat hij zich herinnerde hoe Northern Rock voor de mijnwerkersgezinnen had gezorgd tijdens de stakingen in de jaren tachtig. Zo lang de staking duurde, had de bank de hypotheektermijnen niet opgeëist, met het risico met de schulden te blijven zitten. Maar de bank had niets verloren en de mijnwerkers en hun gezinnen konden in hun huizen blijven wonen. Sir Brian zei dat een onderneming met zo'n eervol verleden het verdiende gered te worden.

Ons plan was om 1,25 miljard pond aan nieuwe contanten plus Virgin Money als bedrijf in de bank in te brengen. Het geld moest van Virgin, Wilbur Ross, Toscafund en First Eastern komen, en het plan was om de bestaande aandeelhouders te laten deelnemen in een uitgifte, waarmee ze hun investering op basis van absolute preferentie de komende jaren zouden terugkrijgen.

Helaas was het nog altijd niet tot de Northern Rock-aandeelhouders doorgedrongen hoe ernstig de situatie bij de bank was. De algemene mening was dat ons aanbod te karig was. Dat was niet het geval, zoals helaas duidelijk zou worden. We waren toch echt zo genereus als maar mogelijk was, vooral gezien de noodzaak zoveel nieuw kapitaal in te brengen om aan de overheidsregels te voldoen. (Ik neem de aandeelhouders uiteraard niets kwalijk; zoals ik al eerder heb gezegd, is het achteraf gemakkelijk praten.)

Twee grote hedgefondsen lieten de overheid weten dat ze tegen de Virgin-deal zouden stemmen en nationalisatie zouden afdwingen als de overheid ons zou verkiezen boven hun eigen reddingsplan. Ik heb het idee dat al die retoriek de premier dwong actie te ondernemen; hoewel een snelle overeenkomst noodzakelijk was, kon de regering zich niet permitteren ons te steunen terwijl de aandeelhouders tegen ons zouden stemmen. Dit zou een langdurig proces worden, maar we waren er helemaal klaar voor.

We lieten weten dat Northern Rock zonder een kapitaalinjectie van 1,25 miljard pond niet tegen een recessie ter grootte van die in het begin van de jaren negentig bestand was. We maakten onze argumentatie en alle cijfers aan de FSA bekend, die heel gelukkig leek te zijn met ons werk en onze verantwoorde aannamen. En dit is tegelijk mijn antwoord aan degenen die erop zinspeelden dat ik alleen maar meedeed om de Britse belastingbetaler van miljoenen ponden te beroven, zonder dat mijn eigen onderneming risico liep. Sir Brian legde me dit diverse malen uit aan de hand van de kille cijfers: 'We moeten als consortium eerst 1,6 miljard pond verliezen voordat de belastingbetaler ook maar iets verliest.'

Toch hadden we er alle vertrouwen in. Ons plan toonde aan dat we alle schulden in 2010 terugbetaald hadden. Begin 2009 zou Virgin volgens onze berekeningen 300 miljoen pond verloren hebben; in 2010 zou het bedrijf quitte draaien en na 2011 zou het groeien. Dit was een enorm risico voor al onze kapitaalverschaffers, evenals voor mij persoonlijk. Virgins normale rendement op een investering (ROI) bedraagt circa 30 procent. Hier zou het rendement ongeveer de helft bedragen, maar het ging wel om enorme bedragen. Ik betrad nu onbekend terrein. Stephen en Gordon brachten me op de hoogte en we wogen het risico voor de hele groep af. We waren het erover eens dat we zouden doorzetten.

We moesten een groot aantal presentaties houden voor het aandelenconsortium om het vertrouwen in stand te houden. Aan het eind van de dag hield Jayne-Anne een presentatie voor Martin Hughes van Toscafund. Gezien de toenemende financieringskosten vroeg ze zich af of we mensen moesten ontslaan. Martin stond erop dat we de kosten van het overtollige personeel bleven dragen totdat de zaak weer floreerde; hij wilde niet dat het ontslagspook onze bank schade zou toebrengen. Zoals de meeste werkelijk succesvolle mensen die ik heb ontmoet, was Martin er meer in geïnteresseerd juist en eerlijk te handelen dan gemakkelijk en opportunistisch.

Elke avond om 18 uur hield het Virgin-team een videoconferentie onder leiding van Stephen en Gordon. Daarbij konden we elkaar op de hoogte brengen en de volgende stappen afspreken. Ons overleg had een collegiaal karakter, waarbij we de wijsheid van ervaren bankiers gebruikten, die ieder al eens een grote fusie achter de rug hadden. Niemand beschikte verder over zo'n schat aan kennis en ik was buitengewoon trots dat de naam Virgin zulke iconen kon aantrekken. In de zakenwereld bestaat er een verrassend groot gebrek aan dergelijke ondersteunende teams.

Leren van fouten en tegenslagen

Wilbur Ross was een strenge toezichthouder. Jayne-Anne moest een paar keer tot in de kleine uurtjes spitsroeden lopen terwijl hij alle negatieve scenario's aan haar voorlegde. Mijn zakelijke visie is altijd dat je de risico's moet afschermen, en dit was een van de grootste risico's die Virgin ooit had genomen. Het interesseerde Wilbur veel meer hoeveel hij kon verliezen dan hoeveel hij kon winnen. In biedingen van deze omvang, waarbij het om miljarden ponden ging, is het succes afhankelijk van het onderkennen van de risico's – en het afdekken daarvan – en niet zozeer van het ontwerpen van allerlei zonnige scenario's. Wilbur wilde zeker weten dat we op alle eventualiteiten voorbereid waren. Uiteindelijk raakte hij ervan overtuigd dat dat zo was. Sir Brian, de FSA en de Bank of England gingen akkoord en kondigden aan dat ons bod hun voorkeur had.

De hedgefondsinvesteerders, die op de aandelenkoers gewed hadden, toonden zich furieus over het vooruitzicht dat wij de bank zouden overnemen. Naarmate Kerstmis dichterbij kwam, werd de kredietsituatie steeds penibeler. Overal in de City lieten grote banken weten dat ze in de problemen zaten door een gebrek aan liquide middelen. Onze financieringsopties met RBS en diens partners stonden weliswaar nog altijd open, maar de kosten daarvan werden steeds hoger. We keken naar onze cijfers en waren het erover eens dat het te duur werd om te lenen. Het begon er onaantrekkelijk voor ons uit te zien, zodat we overwogen ons terug te trekken. Op dat moment boden de Bank of England en de overheid hun steun aan met een voorstel voor 'verzekerde overheidsobligaties'. Dat waren obligaties of schuldbrieven die door de overheid werden uitgegeven en waarvoor een reële prijs moest worden betaald. Alle bieders zouden toegang tot die financiering hebben en zo kon de waarde van elk voorstel in elk geval met een zekere objectiviteit beoordeeld worden.

Dat zou de druk op ons zeker verlichten, omdat we wisten dat ons bod er bijzonder goed uitzag.

Wel zouden we in die constructie met strikte EU-beperkingen op grond van de mededingingswetgeving te maken krijgen. Als wij door de overheid gegarandeerde obligaties zouden krijgen, leverde dat ons voordeel op ten opzichte van de commerciële banken, en dan zouden wij in de concurrentie daarmee beperkt moeten worden totdat we die leningen hadden terugbetaald. Dit was alleen maar eerlijk, en we hadden er geen problemen mee. De regering zei dat er geen dividend uitgekeerd zou worden, totdat de Britse belastingbetaler terugbetaald was. Ook dit was volstrekt redelijk. Virgin zou het geld aan de belastingbetaler terugbetaald hebben voordat we winst zouden nemen.

Het Virgin-team was geïnteresseerd en wachtte op de offerte van Goldman Sachs, terwijl ik naar China vertrok voor een zakenreis met prominente Britse zakenmensen en premier Gordon Brown.

Bij het vertrek van Heathrow liepen we vertraging op door de noodlanding van een Boeing 777 van British Airways. Het toestel had tijdens de daling vermogen in beide motoren verloren, en alleen door het enorme vakmanschap van de piloot had het nog een noodlanding in het gras voor de landingsbaan kunnen maken, zodat iedereen aan boord het er levend had afgebracht. Ik heb in de loop der jaren de nodige aanvaringen met BA gehad, maar ik moet de maatschappij nageven dat die over eersteklas crews beschikt. De sfeer op onze vlucht was kalm maar toch opgetogen, nu we door de omgeving waarin we verkeerden steeds herinnerd werden aan het levensreddende werk van de gezagvoerder en copiloot.

Toen we in Peking aankwamen, belde ik Jayne-Anne om te vragen of het Goldman Sachs-pakket al aangekomen was.

'Ja, het is net binnen.'

'Mooi,' zei ik.

'Wat is er op de vlucht gebeurd?'

'Hoe bedoel je?'

'Alle nieuwsuitzendingen melden dat jij met Gordon Brown onder vier ogen over Northern Rock hebt gesproken.'

'Ha ha.'

'Nee, niks "ha ha". Wat ben je van plan?'

Ik zweeg lange tijd.

'Jayne-Anne, zeg me dat dit een grapje is.'

'Het is nu op het nieuws,' zei ze.

Er zaten veertig journalisten achter in het vliegtuig, samen met een van de pr-adviseurs van het concurrerende consortium. Gordon Brown was het vliegtuig door gelopen om met hen te praten en had mij verteld wat hij tegen hen gezegd had: dat hij de Goldman Sachs-offerte binnen een etmaal aan alle bieders zou uitreiken.

Dat was alles, meer niet. En dat gebeurde allemaal in aanwezigheid van veertig journalisten en een stel hedgefondsmanagers die van mij af wilden!

Toch stond de hele China-reis in de Britse media in het teken van een zogenaamde 'liefdesdeal' tussen Gordon Brown en mij. Het kudde-instinct van de Britse media bracht onze kansen langdurig schade toe. Er waren zelfs cartoons van Gordon Brown die in mijn zak zat, en andersom. Of het echt kwaadaardig was of overdreven enthousiasme zal ik wel nooit te weten komen. We kregen te horen dat de premier en Financiën nog altijd de voorkeur gaven aan een overeenkomst met de particuliere sector, maar toch denk ik dat de hele Chinese episode invloed heeft gehad op de meningsvorming in zijn team.

Ook na de China-reis bleven de media een belangrijke rol in het hele Northern Rock-verhaal spelen. Tijdens de crisis zei Bryan Sanderson, nu voorzitter van Northern Rock (na het aftreden van Matt Ridley), tegen Jayne-Anne dat elke krant een journalist op het onderwerp had gezet en dat ze elke dag met een nieuw verhaal moesten komen. Dat was natuurlijk een uitstekende voedingsbodem voor kletsverhalen!

Het ministerie van Financiën maakte de zaak er niet beter op toen het eveneens via de pers begon te onderhandelen. John Kingman, de grote manipulator bij Financiën die met deze zaak belast was, zei zelfs tegen ons team dat de regering bij het nemen van een beslissing in elk geval de visie van Robert Peston, redacteur Economisch Nieuws bij de BBC, mee moest nemen. Nu is Robert een heel aimabele man en een goed journalist, maar we vonden het vreemd dat hij vaak informatie over ons voorstel bezat voordat wij die zelf hadden gehoord!

De meest bizarre ervaring met de pers had Jayne-Anne na een telefoontje dat ze vroeg in de avond van Kathryn Griffiths van de *Daily Telegraph* had gekregen. Zoals iedereen wilde Griffiths weten hoeveel Virgin zou verdienen aan de merklicenties. Ze kreeg te horen dat het bedrag ongeveer gelijk was aan wat aan andere bedrijven werd berekend, Virgin Media inbegrepen. Dat kwam neer op circa 1 procent van de inkomsten, wat, gezien de problemen bij Northern Rock, de komende jaren heel weinig zou zijn. De volgende ochtend luidde de vette kop op de economiepagina van de *Daily Telegraph*: 'Branson verdient 200 miljoen aan licenties voor Rock.' Toen ons persteam de krant vroeg hoe die aan dat bedrag was gekomen, luidde het antwoord dat dat over 25 jaar berekend was! Dit alles droeg bij aan het idee dat ik eropuit was snel een grote slag te slaan. Toen Jayne-Anne later naar Newcastle ging om de cijfers met het Northern Rock-management door te spreken, vroeg David Jones, de financieel directeur, waarom we het licentiebedrag voor het gebruik van de merknaam Virgin niet hadden meegerekend. Maar dat was helemaal niet zo! Hij kon gewoon niet geloven dat het maar om zo'n miniem bedrag ging. Zelfs sir Brian beandrukte in zijn interview met de *Financial Times* van begin februari dat de inkomsten nauwelijks de moeite waard waren en dat niemand 'een klapper' zou maken.

Hij vervolgde: 'We hebben ons ervan vergewist dat we met het kapitaal dat we investeren zoveel aandelen hierin zouden hebben zitten dat als het helemaal fout zou lopen, de aandeelhouders geld zouden kwijtraken en niet de belastingbetaler. Toch begon de zogenaamde Branson-Brown-'liefdesdeal' een steeds grotere rol te spelen. Op woensdag 23 januari werden er in het Lagerhuis zelfs vragen over gesteld aan de premier.

David Cameron, de leider van de Conservatieve oppositie, vroeg Gordon Brown welke risico's de belastingbetaler liep met de obligatieplannen van de premier. Dit werd een onderdeel van een politieke bokswedstrijd tussen een nieuwe premier en een oppositieleider die vastbesloten was een paar gemene klappen uit te delen.

'Laten we er niet omheen draaien: het reddingsplan is zowel goed voor zijn reputatie als voor de onderneming. Als de obligaties niet worden terugbetaald en als Northern Rock niet aan zijn verplichtingen kan voldoen, hoe groot is dan het totale risico? Hoeveel?'

'De leningen en obligaties worden gedekt door de activa van Northern Rock, dat – zoals iedereen zal begrijpen – een leningenboek van hoge kwaliteit heeft. Het is onze intentie de belastingbetalers de beste deal te bezorgen; ze zullen hun geld terugkrijgen en winst maken,' zei de premier.

Cameron beweerde vervolgens dat het bedrag 55 miljard pond beliep, een sluwe retorische truc, want hij kwam aan dat bedrag door elk huishouden in het land met een hypothetische tweede hypotheek op te zadelen!

Leren van fouten en tegenslagen

Niet alleen alle berichten in de pers over die China-reis waren uiterst schadelijk voor ons bod, ook het politieke gebekvecht in het parlement was dat. Vooral de Liberaal-Democraten waren agressief en verscholen zich achter hun parlementaire onschendbaarheid om ons te beledigen en te kleineren.

Vince Cable, parlementslid voor Twickenham en vicefractieleider van de Liberaal-Democraten, lijkt een vermakelijke vent en in het Lagerhuis doet hij het vaak uitstekend. Met zijn uitspraken weet hij het debat in het parlement vaak te verlevendigen, maar in het Lagerhuis zijn de wetsartikelen over smaad niet van toepassing en kan hij zo'n beetje alles zeggen wat hij wil.

En dat gebeurde dan ook: 'Kan de minister van Financiën ons vertellen wat de heer Branson zal bijdragen? Ik heb begrepen dat hij voorstelt 250 miljoen pond in natura in te leggen, dus niet in cash, om een bank te verkrijgen die 100 miljard pond waard is, dus veertig keer zoveel.' Een bank die 100 miljard waard is?! Als dat zo was, zou die vast en zeker niet in de problemen zitten.

Dat hij met dergelijke onzin wegkwam zonder tegengesproken te worden, maakte hem vast en zeker overmoedig, want daarna beweerde hij dat ik bij de 'liefdesdeal' met de regering betrokken was geweest. Hij sprak over het 'nationaliseren van het risico en het privatiseren van de winst'. Vervolgens belasterde hij mij persoonlijk door te stellen dat ik geen geschikt persoon was om een bank te leiden, en dat ik een strafblad had opgelopen toen ik negentien was. Dat was natuurlijk niet waar, en de enige reden dat hij van mijn stommiteit af wist, was dat ik er veertig jaar nadat het gebeurd was, voor gekozen had het verhaal in *Richard Branson over Richard Branson* te vertellen. Ik hoop wel dat hij de volle prijs voor het boek heeft betaald.

Ik deed een beroep op Nick Clegg, de nieuwe leider van de Liberaal-Democraten, om de campagne voortaan niet meer op de persoon te voeren. Sir Brian Pitman en Jayne-Anne Gadhia boden aan een gesprek met Vince Cable aan te gaan, maar hij weigerde hen te ontmoeten en wilde alleen met mij praten.

Op maandag 4 februari werd de druk op minister van Financiën Alistair Darling nog vergroot doordat Olivant zich terugtrok. Zijn hoop op een biedingsoorlog tussen Virgin en de private equity-groep van

Luqman Arnold vervloog daarmee. De kop in de *Financial Times* vatte het goed samen: 'Olivant laat Rock te elfder ure in de steek.' Volgens het bericht zou hij 'perplex' hebben gestaan. Het voorstel van Olivant had de steun verkregen van de Northern Rock-aandeelhouders, waaronder SRM en RAB, de hedgefondsinvesteerders, die inmiddels 18 procent van de bank in bezit hadden. Zij stelden zich tegen de Virgin-deal teweer omdat ze er simpelweg niet genoeg aan zouden verdienen.

Op het allerlaatste moment werd ons gevraagd onze overheidsgaranties te vergroten en 100 tot 200 miljoen pond extra in te brengen voor aandelenwarrants. Nu werd het voor ons wel heel erg moeilijk, en diezelfde week kreeg ik te maken met forse kritiek, als zouden we 'de bank heel goedkoop krijgen' en 'van winst profiteren zonder het risico op verlies te lopen'. Dit was nieuw voor mij.

Toen de hele procedure op zijn eind liep, sprak Stephen Murphy met Wilbur Ross, die er geen misverstand over liet bestaan dat als de overheid alle voorwaarden steeds stringenter maakte, de risico's in de overeenkomst alleen maar groter werden, terwijl de winst marginaal dreigde te worden. Wilbur waarschuwde hem dat hij geen verdere reducties kon accepteren, gezien zijn verantwoordelijkheden tegenover zijn investeerders. We moesten dit respecteren, omdat Wilbur een zeer ervaren investeerder in internationale markten is en Tosca en hij onze belangrijkste investeringspartners waren. De overheid was – terecht – op zoek naar een enorme hoeveelheid nieuw kapitaal om de Britse belastingbetaler te beschermen, maar zag niet in dat er dan een beloning zou moeten zijn voor risico's die daarmee verbonden waren. Op die manier zou het nooit lukken.

Uiteindelijk raakten Gordon Brown en zijn geplaagde minister van Financiën volgens mij in paniek bij de gedachte dat een onderneming – ondanks de risico's – uiteindelijk rendement op de investeringen zou opleveren.

Om twee uur 's middags nam de premier in Downing Street het besluit om Northern Rock te nationaliseren, nadat Alistair Darling en hij tot de conclusie waren gekomen dat er geen andere optie was. De bekendmaking daarvan werd niet bepaald tactvol afgehandeld. Onze enige rivaal voor het bod, het eigen managementteam van Northern Rock, was nog altijd bezig vragen over hun reddingsplan te beantwoorden toen Gordon Brown zijn beslissing bekendmaakte.

Na onze teleurgestelde reactie kreeg ik een vriendelijk telefoontje van Gordon Brown, waarin hij me vroeg me niet al te negatief over het besluit uit te laten. Hij zei tegen me dat nationalisatie de juiste optie was. Ondertussen vroeg ik me toch af of de hysterie van de Britse pers over mijn China-reis met de premier er de oorzaak van was dat de deur voor ons was dichtgeslagen. Maar goed, ik deed wat me gevraagd werd en maakte geen ophef. Ik gaf een verklaring uit waarin ik stelde dat we een zo sterk mogelijk voorstel hadden gedaan en dat ik 'bijzonder teleurgesteld' was. Ik was in elk geval zo teleurgesteld dat ik meende die borrels in de Biras Creek-bar die avond zeker verdiend te hebben.

Achteraf gezien is de hele Northern Rock-affaire een schoolvoorbeeld van een zaak waarin de overheid op zoek gaat naar de politiek gunstigste oplossing, zonder naar de lange termijn te kijken. Als particuliere onderneming was Virgin bereid om de overheid van Northern Rock te verlossen en de bank weer gezond te maken. We hadden er een prachtige bank van kunnen maken, de Virgin Bank, en ik weet zeker dat we daarmee nieuwe banen hadden gecreëerd. Maar nu wordt de Labour-regering gedwongen de bank snel te laten inkrimpen, het aantal arbeidsplaatsen te verminderen en het geld terug te halen om de politieke schade te beperken. In dit scenario is er niet veel ruimte voor innovatie of productontwikkeling, en zeker niet voor meer concurrentie in de bankensector, terwijl de arme belastingbetaler nog altijd voor de gevolgen moet opdraaien als het verkeerd afloopt.

Maar overheden en ambtenaren kunnen nu eenmaal geen bedrijven leiden; dat is in de hele wereld helaas al heel vaak gebleken, en in Groot-Brittannië hebben we de dwaasheid daarvan jarenlang dagelijks mogen ervaren als we in een vervoermiddel stapten (of niet konden stappen) dat de naam trein niet eens verdiende. Overheden zijn er niet op ingericht zaken te doen. Eerlijk is eerlijk: het is hun taak ook niet, zoals ik het niet als mijn taak beschouw in mijn eentje een bank te leiden.

En dat is natuurlijk precies het punt: ík zou die bank helemaal niet gaan leiden. Ik ken mijn beperkingen. Ik weet waar ik goed in ben en waar ik niet goed in ben. Ik zou nooit pretenderen dat ik een bank kon leiden, en dat is de reden dat we een betrouwbaar bankiersteam op de been hadden gebracht. Jayne-Anne Gadhia van Virgin Money, Gordon

De Branson-way

McCallum en Stephen Murphy van Virgin Management, sir Brian Pitman, sir George Mathewson, Wilbur Ross, een buitengewoon succesvolle Amerikaanse investeerder in diverse turnaround-projecten en adviseurs zoals James Lupton en Peter Norris. We hadden een geweldig team van gerespecteerde bankiers samengesteld en bleken uiteindelijk de enige serieuze kandidaat te zijn. Onze advocaten begrepen de juridische situatie van het bedrijf beter dan de eigen adviseurs van het bedrijf of die van de overheid, die James, Peter en hun teams voortdurend dwarszaten. Mijn visie was het mogelijk te maken het bedrijf te redden door zeer capabele mensen te zoeken die het konden leiden.

En de nationalisatie van Northern Rock? Ik geloof dat het de verkeerde beslissing was, die niet alleen deze regering nog tot last zal zijn. Nog vele jaren zullen degenen die in Groot-Brittannië tot de macht zijn uitverkozen erdoor geplaagd worden.

De dag na het besluit hield ik me vooral met mijn bonkende hoofd bezig. Langzaamaan bereikten de krantenknipsels ons en we kregen een aantal e-mails en telefoontjes van mensen die ons het beste wensten. De minister van Financiën stuurde me een briefje waarin hij me bedankte voor Virgins belangstelling en ons aanbod, maar hij herhaalde nog eens dat nationalisatie voor de bank toch echt het beste was.

Ik was – en ben – het daar niet mee eens en als ik aan al het goede werk denk dat onvoldoende gewaardeerd werd en aan alle kansen die zijn blijven liggen, wordt het me droef te moede.

Voor zover ik die dag iets voelde – afgezien van het gebonk in mijn hoofd – voelde ik – en voel ik nog altijd – grote waardering voor de medewerkers van Northern Rock. Het waren buitengewoon geschikte mensen die in een allesomvattende nachtmerrie verstrikt raakten. Ze werkten maandenlang dag en nacht door en bleven optimistisch. Ik geloof zeker dat ze zich thuis hadden gevoeld in de grote Virgin-familie.

En Jayne-Annes eigen team heeft ook een prachtprestatie geleverd. Financieel directeur Dave Dyer van Virgin Money en strategisch directeur Matt Baxby hebben vol overgave aan de zaak gewerkt. Ze belichaamden de Virgin-mentaliteit in optima forma en zetten hun verdere besognes en hun gezinsleven een tijdlang opzij, terwijl we op jacht gingen naar de buit.

Jayne-Anne belde me de dinsdag na het besluit op. Ik maakte me zorgen om haar. Ze had zich met hart en ziel aan het project gewijd, maar zij en haar man Ashok hadden ook nog een dochtertje van vijf. Jayne-Anne had enorm veel tijd buitenshuis doorgebracht en had in de weekends over allerlei ingewikkelde rapporten en berekeningen gebogen gezeten, en 's avonds had ze meestal tot na middernacht doorgewerkt. Ik dacht dat ze nu misschien wel heel gedeprimeerd zou zijn.

'Ik hoop dat je niet boven op een gebouw staat en op het punt staat ervan af te springen,' zei ik.

'Maak je geen zorgen, Richard,' zei ze opgewekt, 'ik heb het weekend de cijfers van Bradford & Bingley en Alliance & Leicester zitten bekijken.'

Mijn hoofd begon weer te bonken, en niet zo'n beetje ook. 'Mijn god, waarom dan?'

'Ze lijken me allebei rijp voor een overname. Moet je horen…'

Dat was precies de mentaliteit die me weer opmonterde. Bij Virgin gaan we door.

Maar wat als je niet door kunt gaan? Wat als je nergens naartoe kunt?

Gesteld dat u niet openlijk het geld van anderen over de balk gooit, kunt u altijd de moeilijkste truc toepassen uit het boek met businesstrucs: heel klein, heel gespecialiseerd en heel duur worden.

Ik zou dit zonder meer als innovatie van het allerhoogste niveau beschouwen: je begint met een grote operatie en zoekt manieren om sterk af te slanken en nieuwe doelgroepen en markten te zoeken, terwijl je de waarde ervan sterk vergroot om de prijsstijging te rechtvaardigen. Dat is een heel moeilijke klus, niet in het minst omdat het voor jezelf moeilijk is. (Je ziet je oude bedrijf namelijk ten onder gaan.)

Wat is het eerste dat we bij Virgin doen als we met een probleem geconfronteerd worden? We komen direct bij elkaar om het antwoord op één vraag te zoeken: 'Is er een uitweg?' En dan gaan we meteen door met het eindspel en vragen: 'Wat is de ideale manier voor iedereen om uit de problemen te komen?'

U moet zich altijd voor de volle 100 procent op het zoeken van die uitweg richten. Als het een groot probleem is, moet u er al uw tijd en energie aan wijden totdat het opgelost is. Werk dag en nacht om het op te lossen en probeer alle andere zaken te delegeren. Als het probleem dan nog niet opgelost kan worden, weet u tenminste dat u er alles aan gedaan hebt. Ga dan verder. Als dat betekent dat u een nederlaag moet incasseren, accepteer die dan ten volle, maar denk er niet meer aan terug. *Bent u gewond, lik dan uw wonden en sta weer op. Als u er alles aan hebt gedaan, is het tijd om verder te gaan.*

Op het moment dat ik dit schrijf, gaat het slechter met de economie; mogelijk zal een aantal van u in de nabije toekomst met deze taak geconfronteerd worden. Veel succes. Ik hoop dat het volgende hoofdstuk, dat geheel over innovatie gaat, u een paar nuttige ideeën biedt.

Innovatie

De drijvende kracht achter het zakendoen

In 1986 gaf ik een interview aan een Britse muziekkrant. De kop luidde: 'Bransons bombardement.' Ik zei dat we van plan waren elk album en elke single op een draagbaar computertje te zetten, dat voor iedereen te koop zou zijn en dat je dan elke plaat die maar wilde met een miniatuurhoofdtelefoontje kon beluisteren. Ik zei dat dit een revolutie in de muziekbranche zou betekenen, en het publiek geloofde me. Ik kreeg paniekerige bazen van grote platenmaatschappijen aan de telefoon die me smeekten een dergelijk apparaat niet uit te brengen. Ze zeiden tegen me dat dit het einde van de platenindustrie zou betekenen. Vervolgens wees ik ze op de datum. Het was 1 april. Toen de hoofdredacteur van de krant daarachter kwam, was hij niet blij.

Vijftien jaar later verkocht Apple de eerste iPod.

We hebben in dit boek al veel over innovatie gesproken. *De beste en meest trefzekere manier om in een veranderende markt aan een crisis te ontkomen, is door te experimenteren en u aan te passen.* Ondernemingen gedijen juist door de veranderende omstandigheden en ik kan niet zo een-twee-drie branches noemen waarin de beste bedrijven zich niet voortdurend op de een of andere manier vernieuwen.

Veranderingen en verbeteringen aanbrengen is een natuurlijk onderdeel van het zakendoen, en voor zeer kleine bedrijven en handelaren is

De Branson-way

het onderscheid tussen innovatie en de dagelijkse levering nauwelijks zichtbaar en ook niet van belang. Het gaat om het zakendoen, en creatief, flexibel zakendoen wordt gemakkelijker naarmate je bedrijf kleiner is.

Grote operaties vereisen meer kapitaal en daardoor is het bereik van de mogelijke activiteiten groter, althans in theorie. Maar een organisatie raakt algauw verstrikt in complexe structuren naarmate die groter wordt. (Een prachtige dubbelzinnige Joodse verwensing luidt: 'Ik wens je veel personeel.')

Dat is het moment waarop de ondernemingstaken gescheiden worden van de managementtaken. Dat is zeker zinvol, zoals u zult zien als we in het volgende hoofdstuk naar verschillende vormen van zakelijke leiderschap kijken. Als de dagelijkse zaken echter gescheiden worden van de drijvende kracht die ooit de basis van de onderneming vormde, leidt dat tot problemen. Opeens wordt innovatie als iets extra's gezien, iets speciaals, iets dat losstaat van de normale activiteiten van de onderneming. Op dat moment worden pietluttigheden lastige problemen, de mentale veerkracht verdwijnt en de onderneming begint marktaandeel te verliezen.

De unieke managementstijl van Virgin is er zowel op gericht de medewerkers te motiveren als een cultuur waarin de angst regeert te vermijden. Er zijn nog twee ondernemingen die nieuwe ideeën zelfs in hun dagelijkse activiteiten aanmoedigen. Deze bedrijven zijn volstrekt verschillend van Virgin, en ik bewonder ze beide enorm.

Sinds 1976 heeft Apple, met design en gebruiksgemak als zakelijke mantra's, als vanzelfsprekend steeds weer nieuwe uitvindingen gedaan en verbeteringen doorgevoerd. De verkoop van meer dan 100 miljoen iPods en de meer dan 3 miljard downloads via iTunes vormt het bewijs van het Apple-succes. Terwijl andere ondernemingen in een vrije val raakten door de digitale revolutie, slaagde Apple erin een nieuwe generatie luisteraars aan te spreken, en niet alleen met muziek, maar ook met podcasts, radioprogramma's, tv-shows, films...

Steve Jobs en zijn collega Steve Wozniak bezaten beiden een passie voor gadgets en begonnen in 1970 als ondernemers in elektronica. Zes jaar later stonden ze in de *Fortune* 500-lijst van rijkste mensen. In 2008 bedroeg het totale vermogen van Apple 105 miljard dollar, meer dan

Dell en iets minder dan Intel. De eerste Apple Mac, die in 1984 op de markt kwam, werd door Steve Wozniak omschreven als 'de snelste en krachtigste computer die ooit binnen het bereik van een grote groep mensen is gekomen'. Dit was een product met een enorme impact. Steve trok zich later uit de frontlinie van de zaak terug, waarna de resultaten direct terugliepen. Hij keerde later terug als de redder van Apple.

Hij is altijd op zoek naar perfectie, en sinds de oorspronkelijke Apple Mac met zijn muis heeft hij altijd op een creatieve manier de grenzen der techniek opgezocht, zoals de iPod en de revolutionaire iPhone hebben bewezen. De producten van Apple hebben het leven van veel mensen veranderd. Op de Apple-campus in Cupertino in Californië wordt de innovatie gestimuleerd door een combinatie van volharding en het oplossen van gecompliceerde problemen, terwijl Steve Jobs ondertussen zijn rol als 'grote bangmaker' speelt, zoals een artikel in *Harvard Business Review* in februari 2006 het omschreef.

Volgens mensen die het kunnen weten, is Steve een moeilijke man om mee te werken omdat hij ontzettend veeleisend is, maar zijn medewerkers bezitten een soort 'messiaanse ijver' om Steves fiat voor hun werk te verkrijgen. Hij is heel pietluttig en is erop gebrand alle nieuwe snufjes te beschermen die zijn onderneming een beslissende voorsprong geven. Dat is leiderschap.

Apple is een schoolvoorbeeld van een wereldmerk dat tot een emotionele binding inspireert. Toch is het logo heel subtiel op de producten verwerkt. Steve Jobs en zijn team weten precies hoe ze kwaliteitsproducten voor de markt moeten ontwerpen, fabriceren en afleveren.

Steve vormt zelf het middelpunt bij de marketingcampagnes en productintroducties; hij heeft ervoor gekozen zowel manager als ondernemer te zijn, en in zijn geval heeft hij beide rollen met succes gespeeld. Hij is enig in zijn soort. Normaal gesproken is het van vitaal belang de kunst van het delegeren te perfectioneren als je aan het hoofd van een groot bedrijf staat. Steve werkt harder dan nodig is, maar hij lijkt er wel bij te varen. Dit geeft het publiek en de investeerders het nodige vertrouwen dat de admiraal vastberaden aan het roer staat. Steve heeft een zeldzame zakelijke kwaliteit: een scherp inzicht in wat het publiek wil. Dat is bijvoorbeeld zichtbaar aan alle successen van Pixar Animated Pictures, waarvan hij een van de oprichters is. Het filmbedrijf heeft een reeks Oscars gewonnen, onder meer voor succesfilms als Toy Story, A Bug's Life and Finding Nemo. De familiefilms van Pixar hebben meer dan 4 miljard dollar aan recettes opgebracht. Steve was erbij toen die in 2006 met de Walt Disney Company fuseerde en hij is lid van de raad van bestuur van Disney. Zijn nooit aflatende, geniale ideeën vormen het hart van alles wat Apple doet, en naar mijn mening neemt Steve een unieke, ongeëvenaarde positie in.

Ik erken dat de producten van Apple het leven van menigeen veranderd hebben – je hoeft maar over straat te lopen om overal de witte iPod-oortelefoontjes te zien –, maar volgens mij is het toch een ander typisch Amerikaans merk dat de communicatie in onze wereld het ingrijpendst veranderd heeft. Er is me wel eens gevraagd: 'Wat is de grootste zakelijke uitvinding van de afgelopen vijftig jaar?' Dat is een moeilijke vraag, omdat je dan zowel aan de mobiele telefoon, DNA-onderzoek, de pc als het internet moet denken, maar ik denk dat de verbluffende zoekmachine van Google dan toch de winnaar is.

Google heeft het mogelijk gemaakt dat mensen als u en ik van alles veel sneller kunnen opzoeken. Dat heeft tot grotere keuzevrijheid – en grotere consumentenmacht – geleid en tot een vrijere uitwisseling van informatie, kennis en ideeën. Google is veel meer dan zomaar een zoekmachine; Google is een motor van veranderingen geworden. Google heeft als missie om 'informatie uit de hele wereld te ordenen en die overal toegankelijk en bruikbaar te maken'. Dat is een heel nobel streven. Dankzij deze missie kunnen politieke, culturele en andere belangengroeperingen gedijen. De democratisering van de informatie is dankzij Google overal ter wereld doorgedrongen, iets wat nog maar tien jaar geleden ondenkbaar was. Google heeft ook ontzettend veel plezier in ons leven gebracht.

Ik voel me vereerd dat ik Larry Page en Sergey Brin, de oprichters van Google, tot mijn goede vrienden mag rekenen. Ik was gevleid toen me gevraagd werd getuige te zijn bij het huwelijk van Larry en Lucy op Necker Island. Larry en Sergey zullen het niet erg vinden als ik hen als computergekken of *geeks* omschrijf – ze beschouwen dat zelfs als een eretitel – maar het zijn allebei sterke persoonlijkheden. Hun karakters vullen elkaar aan als ze aan een project werken. Ze kunnen heel goed met elkaar opschieten en zijn het nooit met elkaar oneens in aanwezigheid van de medewerkers, klanten of investeerders. In de zakenwereld is daarvoor een opmerkelijke zelfdiscipline vereist. Als ze het met elkaar oneens zijn, zullen ze pas over de kwestie discussiëren wanneer iedereen de kamer uit is. Hun persoonlijke band is beter dan die in de beste huwelijken, en hun persoonlijke chemie vormt een intrinsiek onderdeel van hun zakelijke succes.

Google trekt vandaag de dag de grootste technische talenten aan. Het idee dat medewerkers aangemoedigd worden zelf nieuwe ideeën te bedenken en te ontwikkelen spreekt mij bijzonder aan, net als het feit dat de leden van de technische staf 20 procent van de werktijd zelf mogen invullen. Op deze manier krijgen de medewerkers het gevoel dat hun werk echt van hen is, en daarvan hebben het bedrijf en de klanten enorm geprofiteerd. Naast tal van andere innovaties heeft deze werkwijze ons Gmail, Adsense, Google Earth, Google Maps en Google News gebracht, dat de krantenkoppen uit de hele wereld rubriceert. Het bedrijf excelleert in IT en zakelijke architectuur. Het voert voortdurend experimenten uit om de systemen te testen, improviseert om tot verbeteringen te komen en beschikt over een leger medewerkers die op en top analytisch zijn ingesteld.

Sergey en Larry hadden al vroeg in de gaten dat ze geen managers zijn. Het is nu hun taak ideeën te zoeken en die tot zakelijke activiteiten om te vormen. Zij hebben Google bedacht en opgebouwd, en hebben inmiddels een briljante CEO gevonden in Eric Schmidt, die de dagelijkse leiding bij Google heeft. Eric was CEO van Novell en heeft ook zitting in de raad van commissarissen van Apple. Hij is zeer goed ingevoerd in de wereld van de technologie, maar weet ook hoe hij met financiële aangelegenheden en de investeerdersgemeenschap moet omgaan. Dit is een klassiek voorbeeld van hoe de rollen van ondernemer en manager gescheiden kunnen worden. In het volgende hoofdstuk kom ik hierop terug. Bij Google krijgen beide elementen van het zakendoen de nodige ruimte. Nu Eric de dagelijkse leiding van het bedrijf in handen heeft, kunnen Sergey en Larry zich aan de zoektocht naar nieuwe ideeën wijden, en een beetje van hun rijkdom genieten natuurlijk!

Een van de leden van ons Virgin-team vertelde me na een bezoek aan het Google-hoofdkantoor in Mountain View dat daar een enorm wit schoolbord staat waarop de strategie van Google wordt uitgelegd. Dit is het Google Masterplan. Op het bord staan duizenden ideeën, die allemaal door de medewerkers ingebracht zijn. Naast 'netwerktechnici in dienst nemen' en 'hardwaretechnici in dienst nemen' was een van de opvallendste opdrachten: 'Richard Branson in dienst nemen.' Ik hoef niet in dienst genomen te worden, want ik ben altijd graag bereid Sergey en Larry te helpen.

Op 1 april 2008 kondigden we de introductie van Virgle aan, een partnerschap tussen Virgin en Google met als doelstelling om de komende vijftien jaar een leefgemeenschap op Mars te vestigen. We hadden advertenties gemaakt waarin we om vrijwilligers vroegen die bereid waren een enkele reis naar Mars te maken. Dit plan werd tijdens een etentje op Necker Island beraamd, toen we een serieus gesprek voerden over het opzetten van een kolonie op Mars en de vorm die zo'n kolonie zou moeten krijgen. We vroegen ons af wie we zouden uitnodigen. Onze aankondiging kreeg over de hele wereld veel publiciteit en tientallen weblogs besteedden er volop aandacht aan. Maakten we een grapje? Natuurlijk. Weet u nog dat ik vijftien jaar voordat Apple met de verkoop van iPods begon een grapje over draagbare digitale muziekspelers maakte? Met dat voorbeeld in gedachten hebben we het merk Virgle toch maar geregistreerd, voor het geval dat...

Innovatie kan plaatsvinden als je jezelf de meest elementaire vragen stelt en medewerkers de middelen en de macht krijgen om de antwoorden te zoeken. Op die manier heeft Virgin America het aangepakt. Terwijl het juridisch team een gevecht leverde om het ministerie van Transport ervan te overtuigen dat Virgin America toch echt een Amerikaanse luchtvaartmaatschappij was, richtten de ontwerp- en financiële teams van Virgin America zich op de zakelijke kant, en die ging vooral over de vraag hoe we een volstrekt unieke, kwalitatief betere vluchtbeleving konden realiseren. *Hoe ziet een optimale vliegreis er eigenlijk uit? Wat zou het verschil zijn met de vliegreizen die Amerikaanse reizigers eerder hebben gemaakt? Hoe konden we bereiken dat ze er verrukt over zouden zijn?*

Om een geheel nieuwe manier van vliegen te creëren, was een team specialisten nodig die elkaars ervaring zouden respecteren, maar er niet voor zouden terugdeinzen om te vechten voor wat ze zelf belangrijk vonden. Ze moesten in een hecht verband de klok rond werken, snel beslissingen nemen en hartstochtelijk in hun visie op de klant geloven. Ironisch genoeg waren zijzelf de klanten!

Hoewel hij wist dat de maatschappij onder Amerikaanse leiding zou staan, was Virgin USA-CEO Frances Farrow ervan overtuigd dat de elementen die het vliegende publiek werkelijk belangrijk vond – het product en de beleving onderweg – in het Amerikaanse luchtruim zonder weerga moesten zijn. Allereerst richtte ze zich erop de beste talenten voor de klantenservice en de ontwerpafdeling binnen te halen, en waar kon ze dan beter kijken dan bij mensen die bij Virgin Atlantic vertrokken?

Zoals ik al eerder heb gezegd, is het de moeite waard Virgin-medewerkers, nadat ze een nieuw Virgin-bedrijf hebben opgezet of een bestaand bedrijf met verve hebben geleid, voor het bedrijf te behouden, omdat ze van het merk houden dat ze mede hebben opgebouwd en omdat hun ervaring en kennis van het merk van onschatbare waarde zijn. Nieuwe bedrijven zijn een uitstekende manier om hen gemotiveerd en binnen de familie te houden.

Adam Wells, een whizz-kid van het Virgin Atlantic-ontwerpteam die de bekroonde upperclass-suites had ontworpen, en Todd Palowski, de klantenservicespecialist van Virgin Atlantic, werden aangesteld als onderdeel van het oorspronkelijke klanten- en productinventarisatieteam. Ze werden snel gevolgd door talenten als Charles Ogilvie, een innovatief specialist in interactief entertainment.

Dit kleine, maar toegewijde team begon direct in het groot te denken. Ze voelden zich niet gebonden aan het bestaan van ouderwetse vliegtuigen en aan de bestaande situatie. Het merk Virgin inspireerde hen de zaken anders aan te pakken; dat was de enige manier om een volkomen andere ervaring te creëren. *Stel dat we niet meer met rijen bij incheckbalies te maken hadden? Stel dat we van het vliegtuig een woonkamer zouden maken? Hoe kunnen we de controle aan de passagiers teruggeven? Wat moeten we in de toiletten aanbrengen? Hoe kunnen vliegtuigstoelen een gevoel van vrijheid bieden? En hoe kunnen we die vrijheid tot uiting brengen vanaf het moment dat de passagiers bij de ticketuitgifte komen?*

Vliegen is gewoonlijk een passieve ervaring. Vanaf het moment dat je het vliegveld binnengaat, wordt je verteld wat je moet doen. Hier moet je je instapkaart halen. Daar je bagage afgeven. In de rij staan, je riem afdoen, alle vloeistoffen uit je tas... Aan boord is het al niet veel beter. Als je geluk hebt, trakteert de cabinebemanning je op een film waar flink in geknipt is, die niemand echt wil zien. En dan wordt er een kar vol ongezonde snacks door het gangpad gereden, zodat je niet meer naar de wc kunt.

Waar het aan ontbreekt, is vrijheid. Het Virgin America-team geloofde dat het een manier kon vinden om die aan de reiziger terug te geven, en dat is ze gelukt. (Sorry, het zijn genieën, maar het is zelfs hun niet gelukt de incheckbalie af te schaffen.) Ze ontwierpen een bevrijdende ervaring, waarbij je terwijl je in de lucht bent een ongekende vrijheid hebt. Wil je op je laptop werken? Klap hem open en ga je gang, er is plek genoeg. Is de batterij leeg? Steek de stekker in het stopcontact, laad je computer op en speel ondertussen een spelletje. Wil je met je neef kletsen die een paar rijen achter je zit? Dan kun je chatten via je persoonlijke tv-scherm met het qwerty-toetsenbord in je armleuning. Heb je trek? Bestel een sandwich vanuit je stoel, en een stewardess komt die op elk gewenst moment brengen. Wil je naar muziek luisteren? Een afspeellijst maken? Een film kijken... in het Mandarijns? Ga je gang. Dat is allemaal mogelijk, vlak voor je ogen.

Niemand zal zich meer vervelen op onze vluchten.

Innovatie moet uiteraard bij uw onderneming passen. Er moet een behoefte mee vervuld worden en u dient er een concurrentievoordeel mee te behalen. Ons bestelsysteem voor eten en drinken was een uitvloeisel van onze servicefilosofie, van het idee dat de cabinebemanning de passagiers zeggenschap over de tijd wilde geven. Geen enkele luchtvaartmaatschappij buiten Virgin Amarica biedt deze mogelijkheid van maaltijden op verzoek. We hebben besloten dat gratis eten en drinken in de lucht geen geschikt model meer is. Het eten is niet per definitie goed, de klanten hebben er lage verwachtingen van en de maatschappij wordt welhaast gedwongen snacks van miserabele kwaliteit te serveren. Maar ons team stelde enkele vragen en bood een simpele oplossing aan: als je er een redelijk bedrag voor betaalt, kun je krijgen wat je wilt. Klanten hadden de norm van gratis pinda's en verder niets gelaten geaccepteerd...

Toen het Virgin USA-merkteam onderzoek deed naar de Amerikaanse Virgin-klanten, ontdekte het dat ze open, ambitieus en heel sociaal waren en graag nieuwe dingen wilden proberen. Het zegt iets over jezelf als je ervoor kiest met Virgin te vliegen. Je kunt vliegen beschouwen als een ervaring waarbij je met vreemdelingen in een buis opgesloten zit, maar wij denken dat onze passagiers meer met elkaar gemeen hebben dan passagiers van een ouderwetse maatschappij. Het team vond het een aantrekkelijk idee mensen echt de gelegenheid te bieden een gemeenschap te vormen, of dat nu via het entertainmentsysteem gebeurt, via een gesprekje met degene naast je of via een chat met iemand die een paar rijen verderop zit.

We wisten dat breedband in aantocht was, maar konden de termijn niet overzien, en daarom zochten we een noodoplossing zodat de passagiers toch met elkaar konden chatten of op andere wijze communiceren. Daarom bouwde Charles chatrooms en chatfaciliteiten tussen de stoelen onderling in het entertainmentsysteem in, met toetsenborden in elke stoel. Het is een geheel nieuwe manier om je te ontspannen en met anderen te communiceren terwijl je in een krappe ruimte zit. En via die entertainmentschermpjes hebben we een sociale gemeenschap gevormd. Wat natuurlijk ook meehielp, was dat de hechte cabinebemanning van onze kleine nieuwe maatschappij vriendelijk was, regelmatige passagiers herkende en probeerde van elke vlucht een feestje te maken.

Terwijl het commerciële team op het punt stond voor vele miljoenen dollars aan vliegtuigen te bestellen, vroeg het merkteam aan de stoelleverancier stoelen in een helderwitte tint. Zo'n verzoek had de leverancier nog nooit gekregen; de kleurenkeuze van de stoelrug beperkte zich van tien tinten beige tot hetzelfde aantal in paars en grijs... maar geen wit, en zeker niet witter dan iPod-wit.

Omdat de verlichting in vliegtuigen vaak hard en ongezellig is, ontwierp Adam een sfeerverlichtingsysteem met speciale regelmogelijkheden dat uniek was voor vliegtuigen. Omdat er geen witter dan iPod-wit verkrijgbaar was, gaven we de rugleuningen van de stoelen een unieke coating die het cabinelicht reflecteerde en de cabine aangenaam verlichtte; het was een bewust ontworpen visuele ervaring die de indruk van ruimte en vrijheid moest geven.

Deze simpele details zijn het kenmerk van Virgin. Als de businessgoeroes dat innovatie noemen, vind ik dat best. Innovatie is vaak iets waarvan je niet wist dat je het wilde totdat je het in handen hebt. Nu lijken de andere maatschappijen ouderwets en sjofel, en ze zullen zich aan onze innovatie moeten aanpassen. En zo gaat de concurrentiecyclus door.

Zoals elke Virgin-onderneming werd het Virgin America-team omringd door zeer bekwame specialisten, van wie het veel leerde. Collega's zijn de beste hulpbron in Virgin-bedrijven: openhartige, verstandige mensen bij wie je allerlei krankzinnige ideeën kwijt kunt – die opeens niet meer zo krankzinnig lijken als je buurman of buurvrouw je visie blijkt te delen en je kan helpen die te realiseren. Het merk Virgin vraagt om zulke mensen, die moeilijke vragen stellen en altijd om iets vragen dat anders is en tegelijk van uitstekende kwaliteit is.

Zou dit team in een andere omgeving, in een ander bedrijf, even effectief hebben kunnen werken? Het was zeker een uitzonderlijk team, maar de omstandigheden waren al even uitzonderlijk. Het team ontleende zijn motivatie niet aan carrièrekansen, want er was geen bedrijfshiërarchie waardoor ze zich konden laten inspireren dan wel afschrikken. Ze waren zelf eigenaar van het product en vonden daarin hun motivatie, en daar moesten ze het mee doen als het eenmaal geïntroduceerd was. Omdat het merk erom bekendstaat dat het voorooploopt en tegendraads is, bestaat er een zekere druk om te innoveren, niet omdat innovatie zo nodig moet, maar om echt een beter product te kunnen leveren.

Virgin America heeft ook van zijn underdogpositie geprofiteerd. De net opgerichte maatschappij was een sardine die tegen de oude haaien vocht die de vliegtuigen aan de grond wilden houden. Deze 'alles of niets'-missie was zeker motiverend.

Innovatie hoeft niet per se te betekenen dat je de eerste of de grootste bent, maar de beste. We waren niet de eerste maatschappij die met lage tarieven naar Amerika op de markt kwamen. We zijn er niet in geïnteresseerd naar elk vliegveld in alle vijftig Amerikaanse staten te vliegen. We wilden de reizigers een uitstekende vliegervaring bieden tussen een klein, maar groeiend aantal stedelijke centra op basis van het point-to-point-model. We hebben een model dat ons de flexibiliteit biedt om door deze turbulente periode heen te laveren.

We willen dat mensen vliegen weer leuk gaan vinden, en daarom blijft Virgin America zich door middel van innovatie op de verbetering van de klantervaring richten.

Klanten praten over Virgin America. Ze schrijven in hun blogs over een vakantie en hoe die met een vlucht met Virgin America begon, hoe leuk hun vlucht was of hoe knap de veiligheidsvideo in elkaar zat. Ze zetten foto's van henzelf of van de tv-schermpjes in de stoelen in onze vliegtuigen op Flickr.

Dat toont voor mij aan dat we het tot dusverre best goed doen.

R&D, oftewel onderzoek en ontwikkeling, is een heel waardevolle activiteit, die te veelomvattend is om alleen maar op de bestaande markt te benutten. Overheden en machtige filantropen weten dit al eeuwenlang en hebben vaak met succes geprobeerd innovatie in hun eigen langetermijndoelstellingen te implementeren. Ik raak steeds meer geboeid door de vraag hoe we kapitaalinvesteringen het best kunnen toepassen om de problemen op te lossen die momenteel op de loer liggen, maar in de dagelijkse marktontwikkelingen nog geen rol spelen.

Natuurlijk zijn projecten om innovatie in een bepaalde markt te bevorderen niets nieuws. De eerste prijs die door de Britse overheid werd uitgeloofd, werd in 1714 ingesteld. Daarbij werd een financiële beloning in het vooruitzicht gesteld aan de uitvinder die een instrument ontwikkelde dat de lengtegraad met een foutmarge van een halve graad kon meten. Dat was in die tijd van groot belang, omdat de Europese zeevarende naties, waaronder Groot-Brittannië, het niet eens konden worden over het precieze verloop van de grenzen in overzeese gebiedsdelen en daardoor in steeds gewelddadiger schermutselingen met elkaar verzeild raakten.

De prijs werd 59 jaar later gewonnen door John Harrison, een autodidactische klokkenmaker uit Yorkshire. De prijs van 20.000 pond, wat voor die tijd een enorm bedrag was, maakte van hem een gefortuneerd man.

Prijzen hebben me altijd aangesproken. Zelfs als een prijs niet wordt toegekend omdat de deelnemers er niet in slagen die te winnen, kan het enkele feit dat er een doel is waarop je je kunt richten de uitwerking van een idee al een eind op weg helpen. Als richtpunten voor risicodragend kapitaal, technische innovatie en zakelijke ambitie zijn prijzen uiterst waardevol. En zoals we bij Virgin Galactic, ons ruimtetoerismeproject, ontdekt hebben, spreken prijzen als de Ansari X Prize tot de publieke verbeelding en leggen ze een stevig fundament voor de commerciële toepassingen van de toekomst.

Het succes van de luchtvaartbranche vindt zelfs zijn oorsprong in het winnen van prijzen. In december 1912 loofde Jacques Schneider, een Franse industrieel en fervent ballonvaarder, een prijs uit voor een wedstrijd met watervliegtuigen. Dit was de Schneider-trofee. Om die te winnen en het prijzengeld van 75.000 franc in ontvangst te mogen nemen, moest een piloot drie wedstrijden in vijf jaar winnen. In 1919 loofde Raymond Orteig, een hotelier uit New York, de Orteig-prijs van 25.000 dollar uit voor de eerste non-stop trans-Atlantische vlucht tussen New York en Parijs. Deze werd uiteindelijk in 1927 gewonnen door Charles Lindbergh, terwijl de Schneider-trofee nog altijd niet toegekend was. In 1925 stelde het Britse ministerie van Luchtvaart in Felixstowe in Suffolk een raceteam samen en gaf de ontwerper Reginald Mitchell opdracht een eendekker te ontwerpen die aan de wedstrijd moest deelnemen. Het resultaat was de Supermarine S5, een toestel dat daarna nog verbeterd werd. De S6B vestigde een wereldrecord door met een snelheid van 655 kilometer per uur te vliegen, een record dat veertien jaar lang niet verbroken werd, terwijl een andere directe opvolger, het legendarische Spitfire-jachtvliegtuig, Groot-Brittannië waarschijnlijk van een invasie door nazi-Duitsland redde.

Prijzen zijn niet de enige manier om onderzoek en ontwikkeling te stimuleren. Innovatieve ondernemingen worden ook door belastingfaciliteiten ondersteund. Opeenvolgende regeringen hebben diverse regelingen ingevoerd, met wisselend succes. In de particuliere sector richt de nieuwe generatie ondernemers in Silicon Valley en elders in de wereld zich op stimulering van nieuwe ideeën ten behoeve van hun filantropische doelstellingen. Een deel van hun projecten is uiterst ambitieus. Het is goed om van deze ontwikkelingen op de hoogte te zijn, en ik hoop dat dit hoofdstuk, dat in eerste instantie vooral over innovatie gaat, ook als introductie kan dienen in diverse boeiende, zich snel ontwikkelende zakelijke domeinen.

Innovatie

Zoals zovele leiders en staatshoofden, van Blair tot Mandela, was president Michael Gorbatsjov een verkoper pur sang. 'Richard, je staat in Rusland als een bijzonder moedig avonturier bekend; je wilt vast wel kosmonaut worden.'

Na de ineenstorting van de Sovjet-Unie was Gorbatsjov voortvarend aan de slag gegaan alle symbolen van het inefficiënte, in ongenade gevallen communistische regime uit de weg te ruimen. In het Kremlin was de vrije markt opeens het gesprek van de dag, met Margaret Thatcher als vaandelzwaaiend heldin. En Thatcher was degene die haar nieuwe Russische vriend vertelde dat hij mij beslist moest ontmoeten.

Dus zaten we op zeker moment in het Livadia-paleis, ooit de residentie van tsaar Nicolaas en zijn vrouw Alexandra, in Jalta aan de Zwarte Zee. Dit was de Italiaans geïnspireerde villa waar Churchill, Roosevelt en Stalin elkaar aan het eind van de Tweede Wereldoorlog ontmoet hadden om de kaart van Europa opnieuw in te vullen. De Russen wilden dolgraag dat ik hen zou helpen dit prachtige gebied open te stellen voor het toerisme, zodat ze de broodnodige harde valuta konden verdienen.

Een paar dagen later werd ik voor een viptour per helikopter naar Star City in Bajkonoer in Kazachstan gebracht. Het gold voor een westerling als een privilege om een blik in deze geheime wereld te kunnen werpen. Hier hadden de mensen achter de Spoetnik-satelliet, de bemande Wostok-, Voskhod- en Sojoez-missies en het Saljoet-ruimtestation gewerkt, evenals de ontwerpers van de ballistische raketten die ons ooit hadden bedreigd. Dit was de plek waar Joeri Gagarin in april 1961 de ruimte in was geschoten en geschiedenis had geschreven. En nu werd het complex bezet door een nieuw soort Russen, die met de geestdrift van een ondernemer in Palo Alto met me onderhandelden.

Deze mannen hadden iets unieks voor mij in petto: ik zou in een capsule boven op een Russische raket de ruimte in worden geschoten. Ze boden me de kans de eerste ruimtetoerist aller tijden te worden.

Er zat natuurlijk wel een prijskaartje aan – van meer dan 30 miljoen dollar maar liefst.

Op dat moment had Virgin een met veel publiciteit omgeven ballonproject, Earth Wings, en het lag in de bedoeling dat een Russische kosmonaut ons team kwam versterken. Ik wilde heel graag zaken doen met de Russen – een prima fundament voor mijn plannen ooit nog eens een

De Branson-way

Russische lowcost-luchtvaartmaatschappij te beginnen –, maar het prijskaartje voor dit snoepreisje – 30 miljoen dollar! – was astronomisch. Ik achtte het immoreel zoveel geld alleen voor mezelf te besteden.

Dat is zeker een veel te groot bedrag voor één persoon om aan een ruimtereis uit te geven. Toch is dat het gebruikelijke tarief als je je jaarlijkse vakantie in het Internationale Ruimtestation wilt doorbrengen. Het lijkt niet minder dan een vermogen als er zoveel andere prioriteiten in het leven zijn. Ik vroeg me af waarom het zo belachelijk duur moest zijn om mensen de ruimte in te krijgen, en besloot op zoek te gaan naar een grote doorbraak die ruimtereizen een realistischer optie voor een veel grotere groep mensen zou maken. Ik wilde dat belangrijke wetenschappelijke en technische experimenten voor een betaalbare prijs in de ruimte konden worden uitgevoerd, wat voor het leven hier op aarde van groot belang was.

Ik liet mijn kans voorbijgaan, maar anderen waren graag bereid het bedrag te betalen. Dennis Tito (die een wetenschappelijke achtergrond heeft en als technicus in het straalmotorlaboratorium in Pasadena gewerkt heeft) werd in 2001 de eerste burger die een ruimtereis maakte. Tito werd in 2002 gevolgd door Mark Shuttleworth, in 2003 door Greg Olsen, in 2006 door Anousheh Ansari en in 2007 door Charles Simonyi. Al deze mensen zeiden dat deze ervaring hun stoutste verwachtingen had overtroffen. Richard Garriott, die in Engeland geboren is en de zoon van een astronaut is, zal eind 2008 waarschijnlijk de ruimte in gaan. Hij zal pas de zesde betalende reiziger zijn. Zes mensen in de ruimte voor een totaalbedrag van bijna 200 miljoen dollar, dat klinkt niet echt goed.

Dertig miljoen dollar, dat is geen ruimtetoerisme. Dat is een particuliere expeditie van vermogende mensen die een Russische missie subsidiëren. De kans om als toerist de ruimte in te gaan is momenteel één op een miljard. Ik wil daar drastisch verandering in brengen. Ik wil bekijken of het zakelijk gezien haalbaar is mensen de ruimte in te brengen en ook een nieuw technologisch platform creëren voor de wetenschap, satellieten en andere menselijke activiteiten in de ruimte. Ik twijfel er echter niet aan dat ruimtetoerisme de eerste stap moet zijn om dat te verwezenlijken.

Allereerst moeten we de mogelijke vraag vaststellen naar wat wij in gedachten hebben. Dat kan knap lastig zijn op dit nieuwe terrein. Wel-

Innovatie

ke vragen moeten we stellen en hoe moeten we de antwoorden interpreteren die we krijgen?

In het algemeen wisselt de waarde van marktconsultants nogal. U moet zeker kijken naar wat ze te bieden hebben, maar verwaarloos uw eigen oordeel nooit ofte nimmer. Zoals alle experts kunnen consultants zich het best aan een concreet onderwerp wijden, en hoe meer details en inzichten u hun in en over uw behoeften en vragen verschaft, hoe nuttiger het advies zal zijn dat u krijgt.

Ik kan niet ontkennen dat in onze jacht op zinnig advies de weg geplaveid is door het feit dat de ruimte zo'n enorm commercieel potentieel heeft. Naast Virgin Galactic zijn er andere partijen die graag actief willen worden in commerciële ruimtereizen: Jeff Bezos, die met Amazon.com miljarden verdiend heeft met de verkoop van boeken en andere artikelen in cyberspace; de hotelmagnaat Robert Bigelow uit Las Vegas, die nu bezig is met de ontwikkeling van een groot opblaasbaar ruimtehotel; John Carmack, de ontwikkelaar van computergames als *Doom* en *Quake*; en Elon Musk, de oprichter van PayPal, die Space X heeft opgezet, een commercieel ruimtevervoerbedrijf.

De vraag naar kwalitatief hoogstaand onderzoek in deze sector is zo groot dat er consultancybureaus zijn opgekomen die zich op deze groeimarkt richten en er vorm aan geven. In 2002 werd door Zogby International voor Futron, een van de belangrijkste ruimteconsultancy's, een diepgaand onderzoek naar de markt voor ruimtetoerisme gehouden. Volgens het onderzoeksverslag zouden er vanaf 2011 2000 ruimtetoeristen zijn, en in 2021, als de kosten een stuk lager zouden zijn, zouden er circa 15.000 per jaar zijn. De omzet in deze branche zou dan op 676 miljoen dollar per jaar kunnen liggen.

Zogby kwam tot deze schattingen door duizenden zeer vermogende mensen te interviewen. Het ligt in mijn bedoeling de ervaring van een suborbitale ruimtereis – een ruimtereis waarbij je niet in een volledige baan om de aarde komt – voor veel meer mensen mogelijk te maken. Virgin Galactic hoeft slechts twee vluchten per dag op drie verschillende locaties te maken om de barrière van het Futron-onderzoek te doorbreken, en als alles goed gaat, is dat nog een zeer behoudende schatting. Mijn eigen voorspelling is dat de prijs van een ruimtereis in 2019 zo gedaald zal zijn dat honderdduizenden mensen van een vlucht in de ruimte zullen kunnen genieten. Voor iemand in Europa of Amerika zal het erop neerkomen dat je kunt kiezen tussen een vakantie naar Australië en een reis in de ruimte. Uiteindelijk zal een bedrag van minder dan 100.000 dollar haalbaar zijn. Maar zelfs als het Futron-onderzoek juist is, zal Virgin Galactic nog altijd een succesvolle onderneming zijn.

Virgin is een ideale onderneming om zich in de ruimtevaart te begeven. We bezitten de expertise en de ervaring om miljoenen mensen veilig rond de aardbol te vervoeren. Anders dan andere ondernemingen in de commerciële ruimtevaart, zal het merk Virgin de consument ervan proberen te doordringen dat ruimtetoerisme een dienst is die voor hem bedoeld is en dat het een heel leuke en zo veilig mogelijke belevenis kan zijn. Het merk zal er ook toe bijdragen dat het team over de hele wereld een geloofwaardig imago opbouwt en de onderneming uitbreidt met activiteiten als milieuonderzoek in de ruimte, satellietlanceringen en astronautentrainingen.

In maart 1999 liet Will Whitehorn Virgin Galactic als onderneming registreren, en daarmee begon onze jacht om goedkoop de ruimte in te te gaan pas echt.

Maar ik had het veelbesproken onderwerp van de commerciële ruimtereizen daarvoor al jarenlang nauwlettend gevolgd. Ik wilde dat wij de eersten in deze sector waren, zoals ik ook wilde dat we de eersten in de markt van de biobrandstoffen waren. En zoals we in de loop der jaren met de meest exotische biobrandstoffen gespeeld hebben, zo zijn we ook getuige geweest van de lancering van diverse krankzinnige prototypes van ruimteschepen.

Dat is het onzichtbare deel van deze business, het deel waar niemand ooit over praat, omdat er eerlijk gezegd ook niet veel over te vertellen valt. *Het geheim van het succes in een nieuwe sector is waakzaamheid, en dan meestal over een periode van vele jaren.* Het is moeilijk wachten en toekijken in een boek over dynamisch zakendoen te propageren, maar als er één ding is dat u van dit hoofdstuk leert, laat het dan dit zijn: de plotselinge opkomst van Virgin als leider in nieuwe branches was al tientallen jaren voorbereid. Je moet over een enorme dosis pure nieuwsgierigheid bezitten om in een nieuwe sector succesvol te zijn.

Onze zoektocht naar een manier om de ruimte in te gaan, leidde ons een onbekende wereld vol exotische materialen en nog nooit geteste

Innovatie

ontwerpen in, vol spin-offs en zakelijke kansen: een dynamische gemeenschap van kleine bedrijfjes en gedreven eenlingen, gemotiveerd door prijzen en ondersteund door betrokken, goed geïnformeerde filantropen.

Het was een merkwaardige ervaring. Aangezien ik mezelf mijn hele leven al als een kleine ondernemer beschouw – ook al duiden al die luchtvaartmaatschappijen en dergelijke juist op het tegendeel! – was het voor mij een duizelingwekkende ervaring om door het andere eind van de telescoop naar al die bedrijven te kijken. Zeker, ik was van plan een eigen onderneming te beginnen – een klein commercieel ruimtevaartbedrijf –, maar tegelijkertijd zag ik dat het kapitaal dat ik ter beschikking had een enorm verschil kon maken in deze sector en voor andere kleine bedrijven een stimulans kon zijn zich te ontwikkelingen.

Ik was nu niet meer alleen met innovatie in een bestaande markt bezig, maar evenals anderen zoals ik was ik bezig deze markt te creëren. Hiermee kwam de oude vraag voor mij in een heel nieuw licht te staan: hoe konden we het best werkelijk iets unieks betekenen?

Het omslagpunt voor commerciële ruimtereizen kwam tijdens de millenniumovergang, met de aankondiging van de Ansari X Prize door ruimtevaartonderneming Peter Diamandis. Wie voor de X Prize in aanmerking wilde komen, moest aan een simpele opdracht voldoen: drie mensen tweemaal binnen twee weken naar een hoogte van 100 kilometer boven het aardoppervlak brengen. Peter was sinds 1997 al diverse malen naar Engeland gekomen om het idee bij mij te promoten, en we meenden dat een Virgin X Prize een goed idee was. Maar in plaats van een prijs te sponsoren, wilden we zelf de technologische ontwikkeling stimuleren en een eigen onderneming opbouwen.

We namen het juiste besluit. We speelden onze sterke punten uit door onze eigen onderneming te ontwikkelen. Dat gezegd zijnde, geloof ik niet dat we nu met de voorbereidingen voor de lancering van ons eerste ruimteschip bezig zouden zijn als Peter zijn idee niet zo vasthoudend gepropageerd had en als Anousheh en Amir Ansari niet uiteindelijk zo gul de prijs van 10 miljoen dollar hadden toegekend.

Er waren 29 deelnemers aan de wedstrijd om de Ansari X Prize, maar slechts drie serieuze kandidaten. Daarvan beschikte er slechts eentje over een serieus te nemen financiering: *SpaceShipOne*.

De Branson-way

Scaled Composites, het bedrijf van Burt Rutan dat in Mojave in Californië gevestigd is, maakte het bestaan van zijn ruimteprogramma op 18 april 2003 bekend. Burts *SpaceShipOne* zou door een moederschip – een lichtgewicht vliegtuig dat *White Knight* heette – in de bovenste lagen van de atmosfeer gebracht worden en dan tijdens de vlucht gelanceerd worden.

Op 17 december 2003 kregen we eindelijk de bevestiging van wat in luchtvaartkringen al geen geheim meer was: Paul Allen, een teruggetrokken levende miljonair met een passie voor sciencefiction, was Burts financier voor het *SpaceShipOne*-project. Die dag doorbrak *SS1* tijdens de eerste bemande testvlucht de geluidsbarrière. Op 21 juni 2004 vloog Mike Melvill in *SS1* op meer dan 100 kilometer hoogte, wat een belangrijke doorbraak was. Daarmee werd de mythe dat bemande ruimtevluchten het domein van enorme overheidsprogramma's waren voorgoed doorgeprikt.

Ik schatte dat Paul circa 26 miljoen dollar had besteed om de X Prize ter waarde van 10 miljoen dollar te winnen. Daarom deed ik hem in januari 2004 schriftelijk een voorstel voor een joint venture op basis van gelijke inbreng:

Beste Paul,
Ik wil je graag feliciteren met de laatste vlucht. Volgens de beelden die ik ervan gezien heb, moet het schitterend geweest zijn. Ik zou heel graag met je samenwerken om het project vooruit te helpen en er een serieus ruimteproject van te maken. Ik hoop dat we met de kracht van het merk Virgin, de marketingkwaliteiten van ons team en jouw technologische vaardigheden niet alleen onze investering kunnen terughalen, maar ook genoeg kunnen verdienen om het project naar nog grotere hoogten te voeren. Wij stellen het volgende voor: 1) Eerst samen het noodzakelijke bedrag bijeenbrengen om een ruimtevaartuig voor drie man (ongeveer zoals het testvaartuig) te bouwen, maar dan met grote ramen. We besteden dit geld aan de veiligheid, maar vragen in dit stadium nog geen FAA-certificering aan. Het vaartuig moet over 18 maanden gereed zijn om passagiers mee te nemen. We leggen ieder drie jaar lang 100 miljoen dollar opzij om dit te bereiken.

2) We beginnen een grote marketingcampagne die samenvalt met de laaste vlucht voor de X Prize-vlucht. We bieden 1000 reizen aan voor 200.000 dollar per vlucht. Dat zou 200.000.000 miljoen dollar opbrengen, voldoende om onze totale investering terug te krijgen, terwijl er dan de nodige reserves overblijven om met het volgende stadium van het project te beginnen (mogelijk een zeszitter met lagere vluchttarieven).

Ik stelde de naam Virgin Galactic Airways voor en meende dat we in de zomer met aanbetalingen konden beginnen. Ik zei: 'We hebben een team dat dit volgens mij goed aankan.'

Het exploiteren van een echte luchtvaartmaatschappij in de ruimte sprak Paul niet aan, maar hij vond het een geweldig idee een commercieel ruimtevliegtuig met zes zitplaatsen te ontwikkelen. Will Whitehorn en Alex Tai, een voormalig gezagvoerder van Virgin Atlantic, vlogen naar Seattle om met Pauls adviseurs te praten. Jon Peachey, directeur Investeringen van Virgin en lid van de raad van bestuur van Virgin Galactic, vergezelde hen. Peachey ging over het geld en had strikte instructies om het enthousiasme van Will en Alex binnen de perken te houden!

Ons eerste voorstel bleek voor Pauls bedrijf niet acceptabel, maar we zetten het overleg enige tijd later voort en ditmaal maakten we goede vorderingen. Beide partijen waren zich ervan bewust dat de datum waarop de Ansari X Prize werd uitgereikt angstwekkend snel naderde en dat we de overeenkomst snel moesten beklinken om het nieuwe bedrijf van de publiciteit te laten profiteren. Uiteindelijk kwam Virgin met Paul Allen overeen dat het de rechten op zijn technologie zou kopen, en dat gebeurde pas drie weken voor de X Prize! Het was een prachtige deal voor ons omdat de merknaam Virgin Galactic nu in oktober op *SpaceShipOne* zou staan tijdens de ceremonie in Mojave. Dat zou ons wereldwijde publiciteit opleveren, en zo zou de boodschap overgebracht worden dat we nu een serieuze mededinger waren.

De laatste week van september 2004 zal ik me altijd met plezier blijven herinneren. We begonnen met onze Pendolino-kanteltreindienst in Groot-Brittannië. We kregen lof toegezwaaid van de president van Nigeria voor de introductie van Virgin Nigeria. En ik stond met Burt op het podium van de Royal Aeronautical Society in Londen om de op-

De Branson-way

richting van Virgin Atlantic aan te kondigen. We tekenen een historische overeenkomst van 21,5 miljoen dollar voor het gebruik van de technologie van het bedrijf van Paul Allen en kondigden aan dat we een investeringsplan van 100 miljoen dollar hadden ontwikkeld om in Burts fabriek in Mojave een prototype van een commercieel ruimteschip met zes stoelen te bouwen.

Burt Rutan is een technisch genie dat zijn tijd jaren vooruit is. Herinnert u zich de *Voyager* nog, een vliegtuig dat er als een vliegende catamaran uitzag en in 1986 op één tank brandstof de wereld rond vloog? Dat was een ontwerp van Burt. Het was het grootste geheel uit composiet bestaande vliegtuig ter wereld, dat als voorbeeld diende voor een groot deel van de latere productie van Scaled Composites en ook voor *SpaceShipTwo*. Het toestel was uit glas, grafiet en aramide opgebouwd, en was met epoxyhars in elkaar gelijmd. Na verhitting in een autoclaaf leverde dat een bijzonder sterke verbinding op, die veel sterker en lichter was dan geperst aluminium.

SpaceShipOne werd uit even exotische materialen opgebouwd. Er was zelfs maar heel weinig in het ontwerp, de materialen, de uitvoering en het vluchtgedrag te vinden dat niet exotisch was. Het toestel bezit bijvoorbeeld een revolutionair raketmotorontwerp dat in *SpaceShipTwo* gebruikt zal worden en waarzonder commercieel ruimtetoerisme voor ons simpelweg onmogelijk zou zijn.

Uiteraard was dit Burts unieke aanpassing van een oud idee: een hybride voortstuwingssysteem met een vloeibaar oxidatiemiddel en vaste brandstof. De vaste brandstof is onder de mantel van de raket opgeslagen. Het vloeibare oxidatiemiddel wordt aan de kop van de motor geïnjecteerd en dan tot ontbranding gebracht. Het oppervlak van de vaste brandstof reageert daarmee, verbrandt en gaat in gastoestand over. En omdat de stuwstoffen van elkaar gescheiden zijn, kunnen ze zich niet met elkaar vermengen als er een lek ontstaat. Ze kunnen dus ook niet exploderen. De meeste ernstige storingen die in de loop der jaren bij raketmotoren zijn opgetreden, waren catastrofaal. Hierbij is dat niet het geval: de ruimteschepen van Burt lopen niet direct gevaar bij storingen.

Ook zijn ze goedkoop. Als de technische specificaties en het ontwerp eenmaal gereed zijn, is het relatief simpel om ze op een productielijn te

Innovatie

assembleren. De vaste brandstof is rubber. Als het rubber door de ontstekingsmotor tot ontbranding is gebracht, wordt er onder druk lachgas toegevoerd, zodat er een vlam ontstaat. Het gas zet uit in de straalbuis en levert direct vermogen.

De raketmotor zal ons precies genoeg stuwkracht leveren om het ruimteschip in een suborbitale baan te brengen. Daarna wordt de motor uitgeschakeld en glijdt het ruimteschip een paar minuten lang de ruimte in. Dan bereikt het de top van de boog en valt het weer naar de aarde terug. Het is net alsof je je sleutels in de lucht gooit: als ze het hoogste punt bereiken, vallen ze weer naar beneden.

En een andere fantastische eigenschap van deze motor is dat die groen is. Behoorlijk groen, vergeleken met andere vormen van rakettechnologie vanaf de grond. Wie met Virgin Galactic de ruimte in vliegt, stoot minder CO_2 uit dan het equivalent van iemand die van Londen naar New York en terug vliegt met een businessclass-ticket. De NASA-Space Shuttle belast het milieu evenveel als de gehele bevolking van New York in een gemiddeld weekend!

Mike Melvill, die al heel lang een vriend en compagnon van Burt is, was piloot toen *SpaceShipOne*, verbonden met het moederschip *White Knight*, op 29 september 2004 van het ruimtevaarttestcentrum op het vliegveld van Mojave opsteeg. Het was een turbulente vlucht, die het uiterste van de piloot vroeg. *SS1* bereikte tijdens deze vlucht een hoogste punt van 103 kilometer. Dit was de ruimte.

Op 4 oktober 2004 werd *SS1*, met testpiloot Brian Binnie in de cockpit, van het moederschip gelanceerd en bereikte in een suborbitale baan een hoogte van 112 kilometer boven de aarde. Voor Binnie was het een vlucht en een dag die hij de rest van zijn leven niet meer zou vergeten. Hij was astronaut geworden.

Voor Burt Rutan was dit het hoogtepunt van zijn levenswerk. *SS1* had de Ansari X Prize gewonnen.

Bij Virgin geloofden we dat het succes van dit kleine ruimteschip commerciële mogelijkheden bood en daarom besloten we de technologie van *SS1* en het moederschip *White Knight* in licentie te nemen.

Op 27 juli 2005 tekenden Burt en ik in Oshkosh in Wisconsin een overeenkomst om een nieuwe onderneming te vormen. We kwamen overeen dat de nieuwe onderneming eigenaar zou zijn van alle ontwer-

De Branson-way

pen van *SS2* en de *White Knight Two*-lanceringssystemen die bij Scaled Composites werden ontworpen. De nieuwe onderneming, die Spaceship Company zou gaan heten, was gemeenschappelijk eigendom van Virgin en Scaled. Burts bedrijf zou al het onderzoek, de ontwikkeling, tests en certificering van de twee vaartuigen voor zijn rekening nemen, terwijl Burt het technische ontwikkelingsteam zou leiden.

Ik geloof dat Virgins werk met Paul Alen en met Scaled Composites een prachtig voorbeeld is van een geslaagde combinatie van kapitaal en inventiviteit. Vanaf de eerste dag hebben we allemaal op één lijn gezeten. Onze symbiose is welhaast perfect. Burt zal zijn geniale geest tot het uiterste moeten aanspreken, maar zijn beloning zal groot zijn, zodra onze kapitaalinvesteringen zich in fraaie winsten vertalen. Even afgezien van de enorme risico's die altijd aan nieuwe projecten verbonden zijn, denk ik dat het relatieve gemak waarmee je in deze sector zaken kunt doen deels te danken is aan de sfeer die er heerst; het enthousiasme is gewoon onvoorstelbaar groot. Ik denk ook dat dat ermee te maken heeft dat Virgin alle betrokkenen als ondernemer beschouwt, ongeacht hun totale vermogen. Op onze eigen manier begeven we ons allemaal in onbekend gebied, en daarom delen we allemaal dezelfde ervaringen.

Het commerciële succes van *White Knight Two* en *SS2* zal de deuren voor onze onderneming openen. Met een ruimteveer kan voor een bedrag van circa 450 miljoen dollar 23.000 kilo in een baan om de aarde worden gebracht. Wij proberen te bereiken dat *White Knight Two* 12.500 kilo lading naar een hoogte van 15.000 meter kan brengen en die vervolgens in een lage baan om de aarde kan brengen. Dat zal de hoogste valmogelijkheden ter wereld opleveren en opent een hele reeks commerciële mogelijkheden voor plaatselijke weersatellieten, het meten van CO_2-emissies en goedkopere gewichtloosheidtraining voor de astronauten van morgen. In de toekomst zullen *SpaceShipTwo* en zijn opvolgers ladingen nog verder de ruimte in kunnen brengen. Virgin Galactic zal zich op het oorspronkelijke plan moeten concentreren, maar toch zijn dit allemaal mogelijkheden om de inkomsten en de technologische basis van onze onderneming te vergroten.

Hoewel ik zeker niets wil afdoen aan het belang van prijzen, ben ik blij dat we er in dit geval voor gekozen hebben een bedrijf op te zetten in plaats van een beker te sponsoren. Ik denk dat deze opkomende markt van Virgin als vitaal merk in het marktkapitalisme profiteert. Virgin brengt het publiek aan boord, zorgt voor een kapitaalinjectie van betekenis en houdt de sector op het spoor van kleinschalige ondernemersideeën. We willen geld verdienen door goede dingen te doen en in de zakenwereld is dat zo'n beetje het maximaal haalbare. En geloof me: een goedkope toegang tot de ruimte is van enorm belang als de mensheid nog enige hoop wil koesteren om de problemen hier op aarde op te lossen.

Zelfs in de meest exotische zakelijke omgeving gelden de vertrouwde principes. Wanneer onze systemen eenmaal feilloos blijken te werken en de eerste ruimtereizigers enthousiast over hun ervaringen praten, zullen de sluizen volgens mij opengaan. De kosten zullen zeker sterk dalen zodra de verzekeringsbranche inziet dat ruimtereizen steeds veiliger worden. Steeds meer durfkapitalisten zullen beseffen dat er behoorlijk aan te verdienen valt, en hun investeringen zullen aan de verdere uitbreiding bijdragen. Mogelijk zullen commerciële ruimtevaartbedrijven zelfs een notering aan de beurs van New York of Londen krijgen.

De buitenaardse ruimte kan nu echt veroverd worden. Het risico op een mislukking is groot en het is nodig in hoog tempo met ideeën te komen om financiers aan te trekken. Aan de andere kant is het reservoir aan ideeën ook enorm groot. Vanuit de biotechnologie en de materiaalwetenschap worden sneller mogelijkheden geopperd dan de zakenwereld daarvoor toepassingen kan vinden, en daarom moet je bereid zijn veel te leren als je van de nieuwe mogelijkheden op deze terreinen wilt profiteren. Daarvoor is weer vereist dat je echt interesse toont in mensen en in hun plannen, en wilt onderzoeken hoe je hen kunt helpen. In je eentje zul je het in deze branche niet redden.

Reality-tv-programma's over de zakenwereld worden steeds populairder. Vooral *Dragons' Den* is heel interessant om naar te kijken, niet in het minst omdat het zich op de spannender kant van het zakendoen richt: het bedenken, beoordelen en uittesten van nieuwe ideeën. Het zakenpanel bestaat uit succesvolle miljonairs, en hoewel het programma ook laat zien hoe angstaanjagend deze mensen kunnen zijn, is het toch wel duidelijk dat het om fatsoenlijke, enthousiaste mensen gaat die graag een beetje avontuur in hun werk brengen. Sommige deelnemers hebben zich goed voorbereid en hebben hun pitch goed uitgewerkt; andere worden voor de 'draken' gegooid en met huid en haar verslonden. Maar tegelijk is dit een aangenaam positief programma; het aantal interessante ideeën en plannen waarmee de deelnemers komen, is verbazingwekkend.

Een tijdje geleden werd me tijdens een bijeenkomst in Downing Street door een paar Russische zakelijk leiders in opkomst gevraagd of ik hen kon helpen met wat informele lessen over de praktische aspecten van het kapitalisme. Ik schreef op een velletje papier: 'Russische *Dragons' Den*: moet opstarten.' Toen ik na de bijeenkomst door Downing Street liep, maakte een nieuwsfotograaf van de *Times* een foto van het velletje papier en vergrootte die uit. En dat leverde deze krantenkop op: 'Branson is van plan *Dragons' Den* in Rusland op te starten.' Ik denk nog steeds dat dat een goed idee is, maar ik weet zeker dat de BBC, die de rechten bezit, daar al mee bezig is.

Overal waar ik kom, word ik bestookt met zakelijke ideeën. Een paar jaar geleden ging ik af en toe met een stapeltje van die ideeën voor me zitten om ze te bestuderen. Er was bijvoorbeeld een heel leuk idee van een Spaanse heer bij, in vlekkeloos Engels opgeschreven. Hij liet me weten dat hij met mij samen aan Virgin White wilde werken, een waspoeder. Hij meende dat dat een schitterend product kon worden en mogelijk had hij daar gelijk in.

Sommige voorstellen die we krijgen zijn briljant en tot in de kleinste details uitgewerkt en bieden ons een mooi marktaandeel. Andere zijn niet meer dan handgeschreven notities, vaak met de woorden 'zeer vertrouwelijk' op de envelop, waarin niet veel meer staat dan: 'Beste meneer Branson, ik heb een idee voor een geweldig product dat u wellicht op de markt wilt brengen: Virgin Tomatensoep in een blikje. Ik denk dat dit een heel populair product zal worden. Graag verneem ik uw reactie.' Wat moet je daar nu op antwoorden? Dat meneer Heinz en meneer Campbell al geweldige soep maken? Ik ben niet graag onbeleefd. Ik heb het eens nagekeken en ontdekt dat we al zo'n honderd voorstellen voor Virgin White hebben gekregen. Goed mogelijk dus dat iemand denkt dat hij een origineel idee heeft, maar dat anderen hem al voor geweest zijn.

Ik wil iemands enthousiasme of passie nooit afkappen, maar de afgelopen 35 jaar hebben we vrijwel elk idee dat er te bedenken valt al eens

Innovatie

de revue laten passeren. We worden bestookt met ideeën: sommige zijn halfbakken, zoals Virgin Beans, aan andere zit kraak noch smaak, zoals Virgin Breadsticks, en weer andere zijn een klinkend succes, zoals Virgin Mobile.

Dat brengt me bij ons nieuwe stamcelproject. We hebben seks en gezondheid altijd als fundamentele kenmerken van het merk Virgin beschouwd.

Nu de babyboomergeneratie in een aantal rijke landen op leeftijd begint te raken, kunnen de burgers er niet langer op rekenen dat hun pensioen en de gezondheidszorg door de nationale welzijnsvoorzieningen gegarandeerd blijven. In Groot-Brittannië zal de National Health Service (NHS) onder steeds grotere druk komen te staan. In de toekomst zullen er aanvullende gezondheidsdiensten nodig zijn, die de extra's en niet-spoedeisende diensten kunnen leveren die een betere kwaliteit van leven kunnen geven. Dit is geen politieke visie en evenmin een zakelijk verkooppraatje. Dit is de harde realiteit. De NHS zal niet langer de gehele zorg voor zijn rekening kunnen nemen. Er zijn gewoon te veel mensen, en het is simpelweg onredelijk om van één enkele organisatie – hoe visionair die ook is – te verwachten dat die elke nieuwe therapie financiert, ongeacht de kosten, en aan iedereen beschikbaar stelt. Dat is gewoon niet realistisch.

Dit is in elk geval het algemene beeld. De ondersteunende rol van Virgin hierin is zeer bescheiden, maar we hopen dat die ertoe kan bijdragen dat de huidige publieke voorzieningen in stand kunnen blijven. We willen niet-spoedeisende aanvullende diensten aanbieden waarin fysiotherapie, tandheelkunde, optometrie, diagnostische tests en scans gecombineerd worden. Gezien de enorme toename van het aantal gezonde, actieve veertigers, vijftigers en zestigers met een hoog besteedbaar inkomen die willen reizen en iets van de wereld willen zien, lijkt het belachelijk hun niet de gelegenheid te bieden in hun eigen welzijn te investeren. Voor ons is het eveneens een evolutionaire stap om ons met de gezondheidszorg van de eerste Virgin-generatie bezig te houden!

Verder zijn we inmiddels actief op het uiterst controversiële terrein van het stamcelonderzoek, waarbij we ons ervan bewust zijn dat er tal van ethische en juridische aspecten aan kleven. Stamcellen kunnen de komende jaren voor een doorbraak in medische behandelingen zorgen.

De Branson-way

In mijn notitieboek schreef ik daarover: 'Stamcellen vormen de kern van het leven. Ze kunnen zich tot alle mogelijke andere cellen ontwikkelen. In de juiste omstandigheden kunnen ze niet alleen een hart vormen, maar ook een hart voor jou.'

We hebben onderzoek gedaan naar het oogsten van stamcellen uit de bloedstamcellen van menselijke navelstrengen. We hebben een Virgincelbank waarin stamcellen voor toekomstige generaties bewaard worden, en we hebben in een genetische-testservice geïnvesteerd waarmee bepaalde afwijkingen en ziekten voorspeld kunnen worden. Ik heb diverse vooraanstaande wetenschappers op dit gebied gesproken, onder wie het hoofd van ViaCell, een biotechnisch bedrijf waarvan de experimentele cellulaire medicijnen ooit wellicht kanker, neurologische ziekten, diabetes en spierdystrofie kunnen genezen. Mijn visie is dat er nog moeilijke ethische vragen beantwoord moeten worden – en zo nodig steeds opnieuw, naarmate de inzichten en morele overtuigingen in de loop der jaren wijzigen – en dat alles wat levens kan redden zeker het bestuderen waard is.

Zoals alle excellente ondernemingen is Virgin op zoek naar werkelijk nieuwe dingen. Als u denkt dat we samen miljoenen kunnen verdienen met een nieuw wasmiddel, tomatensoep of zelfs panty's met drie benen (ja, dat hebben we ook al gehad: je stopt het derde been in je ondergoed en gebruikt dat als er in een van de andere een ladder komt), dan kunt u beter een andere ondernemer zoeken.

Wat u verder nodig hebt, is geluk, en veel ook. De zakengoeroes hebben de neiging dit aspect te onderschatten, vermoedelijk omdat de factor geluk een ondermijning vormt voor de andere zakelijke regels die ze u willen leren. Maar geloof me, geluk is van wezenlijk belang. Er zijn niet veel CEO's die toegeven dat ze simpelweg op het juiste moment op de juiste plek waren. Toch wemelt het in de zakenwereld van de gebroken carrières van mensen die op het verkeerde moment op de juiste plek waren en ten onder zijn gegaan. In elk geval heeft Virgin Mobile – de onderneming die het snelst na de oprichting een omzet van een miljard dollar behaalde – van een enorme dosis geluk geprofiteerd.

Overigens geloof ik wel dat je geluk in zekere zin kunt afdwingen. Gary Player, de Zuid-Afrikaanse golfprof, zei altijd dat hij steeds meer geluk kreeg naarmate hij harder trainde. Zeker, het toeval speelde een

Innovatie

belangrijke rol in het succes van Virgin Mobile. Maar vergeet niet dat we voortdurend de vinger aan de pols hielden als het om gsm's ging en dat we voortdurend op zoek waren naar het gat in de markt. Toen er een gapend gat bleek te liggen, waren we direct bereid om erin te springen.

Op dit moment kan de wereld ook wel wat geluk gebruiken. De klimaatverandering zal een enorme zakelijke uitdaging betekenen voor onze generatie en de volgende.

Veel ondernemingen zijn al bezig met grote veranderingen, maar het gaat allemaal nog niet snel genoeg. We hebben behoefte aan geavanceerde controletechnologie en schone alternatieve energie, die veel sneller dan we ooit gedacht hadden toepasbaar moet zijn. We hebben nog geen fractie ontwikkeld van wat we nodig hebben: ultra-efficiënte waterkokers, betere koelkasten en vrieskisten, geavanceerde bouwmaterialen, verwarming, ventilatie, isolatie, koeling, regenwateropslag...

Er zijn inmiddels al schitterende producten op de markt gebracht. 'Slimme' ramen die voor een comfortabele binnentemperatuur zorgen. Superefficiënte led-verlichting. Energiebesparende maatregelen in gebouwontwerpen. Sensortechnologie die ervoor zorgt dat schaarse hulpbronnen efficiënter gebruikt worden. Zelfs een nieuwe generatie superslimme robots. (Bill Gates vertelde me dat deze technologie al even opwindend is als de ontluikende pc-branche halverwege de jaren zeventig.) Volgens een artikel in *Scientific American* uit 2008 zal een pc van 1000 dollar in 2055 evenveel rekenkracht hebben als de hersenen van de gehele wereldbevolking bij elkaar. Tegen die tijd kunnen we die hulp waarschijnlijk goed gebruiken.

Verder is er een nieuwe generatie hybride auto's (waarvan de ontwikkeling gestimuleerd wordt door Peter Diamandis, instigator van de X Prize en nu van de Automotive X Prize) die minder vervuilend is. Er zijn windparken op zee en op het land, getijdendammen en zonnepanelen. Er zijn nieuwe technologieën om CO_2 uit energiecentrales op te vangen. Paraboolspiegels, die in de Afrikaanse woestijnen worden toegepast, leveren groene stroom. Er zijn grootschalige investeringsprogramma's op het gebied van biobrandstoffen, zoals op cellulose gebaseerde butanol, die onze kostbare voedselreserves niet aantasten. Vele van deze uitstekende projecten zijn door de Investerings Advies Commissie van Virgin beoordeeld.

De Branson-way

In het zakenleven kun je, net als in het 'gewone' leven, het je niet permitteren het verkeerde te doen. Dit boek bevat een aantal verslagen van successen en mislukkingen van mij en mijn collega's. De eerste investering in biobrandstof van Virgin Fuel betrof fabrieken waar ethanol uit mais wordt gemaakt. Gezien de huidige situatie op de wereldvoedselmarkt kunnen we het erover eens zijn dat dat niets zou worden. Maar zoals we al gezien hebben, kan uit een minder goed idee een goed idee voortvloeien. Vergeet niet dat je niet succesvol in zaken zult worden als je helemaal niets doet. Heb ik geluk gehad in zaken? Zeker weten. Maar de meeste mensen hebben meestal evenveel geluk. Het gaat erom wat je met dat geluk doet.

Innovatie is het resultaat van het profiteren van je geluk, als je achter je bureau vandaan komt en gaat kijken waar ideeën en mensen je heen voeren.

'Wat een idylle hier; wil je me de zonnebrandolie even doorgeven?' vroeg ik mijn vrouw, terwijl we languit op onze zonnebedden lagen. Joan en ik genoten van een romantisch verjaardagsuitje op de Malediven, waar de Indische Oceaan een glinsterende turkooizen spiegel leek. Het was heerlijk warm, met een zacht zeebriesje, en het enige geluid was het ruisen van de branding op het zuiver witte zand van de lagune.

'Alsjeblieft. Je ruikt heerlijk met dit spul op,' zei ze lachend, terwijl ze me de fles aanreikte.

Het was een op biologische kokosnootolie gebaseerde lotion, factor 30, die mijn benen en buik deed glinsteren. Joan had gelijk: ik verspreidde het aroma van een reusachtige gesmolten Bounty-reep.

De roman die ik aan het lezen was, boeide me niet bijzonder, en daarom zette ik mijn zonnebril weer op om de ingrediënten op de fles zonnebrand te lezen. Ik ben altijd op zoek naar ideeën en laat me door van alles inspireren. Ik begon na te denken over de kritieke toestand waarin de aarde verkeert. Ik bevond me op een van de mooiste plekjes ter wereld, dat voor ruim 80 procent op nog geen meter boven de zeespiegel ligt. De opwarming van de aarde en de stijgende zeespiegel zijn niets minder dan een catastrofe voor dit stukje hemel op aarde. Bestond er een oplossing? Misschien lag een deel van het antwoord wel in de fles die ik in mijn handen had...

Innovatie

De groei van de wereldbevolking vormt in combinatie met de klimaatverandering de grootste uitdaging waarmee de wereld momenteel geconfronteerd wordt. De luchtvaart draagt voor circa 2 procent aan de industriële opwarming bij (de landbouw is de hoofdschuldige). Op 21 september 2006 stond ik naast de Amerikaanse ex-president Bill Clinton en beloofde ik de gehele winst die de Virgin-groep de komende tien jaar in de vervoersbranche zou behalen, aan het bestrijden van de opwarming van de aarde te besteden. Tijdens dit Clinton Global Initiative in New York zei ik: 'Onze generatie heeft een ongelooflijk mooie wereld van onze ouders geërfd, en zij weer van hun ouders. Wij mogen niet de generatie zijn die voor de onomkeerbare achteruitgang van het milieu verantwoordelijk is.'

In het programma *Power Lunch* van CNBC herhaalde ik mijn belofte. 'Zeker, wij zitten in de vervoersbranche en ook wij stoten heel wat CO_2 uit... We beloven dat het geld dat bij de groep terugkomt in de vorm van dividend, aandelenverkoop of beursintroducties, voor de volle 100 procent aan het bestrijden van de opwarming van de aarde besteed zal worden. We verwachten de komende tien jaar circa 3 miljard dollar opzij te kunnen leggen.'

Mijn notitieboeken van de weken na deze mededeling vormen een wirwar van getallen, pijlen en uitroeptekens, die laten zien hoe ik wijs probeerde te worden uit het brandstofdebat.

Nog geen week later, op 27 september, maakte Virgin Atlantic bekend de CO_2-emissie van de luchtvaart tot wel 25 procent te willen verminderen. Onze luchtvaartmaatschappij verbruikt circa 3 miljard liter kerosine per jaar. Ik wilde dat verbruik terugbrengen en bracht een paar ideeën te berde. Op dat moment wist ik dat dit een ambitieuze doelstelling was. Stel dat onze vliegtuigen naar de startbaan gesleept werden en pas daarna de motoren startten? We stelden voor op luchthavens startpatronen voor vliegtuigen in te stellen en vliegtuigen te laten dalen via een ononderbroken glijvlucht om brandstof te besparen. We richtten onze pijlen ook op het Europese luchtverkeersleidingsysteem, dat het milieu schade toebrengt door vliegtuigen in wachtpatronen in de lucht te houden. (Er zijn 35 afzonderlijke luchtverkeersleidingen in Europa, terwijl er voor de gehele Verenigde Staten maar eentje is!) Virgin Atlantic wilde de luchtvaartmaatschappijen mobiliseren om de burgerlucht-

De Branson-way

vaart milieuvriendelijker te maken, en in 2008 zijn vele maatschappijen, die steeds meer kritiek te verduren krijgen over hun bijdrage aan de opwarming van de aarde, inderdaad begonnen procedures in te voeren om kostbare kerosine te besparen.

Natuurlijk zouden we morgen direct kunnen stoppen met vliegen. Maar dat is niet alleen geen realistisch idee, het is ook een politieke en economische ramp voor miljoenen armen in de wereld. Als je verhindert dat mensen naar Afrika reizen, zullen de problemen voor de bevolking daar alleen maar groter worden. Veel Afrikaanse landen hebben een waardevolle, winstgevende toeristische infrastructuur opgebouwd. We hoeven alleen maar naar Kenia te kijken, waar het toerisme in 2007 ineenstortte na de omstreden uitslag van de presidentsverkiezingen. Talloze banen gingen verloren, wat het belang van het toerisme aantoont, en het land raakte gedestabiliseerd.

De wereldeconomie kan niet zonder de luchtvaart en het toerisme, twee van de belangrijkste bedrijfstakken ter wereld. De laatste veertig jaar hebben die allebei een exponentiële groei doorgemaakt en hebben ze de economie van vele ontwikkelingslanden een grote impuls gegeven. Ik zie niet in hoe we dat kunnen stoppen en hoe we naar het stenen tijdperk kunnen terugkeren. Mensen reizen nu eenmaal graag. Het verruimt de blik en stimuleert de internationale samenwerking en het onderlinge begrip. Ironisch genoeg is ecotoerisme veelal de beste manier om kwetsbare gebieden zoals regenwouden te beschermen.

Langzamerhand begint de harde werkelijkheid tot de luchtvaartsector door te dringen: de status-quo is niet langer te handhaven. De vliegtuigbouwers, en met name de fabrikanten van de motoren, moeten op zoek naar stillere en schonere motoren. Een ander probleem voor alle maatschappijen blijft de hoge prijs van de olie; al onze Virgin-maatschappijen lijden onder de steeds hogere brandstofkosten. Tussen 2004 en 2006 is de kerosinerekening voor Virgin met honderden miljoenen dollars gestegen. Het terugdringen van het verbruik van fossiele brandstof is echter geen duurzame oplossing. Daarmee wordt de crisis, die zeker komt, hoogstens uitgesteld.

Wat is dan de oplossing?

Het milieu is alleen te redden door nieuwe, schonere energiebronnen en brandstoffen te creëren die de atmosfeer geen schade toebrengen,

Innovatie

niet tot ontbossing leiden en geen belangrijke voedselbronnen verbruiken die voor de groeiende wereldbevolking benodigd zijn. Bij het recente verzet tegen biobrandstoffen zijn alle soorten energie en initiatieven voor alternatieve brandstoffen op één hoop gegooid, zonder aandacht te besteden aan de afzonderlijke kenmerken. Zoals chemische stoffen zowel een geneesmiddel als een drug kunnen zijn – vergelijk aspirine met heroïne –, zo mag je ook niet alle duurzame brandstoffen over één kam scheren. Ik weet dat ze waarschijnlijk niet het definitieve antwoord zullen zijn, maar ik geloof wel dat we nog geen idee hebben wat biobrandstoffen allemaal voor ons kunnen betekenen.

Bij de verbranding van organisch materiaal, waaronder steenkool en aardolie, komt er kooldioxide (CO_2) in de atmosfeer terecht. Steenkool en olie zijn niets anders dan de resten van vegetatie die miljoenen jaren lang in de aarde zijn samengedrukt. Als we in plaats van deze fossiele brandstoffen levende vegetatie zouden gebruiken, zoals suikerriet, wilgentakken, pinda's, mais of kokosnoten, dan zouden we de CO_2 uit vroegere tijdperken niet op de CO_2 stapelen die zich al in de atmosfeer bevindt. Een Engelse zegswijze vat dit mooi samen: 'Graaf de doden niet op.'

Sinds het begin van de twintigste eeuw, toen brandalcohol voor het eerst op grote schaal geproduceerd werd, maakt de mens gebruik van synthetische brandstoffen. Voor de drooglegging in de Verenigde Staten liepen automotoren op deze brandstof, maar aangezien ethanol een vorm van alcohol is, werd die uiteindelijk verboden, uit angst dat mensen het spul zouden opdrinken.

Vinod Khosla, de oprichter van Sun Microsystems en een van de invloedrijkste investeerders in Californië – inderdaad, in de Verenigde Staten –, gelooft dat ethanol de autobrandstof van de toekomst is en een veel praktischer mogelijkheid dan waterstof met al zijn problemen. Maar ethanol, dat op zich een goed alternatief voor kerosine zou kunnen zijn, bevriest helaas boven een hoogte van 4500 meter.

Dat ethanol ongeschikt is, lijkt het onderzoek naar alternatieve vliegtuigbrandstoffen bijna met een eeuw vertraagd te hebben. Toen ik me voor het eerst met dit probleem begon bezig te houden, verbaasde het me hoe weinig vooruitgang er in al die jaren geboekt was. Had niemand er serieus over nagedacht biobrandstof in een vliegtuig toe te passen?

De Branson-way

Kennelijk niet: toen ik in 2006 voor het eerst liet weten dat we op zoek waren naar een schone brandstof voor straalmotoren, werd ik zowel door milieugroeperingen als door motorfabrikanten uitgelachen en bespot. Iedereen zei dat het volslagen onmogelijk was. Ik wil er graag even aan herinneren dat sommige luchtvaartdeskundigen, onder wie de Amerikaanse vliegenier Charles Lindbergh, die toen voor PanAm werkte, nog in de jaren vijftig meenden dat de straalmotor in de burgerluchtvaart geen toekomst had. Radicale veranderingen, afgedwongen door een zakelijke noodzaak, komen voor, maar er is wel een katalysator voor nodig.

De eerste bij wie we aanklopten was Rolls-Royce, de belangrijkste fabrikant van straalmotoren ter wereld, dat gevestigd is in Derby in Engeland. We probeerden daar interesse te wekken voor de ontwikkeling van biobrandstoffen, maar deze fabrikant volgde een ander pad en richtte zich op de verbetering van de efficiency van de motoren. Verder liet Rolls-Royce ons weten dat het 'onmogelijk' was een brandstof te ontwikkelen zoals wij die voor ogen hadden. Daarom meldden we ons bij GE Aviation, een van de concurrenten, die de straalmotoren voor de vliegtuigen van Boeing en Airbus maakt. Daar wilden ze ons wel helpen. En nu zij meededen, konden we Boeing Commercial Airplanes eveneens voor ons initiatief interesseren. Eindelijk werkten de belangrijkste ondernemingen samen in de jacht op schone brandstoffen.

Veel van mijn aantekeningen uit die tijd zijn erg technisch en geven aan hoe ik me het hoofd brak over molecuulstructuren, enzymactiviteit, de chemische vorming van algen... Maar het duizelingwekkendste van alles was om te proberen te begrijpen hoe gigantisch de omvang van de brandstofeconomie is. Voor onze transportbehoeften zijn we de komende twee decennia waarschijnlijk nog steeds afhankelijk van de interneverbrandingsmotoren in onze auto's, boten en generatoren. Willen we alternatieve vloeibare brandstoffen als een reële optie beschouwen, dan hebben we enorme hoeveelheden basismateriaal nodig om de energie mee te maken, terwijl deze brandstoffen ook goedkoper of in elk geval vergelijkbaar in prijs met traditionele brandstoffen moeten zijn.

Uit onze onderzoeken bleek dat biomassa op basis van cellulose aan deze vereisten voldeed, evenals afvalproducten uit de landbouw, rioleringen en van dieren. Hieruit moeten de nieuwe bedrijven voortkomen,

Innovatie

en investeerders als het Virgin Green Fund en Vinod Khosla besteden nu al miljarden aan deze alternatieven. Niet alleen de problemen rond het materiaal zelf moeten opgelost worden, ook die rond de verzameling, het vervoer en de verwerking ervan, teneinde het eindproduct met olieproducten te kunnen laten concurreren. Dit schept enorme kansen, maar tegelijk zijn er heel veel doodlopende wegen. Ik zal u nu van de gebaande paden af leiden, zodat u een idee krijgt van de omvang en de complexiteit van de biobrandstofsector, het tempo waarin die zich ontwikkelt en de inspanningen die ermee gemoeid zijn.

In de Verenigde Staten ging het balletje rollen met de inefficiënte ethanol uit mais, mede door enorme overheidssubsidies, terwijl Brazilië al jarenlang goede ervaringen met suikerriet heeft. Daar wordt ethanol al meer dan 35 jaar als brandstof gebruikt, en in 2008 verbruikten de auto's zelfs meer ethanol dan fossiele brandstoffen. De belangrijkste grondstoffen voor de productie van CO_2-neutrale brandstof zijn suiker uit suikerriet en zetmeel uit mais, de bron van het grootste deel van de ethanol in de Verenigde Staten. Maisethanol is inmiddels zeer omstreden vanwege de gevolgen voor de voedselproductie. In Azië worden verder tapioca, aardappels en andere zetmeelbronnen gebruikt. Ik zie er momenteel echter niet het nut van in landbouwproducten voor de opwekking van energie te gebruiken, terwijl mensen over de hele wereld honger lijden en de prijzen voor basisvoedsel stijgen.

Daarom raakte ik geïnteresseerd in de discussie over de opbrengst per hectare van planten zonder voedingswaarde. Prairiegras, wilgen, maisstengels en stro zijn allemaal bruikbaar om cellulose-ethanol te produceren. Ik maakte een afspraak met John Ranieri, vicepresident Biobrandstof van het chemieconcern Dupont, omdat ik me afvroeg hoe de grote jongens met dit probleem omgingen. John is een prima vent, die me uitstekende adviezen en informatie gaf. Hij vertelde me over Duponts strategie om biobutanol- en cellulose-ethanoltechnologie op de markt te brengen. Dat leidde tot een discussie met Ian Ferguson van Tate & Lyle, het suikerconcern. We begonnen te denken dat de Dominicaanse Republiek een geschikt gebied voor een suikerraffinaderij zou zijn, en daarna deden we onderzoek naar een prairiegrasfabriek in Louisiana. Op basis van ons onderzoek besloot het Virgin Green Fund te investeren in Gevo, een vooraanstaand bedrijf in biobrandstoffen, dat biomassa in butanol omzet. Het was belangrijk in de ontwikkeling van vele soorten schone energie te investeren en niet op één paard te wedden.

We spraken met Iogen, dat al begonnen was een deel van de enorme hoeveelheden Canadees cellulose-afval in ethanol om te zetten en dat een fabriek bezat waar 180 miljoen liter E10-biobrandstof voor auto's geproduceerd werd. We spraken met Cargill, een van de grootste landbouw- en voedselbedrijven ter wereld. We gingen naar Brazilië om op zoek te gaan naar joint venture-partners.

We speelden zelfs met kokosnoten.

Kokosnoten zullen nooit een wereldwijde energiecrisis kunnen oplossen, maar er zit wel een aantal voordelen aan dit product. Om te beginnen gedijen kokospalmen langs zandstranden in de tropen, waar weinig andere planten kunnen groeien. De markt voor kopra – het vruchtvlees – is wereldwijd ingezakt, evenals de prijs, waardoor het inkomen in de gebieden die van de kopraproductie afhankelijk zijn gedaald is. Het zou daarom geweldig zijn een ander gebruiksdoel voor dit belangrijke landbouwproduct te vinden. Omdat kopra breken en drogen zwaar werk is dat weinig opbrengt, zijn veel kleine boeren inmiddels overgegaan op de teelt van andere producten, zodat er grote hoeveelheden niet-geoogste kokosnoten op de stranden blijven liggen. Als deze kokosnoten op grote schaal verzameld zouden worden, kan dat in deze gebieden voor veel mensen een welkome aanvulling op het inkomen betekenen.

Het gebruik van kokosolie in motoren is niet nieuw. Toen er in de Tweede Wereldoorlog een dieseltekort was, werd kokosolie op de Filipijnen als brandstof gebruikt. De Australische ondernemer Tony Deamer is er op de eilandengroep Vanuatu in de Stille Oceaan in geslaagd kokosolie in autobrandstof te gebruiken. Deze onderneming zou de markt voor kopra weer kunnen laten opleven en ook verstrekkende milieuvoordelen kunnen bieden. Samen met een plaatselijke kokosolieproducent heeft Tony de onderhandelingen met de overheid geopend om de accijns op brandstof met kokosolie te verlagen. In Vanuatu gebruikt de plaatselijke elektriciteitsmaatschappij UNELCO diesel vermengd met kokosolie in een grote (en nu aangenaam ruikende) generator van 4 megawatt.

Toen ik een paar sommetjes maakte, werd snel bevestigd wat we alle-

Innovatie

maal al vermoedden. Het breken van de kokosnoten en het verwijderen van het vruchtvlees is zo'n moeizaam karwei dat kokosnoten waarschijnlijk geen rol van betekenis zullen spelen op de wereldmarkt van biobrandstof. Kokosolie was echter een prima lokale oplossing.

In het algemeen wordt het debat over biobrandstof naar mijn mening te veel bepaald door de voor- en nadelen van één bepaalde 'oplossing'. We hoeven niet één biobrandstof te vinden die alles voor iedereen zal doen. Wat we wel kunnen – en moeten – ontwikkelen is een reeks oplossingen die in verschillende plaatsen voor verschillende doeleinden en op een verschillende schaal goed functioneren. Het zou bijvoorbeeld mogelijk moeten zijn de menselijke koolstofbalans drastisch te reduceren door bio-ethanol voor personenauto's en bussen te introduceren. Voor vliegtuigen zal er echter een fundamentele doorbraak nodig zijn.

Daarom was het zo belangrijk dat we konden bewijzen dat het in principe mogelijk is een passagiersvliegtuig op biobrandstof te laten vliegen. Om dit principe aan te tonen, deed het er eigenlijk niet toe welke biobrandstof we gebruikten en of die al dan niet grootschalig ingezet kon worden. Deze brandstof hoefde alleen een Boeing in de lucht te houden. Op zondag 24 februari 2008 lieten we de *Cosmic Girl*, een Boeing 747-400 van Virgin Atlantic, een testvlucht van Londen naar Amsterdam maken. Een 747 heeft vier motoren, en in één daarvan gebruikten we voor het eerst geen fossiele brandstof, maar een mengsel van kokosnootolie en olie van een verwante vrucht, de Braziliaanse babassunoot. Er waren geen modificaties aan het toestel of de motoren verricht om de vlucht mogelijk te maken.

De demonstratievlucht, met Boeing-chefpiloot Geoff Adreasen van Virgin Atlantic als gezagvoerder, vertrok om 11.30 uur vanaf Heathrow en landde om 13.30 uur plaatselijke tijd in Amsterdam. Het was een rustige vlucht, maar er werd hard gewerkt; technisch adviseurs aan boord verrichtten allerlei metingen en registreerden gegevens om later te analyseren. De vlucht was een succes; we hadden laten zien dat het mogelijk was een vliegtuig op schonere brandstof op een hoogte van 35.000 voet te laten vliegen. De uitdaging was nu een biobrandstof te ontwikkelen die op grote schaal te gebruiken was en de voedselvoorziening niet zou schaden.

Daarmee zijn we nu bezig. Imperium Renewables, dat onze experimentele brandstof heeft samengesteld, heeft sindsdien in Grays Harbor in Washington in de Verenigde Staten een van de grootste biodieselraffinaderijen ter wereld geopend, met een capaciteit van 400 miljoen liter biobrandstof per jaar. Het bedrijf heeft inmiddels ook een vestiging op Hawaï om daar een tweede biodieselfabriek te openen, die op basis van plaatselijke materialen, waaronder kokosnoten, eveneens 400 miljoen liter biodiesel zal gaan produceren.

Ondertussen ziet John Plaza, president en CEO van Imperium, toe op de ontwikkeling van een 'tweedegeneratie'-biojetbrandstof om algen te oogsten die in zoet of zeewater kunnen groeien. Ik denk dat dit voor ons een veelbelovende benadering is.

Er is me wel gevraagd waarom ik de winst die ik heb beloofd aan schone technologie en duurzame energie te besteden niet direct aan een goed doel schenk. Maar zo werkt dat niet. Schenkingen aan het goede doel zijn zeker waardevol, maar als je van een zakelijke kans kunt profiteren, kun je veel beter de macht van de commerciële sector voor de gewenste doeleinden mobiliseren. Gezien de snelgroeiende wereldbevolking en de daaruit resulterende druk op het milieu dienen onze oplossingen zowel technologisch als sociaal te zijn. Ik zeg niet dat de markt alles moet dicteren en dat alles dan vanzelf goed komt. Integendeel zelfs, ik zeg: laten we onze positie in de markt voor het hogere doel gebruiken en bewijzen dat er geld in groenere technologie zit. Dat probeert het Virgin Green Fund te doen.

De zakenwereld heeft de plicht de grenzen te blijven verleggen. De komende tien jaar begeven we ons allemaal in onbekend gebied. Onze energiebehoefte zal enorm toenemen, maar toch geloof ik dat we het *peak oil*-punt al gepasseerd zijn en dat het aanbod steeds minder op de vraag zal aansluiten. De prijzen van fossiele brandstoffen lijken hoog te blijven en er is een dringende behoefte aan alternatieve brandstoffen. Het gaat het verstand van de mens niet te boven een antwoord te vinden. En als we ons hier met z'n allen om de juiste redenen op richten, namelijk om de klimaatverandering een halt toe te roepen, dan zullen we ondertussen beslist heel interessante, succesvolle nieuwe ondernemingen en technologieën voor de toekomst creëren.

De meeste daarvan zullen kleine bedrijven zijn. Als de ingewikkelde en vaak oververhitte debatten over klimaatverandering ons in de loop

Innovatie

der jaren iets geleerd hebben, dan is het wel dat de lokale oplossingen en kleinschalige initiatieven een veel verder reikend effect hebben dan je zou verwachten, terwijl grootschalige initiatieven in hun eigen complexe structuren verstrikt raken en heel vaak onbedoelde en soms zelfs schadelijke effecten hebben. Ik zeg dit als wereldwijd opererend zakenman, die op wereldwijde schaal aan wereldwijde problemen werkt.

Grootschalige initiatieven, zoals het Virgin Fuel-project om een schone vliegtuigbrandstof te ontwikkelen, zijn voor hun ontwikkeling afhankelijk van kleinschalige initiatieven, zoals de op kokosolie lopende auto's op Vanuatu. Niemand kan de opwarming van de aarde per decreet oplossen en bij Virgin vergeten we geen moment dat *small is beautiful* in zaken nog altijd opgeld doet.

Ondernemers en leiderschap

Vasthouden en Loslaten

In 2004 maakte ik voor Fox Television het programma *The Rebel Billionaire*, waarin ik mensen vriendelijk bejegende en ze vervolgens moest wegsturen, totdat er een winnaar was. Het trok slechts 7 miljoen kijkers, maar was toch erg nuttig voor ons merk in Amerika.

In een van de afleveringen zei ik tegen een van de deelnemers dat wij als eersten in een ton over de Victoria-watervallen zouden gaan.

In oktober 1901 was Annie Taylor de eerste mens geweest die de 50 meter hoge Niagara-watervallen in Canada in een hermetisch afgesloten ton bedwong. Maar de Victoria-watervallen in Afrika zijn met 108 meter meer dan tweemaal zo hoog en veel gevaarlijker vanwege de rotspunten aan de basis. Ik vroeg Sam Heshmati, een van de deelnemers, of hij de uitdaging wilde aannemen om samen met mij de waterval af te gaan, en wel in een ton die speciaal voor dit doel door de NASA gemaakt was, zo beweerde ik.

Gingen we dat doen?

Sam knikte moedig. We stapten in de ton. Met een grote kraan werden we in de snelstromende rivier neergelaten, een paar meter van de waterval vandaan. Twee minuten lang werd er afgeteld. Het leek wel een eeuwigheid. Vijf, vier, drie, twee, een...

Een fractie van een seconde voordat we zouden neerstorten, riep ik:

'Stop! Wacht even, ik wil je iets laten zien.'

We stapten uit en ik liet de jeugdige Sam de afgrond zien. Ik wees op de rotsen in de diepte.

'Sam,' vermaande ik hem, 'je was maar tien seconden van een wisse dood verwijderd. Je had het advies van de leider niet blindelings mogen opvolgen. Je dient het oordeel van leiders zo nodig in twijfel te trekken.'

Drie jaar later. Ik ben in Las Vegas om de nieuwe Virgin America-route naar San Francisco aan te kondigen. Iemand had een ideetje voor een publiciteitsstunt gehad: ze laten mij, gekleed in een smoking, langs een kabel van de Fantas Tower boven op Palms Casino neerdalen in een cocktailparty die beneden op de grond aan de gang is.

Abseilen is niets nieuws voor mij, dus ik zou me niet al te druk hoeven te maken om deze stunt, ook al ben ik nog nooit met 150 kilometer per uur langs een gebouw afgedaald. Maar dit is een winderige oktoberdag. Ik kijk naar alle tuigage en kabels die in de *Spider Man*-films gebruikt zijn... en er is iets in deze hele entourage dat me een onprettig gevoel geeft. Terwijl ik boven op de toren sta, een paar minuten voor de sprong, weet ik wat het is: ik bevind me veel te dicht bij het gebouw. En dus zeg ik tegen het technische team: 'Sorry, ik moet even naar mijn kamer.'

Iedereen denkt dat ik te laf ben en niet meer durf. Maar ik wil alleen maar nadenken. Honderdtwintig meter. Een winderige dag. En ik moet me vlak langs het gebouw laten zakken...

Er wordt op mijn hotelkamerdeur geklopt. Het zijn de pr-mensen van Virgin America.

'Wil je in elk geval wel naar het dak komen om de pers te woord te staan, Richard?'

Ik weet dat ik in de luren word gelegd, maar ik kan het woord 'nee' niet uit mijn mond krijgen. Mijn benen brengen me naar boven, waar de baas van het stuntteam me verzekert dat de wind al wat afgezwakt is. Maar daar lijkt het helemaal niet op, vind ik. Het lijkt zelfs wel of het harder is gaan waaien. Maar goed, dit zijn professionals, nietwaar? En iedereen rekent erop dat ik deze stunt zal uitvoeren, nietwaar? En ik wil niemand teleurstellen, nietwaar? Opeens zak ik pijlsnel van het dak van het gebouw omlaag. Ik raas naar beneden en klap onderweg tegen het casino aan. Tweemaal zelfs.

De Branson-way

Helemaal duizelig bereik ik de grond. Ik voel een helse pijn. Heb ik mijn rug gebroken? Ik hang als een lappenpop tegen de muur aan, terwijl gratis vliegtickets, die bij de stunt horen, onopgemerkt op de ontstelde gasten neerdalen, die zich nu rond mij verzamelen.

Sam, je hebt je volledige revanche gekregen voor de grap die we ten koste van jou hebben uitgehaald. Mijn rug doet pijn. Mijn broek is aan flarden gescheurd. De pers maakt foto's van me, terwijl ik krijtwit en gehavend in het tuig hang. Ik had naar mijn eigen advies moeten luisteren.

Een ware leider moet onderscheid kunnen maken tussen echt en schijnbaar gevaar.

Dit geldt zowel bij het zakendoen als bij ijsklimmen, ballonvaren, bergbeklimmen en speedbootraces. Je moet de uitdagingen voor je onderneming kunnen onderkennen en de confrontatie ermee aangaan. Maar evengoed moet je weerstand bieden aan de verleiding om bij het eerste teken van problemen al te drastische maatregelen te nemen.

Omdat ik in dit boek al zoveel over onze eigen successen, fouten en lessen heb verteld, hoop ik dat u het me voor één keer zult vergeven dat ik dit laatste punt aan de hand van een relaas over andermans fout toelicht.

Op 14 februari 2007 fuseerden NTL, Telewest en Virgin Mobile tot Virgin Media, de grootste Virgin-onderneming ter wereld. Voor het eerst konden consumenten alles wat ze nodig hadden bij één bedrijf krijgen; wij waren de enigen in Groot-Brittannië die zowel tv en breedbandinternet als vaste en mobiele telefonie aanboden. Daarbij boden we ook nog de meest geavanceerde interactieve tv op de markt, onze geavanceerde persoonlijke videorecorder en razendsnelle internettoegang.

In één klap was Virgin Media de populairste Britse breedbandprovider geworden, de grootste provider met een virtueel mobiel netwerk en de op een na grootste provider van betaal-tv en vaste telefonie. We hadden de aanval op het Murdoch-imperium geopend.

Geen zakenman ter wereld heeft zo lang zoveel macht bezeten als Rupert Murdoch. De Australiër, die in Melbourne geboren is, had in zijn vaderland een krantenimperium opgebouwd, waarna hij in 1968 uit-

Ondernemers en leiderschap

breiding zocht in Groot-Brittannië. In 2007 pikte hij Dow Jones in de Verenigde Staten in. Rupert Murdoch is iemand die evenveel vrees als bewondering verdient.

Rupert is nu eind zeventig, en hoewel hij nog altijd over een immense energie beschikt, staan zijn twee zoons Lachlan en James klaar om zijn plaats aan het roer over te nemen. In november 2006 hoorde James, CEO van British Sky Broadcasting, dat Virgin Media van plan was een meerderheidsbelang te nemen in ITV, het eerste en grootste Britse commerciële tv-station.

Omdat hij zich ernstig zorgen maakte dat de combinatie van Virgin Media en ITV Sky veel geld kon gaan kosten, probeerde hij ons tegen te houden. Hoe? Hij kocht 17,9 procent van ITV's aandelen, wat Sky's aandeelhouders 940 miljoen pond kostte.

Op dat moment werd hij door de pers alom geprezen omdat hij de overeenkomst had tegengehouden, maar later bleek dit misschien wel de grootste fout in zijn verder zo voorspoedig verlopen carrière.

De media – en de politici – wisten dat zijn actie de concurrentie beperkte en dat hij het uitsluitend had gedaan om te voorkomen dat wij ITV in handen kregen. Wat dat betrof had hij inderdaad succes geboekt. Met zijn interventie had James Murdoch een stokje gestoken voor onze plannen om ITV over te nemen.

De interventie leidde tot een woordenstrijd tussen ons, juridische perikelen en het besluit van Sky om bepaalde series, zoals *Lost* en *24*, niet meer aan Virgin Media service ter beschikking te stellen, wat hun veel geld kostte vanwege gederfde advertentie-inkomsten.

Al snel nadat BSkyB de aandelen gekocht had, diende Virgin Media bij de Mededingingsautoriteit een klacht in omdat de concurrentie in de Britse tv-markt in gevaar werd gebracht. De minister verwees de kwestie van de verkrijging van 17,9 procent van de aandelen door naar de concurrentiecommissie van de Mededingingsautoriteit.

James Murdoch had de aandelen ITV voor 1,35 pond per stuk aangekocht, wat hoger was dan de marktkoers. Daarmee wilde hij de aandelen wegkapen van twee grote institutionele beleggers, die daarna direct de markt weer op gingen en aandelen terugkochten voor rond de 1,10 pond!

Op 29 januari 2008 oordeelde de Mededingingsautoriteit dat Sky

De Branson-way

zijn aandelenkapitaal in ITV van 17,9 tot minder dan 7,5 procent moest terugbrengen. BSkyB, dat 135 penny per aandeel betaald had, kon nu gedwongen worden onder 50 penny te verkopen. En de koers van de ITV-aandelen bleef dalen. In juli 2008 waren de ITV-aandelen nog maar 40 penny per stuk waard.

Hoeveel kost die aandelenaankoop BSkyB dan? Bij een koers van 40 penny zou dat meer dan 1,3 miljard pond zijn. James maakte de fout overdreven te reageren op de acties van Virgin. Hij kon zien dat Virgin Media een bedreiging voor het Murdoch-media-imperium zou worden en dat we het goed zouden doen. Virgin Media had zich ten doel gesteld Sky stevig tegenspel te bieden, maar ik denk niet dat Sky daardoor grote schade zou hebben geleden; in elk geval lang niet zoveel als het bedrijf nu geleden heeft in een poging ons dwars te zitten.

Wanneer je het gevaar van een bepaalde situatie eenmaal goed hebt leren inschatten, moet je ook in staat geacht worden je eigen sterke en zwakke punten als leider eerlijk te beoordelen. Je moet kunnen inzien wat je als persoon wel en niet kunt doen, en hoe je anderen kunt inspireren en motiveren om de klus met z'n allen te klaren.

Hoe kun je dit bereiken? Om te beginnen dient de volgende zin in elk ondernemingsplan te staan: *in dit bedrijf worden veel feesten en sociale bijeenkomsten georganiseerd.* Feesten zijn een manier om teams aan elkaar te smeden en mensen de kans te bieden zich eens lekker uit te leven. Gratis feesten zijn een uitstekende manier om iedereen dichter bij elkaar te brengen en een stimulerende bedrijfscultuur te kweken.

Ik nodigde altijd alle medewerkers van Virgin uit voor een feest bij mij thuis in Oxfordshire, maar helaas is het bedrijf inmiddels te groot geworden. Bij het laatste feest, dat verspreid over drie dagen plaatsvond, kwamen er bijna 60.000 mensen. We hadden kermisattracties, shows, hamburgers, hotdogs en rockbands geregeld, en alles werd door de Virgin-groep betaald. Ik stond bij de ingang en zorgde ervoor dat ik iedereen persoonlijk een hand gaf. Na twee dagen was mijn hand gezwollen en pijnlijk, maar dat was het waard. We houden nu kleinere bijeenkomsten, die ik zo veel mogelijk probeer te bezoeken.

De Virgin Blue-party is intussen een rode-loperevenement vol pracht en praal geworden, waarop veel geld voor goede doelen in Australië in-

Ondernemers en leiderschap

gezameld wordt. Het feest wordt volledig georganiseerd door medewerkers van Virgin Blue. Directeur is Jane Tewson, die in Groot-Brittannië de liefdadigheidsactie Comic Relief en talloze soortgelijke projecten heeft opgezet, en die in Australië actief is in projecten met Aboriginals. Ik doneer een vakantie van een week op Necker Island in het Caribisch gebied als een van de hoofdprijzen voor de veiling, en dan probeer ik de op een na hoogste bieder, die bijvoorbeeld 80.000 dollar heeft geboden, en de winnaar, die 90.000 dollar heeft betaald, zover te krijgen dat ze beiden 85.000 dollar betalen en samen naar Necker gaan. Op die manier zijn al mooie vriendschappen ontstaan. We halen ook 100.000 Australische dollar op door een van onze vliegtuigen naar de schenker te vernoemen, wat ons niet meer kost dan een beetje verf. Dat is snel verdiend geld voor het goede doel en is fantastisch voor het moreel van de medewerkers.

Ik ben er voorstander van dat feesten volledig aftrekbaar zijn voor de belastingen, met het voorbehoud dat de opbrengst van elk partijtje of discofeest naar een goed doel gaat. Dat lijkt me een goede deal. Een feest moet veel meer inhouden dan alleen een leuk avondje uit voor iedereen. Een avond waarop iedereen vrolijk kan zijn, is prima, maar het is nog beter als je dat kunt combineren met iets dat aan anderen ten goede komt. Muziekevenementen, modeshows, sportwedstrijden en andere gebeurtenissen die mensen in een plezierige stemming bij elkaar brengen, kunnen in elke branche georganiseerd worden, maar dan mag het geld voor het goede doel niet gebruikt worden om de drankrekening te betalen!

Een slechte leider kan het leven voor velen tot een hel maken. Leiderschap betekent niet dat iemand die aan de top van de hiërarchie staat, alle besluiten neemt en verwacht dat iedereen doet wat hem gezegd wordt. Dat is geen leiderschap, maar eerder dictatorschap.

Ik heb grote bewondering voor de Britse versie van het tv-programma *The Apprentice*, waarin de deelnemers erom strijden een jaar lang voor zakenmagnaat Alan Suger te mogen werken. Het camerawerk is flitsend, de montage vlot en de muziek geweldig. Televisie is een heel machtig medium, en als mensen daardoor geïnspireerd worden om enthousiast een zakelijke uitdaging aan te gaan, is dat alleen maar positief. Eerlijk gezegd is eigenlijk alles de moeite waard wat jongeren inspireert aan de slag te gaan.

De Branson-way

Maar toch heb ik één probleem met dit programma, en dat is de manier waarop Alan aan het eind van elke aflevering met een frons moet zeggen: 'Je bent ontslagen!' Dat staat in zijn contract, want het levert mooie televisie op. En tegelijk is dit nonsens. De hele wedstrijd draait om de angst ontslagen te worden. Nu is dat wel interessant voor de kijker, maar naar mijn mening heeft dit niets met zakendoen te maken.

The Apprentice is vooral succesvol in de algemene portrettering van de moderne zakenwereld. Er zijn nog maar weinig banen voor het leven. Als individuen moeten we positief zijn en onszelf verkopen. De meeste deelnemers aan het programma zullen dat beter begrijpen dan op tv duidelijk wordt. Ze weten dat ze niet bang hoeven te zijn voor een mislukking. Ze weten dat er andere mogelijkheden zijn om werk te vinden.

Het is daarom belangrijk hier te benadrukken dat er een fundamenteel verschil bestaat tussen een ondernemer en een manager. Vaak vormen ze elkaars tegenpolen, en het is van essentieel belang dat te beseffen. Hoewel ik zeker weet dat er ondernemers zijn die goede managers zouden zijn, luidt mijn advies toch: probeer het niet allebei te zijn.

Ondernemers beschikken over de dynamiek om iets nieuws te beginnen, om de wereld op een andere manier dan anderen te bekijken. Ze scheppen kansen die anderen niet per se zien en hebben de moed het erop te wagen. Maar een ondernemer is lang niet altijd goed in het handwerk dat nodig is om een zaak van dag tot dag te bestieren. Ik geef toe dat dat ook mijn fort niet is, en het erkennen van deze zwakheid is absoluut noodzakelijk voor de ondernemer. Het wemelt van de voorbeelden in de zakenwereld waarin de drijvende kracht ook de dagelijkse leiding over de onderneming op zich probeerde te nemen, maar daarin volstrekt faalde.

Goede managers zijn hun gewicht in goud waard. Zij die over de scherpzinnige knowhow beschikken om een onderneming vlot draaiende te kunnen houden, zonder aan de voortdurende druk ten onder te gaan, vormen het cement van het zakelijke bouwwerk. Mijn notitieboeken staan vol namen van mensen die mij aanbevolen zijn of die wij graag als managers bij Virgin zouden zien. Koester hen en bied hun een eerlijk aandeel in de zaak, want ze hebben recht op een groot deel van het succes. Als de ondernemer de zaak eenmaal een stabiele basis heeft gegeven, zal die het stokje aan de manager over moeten geven. Het is de

Ondernemers en leiderschap

taak van de oprichter iemand met ervaring te vinden, die de ondernemersvisie begrijpt en bereid is dat pad te volgen.

Feitelijk is het de taak van de ondernemer zich terug te trekken zodra het nieuwe bedrijf goed draait. Als een ondernemer een stapje opzij doet, kan hij zijn ondernemerskwaliteiten in een andere zaak aanwenden. In het algemeen is het vragen om moeilijkheden als een ondernemer te lang rond blijft lopen en beide rollen probeert te vervullen.

In een kleine onderneming kun je in de opstartfase zowel ondernemer als manager zijn. Maar dan moet je wel alles van die branche af weten, en dan bedoel ik letterlijk alles. Een beginnend entrepeneur moet elke cheque tekenen. Bekijk elke factuur, dan weet u snel genoeg waar uw geld blijft. Zelfs voor een grote onderneming als de Virgin-groep geldt dat. Af en toe ga ik ervoor zitten om persoonlijk elke uitgaande cheque te tekenen, en ik vraag mijn directeuren hetzelfde te doen. Doe dat een maand lang. Als u elk halfjaar een maand lang alles zelf tekent, vraagt u zich opeens af: 'Waar is dit in hemelsnaam voor?' Zo zult u onnodige uitgaven drastisch kunnen beperken.

Als kleine ondernemer moet u zich voor de volle honderd procent met alles bezighouden en alles over de ins en outs van elke afdeling te weten zien te komen. Naarmate u groter wordt, kunt u meer delegeren, en als medewerkers dan met hun problemen bij u komen, zullen ze er verrast over zijn hoe goed u op de hoogte bent en hoeveel praktisch advies u kunt bieden. De reden dat u zoveel weet is dat u in de opstartfase van de zaak zoveel te weten bent gekomen. Dit is de manier om een echte zakelijk leider te worden. Een gemakkelijker methode bestaat echt niet. Herinnert u zich nog dat ik eerder over Brett Godfrey van Virgin Blue vertelde, die erop staat dat de topmanagers af en toe ook het handwerk zoals het inladen van bagage doen? (Ik was aan fysiotherapie toe na mijn dienst!)

Naarmate de zaak groter wordt, moet u beslissen of u een manager dan wel een ondernemer bent. Als u een manager bent, kunt u in het bedrijf blijven werken en uw bijdrage leveren aan de groei ervan. Bent u een ondernemer, dan zult u een manager moeten zoeken. Daarna neemt u afscheid, geniet een tijdje van het leven en begint dan met het opzetten van uw volgende onderneming.

Niets in het zakenleven is te vergelijken met de hectiek die een ambitieus nieuw zakenproject kenmerkt. Alles zindert dan van activiteit, met de daaraan verbonden risico's, en er ontstaan een geweldige teamgeest en kameraadschap, waardoor iedereen de vermoeienissen toch aankan. Ik heb mensen zelden harder zien werken dan in de startfase van een nieuwe onderneming. Als een bedrijf eenmaal volwassen is geworden en zich in de markt gesetteld heeft, kan het lastig worden die opwinding vast te houden. Bij Virgin zorgen we ervoor dat ondernemingen niet te volwassen worden. Als je de bedrijven relatief klein houdt, kennen de medewerkers in de organisatie elkaar en hebben ze het gevoel deel uit te maken van een team.

De leiding van de organisatie moet er dan voor zorgen dat de medewerkers nieuwe uitdagingen krijgen en gemotiveerd blijven. Jack Welch, een groot zakelijk leider, die van General Electric een van de grootste zakenconcerns ter wereld maakte, was in zijn zoektocht naar voortdurende groei altijd bezig gereedschappen en methoden te ontwikkelen. Hij moedigde managers aan elke dag te beginnen alsof het hun eerste dag in die functie was. Hij zei dat managers vaak bang waren voor verandering, maar die juist zouden moeten omhelzen. Ik geef Jack daarin gelijk.

We laten mensen nooit op hun lauweren rusten en proberen voortdurend allerlei zaken te verbeteren. Op het moment dat Virgin Atlantic in Groot-Brittannië tot 'de maatschappij met de beste businessclassstoelen ter wereld' was gekozen, was onze ontwerper alweer bezig met de volgende generatie stoelen, die onze eigen verwachtingen moesten overtreffen, en niet zozeer die van onze concurrenten. U moet altijd proberen anderen een stapje voor te blijven, of uzelf. Als u zich daar werkelijk op concentreert, zult u normaal gesproken een betere manier vinden. Het komt erop aan de manier waarop mensen dingen doen, voortdurend kritisch tegen het licht te houden.

Afgaande op de persoonlijke notitieboeken die ik nu al meer dan 35 jaar bijhoud, geloof ik niet dat er ooit een brief vanuit mijn kantoor verzonden is waarin een afdeling of een medewerker bekritiseerd wordt. Als ik het met iets oneens was, dan deed ik voorstellen om het gedrag te veranderen. Maar de Virgin-groep heeft altijd geprobeerd het beste in mensen te vinden. Op die manier krijg je ook het beste terug.

Een plant moet water krijgen om te kunnen groeien en mensen moeten aangemoedigd worden om te kunnen floreren. Dit mag misschien gekunsteld klinken, maar wat dan nog? Het is gewoon waar. Als iemand iets aardigs over een van onze Virgin-bedrijven zegt, dan geeft dat me een goed gevoel. Ik voel me gevleid. Als iemand tegen ons van leer trekt, dan raakt dat me. We hebben in de loop der jaren wel een dikkere huid gekregen, maar ik hoop dat we niet de fijngevoeligheid kwijtgeraakt zijn om dingen op de juiste manier te doen. Als onredelijke kritiek me na meer dan dertig jaar vol zakelijke successen al van mijn stuk brengt, dan zou ik wel een grote dwaas zijn om anderen de mantel uit te vegen. Er wordt gezegd dat het zakenleven genadeloos is. Het wordt zeker hard gespeeld, en soms spelen zakenlieden een vuil spelletje. Maar na al die jaren bij Virgin is er niets veranderd aan mijn gewoonte om medewerkers te bedanken of te prijzen. Ik ben opgevoed in Engeland, door ouders die mij veel geprezen en aangemoedigd hebben. Waarom zou ik me dan anders gedragen tegenover anderen?

In al onze bedrijven hanteren we het principe dat we anderen aanmoedigen. Slechts zelden worden medewerkers bekritiseerd. Als iemand een enorme blunder begaat, dan hoef je hem dat echt niet te vertellen. Meestal weet hij dat zelf wel.

Een van mijn zwakheden is dat ik het heel moeilijk vind iemand te vertellen dat zijn diensten niet langer nodig zijn. Dat is een onaangename verplichting, waarvoor je absoluut niet moet terugdeinzen. Is het bedrijf klein, dan moet je het beslist persoonlijk afhandelen. Je moet diegene onder vier ogen spreken en het niet aan een ander overlaten. Ik denk dat een persoonlijke uitleg van de situatie meestal op prijs wordt gesteld en dat het voor de ander gemakkelijker wordt een nieuwe weg in te slaan.

Als u het echt leuk vindt om mensen te ontslaan, dan is er echt iets mis met u. Jack Welch zorgde ervoor dat hij het medewerkersbestand aan de basis voortdurend uitdunde. Alan Sugar en Donald Trump zijn ook niet bang om mensen te ontslaan, al betwijfel ik of ze zover gaan als *The Apprentice* ons wil doen geloven. De manier waarop managers over het aanstellen en ontslaan van mensen praten heeft een soort machismo dat ik ronduit weerzinwekkend vind. Een hooggeplaatste manager van Apple stelde in een van zijn toespraken over het ontslaan van medewerkers dat hij 'liever een lege plek dan een leeghoofd' had. Mijn filosofie is heel anders. Ik denk dat je iemand alleen in uiterste noodzaak moet ontslaan.

Als iemand een belangrijke regel heeft overtreden en het merk schade heeft toegebracht, is het tijd afscheid te nemen. In andere gevallen kunt u beter nog even nadenken. Dat zal tegenwoordig trouwens wel moeten, want er zijn talloze wettelijke bepalingen waar u rekening mee moet houden voordat u ervoor kiest dat traject te volgen. Dat kan frustrerend zijn, maar eerlijk gezegd geloof ik niet dat het de nachtmerrie is die sommige managers ervan maken. Mensen reageren op hun omgeving. Als iemand er echt een zootje van maakt, bied hem of haar dan een passender rol aan of een baan op een ander gebied in de branche. U zult er nog van staan te kijken hoe snel mensen in de juiste omstandigheden beter gaan functioneren en hoezeer ze bereid zijn van dure fouten te leren als hun een tweede kans geboden wordt. Als u iemand promotie heeft laten maken en het blijkt verkeerd uit te pakken – dat komt voor –, bied hem dan de oude baan weer aan in plaats van hem te ontslaan. Het is tenslotte uw eigen fout geweest, en niet de zijne.

Veel bedrijven noemen zich tegenwoordig 'families'. Meestal is dat niet meer dan tamelijk gênante pr-prietpraat. Toch denk ik dat bedrijven inderdaad net families kunnen zijn, dat dat een goede benadering van het zakendoen is en dat Virgin betere zakenfamilies heeft gecreëerd dan de meeste andere ondernemingen. Dat is gebaseerd op het uitgangspunt dat we buiten de vaste patronen moeten denken. Families vergeven elkaar. Families proberen problemen te omzeilen. Families vereisen inspanning en geduld. U moet erop voorbereid zijn dat het niet allemaal koek en ei zal zijn. U zult met uw lastige broers en zussen moeten omgaan. Zij vormen uw familie; u kunt ze niet zomaar op straat gooien.

Hoe hoger uw positie in een bedrijf is, hoe meer uw baan in gevaar komt als u niet voldoende presteert. In het profvoetbal kan een degradatie uit de eredivisie of het niet bereiken van de Champions League rampzalig zijn. De raad van bestuur of de voorzitter van de club moet een succesformule weten te vinden en de verantwoordelijkheid kan niet verder worden afgeschoven dan de coach. Het is gemakkelijk zat de coach te ontslaan. Veel moeilijker is het iemand te vinden die beter is dan degene die je de bons geeft. In het voetbal lijkt dat inderdaad nogal eens een probleem te zijn.

Ondernemers en leiderschap

Ik lees vaak over CEO's, directeuren en managers van grote bedrijven die door investeerders gedwongen worden ontslag te nemen, omdat ze er door slechte zakelijke beslissingen een bende van hebben gemaakt. In de Verenigde Staten was dat bijvoorbeeld het geval met Angelo Mozilo, de CEO van Countrywide Financial, met Chuck Prince, de baas van Citigroup, en Stan O'Neal van Merrill Lynch, die allemaal met een ontslagvergoeding van meer dan 100 miljoen dollar vertrokken, hoewel hun ondernemingen het stuk voor stuk zwaar te verduren hadden door de *subprime*-hypotheekcrisis.

Te veel topbestuurders mogen met een enorme zak geld vertrekken, terwijl anderen de rommel moeten opruimen. Ik denk dat het tegenovergestelde zou moeten gebeuren: in de meeste gevallen zouden de leiders aan moeten blijven totdat de problemen geanalyseerd zijn of er een oplossing is gevonden. Pas daarna kunnen ze vertrekken, maar met een fractie van het bedrag dat ze zouden verdienen als ze succesvol waren geweest.

Fatsoenlijk leiderschap houdt in dat je duidelijk en nuchter kunt uitleggen waarom een bepaald besluit is genomen. Dat geldt evengoed voor een groot bedrijf als er vele banen op het spel staan. Als een onderneming onder extreme druk wil overleven, dan moeten er snel drastische besluiten worden genomen. En als dan blijkt dat er veel ontslagen moeten vallen, kan dat vele hardwerkende mensen diep krenken.

Na de terreuraanslagen op New York, Washington en United Airlines-vlucht 93 op 11 september 2001 kwam onze 'oorlogsraad' dagelijks bijeen om de ontwikkelingen te beoordelen. In mijn notitieboeken zie ik dat ik mijn eerste telefoontjes van de vele honderden die ik in die belangrijke uren pleegde met onze bankiers waren, zodat ze op de hoogte waren van onze kaspositie, en met de Britse regering om steun te zoeken en een gemeenschappelijke benadering te propageren. We moesten ook openhartig met andere luchtvaartmaatschappijen spreken om een duidelijk beeld van de situatie te krijgen, en daarom moesten we tijdelijk immuniteit voor de antitrustwetgeving krijgen; we wilden niet van kartelvorming beticht worden. Ik belde de burgemeester van New York om mijn medeleven te betuigen.

Het trans-Atlantische vliegverkeer kwam tot stilstand en ik deed een dringend beroep op Stephen Byers, de minister van Transport, om de Britse maatschappijen niet in de steek te laten, terwijl de Amerikaanse regering de eigen maatschappijen wél steunde. We ontvingen niet dezelfde mate van steun als de Amerikaanse maatschappijen en konden niet onze toevlucht nemen tot de Chapter 11-faillissementsbescherming. Als Virgin Atlantic niet zo adequaat op de aanval op de Twin Towers gereageerd had, dan zouden we er zeker aan onderdoor zijn gegaan. We begonnen nieuwe onderhandelingen over onze bankleningen en vliegtuigcontracten en probeerden onze kosten zo veel mogelijk te beperken. We moesten onze vluchtcapaciteit in de Verenigde Staten met eenderde inkrimpen, en daarom richtten we onze blik op andere internationale routes, zoals Nigeria, China en India. Op zeker moment moesten we het slechte nieuws wereldkundig maken: we ontsloegen 1200 Virgin Atlantic-medewerkers. Dit was het eerste massaontslag in de Virgin-geschiedenis. We boden onze medewerkers parttimebanen, duobanen en onbetaald verlof aan. We probeerden ook elders in de onderneming werk voor hen te vinden. Onze managers moesten moeilijke beslissingen nemen die vele medewerkers raakten, maar we beloofden hen weer in dienst te nemen als de omstandigheden verbeterden, en gelukkig keerden de meesten weer terug.

Het was voor ons vooral moeilijk een oplossing te vinden voor de boordwerktuigkundigen van Virgin Atlantic. Dit waren zeer ervaren technici met een passie voor vliegen, die buitengewoon loyaal waren aan onze maatschappij. En nu beroofden we hen van hun baan.

Als de concurrerende maatschappijen vliegtuigen introduceren met slechts twee mensen in de cockpit – de gezagvoerder en de copiloot – in plaats van drie, zoals Virgin Atlantic nog steeds had met de boordwerktuigkundige aan boord, word je met een serieus zakelijk probleem geconfronteerd.

De nieuwe generatie vliegtuigen was zo betrouwbaar en de *fly by wire*-systemen waren inmiddels zo geavanceerd dat de maatschappijen de cockpitbemanning konden terugbrengen tot twee vliegers, wat een hoop geld bespaarde. Helaas waren de boordwerktuigkundigen het slachtoffer van de vooruitgang in de luchtvaartbranche. Hun diensten waren niet langer nodig en we moesten velen van hen laten weten dat ze konden vertrekken. Dat gebeurt soms. Het is vreselijk, maar er is niets

Ondernemers en leiderschap

aan te doen. Als we het niet hadden gedaan, hadden we de concurrentie niet aangekund.

In de loop der jaren is de diversificatie binnen de Virgin-groep een voordeel gebleken. We hebben medewerkers een andere baan kunnen bieden in diverse ondernemingen, totdat de situatie weer verbeterde. Maar met de boordwerktuigkundigen was dat niet zo gemakkelijk. Ze waren uiterst gespecialiseerd en we waren van mening dat het voor ons niet zinnig was hen tot piloten om te scholen. We beschikten al over ervaren gezagvoerders en copiloten, die vaak al tien jaar op de korte afstand vlogen.

Omdat we geld bespaarden door deze medewerkers te ontslaan, hadden ze recht op het leeuwendeel van de besparingen in hun ontslagvergoeding. Die was veel hoger dan het wettelijk minimum, en ik geloof dat de meesten dat gebaar zeker waardeerden. Het was een heel behoorlijk pakket. De boordwerktuigkundigen waren tevreden, evenals hun collega's die bij het bedrijf bleven, wat even belangrijk was.

Tal van leiderschapselementen kunnen tevoren worden gepland en gerepeteerd. Je hoeft geen Winston Churchill te heten om een goed leider te zijn.

Dat gezegd zijnde, geloof ik wel dat er zoiets bestaat als natuurlijk leiderschap. Er is een zekere grootmoedigheid voor nodig om mensen te vertrouwen en hun verdiensten en beperkingen eerlijk te kunnen beoordelen. Er is veel moed voor nodig om slecht nieuws aan mensen over te brengen. Optimisme, interesse in nieuwe kansen en een flinke dosis zelfvertrouwen zijn eigenschappen die niet iedereen in gelijke mate bezit.

Naast de praktische stappen die u kunt zetten, kunt u er veel profijt van hebben het voorbeeld van grote natuurlijke leiders te volgen. U kunt natuurlijk over hen lezen, maar u zou zich ook moeten afvragen wie er in uw kringen een leider is van wie u kunt leren. Ik heb het enorme voorrecht gehad enkele van de grootste natuurlijke leiders van deze tijd te ontmoeten. Sommige zijn internationale beroemdheden, andere niet. Het zou nog een heel boek vergen om te beschrijven hoeveel hulp en ondersteuning ik van hen als mentoren heb ontvangen, en daarom zal ik me nu beperken tot één belangrijke figuur in mijn leven: Nelson Mandela.

De Branson-way

Als mensen aan 'Richard Branson' denken, denken ze meestal eerst aan Virgins aandeel in de muziekbranche. Dat is een deel van ons erfgoed waar we buitengewoon trots op zijn. Maar als ik terugdenk aan wat me als zakenman het meest gevormd heeft, dan herinner ik me ook een nog eerdere fase in mijn carrière, te weten mijn korte, verhelderende avonturen in de journalistiek.

Wat zou er tenslotte beter kunnen zijn voor een jonge man die op zoek is naar antwoorden in het leven dan overal mensen te interviewen? Ik wist dat ik geen groot journalist zou worden, maar ik beschikte wel over het vermogen mijn mond te houden. Ik liet de mensen die ik interviewde gewoon praten. Ik schaamde me er ook helemaal niet voor om vragen te stellen die achteraf gezien naïef en voor de hand liggend lijken. Van beide kwaliteiten heb ik in het zakenleven gebruikgemaakt, en ik heb er ontzettend veel aan gehad. Het vermogen om te luisteren en de bereidheid om je nek uit te steken en voor de hand liggende vragen te stellen, zijn sterk onderschatte vaardigheden in het zakenleven.

Ik groeide op in het midden van de jaren zestig, wat in het algemeen een bevlogen tijdperk was, waarin vele jongeren een groot sociaal bewustzijn tentoonspreidden en begonnen te begrijpen hoe minderheden behandeld werden, wat hun rechten moesten zijn en hoe een eerlijker verdeling voor grote veranderingen kon zorgen. Gefascineerd volgde ik vanaf de overkant van de Atlantische Oceaan de strijd van de zwarte Amerikanen tegen racisme, discriminatie en economische ongelijkheid.

In maart 1968 liep ik trots mee in een demonstratie naar de Amerikaanse ambassade op Grosvenor Square in Londen om tegen de Amerikaanse inmenging in Vietnam te protesteren. Ik liep zij aan zij met de linkse stokebrand Tariq Ali en actrice Vanessa Redgrave, en ik herinner me nog hoe bang we waren toen de politie te paard met de wapenstok en traangas op ons af kwam. Ik werd ook geïnspireerd door de gedachte dat jongeren directe, positieve actie ondernamen. En via het tijdschrift *Student* hoorde ik als bevoorrechte Engelse kostschooljongen voor het eerst over de verschrikkingen in Afrika. Ik kwam meer te weten over onderdrukking, ziekten en hongersnood. *Student* voerde actie tegen de vreselijke Biafra-oorlog in Nigeria, waarbij we gebruikmaakten van de aangrijpende foto's van Don McCullin, de gevierde fotojournalist wiens werk in de *Sunday Times* het conflict in Vietnam en Cambodja haarscherp in beeld bracht. Zo brachten we de benarde situatie van miljoenen kinderen die in de burgeroorlog aan de honger stierven onder de aandacht.

Het nummer van *Student* dat in de herfst van 1968 uitkwam, was een en al verontwaardiging: de zwarte Amerikaanse getto's waren in de ban van het geweld, opstandige studenten gooiden stenen naar de politie in de straten van Parijs, Russische tanks hadden met geweld een eind gemaakt aan de Praagse Lente in Tsjecho-Slowakije, Vietnam werd vernietigd onder een regen van bommen. Er was zoveel om over te schrijven. Ik weet nog dat Gyles Brandreth over Amerika schreef en dat de zeventienjarige Julian Manyon, die nu een gevierd ITN-correspondent is, verslag deed uit Vietnam, waar hij een Noord-Vietnamese arts interviewde over Vietcong-soldaten die aan dysenterie stierven. Maar vooral het interview dat ik met de Amerikaanse zwarte militante schrijver James Baldwin had, schokte me diep. Mocht u ooit altijd twijfel koesteren over de waarde van naïeve vragen, lees dan deze passage. Dan ziet u hoe hij op mijn gestamelde vragen reageerde. Als ik minder direct was geweest, zou ik nooit zulke bevlogen antwoorden hebben gekregen.

Welke opleiding heeft James Baldwin genoten?

'Op school werd ik onderwezen in Bijbeltechniek. Mijn echte opleiding heb ik op straat gekregen.'

Waren er goede scholen in Amerika?

'Hoe zou dat ooit kunnen? Ze zijn gebouwd door de blanke staat, worden door de blanke macht bestuurd en zijn bedoeld om de neger op zijn plek te houden.'

Kan de blanke u vrijheid geven of moet de zwarte die zelf afdwingen?

De Branson-way

'De blanke kan zichzelf niet eens vrijheid geven. Jullie hebben er tot nu toe niet veel van terechtgebracht. Ik verwacht niet dat jullie me iets geven. Ik pak zelf wel wat ik nodig heb – niet noodzakelijk van jullie, dat is jullie eigen mythe –, maar ik ben van plan mijn eigen leven te leiden. Ik ben niet geïnteresseerd in wat blanken doen. Zo belangrijk zijn blanken helemaal niet. Waar je tegen moet vechten, is niet de blanke, maar tegen de macht die tussen jezelf en het leven staat. Zo simpel is het. Het is geen rassenoorlog, het is een oorlog tussen armoede en privileges, vrijheid en gevangenis.'

Ik werd geobsedeerd door wat Baldwin tegen me zei, door zijn venijnige, maar tegelijk ingehouden woede over wat hij als de ongelijkheid van het leven zag.

In *The Fire Next Time*, geschreven in 1963, had hij voorspeld dat er binnen tien jaar een eind zou komen aan de blanke suprematie. Ik vroeg hem of hij dat nog steeds geloofde.

Baldwin antwoordde: 'Ik heb dat niet precies zo gezegd. Ik zei dat dit een profetie was, en de profeet kan zeker gelijk hebben. Neem van mij aan dat de westerse samenleving zichtbaar in problemen zit en zichtbaar afbrokkelt.'

'Onder druk van de zwarten?'

'Onder het gewicht van de eigen leugens.'

Dit kwam keihard aan bij een blanke redacteur, die nog maar een tiener was. Het was een woede die ik niet kon begrijpen, omdat ik die nergens tegen af kon zetten. Ik wilde mijn bijdrage leveren om de wereld te veranderen, maar wat wist ik van de wereld af?

Fred Dube, een zwarte Afrikaan, geboren in Johannesburg, maatschappelijk werker met twee kinderen, sloot zich in 1955 bij het Afrikaans Nationaal Congres aan. Tussen 1964 tot 1967 zat hij viermaal in de gevangenis wegens sabotage: in Ladysmith in Natal, in Leeuwkop in Transvaal, op Robbeneiland en in Groenpunt in Oranjevrijstaat. Hij vertrok in juli 1968 naar Engeland, waar hij in Londen bankemployé werd. Hij zei tegen *Student* dat de armoede, het daklozenprobleem en de ondervoeding in zijn vaderland allemaal te wijten waren aan één probleem: de wrede, onrechtvaardige apartheid in Zuid-Afrika. Een tijdje later hoorde ik over de zwarte activist Steve Biko, en toen kwam ik ook de naam Nelson Mandela tegen. Zijn ouders noemden hem Nelson omdat die naam 'blank' klonk; ze meenden namelijk dat hij het in een blanke samenleving verder zou schoppen. Hij werd door sommige Britten als een gevaarlijke extremist beschouwd, maar langzamerhand drong de waarheid over deze ongelooflijke man tot me door.

Toen ik Madiba, zoals hij in Afrika liefkozend genoemd wordt, leerde kennen, was ik altijd zo onder de indruk dat ik lichtelijk nerveus was als ik hem ontmoette. Maar als hij dan lachte, werd je gewoon overweldigd door zijn warmte en kwajongensachtige humor: 'Richard, het is een grote eer je te ontmoeten.' Ik kwam al snel te weten dat hij dat tegen iedereen zegt die hij voor het eerst ziet! Deze man heeft onvoorstelbaar geleden vanwege zijn huidskleur en alles waarin hij gelooft. Hij was een slachtoffer van het onrechtvaardige apartheidsysteem, die op zijn 46ste levenslang kreeg. Zijn gevangenisnummer was 466/64, wat stond voor de 466ste gevangene die in 1964 in de verschrikkelijke gevangenis op Robbeneiland werd gedetineerd. Zijn cel mat nog geen twee bij drie meter, de muren waren 60 centimeter dik. Als hij ging liggen, raakte zijn hoofd de ene muur en zijn voeten de andere. De eerste maanden in de gevangenis bracht hij samen met andere politieke gevangenen door. Ze moesten met een hamer van 2 kilo stenen vergruizen, verschrikkelijk inspannend werk dat hem voortdurend pijn bezorgde. Ik heb zijn cel gezien; het moet de hel op aarde geweest zijn.

In zijn autobiografie *De lange weg naar vrijheid* schrijft hij dat 'Robbeneiland zonder twijfel de zwaarste en meest meedogenloze buitenpost van het Zuid-Afrikaanse strafrechtsysteem was. Het was niet alleen voor de gevangenen, maar ook voor het personeel een plek vol ontberingen. De cipiers, die blank waren en vrijwel allemaal Afrikaans spraken, eisten een meester-bedienderelatie. Ze bevalen ons hen "baas" te noemen, wat we weigerden. De rassenscheiding op Robbeneiland was absoluut: er waren geen zwarte cipiers en geen blanke gevangenen.'

Ondanks dit alles heb ik nooit een greintje verontwaardiging of woede bij deze man gezien.

Zijn karakter blijkt volgens mij het best uit de toespraak die hij korte tijd na zijn uitverkiezing tot president ter gelegenheid van de onthulling van een standbeeld van Steve Biko hield. 'Steve Biko heeft zich weliswaar als inspirator en promotor van de zwarte trots opgeworpen, maar hij heeft nooit een fetisj van het zwart-zijn gemaakt. Je eigen zwart-zijn accepteren is een essentieel beginpunt: een belangrijk fundament om de strijd aan te gaan. Vandaag de dag moet die een fundament bieden voor herstel en ontwikkeling, voor een gemeenschappelijke inspanning van de mensheid om een eind te maken aan oorlog, armoede, onwetendheid en ziekte.'

Dit zijn de kenmerken van groot leiderschap, in enkele zinnen samengevat. Ze geven blijk van bekommernis om de mens, evenals van een vanzelfsprekend inzicht in het beoordelen van individuele verdiensten. Deze woorden klinken dwingend, maar ze zijn niet intimiderend of bombastisch: ze geven ons een helder, eenvoudig beeld van wat er bereikt moet worden.

De onthulling van Biko's standbeeld, een creatie in brons van Naomi Jacobson, vond op 12 september 1997 plaats. Peter Gabriel en ik waren erbij aanwezig; we waren de enige blanke gezichten in een menigte van 100.000 mensen. Ik vroeg Peter het nummer te zingen dat zo belangrijk was geweest om de naam van Biko levend te houden. De herinnering aan die vertolking van 'Biko', meegezongen door Nelson Mandela en een menigte van 100.000 mensen, zal ik tot aan mijn laatste ademtocht blijven koesteren. Vanaf het moment dat Mandela naar me toe kwam om mij de hand te schudden en me voor mijn steun te bedanken, wilde ik een bijdrage leveren aan de heling van de vreselijke wonden die Zuid-Afrika had opgelopen. Een songwriter was ik weliswaar niet, maar ik hoefde niet lang op het telefoontje te wachten.

Mandela's leiderschap heeft één kenmerk dat niet direct uit zijn toespraken blijkt, maar dat karakteristiek is voor de meeste grote leiders die ik ontmoet heb: het zijn allemaal verkopers pur sang! Mandela is een ondernemer van het zuiverste water. Hij zal tot het uiterste doorgaan. Als we bij elkaar waren, liet Mandela zelden de gelegenheid voorbijgaan om iets voor zijn land gedaan te krijgen. Toen hij eens op bezoek geweest was in Londen en met Joan, Holly, Sam, mij en enkele goede vrienden gelunched had, schreef ik na afloop in mijn notitieboek: 'Er gaat geen lunch of diner voorbij zonder dat hij om een gunst voor iemand in nood vraagt. Hij kwam bij me thuis met zijn nieuwe vrouw Graça Machel en zijn dochter: "Dat was een heerlijke lunch, Richard.

Ondernemers en leiderschap

Vorige week heb ik Bill Gates ontmoet, en die heeft me 50 miljoen pond in dollars gegeven." Dat is slikken!'

Ik ben er trots op te mogen zeggen dat Nelson Mandela een goede vriend is geworden. Nu hij zijn 90ste verjaardag heeft gevierd, is hij voor mij nog altijd een inspiratiebron als mens en ik koester de vele dierbare herinneringen aan de tijd die ik in zijn gezelschap heb doorgebracht. Ik denk dat het de moeite waard is uit te leggen hoe het verbazingwekkende zakelijke talent van de ex-president van Zuid-Afrika, gecombineerd met zijn plichtsbesef, zijn land heeft geholpen. Madiba wist dat de 'lange weg naar vrijheid' voor zijn zwarte broeders en zusters betekende dat ze zich voor economische groei moesten inzetten. Hij zag in dat het vele jaren zou duren – een generatie zelfs – om de ongelijkheid die de rassendiscriminatie had voortgebracht weg te werken, maar had er geen moeite mee met mij – en andere zakelijk leiders – in zee te gaan als dat aan de welvaart en werkgelegenheid in Zuid-Afrika zou bijdragen.

Een van die gelegenheden deed zich voor in september 2001, een paar dagen na de verwoestende aanslag op het World Trade Center in New York. Het toerisme en de zakelijke reizen waren van de ene op de andere dag ingestort, de hele luchtvaartbranche verkeerde in crisis en ik zat in bad na te denken hoe de Virgin-groep de enorme problemen van Virgin Atlantic te lijf kon gaan, toen hij opbelde. Madiba's stem klonk als een bedwelmende balsem: kalm en geruststellend.

'Richard, je zei toch dat je Zuid-Afrika wilde helpen?' zei hij.

'Zeker, Madiba. Je weet dat ik bereid ben te helpen,' antwoordde ik.

'We hebben een probleem…'

Een van de grootste fitnesscentra van Zuid-Afrika, de Health and Racquet-keten, was failliet gegaan. Dat betekende dat er 5000 mensen op straat stonden. 'Denk je dat je daar iets mee kunt beginnen? Denk je dat je die mensen kunt redden?'

Ik wist werkelijk niet of dit een levensvatbare business was, maar ik ging op mijn intuïtie af, en op mijn verlangen een man te helpen voor wie ik groot ontzag had. Ook vertrouwde ik Madiba: in een ander leven zou hij een geslepen financieel specialist zijn geweest!

Ik belde Frank Reed, CEO van Virgin Active, en Matthew Bucknall, zijn financieel directeur, die drie grote clubs in Groot-Brittannië dreven. Zouden ze bereid zijn een noodlijdende Zuid-Afrikaanse onderneming te helpen die bijna acht keer zo groot was? Ik kon Matthew horen slikken, maar daarna zei hij dat ze de uitdaging zouden aangaan. Geweldig! Binnen enkele uren konden we een reddingsboei uitgooien: we doopten de hele onderneming om in Virgin Active. Ik belde Madiba terug om te zeggen dat we beslist zouden meedoen.

Omdat we gebrek aan cash hadden, moesten we geld binnenhalen, en daarom benaderden we de Britse participatiemaatschappij Bridgepoint Capital, die zich bereid verklaarde 55 procent van de aandelen ter waarde van 110 miljoen pond over te nemen. Voor Virgin resteerde 36 procent en voor Frank, Matthew en het team circa 8 procent. Toen Gordon McCallum hoorde hoe snel de transactie zijn beslag kreeg, zei hij: 'Met dit tempo moeten we de onderneming eigenlijk hernoemen in Virgin Hyperactive.'

Onze strategie was dat we zo veel mogelijk mensen aan het werk hielden en de 900.000 klanten van Health and Racquet probeerden vast te houden, ook al moesten we de abonnementen van veel fitnessclubbezoekers aanpassen. Ze hadden een gratis lidmaatschap voor het leven gekregen, in ruil voor een aanzienlijk bedrag dat ze hadden betaald toen ze lid werden. Dat was mooi, totdat bleek dat er geen nieuwe leden bij kwamen. Wij waren van oordeel – terecht, zoals later bleek – dat bijna alle leden met een maandelijks lidmaatschapsbedrag akkoord zouden gaan, op voorwaarde dat wij hun een eersteklas fitnessclubbeleving aanboden en de verwaarloosde ruimten opknapten, waarin al heel lang niet meer geïnvesteerd was.

De redding van dit bedrijf bood ons een fantastische basis in Zuid-Afrika, van waaruit we onze activiteiten zijn gaan uitbreiden. In oktober 2005 was de financiële positie van Virgin Active verbeterd – de omvang was verdubbeld en er waren inmiddels vestigingen in Italië en Spanje – en konden we het 55-procentsaandeel van Bridgepoint Capital voor 134,5 miljoen pond terugkopen.

Toen Nelson Mandela president van Zuid-Afrika was, kende hij zijn diplomatieke positie. De herrijzenis van Zuid-Afrika als natie was sterk verbonden met de groei van China en de investeringen van die economische supermacht. Hij wilde China niet beledigen, en heeft dat ook nooit gedaan.

Toen hij eenmaal van de last van het presidentschap bevrijd was, kon Madiba zich weer vrijelijk uiten.

In november 2004 was ik in Johannesburg op de CIDA City Campus, de eerste vrije campus voor zwarte studenten uit de townships en landelijke gebieden die zelf geen onderwijs konden betalen. Ik was daar met Kelly Holmes, de hardloopster die tweemaal Olympisch goud had gewonnen, de zangeres Estelle en het team van Virgin Unite voor de actie Women on the Move, die zich richt op de bewustwording van jonge vrouwen in Zuid-Afrika. Na de ceremonie bleef ik daar om naar de Dalai Lama te luisteren, de verbannen Tibetaanse leider die was uitgenodigd om een toespraak te houden. Hij was voor de derde keer in Zuid-Afrika en sprak begeesterd en vol mededogen, met zijn bekende milde humor. Glimlachend verwelkomde hij zwarte, blanke en bruine bezoekers van allerlei religieuze en niet-religieuze overtuigingen. Ik luisterde vol bewondering naar deze uiterst spirituele man, die om vrede en rechtvaardigheid vroeg.

Hij zei: 'Als u vrede wilt ervaren, bied elkaar dan vrede. Wilt u weten dat u veilig bent, laat anderen dan weten dat ze veilig zijn. Als u schijnbaar onbegrijpelijke dingen wilt weten, zorg dan voor een beter onderling begrip. Als u uw verdriet of woede kwijt wilt, probeer dan het verdriet of de woede van een ander weg te nemen. Die anderen kijken nu naar u uit. Ze vragen u op dit moment om advies, om hulp, om moed, om kracht, om begrip en om geruststelling. Maar ze vragen u vooral om uw liefde.'

De Dalai Lama zei die dag geen woord dat de Chinese autoriteiten had kunnen kwetsen. Hij beweerde slechts dat de kloof tussen arm en rijk moreel niet deugde.

Ik was de middag daarvoor bij Madiba thuis geweest en had hem gevraagd waarom hij de Dalai Lama nooit ontmoet had. Hij had een frons getrokken en gezegd dat dat politiek gezien te moeilijk lag. De Zuid-Afrikanen wilden de Chinezen niet voor het hoofd stoten aangaande hun bemoeienissen in Tibet. Maar mij leek het een goed idee om deze wijze oude mannen bij elkaar te brengen en ik vond dat politiek opportunisme hun ontmoeting niet in de weg mocht staan.

'Je bent geen president meer, Madiba,' zei ik. 'Hij kan je als privépersoon opzoeken. Hij logeert hier maar een paar straten vandaan.'

De Branson-way

Mandela keek glimlachend naar Zelda le Grange, zijn assistente en adviseur. Ik zag dat hij overtuigd was. De dag daarna nodigde Zelda me uit bij de ontmoeting die ik had voorgesteld aanwezig te zijn, maar ik sloeg deze bijzondere uitnodiging spontaan af. Ik meende dat het een speciale bijeenkomst moest blijven van twee inspirerende mensen, waarbij verder niemand aanwezig zou zijn. De avond na de ontmoeting kregen we dit bericht van Wendee, die voor de Dalai Lama werkt: 'Namens de gehele delegatie wil ik u bedanken voor het arrangeren van wat mogelijk de eerste en laatste ontmoeting van deze twee formidabele mannen is geweest. Ze hebben een uur lang geanimeerd met elkaar gesproken.'

Een hoop dingen in mijn leven hebben mij bevrediging gegeven, maar de samenkomst van deze twee iconen in Johannesburg is een moment dat ik mijn hele leven zal blijven koesteren. En die ontmoeting vormde de opmaat voor de concretisering van het idee dat Peter Gabriel en ik hadden opgevat: het samenbrengen van een groep wijze ouderen...

Necker Island, januari 2004

Beste Madiba,
Een idee – ja, het spijt me: alweer een idee. Die schitterende dag van het 46664-concert [in november 2003, een oorlogsverklaring tegen aids in Zuid-Afrika] *heeft Peter Gabriel en mij ertoe geïnspireerd je te schrijven.*
Zoals je natuurlijk weet, zijn er in een Afrikaans dorp ouderen voor wie de rest van het dorp ontzag heeft. Wij geloven dat de Global Village eveneens moet profiteren van onze ouderen. Je hebt ons verteld dat het voor jou gemakkelijker was het vertrouwen van de generaals te winnen die in Rwanda onderhandelden, omdat ze zeiden dat ze, als ze met jou spraken, het gevoel hadden tegen een vader te spreken. We willen een klein orgaan oprichten dat uit de meest gerespecteerde 'Elders' ter wereld bestaat, en aangezien jij de meest gerespecteerde persoon ter wereld bent, willen we je vragen de vader van deze organisatie en de eerste Elder te worden.

Ondernemers en leiderschap

Einstein zei ooit: 'Wat had ik graag gezien dat er ergens een eiland was voor degenen die wijs en van goede wil zijn.' Ik zei dat het prachtig zou zijn als de Elders elkaar twee tot drie keer per jaar ergens konden ontmoeten, bijvoorbeeld op mijn eigen Necker Island, om daar te bespreken hoe ze kunnen bijdragen aan het oplossen van de grote wereldproblemen.

Ons voorstel is dat de Elders in eerste instantie door jou gekozen worden en later door de wereldgemeenschap, zodat ze nog meer prestige op het wereldtoneel genieten. Geen van hen mag nog politiek actief zijn. De Council of Elders moet uit twaalf mannen en vrouwen bestaan. Vier van hen treden om de drie jaar af. De vier nieuwe leden kunnen via kanalen als het internet, televisie, de post en e-mail gekozen worden uit een lijst die door de Elders is opgesteld. De Elders vertegenwoordigen een breed spectrum van de wereldbevolking.

Peter en ik zeiden dat de eerste wereldwijde verkiezing mensen ertoe zou aanzetten op wereldwijde schaal te denken, om zich betrokken te voelen bij de gebeurtenissen, en dat die hun een band zou geven met een wereld die buiten hun grenzen, cultuur en godsdienst lag. Zoals de Verenigde Naties de regeringen van de wereld vertegenwoordigen, zo zouden de Elders de hoop, aspiraties, angsten en dromen van de wereldbevolking vertegenwoordigen.

De Elders zouden over een 'Groeiende Boom' kunnen beschikken, een leger van mensen uit de gehele wereld, die gepensioneerd zijn of de tijd hebben en die bereid zijn hun tijd en ervaring ter beschikking te stellen om de wereldproblemen te helpen oplossen, of het nu om het opzetten van een Open Universiteit in Afrika of India, het oplossen van conflicten of het bestrijden van ziekten of armoede gaat. Ze zouden een enorme kennisbron vormen.

Het doel was vanaf het begin dat de Elders een groep adviseurs op wereldschaal zou zijn, niet dat ze mensen opdracht zouden geven bepaalde dingen uit te voeren. Het moesten persoonlijkheden zijn, en niet zomaar vertegenwoordigers van een bepaald land. Ze moesten boven de partijpolitiek staan en vrijuit kunnen spreken over wat zij als de waarheid beschouwden.

> *Ik kan me voorstellen dat het voor jou moeilijk is hieraan veel tijd te besteden, maar het zou voor de toekomst van de Elders een enorme steun zijn als jij er je zegen aan kunt geven en de oprichter wilt zijn.*
>
> *Ik heb mezelf beloofd dat ik de tijd en de middelen zoek om achter de schermen bij de organisatie te helpen om er zeker van te zijn dat het een factor van belang in de wereld wordt, die hopelijk nog vele jaren zal bestaan.*
>
> *Hartelijke groeten,*
> *Richard*

Nelson Mandela vond het een prachtig idee. Het appelleerde aan zijn ondernemersinstinct. Hij ging ermee akkoord de oprichter te worden, samen met zijn vrouw Graça, en ze verstuurden uitnodigingen naar de elf mensen in de wereld die volgens hem het grootste morele gezag bezaten.

Ik vergeet nooit meer hoe ik met Jean Oelwang Madiba's huis uit liep nadat Graça en hij de laatste Elders hadden uitgekozen. Ik had het heerlijke gevoel dat dit het begin was van een van de meest hoopvolle en inspirerende ondernemingen in mijn leven. Ik voelde me ook bevoorrecht dat ik tijd mocht doorbrengen met twee ware wereldleiders. Graça en Madiba bezitten beiden het buitengewone vermogen om nederig en oprecht voorop te gaan, waarbij ze zich voortdurend richten op degenen wier stemmen nog niet gehoord worden. Madiba herinnert ons er vaak aan dat als iets op dorpsniveau geen verschil maakt, we het niet moeten doen.

Met steun van Virgin Unite begonnen we aan een reis om overal ter wereld aan allerlei mensen steun te vragen voor het initiatief en het vorm te geven. We beleefden twee heerlijke weken, waarin aartsbisschop Tutu en ex-president Carter Peter en mij hielpen om diverse groepen op Necker te verwelkomen, van wetenschappers tot filosofen,

Ondernemers en leiderschap

ondernemers en belangrijke leiders. Zoals bij de ontwikkeling van elk zakelijk idee het geval is, vroegen we ons soms af waar we mee bezig waren, maar opeens was er dan een schitterend moment waarop alles samenkwam, en dan wisten we dat dit een project was dat werkelijk van betekenis kon zijn voor de wereld. We maakten natuurlijk ook plezier; dat kon ook niet anders met de schelmachtige aartsbisschop die ons allemaal bij de les hield. Een van mijn mooiste herinneringen uit die periode is dat Peter en ik hem in het heerlijke water rond Necker leerden zwemmen.

Nooit zal ik de toespraak vergeten die Madiba hield voor iedereen toen we de eerste groep Elders in Ulusaba bij elkaar brachten:

Laten we hen Global Elders noemen, niet vanwege hun leeftijd, maar vanwege hun individuele en collectieve wijsheid. Deze groep ontleent zijn kracht niet aan politieke, economische of militaire macht, maar aan de onafhankelijkheid en integriteit van degenen die hier bijeen zijn. Ze hoeven geen carrière op te bouwen, verkiezingen te winnen of hun achterban te behagen. Ze kunnen met iedereen praten die ze willen en zijn vrij de wegen te volgen die zij de juiste achten, ook al zijn die nog zo impopulair. Ik weet dat u als groep onverschrokkenheid zult ondersteunen waar de angst regeert, overeenstemming zult bevorderen waar conflicten zijn en de hoop zult stimuleren op plaatsen waar wanhoop heerst.

Na deze bijeenkomst besloten de Elders dat ze hun bestaan op 18 juli 2007, de verjaardag van Madiba, wereldkundig zouden maken. Het Virgin Unite-team ging direct keihard aan de slag om die dag voor te bereiden en werkte met mij samen om het geld binnen te halen dat we voor de eerste paar jaar nodig hadden, en dat allemaal in iets meer dan vijf weken. In die periode hadden we de kans een verbazingwekkend bescheiden en oprechte groep ondernemers en organisaties te leren kennen die steun verleende aan de oprichting van de Elders. Hun enthousiasme om voor deze droom bij elkaar te komen en de afwezigheid van persoonlijke agenda's belichaamde de ware kern van de Elders. Ze zijn niet alleen partners geworden bij dit initiatief, maar zullen vast en zeker ook vrienden voor het leven worden.

Op het moment van schrijven bestaat de Elders uit Madiba's vrouw Graça Machel, een befaamd voorvechtster voor de rechten van vrouwen en kinderen; de anglicaanse aartsbisschop Desmond Tutu, die een onvermoeibaar strijder tegen de apartheid in Zuid-Afrika was; Kofi Annan, secretaris-generaal van de Verenigde Naties van 1997-2006; Ela Bhatt, oprichter van de SEWA, de vakbond voor zelfstandige vrouwen in India; Lakhdar Brahimi, de in Algerije geboren voormalig ambassadeur die eerst actief was in de vrijheidsstrijd van zijn land en later bemiddelaar in talrijke conflicten in het Midden-Oosten werd; Gro Harlem Brundtland, de voormalig premier van Noorwegen, die grote invloed op de wereldgemeenschap heeft gehad door haar passie voor het milieu en duurzame ontwikkeling; de socioloog Fernando Cardoso, voormalig president van Brazilië, die onvermoeibaar voor de mensenrechten in Zuid-Amerika heeft gestreden; Jimmy Carter, die als president van de Verenigde Staten de weg baande voor de historische vredesakkoorden van Camp David; Mary Robinson, voormalig president van Ierland en alom gerespecteerd Hoge Commissaris voor de Mensenrechten van de Verenigde Naties van 1997-2002; Muhammed Yunus, econoom en Nobelprijswinnaar uit Bangladesh en oprichter van de Grameen Bank; en Aung San Suu Kyi, onverschrokken en openhartig critica van de militaire junta die in haar vaderland Birma de dienst uitmaakt.

De Elders is in de kern een groep zeer invloedrijke beroemdheden die als ondernemers handelen en hun morele moed, wijsheid en onafhankelijk leiderschap gebruiken om buitengewoon lastige problemen te helpen oplossen. Het mooie van de Elders is dat ze op een punt in hun carrière zijn aanbeland waarop ze geen andere agenda meer hebben dan die van de hele mensheid.

Ooit werden hele rijken door een handjevol oligarchen vanuit kleine kamertjes bestierd. Die tijd is godzijdank definitief voorbij, en het ligt zeker niet in de bedoeling om de Elders politieke macht te geven! Maar we hopen en beogen wel dat de Elders hun invloed op het wereldtoneel alert kunnen aanwenden om de wereldbevolking een stem en een geweten te geven.

Nu ik u op deze pagina's uitleg hoe de Elders werken, hoop ik u er te-

Ondernemers en leiderschap

gelijk van te overtuigen dat ondernemerschap niet iets is waar je ooit overheen groeit; het is ook niet iets dat alleen bij zelfstandige zakenlieden, kleine bedrijven of zelfs modulair opgebouwde ondernemingen als de Virgin-groep past. Ondernemerschap is – ik hoop dat het niet te hoogdravend klinkt – een universele zakelijke waarde. Ik bedoel dat die toepasbaar is op problemen, uitdagingen en kansen, ongeacht de schaal ervan.

De Elders is grotendeels op dezelfde manier tot stand gekomen als een Virgin-onderneming wordt opgestart. We hebben de organisatie mogelijk gemaakt en hun de middelen verschaft om samen te werken. We hebben ervoor gezorgd dat er een gemotiveerd administratief team is. En we zorgen ervoor dat de naam en het merk de Elders beschermd worden. Het is belangrijk dat de groep zich tot een herkenbare entiteit ontwikkelt en die ook bij veelvuldige lidmaatschapwisselingen weet vast te houden en dat de organisatie een voortdurende reeks activiteiten ontwikkelt.

Peter Gabriel en ik meenden allebei dat het van vitaal belang was dat wij ons terugtrokken en dat de Elders volstrekte zelfstandigheid zouden bezitten, waarbij die volstrekte zelfstandigheid in de statuten gewaarborgd werd. De Elders zijn aan niemand verantwoording schuldig, zelfs niet aan de oprichters en de financiers.

De twaalf Elders zijn mensen met een ontzagwekkende persoonlijke integriteit. De meesten zijn ouder dan zestig en hebben hun ego afgeschud. In hun beginselverklaring staat dat het de rol van de Elders is wereldproblemen op te lossen en menselijk lijden te verzachten. Er is enorm veel werk in gaan zitten om de beginselverklaring en de structuur goed uit te werken.

Zoals gezegd hebben we een geweldige groep ondernemende financiers bijeengebracht, en dankzij hun gulle bijdragen zijn de lopende kosten van de Elders voor de eerste drie jaar betaald, zodat ze missies naar gebieden als Darfur en Kenia kunnen ondernemen. De Elders krijgen niet betaald voor hun werk. Ze kunnen contacten onderhouden met belangrijke deskundigen in conflictoplossing uit de hele wereld. De internationale statuur van de Elders betekent dat als ze een beroep op iemand doen voor gespecialiseerde hulp bij een project, ze direct een reactie ontvangen. Professionele bemiddelaars zullen het voorbereidende werk kunnen doen voordat de Elders zich in een gebied begeven.

Ik hoop dat de Elders – mits alles goed blijft gaan – over een eeuw nog steeds bestaat en dat mensen die tijdens hun leven hebben uitgeblonken, of het nu politici, diplomaten, mensenrechtenactivisten of zakenlieden zijn, er deel van kunnen uitmaken. Als deze gerespecteerde prominenten in de laatste vijftien jaar van hun actieve leven komen, kunnen de Elders hun vragen mee te helpen bij het oplossen van de wereldproblemen.

Motiveert deze ogenschijnlijk uitzonderlijke organisatie u om iets dergelijks in uw eigen branche op te richten en te faciliteren? Ik hoop het van harte. Tenslotte is het idee voor de Elders in eerste instantie ontstaan op basis van mijn bijna veertigjarige ervaring in het zakenleven en Peters ervaringen met de oprichting van wereldwijde organisaties als Witness. Elke branche kent zijn alom gerespecteerde persoonlijkheden, mensen die door bedrijven en ondernemers voor advies en hun weloverwogen oordeel worden geraadpleegd. Vele prominente zakenlieden leven tegenwoordig langer; ze leven gezonder en hun plezier in het zakendoen is vaak nog even groot als altijd. Stel u eens voor hoe groot het arsenaal aan mentorschap, verstandige adviezen en zelfs praktische hulp is dat aangeboord kan worden. Stel u eens voor dat uw branche ondersteund werd door een netwerk van alom geachte zakenlieden zoals sir Brian Pitman.

Ik geef toe dat dit niet zozeer een zakelijk advies is als wel een oproep tot mobilisatie, maar als dit boek u ertoe geïnspireerd heeft de goede elementen van uw branche als geheel te onderzoeken en hoe uw organisatie aan effectief en verantwoord handelen van die branche kan bijdragen, des te beter. De goede elementen van uw branche vormen een hulpbron waar u zeker aandacht voor moet hebben. Als u een manier vindt om die hulpbronnen in te zetten voor de optimale ondersteuning van uw branche, zal dat uw merkwaarde vergroten, en wat u dan leert, zal direct een positief effect op uw onderneming hebben.

Om een serieus ondernemer te zijn, moet u bereid zijn van de steile wand af te stappen. Ja, dat is gevaarlijk. Hebt u de sprong eenmaal gewaagd, dan ontdekt u soms dat u in een vrije val raakt, zonder parachute. De kans is reëel dat sommige zakelijke avonturen een harde lan-

Ondernemers en leiderschap

ding zullen maken. In mijn eigen zakelijk leven is dat al diverse keren bijna gebeurd. U strekt uw arm uit en weet met uw vingertoppen nog een richel vast te grijpen, en klauterend brengt u zich weer in veiligheid.

Het leven is voor veel mensen te gemakkelijk geworden; hun leven wordt door ouders en leraren voor hen uitgestippeld. Dat geeft best een comfortabel gevoel; je gaat naar de universiteit om te studeren, krijgt een goede baan, een hypotheek, een leuke vriendin of vriend. Het is een veilig bestaan, en in veel opzichten ook een goed bestaan, maar wanneer hebt u voor het laatst een risico genomen?

Veel mensen die dit boek lezen, leven in weelde. Als u zelf niet dat gevoel hebt, denk dan eens even na: het simpele feit dat u dit boek kunt betalen of de tijd hebt het uit de bibliotheek te halen – het simpele feit dat u kunt lezen – betekent al dat u tot de rijkste en meest bevoorrechte mensen uit de wereldgeschiedenis behoort. Dat geldt voor niet zo heel veel mensen en we leven ook nog niet zo heel lang in weelde, en daarom zijn we er nog niet bijzonder goed in. Weelde maakt ons lui. Weelde maakt ons zelfingenomen. We laten ons erdoor in de luren leggen. Als uw baan goed betaald wordt, wie zal het u dan kwalijk nemen dat u geen risico's wilt nemen en bijvoorbeeld uw eigen bedrijf wilt beginnen?

De grote meerderheid is heel tevreden met deze situatie, en dat is natuurlijk prima. Maar als u op zoek bent naar daadwerkelijke actie in uw leven, word dan ondernemer en waag het erop. Leer hoe u uw eigen onderneming moet opzetten. En dat is hetzelfde als de kunst leren om fouten te maken en daarvan te leren.

Want als u ondernemer wilt zijn en niet af en toe een fout maakt, zult u zeker niets leren of iets van betekenis bereiken.

Veel mensen zijn bang om fouten te maken, en dat is heel begrijpelijk, maar tegelijk ook heel merkwaardig. Naar mijn idee is fouten maken namelijk dé manier om iets te leren. Kijk eens hoe een muzikant oefent. Kijk eens hoe een baby probeert te leren lopen. Luister eens naar het taaltje van een kleuter. Vaardigheden als lopen, praten en musiceren ontwikkelen zich geleidelijk, wat gepaard gaat met een ware vloedgolf aan (vaak tamelijk komische) fouten. Ik denk dat dit voor alles geldt: leren is niets anders dan fouten maken en daarvan leren. En dat is ook precies de reden waarom vliegen in de eenentwintigste eeuw zo veilig is

De Branson-way

geworden; zo veilig zelfs dat in een 747 naar New York zitten veiliger is dan thuis tv-kijken.

Ik geef toe dat je altijd tegen je grenzen op kunt lopen, waarna je niet meer van je fouten kunt leren. Niemand hoeft van mij een hitalbum te verwachten of een recital in Carnegie Hall, een reeks sonnetten of die duizenden andere dingen waar ik nooit goed in zal worden. Maar dat zijn geen mislukkingen. Dat gaat over ontdekken waarin je goed bent. De wereld is veel groter dan jij, en hoe groot je succes in de wereld ook is, daar valt niets aan te veranderen.

Falen is eerst en vooral niets uitproberen. Mensen die mislukken, zijn degenen die niets proberen en nergens moeite voor doen. Mislukkingen zijn niet erg. Er zijn maar weinig mensen die iets geprobeerd hebben dat mislukt is en niet toch een enorme bevrediging uit hun poging hebben gehaald. Ik heb meer geleerd van degenen die iets zonder succes geprobeerd hebben dan van de paar geluksvogels die het succes in de schoot geworpen kregen.

In mijn vaderland Groot-Brittannië is het onderwijssysteem een belangrijke factor in onze angsten of mislukkingen. Ik denk dat het zich uitsluitend op academische prestaties concentreert en de andere bijdragen die mensen aan de maatschappij kunnen leveren bagatelliseert. Ik heb enorme bewondering voor wetenschappers en technici; in Duitsland, de Verenigde Staten en Japan krijgen ze het respect dat ze verdienen, maar in de Britse samenleving worden ze vaak niet op waarde geschat.

Als iemand die nooit de universiteit bezocht heeft, heb ik wellicht een radicale kijk op onderwijs. Ik hecht veel waarde aan excellente prestaties en zakelijke expertise, maar ik geloof dat we jongeren ook de waarde van het creëren van welvaart moeten laten zien. Ik denk dat sommige universitaire studies veel sneller afgerond kunnen worden; ik heb nooit begrepen waarom er bij sommige studies slechts twee of drie colleges per week worden gegeven en waarom studenten een groot deel van de tijd aan hun lot worden overgelaten, zonder veel ondersteuning door lectoren en hoogleraren, die het grootste deel van hun energie tegenwoordig aan het binnenhalen van subsidies lijken te besteden. Wat me in elk geval wel duidelijk is, is dat het op de universiteiten en hogescholen nog veel te veel aan ondernemingszin schort.

Ondernemers en leiderschap

Een van mijn grootste helden op zakelijk gebied was sir Freddie Laker. Freddie, die in februari 2006 op 86-jarige leeftijd is overleden, heeft een turbulent leven geleid. Hij was een fantastische man, altijd vrolijk en bevlogen. Hij bracht leven in een kamer zodra hij binnenkwam en was een uitstekende verkoper. Zijn ex-collega en goede vriend David Tait zei dat hij nog een glas water kon verkopen aan iemand die aan het verdrinken was. Freddie was een groot inspirator en voorvechter van Virgin Atlantic en gold als de *godfather* van goedkope internationale vliegreizen.

De eerste Skytrain-vluchten vertrokken in september 1977 van Londen Gatwick naar New York. Zelfs als je in aanmerking nam dat Freddy's maatschappij geen enkele luxe kende, waren de tickets spotgoedkoop. Een enkeltje Amerika kostte slechts 59 pond – eenderde van de prijs van de andere maatschappijen. Het eerste jaar maakte hij 1 miljoen pond winst, en ik vloog regelmatig met hem toen we onze Virgin Records-onderneming in Amerika uitbreidden.

Skytrain vervoerde een op de zeven trans-Atlantische passagiers, en Freddie werd in 1978 geridderd vanwege zijn verdiensten. Maar in 1982 ging de maatschappij met een schuld van 264 miljoen pond failliet. Hij had veel geld geleend om vijftien nieuwe vliegtuigen te kopen, precies op het moment dat het pond in waarde kelderde tegenover de dollar, maar erger nog was dat de grote luchtvaartmaatschappijen tegen hem hadden samengespannen en onder zijn tarieven waren gedoken. Ze bedreigden ook de vliegtuigfabrikanten en zeiden dat die niet aan Freddie mochten verkopen. Zijn maatschappij ging failliet, terwijl de passagiers zich nog in de lucht bevonden.

In 1983 begon curator Touche Ross een antitrustactie in de Verenigde Staten, waarbij het bureau 1 miljard dollar van tien grote maatschappijen eiste – waaronder British Airways, PanAm, TWA en Lufthansa – die hadden samengespannen om Freddies ondergang te bewerkstelligen. De aangeklaagde maatschappijen troffen een schikking en betaalden naar verluidt 35 miljoen pond aan Freddies schuldeisers, terwijl die na lange aarzeling als compensatie 6 miljoen pond accepteerde en zich op de Bahama's terugtrok.

Drie dagen voor het faillissement had hij nog op zijn kenmerkende wijze gezegd: 'Het gaat fantastisch. Ik heb alle vertrouwen in de toekomst.' En David Tait herinnert zich dat hij naast Freddie zat toen ze tien dagen na het faillissement met Air Florida vanaf Gatwick vertrokken. Onder hen stond Freddies levenswerk vleugel aan vleugel in de hangar; de DC-10's, die nu aan de grond moesten blijven, droegen nog steeds het Skytrain-logo. Maar Freddie zei tegen zijn bezorgde buurman: 'Maak je geen zorgen, jongen, het komt allemaal goed.'

Zijn bedrijf was op de fles. Maar Freddie, die viermaal trouwde, wist dat het leven veel meer inhield. Hij haalde graag herinneringen met mij op terwijl we op zijn jacht op de Bahama's Pusser's rum met jus dronken, en hij dronk graag een biertje met zijn vrienden.

Op een andere Air Florida-vlucht ontmoette hij een Eastern Airlines-stewardess die geen dienst had en Jacqueline Harvey heette. Het was liefde op het eerste gezicht, en Jacquie heeft Freddies laatste twintig levensjaren zeker veel aangenamer gemaakt en de herinneringen aan zijn mislukte vliegavontuur uitgewist.

Met name zijn zakelijke aforismen heb ik altijd onthouden.

'Alleen een dwaas verandert nooit van mening.'

'Kom niet met je problemen naar me toe, maar met je oplossingen.'

En zijn beroemdste: 'Sleep die hufters voor de rechter.' Advocaten over de hele wereld zijn nog steeds dol op die laatste! Maar het was zo ongeveer het beste advies dat ik kreeg toen ik het eind jaren tachtig tegen British Airways moest opnemen nadat ze me een loer hadden gedraaid.

Freddie was nooit bang voor mislukkingen. Hij had succes in het leven, en ging er altijd met volle kracht tegenaan. Daarom hebben we een van onze vliegtuigen de *Spirit of Sir Freddie* genoemd.

7
Sociale verant-
woordelijkheid

Gewoon werk

In de loop der jaren zijn er miljarden dollars besteed aan ontwikkelingshulp en het lenigen van de nood bij rampen. Toch sterven er ongelooflijk genoeg dagelijks nog altijd meer dan 16.000 mensen aan ziekten als aids en tbc, die op zich te voorkomen en te behandelen zijn. De helft van de wereldbevolking leeft van minder dan 2 dollar per dag, 1 miljard mensen hebben geen toegang tot drinkwater enzovoort. Dat al deze problemen nog bestaan, wil niet zeggen dat er in de sociale en milieusector niet hard en gemotiveerd genoeg gewerkt wordt. Maar zonder de normale marktwerking en zakelijke principes die ervoor zorgen dat de beste ideeën ten volle gerealiseerd en gecommuniceerd kunnen worden, is dit toch vooral een markt van goede bedoelingen.

Door mijn vele reizen in de afgelopen tientallen jaren ben ik me gaan realiseren dat we het tempo van de noodzakelijke wereldwijde veranderingen alleen kunnen verhogen als we op het eerste gezicht zeer onwaarschijnlijke partnerschappen tussen ondernemingen, liefdadigheidsorganisaties, overheden, non-gouvernementele organisaties en entrepreneurs weten te mobiliseren. De mensen die het meest getroffen worden, kennen vaak de antwoorden; we moeten alleen wel naar hen luisteren. Niemand van ons kan het alleen; we moeten onze verschillen opzijzetten en de manier waarop we werken ingrijpend veranderen, zodat we deze wereld in elk geval voor de 'komende zeven generaties' in goede conditie brengen, zoals de filosofie luidt van de inheemse volkeren met wie we in Canada samenwerken.

In dit laatste hoofdstuk wil ik u vertellen over Virgins avonturen op het gebied waar zakendoen en humanitaire hulp elkaar ontmoeten. Dit is altijd belangrijk voor mij geweest; ik begon er echt mee op mijn achttiende, toen ik het Studentenadviescentrum op Portobello Road opende, waar jongeren advies kregen over seksualiteit en gezondheid. Veertig jaar later bestaat dat in ietwat gewijzigde vorm nog altijd en geeft het op dezelfde plek nog steeds adviezen.

Toen aids halverwege de jaren tachtig een groot probleem begon te worden, kwamen we met Mates-condooms, waarin we onze zakelijke en creatieve talenten bundelden om jongeren zover te krijgen condooms te gebruiken terwijl ze toch van de seks genoten (ze konden er zeker niet van weerhouden worden!). We besloten dat dit zo belangrijk was dat we er een sociale onderneming van wilden maken, waarbij de gehele winst aan het verspreiden van de 'veilig vrijen'-boodschap zou worden besteed. Het team deed het fantastisch. We kregen de BBC zelfs zover dat die voor het eerst in de geschiedenis een advertentiecampagne uitzond, die – natuurlijk op de bekende onbeschaamde Virgin-manier – heel succesvol was in de bewustwording rond veilige seks in Groot-Brittannië. Hier in de Cariben is de leuze: *No Glove – No Love.*

Een paar jaar geleden realiseerde ik me dat als Virgin werkelijk iets wilde betekenen voor de oplossing van de grote problemen waarvoor de mensheid zich gesteld ziet, we alle activiteiten moesten bundelen. Ik wist dat we alleen effectief konden zijn als we de sociale verantwoordelijkheid in de kern van Virgin zouden incorporeren. Daarom spraken we maandenlang met medewerkers, klanten en organisaties in de frontlinie over de hele wereld, en daaruit destilleerden we de bedrijfsfilosofie om 'te doen wat het beste voor de mensheid en de wereld is', wat resulteerde in de oprichting van Virgin Unite. Dit bedrijf is nu de stichting van de groep geworden die met onze ondernemingen en partners samenwerkt om nieuwe benaderingen van grote wereldproblemen te ontwikkelen. Het gaat echt om ideeën en mensen; we moeten de beste zien te vinden en die dan helpen verspreiden. We zijn er heilig van overtuigd

Sociale verantwoordelijkheid

dat liefdadigheid alleen maar positief uitwerkt op het zakendoen. Het gaat echt niet om de 'gouden liefdadigheidscheque'; het is veel belangrijker ervoor te zorgen dat we alles binnen onze ondernemingen mobiliseren – vooral de unieke ondernemingsgeest van onze mensen – om veranderingen teweeg te brengen.

Er bestaat zoiets als verheven eigenbelang, en dat moeten we aanmoedigen. Het is mogelijk winst te maken terwijl je tegelijk de wereld helpt. En voor zover er ooit antwoorden op de wereldproblemen mogelijk zijn, kan het kapitalisme die voor een deel bieden, mits in een menselijke, vrijgevige vorm en in samenwerking met anderen die de problemen en oplossingen begrijpen. Later meer over Virgins verkenningen op dit terrein; eerst wil ik u wat meer vertellen over degenen die mij geïnspireerd hebben.

Op Necker Island hebben we al veel charismatische, invloedrijke mensen te logeren gehad. Maar het bezoek van Bill en Melinda Gates met Pasen 2001 gaf me bij uitstek inspiratie hoe ik met filantropie moest omgaan.

Het kost wat tijd om Bill Gates te leren kennen. Hij is een verstandsmens die helemaal opgaat in alles wat hij doet. Die intense concentratie leverde een uitstekend potje tennis op dat in een eervol gelijkspel eindigde.

Tijdens zijn bezoek sprak hij veel met mij over de Bill and Melinda Gates Foundation, die in 2008 een vermogen van 37,6 miljard dollar had. Daarmee is dit de grootste liefdadigheidsorganisatie ter wereld, die enorm veel kan betekenen voor de probleemgebieden in de wereld. In 2006 deed de stichting voor een bedrag van 1,54 miljard dollar schenkingen op drie aandachtsgebieden: gezondheidszorg en onderwijs (wereldwijd) en programma's in Amerika, zoals de stichting van drie nieuwe middelbare scholen in New York.

Ik schreef in mijn notitieboek: 'Hij toont zich echt heel betrokken. Geeft niet zomaar miljarden weg, maar leest veel over Afrikaanse ziekten en probeert dan werkelijk te helpen met aids/malaria/tubercolose en de voorlichting om condooms te gebruiken.'

Op dat moment had de Bill and Melinda Gates Foundation qua eigen vermogen net de Wellcome Trust ingehaald, een van de oudste

De Branson-way

Britse liefdadigheidsorganisaties, die sinds 1936 gezondheidsonderzoek financiert en 650 miljoen pond per jaar wegschonk. Sindsdien is het vermogen van de stichting nog enorm gegroeid en nu is die verreweg het grootste liefdadigheidsfonds ter wereld, die wereldwijd armoede, ziekten en onwetendheid bestrijdt. Bill en Melinda hebben als 'ondernemende filantropen' zulk fantastisch werk verricht dat Warren Buffett, die Gates in 2008 inhaalde als de rijkste man ter wereld, besloot een groot deel van zijn aanzienlijke vermogen door hen te laten beheren.

Mijn vrouw Joan wist eerst niet goed wat ze van Bill moest denken, maar is hem steeds meer gaan waarderen, en ze bracht graag tijd door met zijn vrouw Melinda, een charmante, intelligente vrouw, die toen eind dertig was. Ze had een enorme kennis vergaard over malariamuggen, tbc, aids en het rotavirus, de veroorzaker van een ernstige vorm van diarree waaraan jaarlijks meer dan 500.000 jonge kinderen overlijden. Ze heeft Bill feitelijk doorlopend privéles gegeven over de belangrijkste kwesties in de wereldgezondheidszorg. Bill was vooral geïnteresseerd in de microbiologische aspecten van het vaccinonderzoek en het vinden van een wetenschappelijke oplossing, terwijl Melissa zich er vooral op richtte direct zo veel mogelijk leed te verzachten.

Ik maakte een zeiltocht met Bill – waarbij ik tot mijn verrassing ontdekte dat hij aan zeilraces had meegedaan – waarop hij me over de Microsoft Xbox vertelde, die hij als concurrent voor de Sony PlayStation op de markt wilde brengen. 'Dit is het grootste project dat ik ooit gedaan heb,' zei hij. Maar ik zag dat hij ook veel nadacht en dat zijn missie in het leven aan het veranderen was. Hij had ontzettend veel bereikt met Microsoft, dat hij tot een van de machtigste ondernemingen ter wereld had uitgebouwd. In iets meer dan twintig jaar had hij het aanzien van de moderne wereld veranderd. Nu wilde hij zijn formidabele denkkracht aanwenden om oplossingen te zoeken voor problemen die tot de lastigste ter wereld behoorden. Hij vertelde me dat hij bij Nelson Mandela op bezoek was geweest. 'Ik zei: "De meeste mensen denken dat u een heilige bent. Zegt u eens eerlijk: haatte u de mensen die u in de gevangenis stopten?"'

'Ja, ik haatte hen,' luidde het antwoord op Bills vraag. 'Twaalf jaar lang was ik van hen afhankelijk, en ik haatte hen. Toen realiseerde ik me dat ze mijn geest of hart niet van me konden afnemen.'

Sociale verantwoordelijkheid

Het antwoord had Bill verbijsterd, en hij zei dat zijn ontmoeting met Mandela een keerpunt in zijn leven was geweest: 'Hij heeft me veel over het leven geleerd.'

Het moet een heel speciaal moment geweest zijn: de rijkste man ter wereld die met de meest gerespecteerde man ter wereld spreekt en dan een nieuw doel en een nieuwe uitdaging in zijn leven vindt. Ik denk dat dit uiteindelijk zelfs als een keerpunt in de geschiedenisboeken terecht kan komen, als het begin van iets groots.

In januari 2008 was Bill Gates een van de gasten op het World Economic Forum in het Zwitserse Davos. Hij zei daar: 'We moeten een manier vinden om de aspecten van het kapitalisme die aan de rijken ten goede komen eveneens aan de armen ten goede te laten komen.' Hij heeft dit idee 'creatief kapitalisme' genoemd. Door de motor van het kapitalisme – eigenbelang – aan te wenden, kan het kapitalisme volgens hem zowel aan de gever als de ontvanger ten goede komen.

Ik ben het daarmee eens. Ik denk dat het kapitalisme heeft bewezen dat het werkt. Maar het heeft ook vele gebreken. Relatief weinig mensen vergaren een enorme rijkdom. Dat zou niet zo erg zijn als de allerarmsten in de maatschappij niet verstoken zouden blijven van de meest elementaire bestaansvoorzieningen. Dat is helaas wel het geval, wat een enorme verantwoordelijkheid bij een succesvol zakelijk leider legt. Leiders dienen hun rijkdom te herinvesteren door nieuwe banen te scheppen of de sociale wereldproblemen aan te pakken (in het ideale geval zelfs beide, en dat maakt het microkredietinitiatief van Muhammad Yunus zo interessant).

In de hele geschiedenis is er nog steeds geen goed alternatief opgekomen voor de vrije uitwisseling van kapitaal, goederen en diensten en de ondernemingslust van eerlijke burgers. Maar het kapitalisme als ideologie is aan hervorming toe. Het kapitalisme moet meer inhouden dan 'overleving van de sterkste'.

Mijn eigen, niet erg bijzondere mening is dat het kapitalisme veel meer aandacht moet besteden aan de mens en de hulpbronnen van deze planeet. Ik noem dat kortweg 'Gaia-kapitalisme', als eerbewijs aan het werk van professor James Lovelock, die zijn leven heeft gewijd aan de ontwikkeling van een theorie over de verbanden tussen de levende en niet-levende elementen van de aarde, die tezamen het leven in stand

De Branson-way

houden. Menselijk gedrag en menselijk kapitaal moeten allebei met onze planeet samenwerken.

Meer in het algemeen dienen ondernemers en gefortuneerden over de hele wereld een positieve kracht voor het goede te zijn. Er is niets onzakelijks aan om de opbrengsten van een onderneming te delen met gelukkige mensen en met een planeet die in al zijn glorie voor onze kinderen en kleinkinderen zal blijven bestaan.

Toen ik in 1997 in Johannesburg een plan voor een nationale loterij op tafel legde, deed ik een beroep op de internationale zakenwereld om bedrijven op een meer ethische manier te leiden. Om de bal aan het rollen te brengen, vroeg ik alle omkoperij keihard te bestrijden. Het verwerpelijkste en gevaarlijkste misbruik van de financiële kracht van een onderneming, dat over de hele wereld voorkomt, is dat steekpenningen worden aangewend om een contract veilig te stellen. Als ondernemers politici omkopen, begint het verval al aan de top. De politie, douane, belastinginspecteurs en rechters zullen dan tegen zichzelf zeggen: als onze bazen al steekpenningen accepteren, waarom zouden wij dat dan niet doen?

In mijn toespraak hanteerde ik een simpele definitie van ethiek. De ethiek van het zakendoen interesseert me, en ethische vragen zijn minder ingewikkeld dan sommige academische verhandelingen ons willen doen geloven. Ik zei dat we allemaal moesten zweren niets te doen waarover we later niet graag iets in de pers zouden lezen. In de ontwikkelde wereld mogen we ons uitzonderlijk gelukkig prijzen met de persvrijheid die hier bestaat. Verkeerd geciteerd of begrepen worden kan frustrerend zijn, en een slechte journalist kan veel schade aanrichten, maar in het grote geheel zijn dat niet meer dan vervelende incidenten. De persvrijheid vormt het geweten van een maatschappij. Stel dat u probeert een concurrent de loef af te steken. Op uw bureau ligt een plan dat zonder meer zou werken, maar dat op de grens van het toelaatbare is. Dit kan ingewikkeld worden, dus u kunt niet zonder meer op uw intuïtie afgaan. Als het publiek en de media dit document te zien krijgen, wat zouden ze dan doen? Zouden ze hun schouders ophalen, om uw onbeschaamdheid lachen of zou er schande worden gesproken over u en uw bedrijf?

Sociale verantwoordelijkheid

Terwijl we het kapitalisme proberen te verbeteren en te hervormen, zal dit verband tussen vrije handel en vrije expressie steeds duidelijker worden. En ook al is een vrije pers een geweldig controlemiddel, deze zou steeds minder noodzakelijk moeten zijn als geweten naarmate we het welzijn van mensen en het milieu in onze omgeving een centralere rol geven.

In juni 1999 nodigde Nelson Mandela mij uit voor zijn afscheidsfeest en de inhuldiging van zijn opvolger Thabo Mbeki. Tijdens het banket vertelde mijn buurvrouw, een arts, me over haar ziekenhuis, dat meer patiënten ontvangt dan enig ander ziekenhuis in de wereld, en ik sprak met haar af op bezoek te komen.

De volgende ochtend ging ik naar Soweto. Na alle pracht en praal van de vorige avond kwam ik met een ongelooflijke klap weer met beide benen op de grond. Het ziekenhuis was nog erger dan zij had beschreven. De Eerste Hulp leek regelrecht uit een film over de Vietnamoorlog afkomstig. De rij voor de apotheek was meer dan een halve kilometer lang. Ik heb diep respect voor Zuid-Afrika en wilde heel graag helpen. Dit was een land met een geweldig potentieel en buitengewoon warme, vriendelijke mensen. Maar de arts vertelde me dat een verbijsterende 20 procent van de Zuid-Afrikaanse vrouwen die een prenatale kliniek bezocht, met hiv besmet was, en dat de medicijnen niet terechtkwamen bij de mensen die ze nodig hadden. We hadden in Groot-Brittannië al met hiv-patiënten gewerkt en ik was nu vastbesloten er alles aan te doen om aan dit onnodige menselijk lijden in Zuid-Afrika een eind te maken.

Virgin investeerde al enige jaren in bedrijven om de Zuid-Afrikaanse economie een impuls te geven. Virgin Unite hield zich inmiddels ook bezig met kansen scheppen voor jonge Zuid-Afrikanen. Een van mijn favoriete voorbeelden hiervan is de Branson School of Entrepreneurship in de CIDA City Campus. De kiem daarvoor werd gelegd toen Taddy Blechter, de charismatische leider van CIDA, Jean en mij letterlijk op straat achternazat om mij enthousiast te maken om te participeren in projecten voor kansarme jongeren om een eigen zaak te beginnen. Terwijl ik dit schrijf, heb ik net mijn verjaardag gevierd met een paar studenten op die school. Hun energie en positieve instelling inspireren me en dwingen respect bij me af. De een na de ander stonden ze op en spraken ze over hun zaak, die als onderdeel van de Branson School begon en niet alleen deze jongeren, maar ook hun familie en gemeenschap economische vrijheid heeft geboden. Dit was het mooiste verjaardagscadeau dat ik had kunnen vragen! Ik heb dit citaat van een van hen in mijn notitieboek genoteerd:

> *Wat me zo beviel aan de Branson School, is dat je er het gevoel hebt inspiratie op te doen, een inspiratie die uit de Branson School voortkomt. Het is er altijd interessant en spannend. Op het moment dat je er komt, vergeet je je problemen en richt je je alleen op het uitbouwen van je zaak. Ik wil alle geweldige Virgin-mensen het allerbeste wensen, en ik wil jullie nog iets vertellen. Blijf de Branson School alsjeblieft steunen. We houden van jullie. Bedankt.*

Hoewel deze fantastische nieuwe generatie Zuid-Afrikanen een positieve toekomst begon op te bouwen, was het voor mij duidelijk dat aids het vermogen van het land om goed te functioneren ernstig belemmerde. Een vitale, dynamische economie heeft gezonde mensen nodig om de maatschappelijke structuur te bieden voor degenen die ziek, zwak en gehandicapt zijn, maar er is een omslagpunt waarna ziekte en dood de samenleving zo verzwakken dat elke vorm van zakelijk initiatief de grond in wordt geboord. Dit was de situatie waarin Zuid-Afrika verzeild dreigde raken, en ik deed daar nog lang niet genoeg tegen.

Voor mij was het vooral het verhaal van Donald Makhubele, een van de obers in ons Virgin-wildreservaat Ulusaba, die de aidstragedie een gezicht gaf. Donald, die dichter en musicus was, was een prachtvent die in welgekozen bewoordingen over zijn land en volk schreef, en over zijn ziekte. Zijn eigen testament was indrukwekkend door de eenvoud. Hij zei: 'Ik ben een songwriter die over hiv en aids schrijft. Laten we als één man samenwerken om trots op onszelf te zijn en hetzelfde doel te hebben om de vijand te verslaan. Dit is geen ziekte, maar een oorlog die zich in Afrika afspeelt en ons continent wil vernietigen.'

Donald overleed aan tbc, veroorzaakt door aids. Na zijn dood zwoer ik dat geen enkele andere Virgin-medewerker nog onnodig zou sterven. Ik meende dat geen van de honderden buitenlandse ondernemingen

Sociale verantwoordelijkheid

die in Afrika werkzaam waren, mocht toestaan dat hun medewerkers aan aids overleden, en hetzelfde zou voor plaatselijke bedrijven moeten gelden.

In Ulusaba moesten we eerst laten zien dat we geen angst voor hiv hadden. Nelson Mandela had me verteld dat hij ooit aidswezen in een hut had bezocht. In plaats van het eten over een hek te gooien, was hij naar binnen gegaan en had hij een tijdje met de meisjes zitten praten. Toen hij naar de auto terugliep, bleek zijn chauffeur zo bang dat hij iets van hem zou oplopen dat hij uit de auto sprong en wegrende. Hij zei dat prinses Diana meer had gedaan dan wie ook door een jong kind met hiv te knuffelen; die simpele daad was een enorme stap voorwaarts gebleken in Afrika.

Joan en ik nodigden de geweldige arts en sociaal ondernemer Hugo Templeman bij ons uit. We verzamelden al ons personeel in het wildreservaat en lieten een hiv/aidstest afnemen, terwijl iedereen toekeek. We probeerden zo veel mogelijk mensen ertoe te bewegen naar voren te stappen om zich eveneens te laten testen, en de meesten deden dat inderdaad. Daarna nodigden we een paar jongeren met hiv uit voor ons allemaal hun verhaal te doen over hoe virusremmers hun leven hadden gered.

In 2005 financierde Virgin Unite samen met een partner twee films, die door Afrikanen gemaakt werden en in diverse talen werden vertaald en waarin getoond werd hoe de hiv-/aidsmedicijnen en het menselijke immuunsysteem werkten. We ontdekten dat in een van onze Afrikaanse ondernemingen 24 procent van het personeel hiv had, wat betekende dat bijna een kwart binnen zes of zeven jaar zou overlijden, tenzij ze met medicijnen behandeld werden. Ik was geschokt, maar wij waren exemplarisch voor vele andere ondernemingen die in Afrika actief waren.

Ik zei dat onze organisatie iedereen die bij ons werkte gratis virusremmers zou geven. We breidden de nul-procentuitdaging nu uit tot al onze Virgin-ondernemingen: geen enkele medewerker mocht ooit meer aan aids overlijden, niemand zou nog hiv-positief worden, geen enkele hiv-positieve zwangere vrouw zou nog hiv aan haar baby doorgeven en we zouden geen enkele vorm van discriminatie tolereren tegenover mensen die hiv-positief waren. De nul-procentuitdaging draagt niet alleen bij aan de bestrijding van nodeloos leed, maar is ook

De Branson-way

voor ons bedrijf enorm belangrijk, omdat we er zo aan bijdragen dat onze mensen gelukkig en gezond blijven.

Ik maakte een tournee langs plaatselijke projecten tegen de verspreiding van hiv en aids. We vroegen zo veel mogelijk ziekenhuizen te mogen bezoeken, zodat we de medische crisis met eigen ogen konden aanschouwen; ik kende de kale feiten en getallen weliswaar goed, maar wilde graag een betere indruk van de omvang van de epidemie krijgen.

Wat ik tijdens die tournee gezien heb, is nog altijd te aangrijpend voor woorden. In de ene na de andere kliniek was het voor iedereen duidelijk dat we hier een afspiegeling van de hel zagen. De aanblik van steeds weer nieuwe rijen uitgeteerde mannen en vrouwen, vaak met hun baby's en kinderen aan het bed, was ronduit gruwelijk. En de wachtkamers zaten vol met mensen die wachtten tot ze een bed konden innemen van iemand die nog maar enkele uren eerder overleden was. Dit waren geen ziekenhuizen. Dit waren plaatsen waar mensen naartoe gingen om te sterven. En toch wisten we dat dit probleem aangepakt kon worden. We wisten zelfs hoe.

Ik schreef in mijn notitieboek: 'Een zwangere moeder met hiv of aids die een kind baart, zal haar kind waarschijnlijk met hiv besmetten. Voor slechts 50 dollarcent kan de moeder zes weken voor de bevalling medicijnen krijgen en kan de baby zes weken na de geboorte ingeënt worden, waarna bijna 100 procent van dergelijke kinderen een normaal leven zonder hiv kan leiden.' Toch hadden slechts heel weinig zwangere vrouwen in Zuid-Afrika toegang tot deze levensreddende medicijnen.

Dit raakte mij allemaal diep. Ik keerde regelmatig naar Zuid-Afrika terug om bedrijven op te bouwen, en telkens weer leek de aidsepidemie erger te worden. Sinds het eerste geval in 1982 waren miljoenen mensen overleden en kwam de ziekte in Zuid-Afrika inmiddels meer voor dan waar ook ter wereld. In 2006 was inmiddels circa 29 procent van de vrouwen die een prenatale kliniek bezocht hiv-positief.

Degenen die weten dat ze hiv-positief zijn, moet hoop geboden worden. Ze mogen niet als levende doden beschouwd worden, wier leven over vijf jaar – of zeven jaar, als ze geluk hebben – op een verschrikkelijke manier zal eindigen. Virusremmers kunnen vele levens redden. Voordat onze nul-procentcampagne was begonnen, was een van onze medewerkers in Ulusaba zo sterk vermagerd dat hij binnen

Sociale verantwoordelijkheid

enkele dagen zou overlijden, maar toen slaagden we erin de juiste geneesmiddelen voor hem te krijgen. Een maand later was hij weer op zijn normale gewicht. Drie maanden later was hij weer aan het werk. Als virusremmers op de juiste manier worden gebruikt, kan iemand een normaal leven leiden. Deze geneesmiddelen verminderen de kans dat iemand anderen besmet eveneens drastisch. We besloten onze ondernemerskwaliteiten te gebruiken om met diverse gerenommeerde organisaties een partnerschap aan te gaan en manieren te zoeken om aan deze noodtoestand een einde te maken. Een van mijn ideeën was klinieken te bouwen die zichzelf in de loop der tijd kunnen bedruipen. Ze kunnen dan als apotheek dienen en ervoor zorgen dat condooms overal verkrijgbaar zijn. Virgin Unite zette samen met Hugo Templeman, Brian Brink van Anglo Amerikcan plc, de Zuid-Afrikaanse regering en het noodhulpprogramma voor aids van de Amerikaanse president het Bhubezi-gezondheidscentrum in Mpumalanga op, een prachtig voorbeeld van een publiek en particulier partnerschap dat echt succesvol is en waarbij de plaatselijke gezondheidsdiensten en de zakenwereld de handen ineenslaan om aids effectiever te kunnen bestrijden.

Hugo's idee was om een eerstelijnskliniek te creëren met een apotheek, röntgen- en verloskundige faciliteiten, een aidsverpleegafdeling en een laboratorium. Hugo had niet alleen zo'n centrum gebouwd, maar ook geholpen met het opzetten van een volledige economische infrastructuur met basisvoorzieningen als water, elektriciteit, wegen en zelfs een bakkerij, autowasstraat en een luierfabriek. Bhubezi was voor Hugo een geweldige kans om zijn ideeën te ontwikkelen en te verspreiden.

In 2006 keerde ik terug om het Bhubezi-centrum te openen. Ondertussen waren duizenden mensen door aids getroffen en eraan overleden, en nog vele duizenden meer waren met hiv besmet. Natuurlijk was ik niet de enige die zich zorgen maakte. Er waren vele tientallen achtenswaardige organisaties en donorlanden aan het werk om aids uit te roeien. Feitelijk belemmerde het grote aantal organisaties dat hulp bood de effectiviteit van de eerstelijnshulp. We spraken een arts die zei dat hij en zijn staf 40 procent van de werktijd besteedden aan de contacten met de meer dan honderd financierende instanties. Met dat gegeven in gedachten ging ik met Virgin Unite aan de slag om een crisiscentrum voor Afrika ten zuiden van de Sahara op te zetten, zodat de hulpbronnen in het gevecht tegen ziekten beter gecoördineerd en gemobiliseerd konden worden.

Nadat ik tijdens mijn reis in 2006 een paar zeer emotionele bezoeken aan verpleegtehuizen voor terminale patiënten had gebracht, terwijl ik nog altijd kwaad was op mezelf over de dood van Donald, besloot ik dat ik niet langer over dit onderwerp kon zwijgen. Tot ontzetting van het Virgin Unite-team, dat bang was dat de voortgang van bepaalde projecten in gevaar kon komen, verklaarde ik op de landelijke tv dat de president van Zuid-Afrika en zijn minister van Volksgezondheid zich naar mijn mening schuldig maakten aan genocide en wegens misdaden tegen de menselijkheid voor de rechter moesten worden gebracht.

De volgende ochtend – 27 oktober 2006 – meldde de *Financial Mail*: 'De Britse miljardair Richard Branson heeft president Thabo Mbeki en minister van Volksgezondheid Manto Tshabalala-Msimang scherp bekritiseerd met zijn bewering dat ze aan de leiding staan van "een regering die in feite het eigen volk ombrengt".'

Ik bleef lange tijd naar het artikel staren. Het was niet anders. Als bekend zakenman zonder politiek imago had ik kritiek geuit op belangrijke politici in een land waar ik zakendeed. Vanuit zuiver commercieel oogpunt was dat zeker niet verstandig geweest. Maar ik had en heb het idee dat het belangrijker is om te doen wat volgens onszelf het juiste in het leven is, en als dat niet met je zakelijke belangen strookt, dan is dat maar zo. Het zakenleven mag zich niet aan de gewone moraal onttrekken.

Maar dit ging niet om mij. Dit ging over een land en een volk en zelfs over een leiderschap waarvan ik hield. Ik wilde dat het ANC herinnerd zou worden voor het goede werk dat de partij voor het land had gedaan, en niet omdat die het leed niet had willen zien en zelfs verantwoordelijk was voor de dood van een groot percentage van de bevolking omdat de partij weigerde te accepteren dat er een verband tussen hiv en aids was.

Ik ontving direct een brief van president Mbeki, en het pleit zeer voor hem dat hij mij niet veroordeelde om mijn uitspraken, maar in plaats daarvan een dialoog aanging over wat er volgens hem gedaan moest worden. Hij bood ook een eerlijk perspectief op zijn inzichten aangaan-

Sociale verantwoordelijkheid

de de problemen waarmee Zuid-Afrika zich geconfronteerd zag, van hiv tot het gebrek aan banen. Na diverse openhartige gesprekken durfden we allebei onze verschillen opzij te zetten en waren we het erover eens dat we ons samen moesten inzetten voor het opbouwen van het crisiscentrum om ziekten in Afrika ten zuiden van de Sahara te bestrijden. Dit was de eerste etappe van een reis die hopelijk een enorm effect zal hebben. Terwijl ik dit schrijf, heb ik me net bij Priya Bery en Jean Oelwang van Virgin gevoegd om een week lang met de ANC-regering, een aantal bewonderenswaardige Zuid-Afrikaanse ondernemers en tal van andere partners op het gebied van gezondheidszorg over de opstart van het crisiscentrum te overleggen.

Het crisiscentrum zal worden opgedragen aan Donald Makhubele en de talloze anderen die in Afrika aan ziekten zijn gestorven. Dit is het zoveelste voorbeeld waarbij ondernemerskwaliteiten, gecombineerd met ervaring in de gezondheidszorg en kennis van de eerstelijnshulp, een enorme machtsfactor voor het teweegbrengen van veranderingen zullen zijn.

Op een dag in april 2006 stuurde Starfish, een liefdadigheidsorganisatie die zich met het wezenprobleem door aids in Zuid-Afrika bezighoudt, mij de parabel van de zeester toe.

Er wandelt een meisje langs het strand dat zeesterren terug in zee gooit en dan een oude man ontmoet. De man vraagt het meisje waarom ze zeesterren in de oceaan gooit. Ze zegt: 'De zon schijnt en het wordt eb; als ik ze niet teruggooi, gaan ze allemaal dood.' De oude man zegt: 'Maar het is een heel groot strand, dat kilometers lang is. Het maakt toch geen verschil wat je doet.' Het meisje pakt een zeester op en gooit die terug in zee. 'Maar voor die zeester wel.'

Wat kunt u doen om verschil te maken? En waarom zou u dat doen?

Als sommige van onze activiteiten in Afrika met duizelingwekkende snelheid van kleinschalige innovaties tot grootschalig beleid uitgegroeid zijn en vervolgens weer in omvang zijn teruggelopen, dan is dat gebeurd om de volstrekt valide reden dat de schaal van de sociale investeringen er helemaal niet toe doet.

Wat er wel toe doet, is dat u zich als ondernemer ten dienste stelt aan het goede doel, op welke schaal dan ook. Een aidsbeleid voor de medewerkers in uw bedrijf is even belangrijk als een aidsbeleid voor de gehele Virgin-groep of voor een heel land. Het gaat erom dat u een idee hebt en dat realiseert, hoe bescheiden de schaal ervan ook is. Dat betekent dat u naar uw toekomstige investeringsstrategie moet kijken om zakelijke kansen te zoeken die tegelijk bijdragen aan de oplossing van de wereldproblemen.

De afgelopen vijf jaar is Virgin Unite uitgegroeid tot een platform dat iedereen in de Virgin-groep helpt bij het teweegbrengen van veranderingen. Virgin Unite brengt iedereen met een gemeenschappelijk oogmerk bij elkaar om ons best te doen voor de mensen en de aarde, en zorgt ervoor dat ik niet in mijn eentje mijn aandeel lever, maar dat iedereen in de hele Virgin-gemeenschap al het mogelijke doet – op grote of kleine schaal – om werkelijk iets te betekenen.

En dat kan op allerlei manieren, afhankelijk van de branche. Gezien het streven om een zo duurzaam mogelijke luchtvaartmaatschappij te worden, probeert Virgin Atlantic nu in diverse aspecten van de bedrijfsvoering de nadelige gevolgen voor het milieu zo veel mogelijk te beperken. Ik ben vooral enthousiast over de biobrandstoftest die een paar maanden geleden succesvol is afgerond. Als we een milieuvriendelijke alternatieve brandstof kunnen vinden, zal dat een van de grootste bijdragen aan de doelstelling zijn die we als luchtvaartmaatschappij kunnen leveren.

Dan Schulman en zijn team bij Virgin Mobile USA hebben samen met Virgin Unite, hun medewerkers, klanten en jongeren in de Verenigde Staten een plan ontwikkeld hoe ze hun kernactiviteiten kunnen aanwenden om iets voor de 1,5 miljoen dakloze tieners in de Verenigde Staten te betekenen. Het is nog altijd schokkend dat we in zulke rijke landen tieners op straat laten leven. Virgin Mobile heeft via de sms-service, de website en alle mogelijke andere kanalen geprobeerd het publiek hiervan bewust te maken en geld in te zamelen. In samenwerking met zangeres Jewel en Virgin Unite heeft Virgin Mobile bij de Amerikaanse overheid gelobbyd, wat ertoe leidde dat november de Maand van de Dakloze Tieners is geworden. Dit was niet alleen een geweldig initiatief voor onze partners, zoals Stand Up for Kids, en de jongeren die ervan profiteren, maar ook voor het hele bedrijf. Hiermee is daadwerkelijk een gemeenschap opgebouwd onder onze klanten, de medewer-

Sociale verantwoordelijkheid

kers en dakloze jongeren, die zich met elkaar inzetten om daadwerkelijke veranderingen teweeg te brengen en van elkaar te leren.

Soms richten de bedrijven zich op hun eigen programma's, soms treden ze als groep op om meer invloed te kunnen uitoefenen. Een recent initiatief is bijvoorbeeld het zoeken en ondersteunen van de beste milieuvriendelijke ideeën van gewone burgers die tevens goed zijn voor de plaatselijke werkgelegenheid. Denk daarbij aan Aboriginals in Australië die hun landbouwgronden op de aloude wijze afbranden, wat de CO_2-uitstoot beperkt en de biodiversiteit bevordert, of een ecolodge in Kenia als onderdeel van een herbebossingsproject van de Green Belt Movement. We hopen dat deze kleinere projecten de komende jaren zullen groeien, waarbij de strijd tegen de klimaatverandering en de noodzaak onze natuurlijke hulpbronnen te beschermen tegelijk aangegrepen worden om de armoede in de wereld te bestrijden.

Goede kleinschalige projecten zijn uitermate waardevol, ook al omdat het vaak mogelijk is ze grootschaliger te maken of ze op tal van plaatsen te reproduceren, zodat ze uiteindelijk over de gehele wereld van invloed zijn. De Grameen Bank van Muhammad Yunus is een klassiek voorbeeld.

Laat u zich dus niet door de kleinschaligheid van een project weerhouden om uw doelen te bereiken. Denk realistisch en creatief over wat u kunt bereiken. Of u nu concernmanager of kleine zelfstandige bent, u kunt dit beslist doen, en van wat u daarbij aan ondernemersvaardigheden leert, kunt u in uw onderneming direct profiteren.

Als er één regel is die alle veelsoortige en bijzondere lessen samenvat die ik in het zakenleven geleerd heb, is het deze: de omvang doet er niet toe, de mensen wel. Deze gedachte komt in mijn huidige werk terug: kleine zakelijke crisiscentra creëren om grote kwesties aan te pakken. Ik zal u tot slot laten zien hoe ik met Virgin Unite en andere partners samenwerk om een crisiscentrum op te zetten dat zich bezighoudt met het grootste, ongrijpbaarste, dringendste en tegelijk abstractste probleem van allemaal: de opwarming van de aarde.

Als ik als jongetje stripboeken zat te lezen, was een van mijn steeds terugkerende nachtmerries dat de aarde een invasie van Marsmannetjes te verduren kreeg. Het was een angstwekkende ervaring: overal waar ik keek, werden mensen door monsters met insectenogen met hun lasergeweren belaagd. In de sciencefictionfilms van de jaren vijftig zoals *The Day the Earth Stood Still* en *The War of the Worlds*, werd de aarde regelmatig aangevallen. Het was een afschrikwekkend vooruitzicht. De oplossing was in alle gevallen dat alle landen zich over hun onderlinge verschillen heen moesten zetten en de gemeenschappelijke vijand eendrachtig moesten afslaan.

Het equivalent van die invasie van buitenaardse wezens is inmiddels op aarde aanwezig. Het is onmogelijk te zien, het is geurloos en het is overal. We voeren oorlog tegen CO_2. Dat is geen buitenaardse dreiging, maar – het toppunt van ironie – een van de bouwstenen van het leven.

Op de Celsius-schaal is 0 graden het vriespunt en 100 graden het kookpunt van water. De afgelopen 10.000 jaar is de gemiddelde oppervlaktetemperatuur circa 14 °C geweest. De hoogste temperatuur die ooit werd opgetekend, was 58 °C in El Azizia in de Sahara, in 1922. Het jaar 2007 was het warmste aller tijden.

Maar als de gemiddelde oppervlaktetemperatuur met 5 °C stijgt – en wetenschappers zeggen dat dat gaat gebeuren, tenzij we ophouden met het verstoken van fossiele brandstoffen die CO_2 in de atmosfeer brengen –, wordt de aarde een onherbergzame, onvruchtbare planeet. De gemiddelde temperatuur bedraagt inmiddels 14,5 °C, en als we op 19 °C uitkomen, zal dat rampzalig zijn. Daarom moeten we nu actie ondernemen.

Eerder dit jaar, toen ik spullen van de vorige eigenaar aan het opruimen was op Mosquito Island, dat als CO_2-arme toeristenbestemming in het Caribisch gebied wordt ontwikkeld, stuitte ik op een paar oude geïllustreerde boeken van Jacques-Yves Cousteau, de uitvinder van de aqualong. Hij waarschuwde voor de vernietiging van de zee. In de jaren zeventig filmde hij een vervuild gebied in de Middellandse Zee waar alle leven verdwenen was, en deze schokkende beelden leidden tot directe milieumaatregelen.

In zijn eerste boek *Window in the Sea*, uit 1973, stelde Cousteau de vraag: wat gebeurt er als de oceanen sterven?

> *Als de oceanen op aarde sterven – dat wil zeggen als aan het leven in de oceanen plotseling een eind zou komen – dan zou dat de laatste en tegelijk de grootste catastrofe betekenen in de*

Sociale verantwoordelijkheid

woelige geschiedenis van de mens en de andere dieren en planten waarmee de mens de aarde deelt.

Zonder leven in de oceanen zou het CO_2-gehalte in de atmosfeer enorm stijgen, en als dat een bepaald niveau gepasseerd was, dan zou het broeikaseffect in werking treden: de warmte die de aarde in de richting van de ruimte uitstraalt, zou onder de stratosfeer worden vastgehouden, waardoor de temperaturen op zeeniveau snel zouden toenemen. Op de Noord- en de Zuidpool zouden de ijskappen smelten en de zeewaterspiegel zou binnen enkele jaren misschien wel 30 meter stijgen.

We kunnen niet zeggen dat we deze ramp niet hebben zien aankomen. Die is bepaald geen verrassing. Cousteau heeft zijn profetische waarschuwing 35 jaar geleden op papier gezet.

Elke onderneming ter wereld moet nu een radicaal andere denkwijze aannemen. In alle aspecten van de bedrijfsvoering moet veel meer aandacht worden besteed aan de vermindering van de CO_2-uitstoot in de atmosfeer. En dat zal niet gemakkelijk zijn, want de activiteiten van de mens in de landbouw en de handel, in reactie op de vraag van consumenten en klanten, zijn deels verantwoordelijk voor het ontstaan van het probleem.

Zoals gezegd zijn al onze ondernemingen nu aan het onderzoeken hoe ze de wijze waarop ze opereren kunnen veranderen teneinde de schadelijke effecten op het milieu te minimaliseren. Dit onderwerp heeft mijn intense persoonlijke belangstelling en heeft me ertoe aangezet een ontdekkingsreis te beginnen, op zoek naar nieuwe benaderingen.

Eerst moest ik me op de hoogte stellen van de feiten. Daarna kon ik me een beeld vormen van de markt en een plan ontwikkelen. Maar ik moest ook over een klankbord van deskundigen beschikken, dat ik vond in professor James Lovelock, een man die in milieukwesties het equivalent van Nelson Mandela is, en Tim Flannery, een ecoloog wiens boek *De weermakers* de beste gids over de huidige klimaatsituatie is die ik heb gelezen.

Wetenschappers hebben een diep gat in de ijskap van Antarctica geboord om monsters te nemen, die ze vervolgens onderzocht hebben. De ijsmonsters bevatten luchtbellen. Uit de hoeveelheid CO_2 die de lucht die in deze ijzige tijdcapsules opgesloten zit bevat, kunnen ze afleiden hoeveel de temperatuur in de loop der jaren gestegen is. Met de uitvinding van de stoommachine en de komst van de Industriële Revolutie in Groot-Brittannië rond 1780 begon deze cyclus van dit aloude proces. Maar nog groter was de invloed van de medische en sociale vooruitgang die ons schoon water, sanitaire voorzieningen, betere voedingspatronen en inentingen tegen veel voorkomende ziekten heeft geboden. Opeens kwamen er steeds meer mensen. De wereldbevolking explodeerde, een proces dat nog altijd doorgaat, en bijna iedereen op aarde consumeert veel meer energie dan zijn ouders ooit hebben gedaan. We bevinden ons nu in een toestand van 'overbesteding' van de aarde, het ecologische equivalent van de *subprime*-hypotheken.

Vóór 1800 bevatte de atmosfeer circa 280 deeltjes CO_2 per miljoen deeltjes gas (ppm). Sindsdien heeft de industrie van alles verbrand, omgesmolten en gesmeed, en hebben de mensen enorme hoeveelheden koolstof gebruikt voor landbouw, koken en verwarmen. Toch heerste er generaties lang een evenwicht omdat de vegetatie genoeg CO_2 uit de atmosfeer gebruikte om te groeien. Nu hebben we echter te veel opgenomen van de koolstofrekening en stevenen we op een Northern Rock- of Bear Steams-fiasco af.

De economische welvaart van de moderne wereld is op twee dodelijke, maar energierijke koolwaterstoffen gevestigd: steenkool en olie. Vele duizenden jaren lang heeft het grootste deel van de koolstofvoorraad diep in de grond opgesloten gezeten.

Dode planten en dieren, die in de grond begraven lagen, werden samengedrukt tot fossiele brandstoffen. Als de mens al deze koolstof uit de grond zou halen en verbranden, dan zou de vrijgekomen koolstof zich met zuurstof verbinden en koolstofdioxide produceren en zouden we ons niet meer druk hoeven te maken over de opwarming van de aarde: we zouden dan al dood zijn door verstikking. Er zou niet genoeg zuurstof overblijven om in te ademen.

In juli 2005 kondigde Gordon Brown, die toen minister van Financiën in Groot-Brittannië was, een onderzoek naar de klimaatverandering aan. Sir Nicholas Stern, ex-econoom van de Wereldbank, wilde de

Sociale verantwoordelijkheid

economische voordelen in kaart brengen die de overgang naar een CO_2-arme economie bood, evenals de mogelijkheden die de mens heeft om zich aan de klimaatverandering aan te passen. Het onderzoek, dat in oktober 2006 gepubliceerd werd, was naar mijn mening een indrukwekkende aanvulling op het debat. Stern meldde dat de concentratie van broeikasgassen in de atmosfeer al van 280 ppm tijdens de Industriële Revolutie tot 430 ppm nu gestegen was. In 2035 zal dit gestegen zijn tot 550 ppm, wat een kans van ten minste 77 procent oplevert dat de gemiddelde temperatuur op aarde meer dan twee graden zal stijgen. Een stijging van twee graden is volgens wetenschappers de limiet om te voorkomen dat het huidige klimaat op hol slaat.

Het meest verontrustende was Sterns waarschuwing dat als er niets aan de uitstoot van broeikasgassen werd gedaan, de wereldtemperatuur aan het eind van de eenentwintigste eeuw met meer dan vijf graden gestegen kan zijn. Een dergelijke stijging zou voor het menselijk leven op aarde onbekende gevolgen hebben. Hij wees erop dat zelfs een stijging met drie of vier graden tot een ernstige vermindering van de landbouwoogsten zou leiden en dat de zeespiegel zo sterk zou stijgen dat steden als Londen, New York, Shanghai, Hongkong en Caïro gevaar zouden lopen. Een ander gevolg zou de vernietiging van het regenwoud in de Amazone zijn, naast het mogelijke stilvallen van de Golfstroom, de oceaanstroming die ervoor zorgt dat een groot deel van Europa een gematigd klimaat heeft.

Stern berekende dat de totale kosten en risico's van de klimaatverandering gelijk zouden zijn aan een vermindering met ten minste 5 procent van het wereldwijde bruto nationaal product. Als daarbij nog meer risico's werden betrokken, zoals het uitbreken van allerlei ziekten, kon dit wel tot 20 procent stijgen. Om zuiver technische redenen is dit een risico voor de zakenwereld dat nu reeds serieus dient te worden genomen en in elk aspect van het commerciële denken een rol dient te spelen.

Om de gassen in de atmosfeer op een niveau van 500 tot 550 ppm te handhaven, zou de wereldwijde emissie zoals die in 2006 plaatsvond, met 80 procent moeten verminderen. De uitdaging is dat de emissies na het bereiken van het hoogtepunt in de nabije toekomst met 1 tot 3 procent per jaar moeten dalen. Sterns voorstellen bevatten vier typen maatregelen die voor de Virgin-groep van speciaal belang waren: beperking van de vraag naar goederen en diensten die een hoge uitstoot produceren; grotere efficiency van motoren die fossiele brandstof gebruiken; snellere actie bij niet aan energie gerelateerde uitstoot, zoals de verbranding en kap van tropische bossen; en overgaan op technologie met een lage koolstofwaarde voor energie, verwarming en transport.

Er zijn internationals die al maatregelen in dit kader genomen hebben, maar het is niet genoeg om telkens kleine stapjes te nemen. Onze oorlog tegen het CO_2 zal door de overheden en het gehele bedrijfsleven in elk product, elke toepassing en elk ontwerp moeten worden geïmplementeerd. We moeten ook iets doen om zo veel mogelijk van het aanwezige CO_2 uit de atmosfeer weg te halen. Dat was de uitdaging die direct mijn aandacht trok.

Steve Howard, de CEO van de Climate Change Group, gelooft dat we nog een paar jaar hebben om een enorme wereldwijde omwenteling tot stand te brengen; doen we dat niet, dan zou aan het menselijk leven zoals wij dat kennen binnen enkele eeuwen een eind komen. Ik ben een optimist en geloof dat de zakenwereld de oplossingen voor dit gigantische probleem kan en zal vinden. Maar ter wille van onze kinderen zullen we de uitdaging nu meteen moeten aangaan, elke dag weer.

Misschien heb ik de natuur altijd te veel als vanzelfsprekend beschouwd. Ik ben opgegroeid op het schitterende Engelse platteland, omringd door vogels en bomen. Liefde voor de natuur is altijd belangrijk geweest in mijn leven. Maar pas toen een voormalige Amerikaanse presidentskandidaat een bezoek bracht aan mijn huis in Londen, begon ik in te zien dat die liefde een inspiratie kon vormen voor de manier waarop ondernemingen geleid worden.

Al Gore, voormalig vicepresident van de Verenigde Staten, bezocht mij in Holland Park. Ik had hem nog nooit ontmoet. Hij wilde mij spreken omdat hij op zoek was naar een zakelijk leider die wereldwijde erkenning genoot. Het leek erop dat ik aan dat profiel beantwoordde. Hij dacht dat ik een gebaar kon maken dat de andere zakelijk leiders eveneens kon inspireren. In twee uur gaf hij mij, Will Whitehorn en Jean Oelwang een overzicht van de problemen rond de klimaatverandering; dezelfde presentatie zou later een miljoenenpubliek bereiken als zijn

Sociale verantwoordelijkheid

documentaire *An Inconvenient Truth*, die een Oscar won. Voor het bezoek van Al Gore had ik het boek *De sceptische milieuactivist* gelezen, dat voor een zakenman gevaarlijk geruststellende lectuur was! In het boek werd beweerd dat de opwarming van de aarde zelfs een positief effect kon hebben doordat de wereld dan niet langer op de volgende ijstijd zou afstevenen. Maar na mijn gesprek met Al Gore kwam ik toch weer terug bij andere wetenschappers en andere denkers. Ik herontdekte het werk van Crispin Tickell en James Lovelock. En toen ik uitgelezen was, had ik zelf een ongemakkelijke waarheid ontdekt: ik moest iets doen, in plaats van passief af te wachten.

Uiteindelijk kreeg ik een boek in handen dat me definitief overtuigde. Het was *De weermakers* van Tim Flannery. Tims stelling was even fascinerend als alarmerend. Het concept van de opwarming van de aarde kreeg daarmee concrete inhoud. Hij gaf voorbeelden van wat er allemaal gebeurde en wat de oorzaken daarvan waren. Ik ging helemaal op in zijn prachtig geschreven verhalen. Een ervan is me in het bijzonder bijgebleven: hoe de Amerikaanse pioniers de enorme bossen in het oosten kapten en in brand staken en de vlakten en woestijnen in het westen lieten afgrazen. Uiteindelijk kwam de vegetatie terug, maar dit betekent wel dat het grootste deel van de Amerikaanse bossen nog geen zestig jaar oud is; ondertussen absorberen deze snelgroeiende bossen wel een half miljard ton CO_2 per jaar, wat een bijdrage levert aan de vertraging van de opwarming van de aarde. Als de vegetatie eenmaal volgroeid is, zal die niet zoveel CO_2 meer aan de atmosfeer onttrekken, terwijl we daaraan dan juist grote behoefte hebben.

Tims boek was een juweeltje, en het viel me op dat hij steeds weer op het werk van James Lovelock terugkwam. Tim is sterk beïnvloed door Lovelocks boek *Gaia*, waarin op overtuigende wijze wordt gesteld dat de aarde één levend geheel is.

Ik moest James Lovelock spreken om erachter te komen wat hij dacht. Een van de privileges die ik geniet is dat ik veel brilante geesten ontmoet. Jim is een onafhankelijk denker, uitvinder en wetenschapper. Hij is al ver in de tachtig, maar nog altijd helder en scherpzinnig. Hij heeft een eredoctoraat op Oxford ontvangen en vele onderscheidingen gewonnen voor zijn oorspronkelijke gedachten over het milieu.

Als jong wiskundig wetenschapper bracht James Lovelock regelmatig een bezoek aan de Jet Propulsion Laboratories in Pasadena. Dit laboratorium had nauwe banden met de NASA en het Amerikaanse ruimtevaartprogramma en verrichtte werk voor onbemande ruimtemissies. Jims uitvindingen hebben toepassing gevonden in diverse interplanetaire sondes die de NASA in de loop der jaren heeft gelanceerd om andere planeten te verkennen. Jim werkte ook aan een op afstand bestuurd microbiologisch lab, dat in een raket naar Mars werd ondergebracht om te onderzoeken of er op deze planeet bacteriën, schimmels en andere micro-organismen voorkwamen. In die tijd stelde Jim de fundamentele vraag: wat is leven, en hoe kunnen we het herkennen?

In samenwerking met zijn gerenommeerde collega Dian Hitchcock begon hij de mogelijkheden van leven op Mars te bestuderen. Terwijl ze daarmee bezig waren, keken ze uiteraard ter vergelijking ook naar de biosfeer en atmosfeer van de aarde. Ze kwamen tot de conclusie dat het bestaan van de aardatmosfeer in zijn huidige vorm alleen verklaard kon worden door het feit dat die voortdurend door het aardoppervlak beïnvloed werd. De voortdurende bewegingen van alle gassen in de aardatmosfeer vormden op zich al het bewijs van leven op aarde.

Hieruit distilleerde Jim de theorie dat de aarde en de atmosfeer één levend, ademend systeem zijn. Dat was in die tijd een radicaal gezichtspunt, dat in strijd was met de wetenschappelijke consensus. Carl Sagan, hoofdredacteur van het astronomisch tijdschrift *Icarus*, bleek echter zo geïntrigeerd dat hij Jims theorieën publiceerde.

Toen de Amerikaanse overheid in 1965 stopte met het Marsonderzoek waaraan Jim gewerkt had, ging hij bij Shell Research aan de slag om de effecten van luchtvervuiling op wereldwijde schaal te bestuderen. Dat was in 1966, drie jaar voor de oprichting van Vrienden van de Aarde. Jim waarschuwde voor de opeenhoping van deeltjes die de ozonlaag aantastten, een dunne laag gas die ons tegen de zonnestraling beschermt. Een van zijn vele uitvindingen was de ECD, een apparaat dat elektronen invangt en van groot belang was voor de opsporing en meting van de concentratie chloorfluorkoolstoffen of CFK's, de chemische verbindingen die verantwoordelijk zijn voor de aantasting van de ozonlaag.

Zijn vriend William Golding, de schrijver van *Heer der vliegen*, gaf hem de naam. Golding stelde 'Gaia' voor, naar de Griekse godin van de

Sociale verantwoordelijkheid

aarde. (Het begrip 'geo' in woorden als 'geografie' en 'geologie' is ook van haar naam afgeleid.) In 1968 bracht Jim zijn 'Gaia-hypothese' naar voren. Hij deed dat tijdens een wetenschappelijke bijeenkomst over de oorsprong van het leven op aarde op Princeton in New Jersey. Gaia is Jims alomvattende begrip voor de ingewikkelde verbanden tussen de biosfeer, atmosfeer, oceanen, gesteenten en bodems van de aarde. In zijn visie is de aarde een zelfregulerend mechanisme, een machine die leven produceert.

Toen ik Jim voor het eerst sprak, vertelde hij me dat hij in de jaren zeventig nog geen duidelijk idee had hoe die machine werkte, maar als wetenschapper wist hij dat de aarde anders was dan onze naaste buren in het zonnestelsel. Hij werd erdoor gefascineerd hoe de aarde, anders dan Venus en Mars, er voortdurend in slaagde gunstige voorwaarden voor het leven te scheppen.

Jim Lovelock is een goede vriend van me geworden en heeft mij deelgenoot gemaakt van zijn werk aan zijn volgende boek, een monoloog over zijn geliefde Gaia, dat eigenlijk allang gereed had moeten zijn. Ook al is hij op gevorderde leeftijd, hij is nog altijd een verbazingwekkend onafhankelijk denker. Ik ben geen academicus en heb moeite met de gedetailleerde wetenschappelijke passages, maar Jims beschrijvingen zijn altijd scherpzinnig en begrijpelijk.

Jim weet dat hij niet het eeuwige leven heeft en dat zijn ideeën zullen verdwijnen, tenzij we die nu vastleggen. Hij heeft me daarom een heleboel ideeën gestuurd, in de hoop dat ik in elk geval een paar daarvan kan verwezenlijken in zakelijke ondernemingen. Hij heeft het erover buizen in de oceaan te laten zakken, algen in de zee op te bergen en zwavel aan de atmosfeer toe te voegen. Hij is geen excentriekeling of een roepende in de woestijn. Hij is een internationaal vermaard en gerespecteerd wetenschapper, en zijn ideeën zijn absoluut de moeite waard. Waar het echter aan ontbreekt, is serieus onderzoek met voldoende financiering dat kan aantonen welke van zijn ideeën het meest in aanmerking komen om uitgevoerd te worden.

In april 2006 kreeg ik bijna tegelijk met het bericht van de liefdadigheidsorganisatie Starfish een brief van de voormalige Amerikaanse president Bill Clinton, die mij uitnodigde voor zijn Clinton Global Initia-

De Branson-way

tive, dat in september in New York zou worden gehouden. Ik heb groot respect voor het werk dat Bill onderneemt om de sociale en milieuproblemen aan te pakken, en daarom verklaarde ik me een paar dagen later bereid mee te doen. Bill belde me ook op en vroeg of ik bereid was een bepaald gebaar te maken.

Toen ik in bad zat, schoot het me opeens te binnen: waarom zou de gehele winst die de Virgin-groep maakte met activiteiten die CO_2 genereerden – zoals de vliegmaatschappijen en treinen – niet geïnvesteerd kunnen worden in de ontwikkeling van schonere technologieën voor de toekomst? Ik wilde ook naar onderzoek over wind- en zonne-energie kijken, evenals andere technologie die de fossiele brandstoffen kon vervangen. Toen ik hem daar voor het congres over inlichtte, toonde Bill zich enthousiast. Hij wilde er in september het centrale thema van maken. Ik zei dat ik graag wilde dat Al Gore, Bills voormalige vicepresident, eveneens aanwezig zou zijn. Ik zei dat ik helemaal niet met het idee gekomen zou zijn als Al me niet bezocht had. Bill Clintons inleiding luidde als volgt:

'Ik heb in mijn steeds langere leven het voorrecht gehad heel veel bijzondere mensen te leren kennen, en Richard Branson is een van de interessantste, creatiefste en meest betrokken mensen die ik ooit gekend heb.'

Toen ik dit hoorde, wist ik van gêne niet wat ik moest zeggen. Bedankt, Bill, maar verwachtte je nou echt dat ik daarop nog een weerwoord had?

Gelukkig was ik op dat moment niet in de zaal. Een assistent riep naar hem: 'Hij is er nog niet. Hij is onderweg.' Zoals altijd had ik het juiste moment gemist. Ik zat op de wc.

Bill vervolgde kalmpjes met het volgende onderwerp. Uiteindelijk stond ik dan toch op het podium, waar ik mijn plannen voor de Virgin-groep uiteenzette. 'We hebben besloten dat we de winst die de Virgin-groep van onze transportondernemingen ontvangt aan het aanpakken van de milieuproblemen gaan besteden, en hopelijk zal dat een bedrag van circa 3 miljard dollar zijn, gemeten over een aantal jaren. Evenals Al Gore geloof ik niet dat het al te laat is. Ik denk dat we nog circa vijf tot tien jaar hebben om de bal aan het rollen te brengen en het probleem aan te pakken. En als we alternatieve brandstoffen kunnen ontwikkelen,

Sociale verantwoordelijkheid

als mensen risico's kunnen nemen bij de ontwikkeling van enzymen, als we erin slagen cellulose-ethanol te verkrijgen en de vervuilende brandstoffen die we op dit moment gebruiken kunnen vervangen, dan denk ik dat we een geweldige toekomst tegemoet gaan.'

Al kwam naar me toe. 'Richard,' zei hij, 'ik heb één vraag. Ik heb één ding niet gehoord in de lijst, en ik wil het zeker weten: gaan de verwachte opbrengsten van de ruimteschepen ook in deze pot?' Ik knikte en zei: 'Overigens, het zijn milieuvriendelijke ruimteschepen!'

Het congres kreeg een goede ontvangst en mijn mededeling had het effect dat Al Gore beoogd had. Dat een zakelijk leider in de transportbranche toegaf dat er problemen met de opwarming van de aarde bestonden en dat er iets aan gedaan moest worden, haalde de krantenkoppen. Dit zou het voor de olie- en steenkoolmaatschappijen nog moeilijker maken om hun verantwoordelijkheden te blijven ontkennen. Maar ik besloot dat ik nog een andere stap moest zetten, en ditmaal bleek een prijs de aangewezen optie. We loofden een prijs uit om iedere inventieve denker aan te moedigen een manier te vinden om CO_2 aan de aardatmosfeer te onttrekken. Als dat zou lukken, zou de temperatuur op aarde door de mens gereguleerd kunnen worden en zouden we CO_2 uit de atmosfeer kunnen halen als het te warm wordt.

Op 9 februari 2007 maakten we de Virgin Earth Challenge bekend. Om de prijs van 25 miljoen dollar te winnen, moeten de deelnemers een commercieel haalbaar plan demonstreren waarmee een aanzienlijke hoeveelheid broeikasgassen uit de atmosfeer verwijderd kan worden. Deze prijsvraag heeft een looptijd van tien jaar.

Al Gore was bereid in de jury plaats te nemen, evenals Tim Flannery en James Lovelock. Ik vroeg eveneens twee andere prominenten om zich bij het panel te voegen: sir Crispin Tickel, directeur van het Policy Foresight Programme op het James Martin Institute for Science and Civilisation van de universiteit van Oxford, en dr. James Hansen, hoogleraar op het Earth Institute van Columbia University en hoofd van het NASA Goddard Institute for Space Studies in New York. Dit was een jury van zwaargewichten.

De juryleden zullen beslissen of een plan het potentieel heeft daadwerkelijk iets te betekenen voor de bestrijding van de opwarming van de aarde en of de prijs aan één winnaar moet worden toegekend of tussen twee of drie moet worden gedeeld. We ontdekten dat het nutteloos was al te veel normen en doelstellingen voor te schrijven, omdat er zoveel manieren zijn om het broeikaseffect aan te pakken. Dit werd scherpzinnig verwoord door James Lovelock in zijn beoordeling van onze eerste suggesties:

> *Tot mijn verrassing las ik in het concept van de Virgin Earth Challenge dat de prijswinnaar minstens een miljard ton CO_2 per jaar uit de atmosfeer moest kunnen verwijderen. Dat lijkt weinig, vergeleken met de bijna 30 miljard ton die we jaarlijks in de atmosfeer brengen. In feite ademen 6,3 miljard mensen jaarlijks bijna 2 miljard ton CO_2 uit; als je dan probeert de aarde te redden door 1 of zelfs 2 miljard ton per jaar te verwijderen, dan is dat net zoiets als een lekke roeiboot leegscheppen met een theelepel...*

Hij zei dat we in gedachten moesten houden dat we een miljard ton CO_2 uit de atmosfeer konden halen als we ons voedsel synthetisch maakten. Dan zouden er enorme gebieden landbouwgrond vrijkomen, waar de natuurlijke vegetatie voortaan vrij spel zou hebben:

> *Is het te laat om de voorwaarden zwaarder en tegelijkertijd algemener te maken? Het zou jammer zijn als een goed voorstel voor een methode om smakelijk, voedzaam voedsel via biochemische synthese direct uit lucht en water te bereiden, afgewezen moest worden.*

Ik wist dat ik Jim meer bij het project moest betrekken, en Will Whitehorn bood aan hem op te zoeken. Na terugkeer van een congres over klimaatverandering met voormalig president Jacques Chirac was hij bereid als laatste lid zitting te nemen in de jury voor de prijsvraag. 'Het is een geweldig idee,' schreef hij, 'en wie weet zou dit de ontdekking van een remedie kunnen bespoedigen. We zijn allemaal al veel te lang slaapwandelend op ons einde af gegaan en hebben een prikkel nodig.'

Ik denk dat alle zakenmensen sceptische wetenschappers onder hun vrienden moeten hebben die hen kunnen uitdagen en stimuleren. Jim was zeker zo iemand voor mij.

Sociale verantwoordelijkheid

Een succesvolle toepassing voor de Virgin Earth Challenge zou heel goed rekening kunnen houden met het zelfregulerende vermogen van de aarde. In september 2007 schreven Jim en zijn collega Chris Rapley aan het wetenschappelijk tijdschrift *Nature*: 'De verwijdering van 500 gigaton CO_2 uit de lucht door menselijk toedoen gaat onze huidige technische kennis te boven. Als we de planeet niet rechtstreeks kunnen "genezen", dan kunnen we die misschien helpen zichzelf te genezen.'

Een van de manieren om dat te doen is het afzinken van verticale buizen in de oceaan. De kracht van de golven zou voldoende zijn om een eenvoudige pomp aan te drijven die koud, voedselrijk water uit de diepten naar het relatief levenloze oceaanoppervlak voert. Dat zou de groei van algen bevorderen, die CO_2 zouden consumeren en dimethylsulfide zouden produceren, de chemische verbinding die ertoe bijdraagt dat vochtige lucht tot wolken condenseert.

Jim gaf mij dit voorbeeld omdat hij de week daarna een bijeenkomst in Washington zou bijwonen waar hij dat idee met wetenschappers en ingenieurs zou bespreken. Onlangs schreef hij me met een nieuw idee:

Steeds meer geloof ik dat onze beste kans om de opwarming van de aarde te keren, in het begraven van koolstof op het land en in de oceaan ligt. Als het meeste landbouwafval jaarlijks op de boerderijen in koolstof zou worden omgezet en dan ondergeploegd werd, dan zou dat veel meer effect hebben dan alle andere voorstellen. Daar komt bij dat om koolstof te maken slechts een relatief geringe hoeveelheid biobrandstof nodig is, terwijl de totale opbrengst heel hoog kan zijn. Het zou langer duren om hetzelfde te bereiken met oceaankwekerijen, maar als we echt iets willen doen, dan is dit de manier.

Dit is een ingenieus idee, dat zelfs een succesvol ondernemingsplan zou kunnen zijn.

Binnen een jaar ontving de Virgin Earth Challenge meer dan 3000 informatieaanvragen, wat buitengewoon bemoedigend was. Maar nu begon ik me te realiseren dat het lang duurt voordat een prijsvraag resultaat oplevert. Peter Diamandis kwam in 1994 met het X Prize-concept voor commerciële ruimtevluchten en had dat in de loop der ja-

De Branson-way

ren aan talloze mensen – ook bij Virgin – gepresenteerd om geld op te halen, maar pas tien jaar later werd de prijs door Burt Rutan en Paul Allen gewonnen. Als strijders in de oorlog tegen de opwarming van de aarde waren we ons er maar al te goed van bewust dat tijd buitengewoon kostbaar was.

Een prijs van 25 miljoen dollar was voor veel universitaire faculteiten een aansporing, maar ik begon me af te vragen wat er zou gebeuren als er een tien- of twintigmaal zo grote beloning was. Misschien zou dat de grote concerns aantrekken om belangrijke onderzoeks- en ontwikkelingsactiviteiten in het project in te brengen. Een prijs van deze grootte zou heel belangrijk zijn om de grote concerns met hun enorme R&D-budget te stimuleren.

In verband daarmee accepteerde ik begin 2008 een uitnodiging om een tweedaagse VN-workshop over klimaatverandering toe te spreken, waar ik door secretaris-generaal Ban Ki-moon tot VN-burger van het Jaar werd benoemd vanwege mijn werk voor klimaatverandering. Als eigenaar van diverse luchtvaartmaatschappijen kan zelfs ik de ironie daarvan inzien!

Ik had al veel sympathie voor de inzichten van Jeffrey Sachs, die hij in zijn boek *Common Wealth: Economics for a Crowded Planet* schetste. Hij stelde daarin: 'Als het om het oplossen van problemen op wereldwijde schaal gaat, zetten cynisme, defaitisme en verouderde instituties nog steeds de toon. Een wereld van onbeperkte marktwerking en met elkaar concurrerende staten biedt geen automatische oplossing voor deze uitdagingen. Het komt erop aan nieuwe duurzame technologieën te ontwikkelen en ervoor te zorgen dat die snel iedereen bereiken die er behoefte aan heeft.'

En zo kwam ik met Jackie McQuillan en Jean Oelwang in New York aan, vastbesloten een publieke oproep te doen voor de oprichting van een Environmental War Room, een milieu-oorlogsraad. Ik wilde openen met een citaat van Cousteau: 'Er zijn geen grenzen op de echte planeet Aarde. Geen Verenigde Staten, geen Rusland, geen China, geen Taiwan. Rivieren stromen ongehinderd over de continenten. Het eeuwige getij, de polsslag van de zee, maakt geen onderscheid; overal klotst het water op de gevarieerde kusten op aarde.'

De president van de Algemene Vergadering van de VN, Srgjan Kerim,

Sociale verantwoordelijkheid

ex-minister van Buitenlandse Zaken van Macedonië, zat de bijeenkomst voor. Als ik me goed herinner, vond die plaats onder het motto 'De aanpak van de klimaatverandering: de Verenigde Naties en de wereld aan het werk'. Srgjan was een hoffelijk gastheer. Tot de andere deelnemers behoorden de secretaris-generaal en Michael Bloomberg, de burgemeester van New York. Op de conferentie werd ik ook vergezeld door de actrice Daryl Hannah, die zich intensief met de klimaatverandering bezighoudt.

Op 11 februari leidde Srgjan de sessie in: 'Ik vind het heel bemoedigend dat het klimaat verandert – het politieke klimaat althans – en dat veel mensen niet langer onwetend zijn, maar beseffen hoe groot het probleem is. Het algehele bewustzijn is inmiddels onze bondgenoot, maar dat is niet genoeg. Het gaat niet om langetermijnplannen en de wereld van morgen, maar om een noodsituatie in de huidige wereld.'

Hij legde uit dat de Verenigde Naties over partnerschappen spraken en de lidstaten over concrete doelstellingen in de broeikasgasemissies onderhandelden. Maar hij zei dat alleen partnerschappen waarbij de zakenwereld, de media, de non-gouvernementele organisaties en de universiteiten (waaronder zij die een bijdrage hadden geleverd aan het IPCC, het VN-panel over klimaatverandering, dat in 2007 de Nobelprijs had gewonnen en politici meer inzicht had gegeven in de omvang van het probleem) samenwerkten effectief konden zijn. Hij benadrukte dat de VN het niet in hun eentje af konden. De voorzitter zei dat toen hij zich aan het voorbereiden was op zijn rol als president van de Algemene Vergadering, hij over klimaatverandering had gelezen. Hij steunde de oprichting van de Virgin Earth Challenge van harte. 'Het is niet toevallig dat ze hier zijn; ze hebben me geïnspireerd,' zei hij. 'Ik heb hen uitgenodigd... Daarom zijn we hier samengekomen.'

Ik begon op sombere toon. Op het laatste moment zag ik af van het poëtische Cousteau-intro en vatte ik de koe gelijk bij de hoorns. 'Er zijn prominente wetenschappers die menen dat we het omslagpunt al gepasseerd zijn en dat de mensheid op geen enkele wijze meer kan voorkomen dat de aarde vijf graden warmer wordt, met alle ellendige gevolgen van dien.'

Ik citeerde Jim Lovelock, die verderging dan het VN-rapport en voorspelde dat al het zomerse drijfijs in de Poolzee binnen tien jaar ver-

De Branson-way

dwenen zou zijn en dat de stijging van vijf graden al binnen veertig jaar zou optreden, en niet binnen tachtig jaar, zoals de VN voorspeld hadden. Anders dan het VN-rapport gelooft hij echter dat de wereld op dit hogere niveau zal stabiliseren en dat een deel van de wereldbevolking zal overleven. Maar de gevarieerde, aangename wereld waarvan we nu genieten, zal verdwenen zijn. De aarde zal grotendeels in een kale woestijn veranderen. Waarschijnlijk zal de sterfte onvoorstelbaar groot zijn en zullen we in een wereld leven waar lang niet genoeg voedsel geteeld wordt en waar niet genoeg drinkwater beschikbaar is om een grote bevolking te laven.

'Of je nu gelooft dat we het omslagpunt gepasseerd zijn of niet, de meeste wetenschappers zijn het erover eens dat we er heel dichtbij zitten en dat de vooruitzichten niet bepaald gunstig zijn. De geschiedenis heeft ons geleerd dat het in tijden van groot gevaar, als alles verloren lijkt, het effectiefst is om de prominenten der aarde bijeen te brengen om dat ene doel te bewerkstelligen: overleven. Ik ben ervan overtuigd dat er een succesvolle strategie te ontwerpen is. De prominenten zijn er al, maar ze strijden afzonderlijk van elkaar.

We moeten allemaal een rol spelen om alle wetenschappers, ingenieurs en uitvinders van over de hele wereld bijeen te brengen om innovatieve, radicale oplossingen te zoeken, waaronder een manier om CO_2 aan de aardatmosfeer te onttrekken. Als een dergelijke doorbraak bereikt kon worden, zou de mens de temperatuur op aarde kunnen reguleren door CO_2 te onttrekken als het te warm wordt en door CO_2 in de atmosfeer te brengen als het te koud is. We weten in elk geval hoe we CO_2 moeten inbrengen; we hoeven alleen nog maar uit te zoeken hoe we die kunnen onttrekken. Maar ik geloof niet dat de mens niet bij machte is dit probleem op te lossen.'

Ik deed iedereen die zich werkelijk om dit probleem bekommerde een concreet aanbod. 'Virgin heeft een prijs van 25 miljoen dollar uitgeloofd om wetenschappers en uitvinders aan te moedigen zich met dit probleem bezig te houden. Vandaag willen we de twintig rijkste landen aansporen zich bij ons initiatief aan te sluiten, zodat dit de grootste wetenschappelijke prijs aller tijden wordt: een prijs van een half miljard dollar.' Dit zou vast en zeker opgepikt worden! Ik wacht nog steeds op een telefoontje.

Sociale verantwoordelijkheid

Ik heb het gevoel dat als we maar echt willen, de wereld deze gemeenschappelijke vijand in een gezamenlijke inspanning kan verslaan. Ik geloof dat de mens zo vindingrijk is – vaak door zakelijke motieven gedreven – dat deze catastrofale ontwikkelingen gekeerd kunnen worden. En daarom ben ik gaan nadenken over de manier waarop de prominente geesten zich in deze duistere tijden op een gemeenschappelijk doel moeten richten. Dit is precies wat nu noodzakelijk is: iedereen moet samenwerken en de beste oplossing vinden. Toen Groot-Brittannië eind jaren dertig met de oorlogsdreiging in Europa geconfronteerd werd, stelde de sectie Operaties van de Britse luchtmacht de specificaties vast voor een eendekker waarmee de nazi's aangevallen moesten worden. Er waren twee projecten, die de strijd met elkaar aangingen. De Spitfire van Reginald Mitchell en de Hawker Hurricane, een ontwerp van Camm, moesten metalen bommenwerpers 266 keer treffen om die te vernietigen. De ontwerpers moesten aan deze eis voldoen door 1000 schoten per minuut te lossen. Beiden slaagden hierin. Er zijn talloze voorbeelden van nieuwe technologieën die juist in oorlogstijd tot ontwikkeling komen, van de uitvinding van kanonnen met een vuurkracht die kasteelmuren kan slechten tot de geboorte van de moderne computer onder de Enigma-codekrakers in Bletchley Park in Engeland, een team dat onder leiding stond van Alan Turing. Waarom zouden we dan nu niet een crisiscentrum inrichten om de nieuwe gemeenschappelijke vijand te bestrijden, te weten de klimaatverandering?

Dit milieucrisiscentrum, een *war room* in vredestijd op milieugebied, zal een unieke combinatie vormen van ondernemingslust, de meest accurate gegevensbestanden en de macht om hulpbronnen aan te boren en tot innovatie te inspireren. Vertegenwoordigers van grote ondernemingen en de financiële wereld zullen met vertegenwoordigers van groene organisaties samenwerken, met wie ze mogelijk kort tevoren nog in onenigheid hebben geleefd. Het zal een verzameling van de knapste koppen zijn, die voor het welzijn van de hele mensheid bijeen zijn gebracht, op een werkelijk wereldwijde schaal. Het plan behelst dat er een klein, onafhankelijk team komt dat nauw met partners samenwerkt, zodat we geen dubbel werk doen, maar in plaats daarvan alle initiatieven die al bezig zijn met elkaar verbindt, voorziet in betrouwbare informatie en een bijdrage levert om de oplossingen te versnellen.

De Branson-way

Dit crisiscentrum zal de allerbeste – en soms radicale – ideeën inventariseren, in kaart brengen wie wat doet en de gevolgen van de bestaande oplossingen voor de CO_2-reductie en het behoud van de ecosystemen op hun merites beoordelen. Het team zal analyses bieden van de verzamelde gegevens en de beste opties aanwijzen en die ondersteunen.

Kordaat leiderschap is hierbij essentieel. Tijdens de vragenuurtjes op de VN-conferentie wilden de journalisten dolgraag weten wie de troepen zou voorgaan in de strijd, en daarbij werd mij diverse malen naar Al Gore gevraagd. Ik ontweek de vragen omdat we nog altijd met de selectie bezig waren; ik zei daarom dat hij zeker een uitstekende kandidaat was om ons in die strijd voor te gaan, maar ik wist niet wat hij ervan zou vinden. We hebben een Winston Churchill of een Franklin D. Roosevelt nodig, iemand die zoveel respect en aanzien geniet dat zijn autoriteit niet ter discussie staat.

Zoals Virgin Unite nu bezig is met het opzetten van een crisiscentrum of *war room* om ziekten in Afrika ten zuiden van de Sahara te bestrijden, zo zijn anderen nu bezig een crisiscentrum in te richten om het gevecht tegen CO_2 aan te gaan.

Als we er niet in slagen een technologische oplossing te vinden, dan moeten we de wereld voorbereiden op de gevolgen van een stijging in temperatuur van vijf graden en een manier zien te vinden om de ernstigste gevolgen te beteugelen. Het crisiscentrum moet radicale ideeën lanceren en de steun van de gehele wereldgemeenschap verkrijgen, zoals ook gebeurde toen de CFK's wereldwijd werden verboden om het gat in de ozonlaag te bestrijden.

Tijdens de bijeenkomst in New York bracht ik als voorbeeld een nieuw idee te berde. 'Het wordt nu alom aangenomen dat de stijging van de zeespiegel door de opwarming van de aarde ertoe zal leiden dat honderdduizenden huizen in kuststeden overal ter wereld vernietigd zullen worden en dat miljoenen mensen zullen moeten verhuizen. Maar stel dat we vandaag zouden beginnen met plannen om enorme meren te creëren in Afrika, Azië, Australië, Noord-Canada en Zuid-Amerika, waarin we zoet water opslaan dat anders in zee zou zijn gestroomd? Deze binnenzeeën kunnen worden gecreëerd als de zeespiegel begint te stijgen en die tot staan brengen. Een bijkomend gunstig effect is dat deze enorme meren een afkoelend effect op de aarde hebben. Er

Sociale verantwoordelijkheid

zal meer regen vallen in woestijngebieden, zodat er meer bomen zullen groeien, die weer meer CO_2 kunnen absorberen.

Het milieucrisiscentrum zou een prijskaartje aan dergelijke grootschalige ideeën kunnen verbinden en met de verschillende landen over de compensatiekosten kunnen onderhandelen.' Ik legde er daarbij de nadruk op dat de Verenigde Naties met het crisiscentrum zouden moeten samenwerken om de implementatie te waarborgen. Ik had een citaat van sir Winston Churchill paraat, die in de Tweede Wereldoorlog zijn beroemde War Room in Londen installeerde: 'Je mag je nooit van een dreigend gevaar afwenden en proberen ervan weg te rennen. Als je dat doet, dan wordt het gevaar tweemaal zo groot. Maar als je het direct bestrijdt, zonder terug te deinzen, zul je het gevaar halveren. Loop nooit voor iets weg. Nooit!'

In maart 2008 besloten we op voorstel van Richard Stromback, een voormalig ijshockeyprof die zeer succesvol is geworden als ondernemer in schone technologie, met een kleine groep mensen die zich met dit onderwerp bezighielden, bijeen te komen om te zien hoe we de krachten konden bundelen. Richard, de CEO van Ecology Coatings, de Climate Group en Virgin Unite nodigden een groep gelijkgezinde zakenmensen en voormalig politici uit om de mogelijkheden te bespreken. Larry Page van Google, durfkapitalist Vinod Khosla, Elon Musk, de oprichter van PayPal, Jimmy Wales, de oprichter van Wikipedia, en Tony Blair, de voormalige Britse premier, die nu als vredesgezant in het Midden-Oosten werkzaam is, behoorden tot de aanwezigen.

In Amerika is de opmars van schone technologie al begonnen, niet alleen in Silicon Valley en de rest van Californië, maar ook in en rond Boston, rond Albuquerque, New Mexico en bij Austin in Texas. Investeringen in energie vormen al de op twee na grootste component van alle Amerikaanse durfkapitaalondernemingen en zijn verreweg het snelst groeiende segment. Het aantal bedrijven en particuliere ondernemers in deze sector is nu aanzienlijk, waarbij ondernemingen als Odersun, Solyndra, Clipper Windpower en Enphase Energy snel groeien.

Shai Agassi, voormalig president van de product- en technologiegroep van SAP, werkt nu in zijn eentje als oprichter van Better Place of Palo Alto; hij richt zich er ondermeer op de infrastructuur te scheppen

De Branson-way

om een landelijke vloot van elektrische auto's in Israël te exploiteren.

Elon Musk, oprichter van PayPal en nu ruimtevaartondernemer, sprak over zijn onderneming Tesla Motors in Silicon Valley, die elektrische sportauto's fabriceert die voor 100.000 dollar te koop zijn. (Larry heeft er een besteld, maar ik wacht voorlopig nog, omdat ik momenteel vrijwel nooit van een auto gebruikmaak.) Hunt Ramsbottom, CEO van Rentech, een bedrijf dat zich op synthetische-brandstoftechnologie richt, sprak over zijn plannen om biobrandstof voor vliegtuigen te fabriceren, terwijl William McDonough ons plannen liet zien voor een gebouw in Abu Dhabi waar zonnepanelen in de ramen waren ingebouwd, en een Wal-Mart-distributiecentrum met een energievriendelijk grasdak.

Tony Blair zei iets dat me zeer aansprak en dat mijn vastbeslotenheid om met dit crisiscentrum door te gaan nog vergrootte. Hij zei dat overheden te druk bezig zijn voortdurend brandjes te blussen om echt iets nieuws te beginnen. 'Het is angstwekkend om te zien hoe weinig tijd er door alle dagelijkse overheidsbeslommeringen overblijft voor de echt belangrijke kwesties, zoals CO_2,' zei hij tegen ons. De Britse minister van Milieu kwam bijvoorbeeld slechts twee uur per maand bij hem voor een bespreking, als alles meezat. Het kabinet werkte een of ander kortetermijnproject uit en besloot dat dan uit te voeren.

Als dit de vaste gang van zaken is, dan is de noodzaak van een milieucrisiscentrum des te dringender, en naar mijn idee moet de gemeenschap van 'groene' ondernemers daarin een centrale rol spelen.

Om een bedrijf ethisch te leiden, moet je het effect van je operaties op anderen in overweging nemen. Omkoping is uit den boze, en dat geldt ook voor al dan niet bewuste schade aan het milieu.

Het duurde een tijdje voordat ik dat besefte. Ik was eigenlijk bang om het probleem van de klimaatverandering onder ogen te zien. Ik vond het afschrikwekkend. Ik dacht dat het te groot voor me was, te groot voor wie dan ook. En daarom probeerde ik mezelf ervan te overtuigen dat het niet bestond.

> Zoals iemand die op een eenzaam pad
> In angst en vrees verder loopt,
> En zijn weg vervolgt nadat hij zich omgedraaid heeft,

Sociale verantwoordelijkheid

Zonder nog achterom te kijken;
Omdat hij weet dat achter hem
Een afschrikwekkende vijand nadert.

Maar anders dan het vooruitzicht van de 'Ancient Mariner' van Coleridge, gaat het er bij het zakendoen vooral om de harde werkelijkheid tegemoet te treden. Echte problemen, zelfs als ze zo groot zijn als de klimaatverandering, zijn nooit zo afschrikwekkend als de schrikbeelden in onze geest. We kunnen iets aan de opwarming van de aarde doen. We moeten alleen maar van onze angst ervoor af zien te komen. Al veel te lang weigeren we verstijfd van angst de realiteit onder ogen te zien. We moeten nu handelen.

Niemand vraagt u om de planeet te redden. Bedenk gewoon een paar goede ideeën en werk die uit. Niemand verwacht van u dat u een oplossing voor alle wereldwijde problemen vindt. Probeer iets te betekenen op de gebieden waarop u dat kunt. Kleinschalige oplossingen zijn op zich al waardevol, en sommige kunnen op grotere schaal worden toegepast, en daarom zult u ongeacht uw budget zeker iets kunnen betekenen.

Dat is het goede nieuws.

En dan komt nu het afschrikwekkende deel.

Als u dat niet doet, zult u vrijwel zeker zakelijk ten onder gaan. Is het niet volgend jaar, dan wel over vijf, tien of twintig jaar. Het klimaat verandert en de wereldbevolking stijgt explosief. Als gevolg daarvan fluctueren de prijzen van allerlei goederen en diensten hevig. De verzekeringsmarkt verkeert in een chaos. Onvoorspelbare, onverwachte tekorten verstoren de productie. Veranderende weerpatronen brengen hele bevolkingen in gevaar en ontwrichten de economieën van gehele landen.

En het zal eerst nog veel erger worden voordat het beter wordt.

U zult zich herinneren dat ik, toen ik over de ontwikkeling van biobrandstoffen en ruimteschepen schreef, beweerde dat er geen plotseling groot succes in een nieuwe markt mogelijk is en dat Virgins snelle opkomst in deze sectoren het gevolg van jarenlang lezen en onderzoek was.

De sector die we 'antwoorden op klimaatverandering' kunnen noemen, is geen sector die ons de vrijheid biedt ons er al dan niet in te begeven. Het is een sector die ons allemaal aangaat, of we dat nu leuk vinden of niet. Of we nu groot of klein zijn, we moeten in deze branche zakendoen, want als we daarin niet slagen, zal dat onze ondergang betekenen. Als u niet vooroploopt en de oplossingen voor problemen die uw onderneming over tien jaar kunnen treffen niet nu al begint te onderzoeken, dan loopt u het ernstige risico dat het steeds slechter gaat met uw bedrijf, dat het doodbloedt en uiteindelijk failliet gaat.

Maar waarom zouden we dit vanaf de duistere kant van de telescoop bekijken? Het omgekeerde is net zo goed waar: als u zorgt succesvol te zijn in deze branche, zult u ontdekken dat u iets dat iedereen ten goede komt in een mooie winst voor uw bedrijf kunt omzetten.

Met die winst kunt u dan met steeds grootschaliger oplossingen experimenteren. De klimaatverandering biedt goede ondernemingskansen, en ik garandeer u dat u, als u eenmaal in deze sector begint, niet meer wilt stoppen.

Hiv/aids en klimaatverandering zijn thema's die mij voortdurend blijven boeien en die voor de Virgin-groep ook zinnig zijn om te steunen. We werken aan ander sociale en milieu-investeringen, maar al onze inspanningen op dit gebied hebben met elkaar gemeen dat ze het grootste kapitaal van Virgin, namelijk de ondernemingsgeest van onze medewerkers, exploiteren. Deze ondernemingsgeest kan ons, in combinatie met de juiste partners en goede ideeën, helpen werkelijk iets te betekenen, het welzijn van wereldgemeenschappen vergroten en de aarde leefbaarder maken.

Als we een wereld willen die we vol trots aan de volgende zeven generaties kunnen overlaten, moet elke onderneming onderzoeken hoe die veranderingen in elk aspect van de bedrijfsvoering door te voeren zijn. Nog één laatste punt: vergeet niet te luisteren, want vaak komen de beste ideeën van uw medewerkers, klanten en mensen in de frontlinie!

Als u ervoor voelt zich als partner bij ons aan te sluiten in uw inspanningen om de wereld leefbaarder te maken, neem dan contact op met Virgin Unite: www.virginunite.com.

Epiloog

Succes

Wanneer ik als tiener mijn knie niet flink geblesseerd had, was ik waarschijnlijk sporter geworden. Wanneer ik niet dyslectisch was geweest, zou ik niet op mijn zestiende van school zijn gegaan om een tijdschrift te beginnen, en dan zou ik *Student* niet uitgebracht hebben, en dan zou Virgin Records nooit geboren zijn, wat betekent dat...

Je kunt in dit leven diverse paden kiezen, en het is van het grootste belang het juiste pad te kiezen. Alsof dat nog niet genoeg druk oplevert, geldt ook nog eens dat het niet zinnig is om niet te kiezen, want die levensinstelling leidt geheid tot mislukking.

Ik denk niet dat er genoeg aandacht en hulp aan jongeren wordt gegeven om hun een duwtje in de juiste richting te geven. Alle jongeren verdienen wijze raad. Ze hebben iemand nodig die hun een toekomst kan wijzen. Ze moeten kunnen uitzoeken wat ze met hun leven kunnen doen, hoe ze van hun leven kunnen genieten en hoe ze verantwoordelijkheid voor hun daden kunnen nemen.

Ik vind het zonde dat we kinderen van alles over de wereld leren, maar dat we hun niet leren hoe ze aan de wereld moeten deelnemen, hoe ze een idee moeten realiseren, hoe ze de consequenties van hun daden moeten doorzien, hoe ze met tegenslag moeten omgaan en hoe ze hun succes moeten delen. Wat voor wereld hebben we opgebouwd als je zonder tegenspraak kunt zeggen dat 'zaken gewoon maar zaken zijn'?

Het ondernemerschap is het kloppende hart van een bedrijf. Ondernemerschap draait niet om kapitaal, maar om ideeën. Heel veel elementen van het ondernemerschap zijn te leren, en die moeten we ook dringend aan anderen onderwijzen, nu we met de enorme wereldwijde uitdagingen van de eenentwintigste eeuw geconfronteerd worden.

Ondernemerschap draait ook om excellente prestaties, en dan bedoel ik niet het soort prestaties waarmee je prijzen wint of de waardering van anderen verdient, maar de prestaties die je voor jezelf neerzet door te ontdekken wat de wereld te bieden heeft. Laatst schreef ik iemand die net als ik dyslectisch is. Ik zei dat het belangrijk was op zoek te gaan naar je sterke punten, om te proberen uit te blinken in datgene waar je goed in bent.

Niemand is geïnteresseerd in iets waarin u slecht bent, en daarin zou u zelf ook helemaal niet geïnteresseerd moeten zijn. Hoe succesvol u ook zult worden in het leven, er zullen altijd meer dingen zijn waarin u slecht bent dan dingen waarin u goed bent. Uw zelfvertrouwen hoeft dus niet te lijden onder uw beperkingen. Besteed er verder geen aandacht aan en concentreer u helemaal op uw sterke punten.

Dit lijkt mij een zinnig advies voor jongeren. Voor degenen onder u die niet meer zo jong zijn, zou mijn advies luiden: lees de alinea hierboven nog eens en zet achter elke zin een uitroepteken.

In het zakenleven hebt u altijd een keuze, en bent u altijd verplicht te kiezen. Met de juiste houding zult u door zaken te doen eeuwig jong van geest blijven, want zakendoen leidt altijd tot verandering, verandering brengt altijd kansen, en u kunt zich nooit verstoppen voor de veranderingen die er te gebeuren staan.

Als ondernemerschap vereist is, zal een conservatieve mentaliteit u verlammen, een verdedigende houding zal u verzwakken en het onvermogen de feiten onder ogen te zien zal uw einde betekenen. Ondernemerschap is gebaat bij een *open mind*, bij mensen wier optimisme hen voortdrijft zich op velerlei mogelijke toekomstscenario's voor te bereiden, alleen maar omdat ze dat leuk vinden. Ondernemerschap is gebaat bij mensen met een menselijke, geëngageerde kijk op de wereld, mensen die in de huid kunnen kruipen van hun klanten, hun medewerkers en de

Epiloog

mensen die de gevolgen van hun handelen ondervinden. Ondernemerschap is gebaat bij mensen die, als ze een probleem of een onrechtvaardige situatie tegenkomen, daar iets aan proberen te doen. Ondernemerschap begunstigt pragmatici meer dan perfectionisten en avonturiers meer dan fantasten.

Mits met de juiste mentaliteit uitgeoefend, zal ondernemerschap u ook succes brengen, wat dat ook moge inhouden.

Hoe bepaal je eigenlijk wie echt succesvol is? Op mijn lijst van succesvolste mensen ter wereld staat ook sir Freddie Laker, wat geen vanzelfsprekende keuze is, als je af zou moeten gaan op de krantenkoppen, de lijstjes van allerrijksten en alle andere parafernalia die zakelijke beroemdheid met zich meebrengt. Laten we deze vraag eens tot de kern terugbrengen: als we over succes praten, waar hebben we het dan echt over?

Hebben we het over geld? Als het om succes gaat, is geld op zijn best een ruwe graadmeter. Mensen willen altijd weten hoe rijk anderen zijn. Het is een fascinerend onderwerp, dat tot een eindeloze reeks artikelen en oeverloze discussies leidt. Maar de waarheid is dat rijkdom net een stromende rivier is. In bepaalde perioden stroomt het geld binnen en verdrinkt u in de contanten. Maar even later investeert u in een nieuwe onderneming en droogt de geldstroom ineens op, waarna er slechts een droge rivierbedding overblijft.

Zelfs de ranglijsten van de rijken der aarde die zich op gedegen onderzoek baseren, moeten op veronderstellingen afgaan als het om de cijfers gaat. Er zijn perioden geweest dat ik bijna bankroet was en buitengewoon blij was dat mijn naam in de *Sunday Times Rich List* stond, omdat ik dacht dat ik daarmee mijn bankmanager tevreden kon houden. (De cijfers vertoonden vaak naar beide kanten een enorme afwijking, maar ik klaagde niet.) De afgelopen paar jaar zijn de zaken voor de Virgin-groep goed gegaan. In 2008 bedroeg de omzet bijna 12 miljard pond.

En ik? Ik ben rijk. Ja, nu heb ik het gezegd. Het is typisch Amerikaans om over rijkdom te praten. In Groot-Brittannië hebben we daar nog steeds moeite mee, en ik denk dat dat ook goed is. Als ik naar een feestje ga, zie ik mensen, geen bankafschriften, en ik hoop dat als mensen een praatje met me maken, zij er hetzelfde over denken. Om eerlijk te zijn,

De Branson-way

had ik een hekel aan het woord 'miljardair' in de titel van het programma dat ik voor Fox maakte. Het was een geweldige titel, maar het was bepaald mijn stijl niet. Geld is alleen interessant vanwege alle dingen die je erdoor kunt doen. Als ik vandaag al mijn aandelen in Virgin-bedrijven zou verkopen, zou ik op papier een aanzienlijk vermogen bezitten. Maar wat zou daar leuk aan zijn?

Geld is een slechte gids voor succes in het leven, maar dat geldt des te meer voor beroemdheid. De media personifiëren en simplificeren de zaken graag, wat ook begrijpelijk is. Het is veel gemakkelijker over Steve Jobs van Apple, Bill Gates van Microsoft of Richard Branson van Virgin te praten, maar daarmee doe je geen recht aan het legioen managers dat belangrijke functies vervult en dagelijks belangrijke beslissingen neemt. Iedereen wil zakendoen 'simpel' maken, en dat is inderdaad iets dat ik altijd beoog, maar in werkelijkheid zijn er altijd factoren die het leiden van een mediabedrijf, een ruimtetoerismeonderneming of een luchtvaartmaatschappij ingewikkeld maken. Daarbij vereisen de financiële implicaties van het leiden van een internationale onderneming, die in vele rechtsgebieden actief is, een aanzienlijke kennis van accountancy en fiscale en juridische zaken, en niet te vergeten van IT, marketing en personeelbeleid. Ik heb nog nooit een CEO ontmoet die over al die kwaliteiten beschikte. Natuurlijk neemt het boegbeeld aan de top belangrijke strategische beslissingen, maar die zijn gebaseerd op het werk en de capaciteiten van anderen in het bedrijf. In de werkweek van ons allemaal zitten evenveel uren. In succesvolle ondernemingen zijn het nooit alleen maar enkelingen die hard werken; meestal heerst er in het hele bedrijf een hoge arbeidsmoraal.

Als geld of beroemdheid niet de werkelijke kern van het succes vormt, hoe zit het dan met persoonlijke macht? Er is me wel gevraagd wat er gebeurt als Richard Bransons eigen ballon knapt: is de Virgingroep niet te sterk van één persoon afhankelijk? Ik heb daarop bij wijze van grap geantwoord dat we in de periode van Virgin Records altijd constateerden dat de platenverkoop enorm toenam als er een bekende rockmuzikant overleed.

Ik heb me er meer dan 35 jaar aan gewijd het merk Virgin op te bouwen, en als ik morgen overreden word, dan zal het leven ook zonder mij vast wel verdergaan, zoals Google zal blijven bestaan zonder zijn op-

Epiloog

richters en Microsoft zonder Bill Gates zal blijven bestaan. Voor mij is het belangrijkste werk achter de rug. Veel mensen hebben in de beginjaren buitengewoon hard gewerkt om het merk op te bouwen. Met of zonder mij zal Virgin nog vele jaren blijven bestaan.

Is dat macht? Op een bepaalde manier wel, denk ik. Maar het idee dat ik 'de macht' in handen heb over het merk, is naïef en in zekere zin zelfs gevaarlijk. Ik heb het merk ter wereld laten komen. Ik heb het altijd gekoesterd en blijf het koesteren. Ik heb het in het leven geroepen en vecht ervoor. Het merk is een van de dingen waarvoor ik 's ochtends mijn bed uit kom. Maar over ideeën kun je niet echt macht uitoefenen.

Het andere waarvoor ik 's ochtends mijn bed uit kom, is het idee dat ik echt iets bijzonders wil doen. Daarom heb ik nooit een groot bedrijf willen leiden en beleef ik er zoveel plezier aan een hele reeks kleinere bedrijven te creëren en in stand te houden. (Ik moet hier voorzichtig formuleren, want vliegmaatschappijen zijn zeker geen kleine bedrijven! Maar ik hoop dat u inmiddels begrijpt wat ik bedoel.) Door voortdurend te beseffen wat het is om een kleine ondernemer te zijn, heeft Virgin op een geheel eigen manier een enorme positieve impact in tal van branches gehad.

Hoe meer je je actief en praktisch betrokken voelt, des te succesvoller zul je je voelen. Dat zou zelfs wel eens mijn definitie van succes kunnen zijn. Momenteel word ik er steeds actiever in initiatieven te ondersteunen om onze toekomst op aarde te verzekeren. Maakt dat mij succesvol? Het maakt me in elk geval gelukkig.

Ik hoop dat u de gedachten en verhalen in dit boek nuttig hebt gevonden. Ik denk dat wel duidelijk is dat mijn definitie van succes nauwelijks iets te maken heeft met winstcijfers op zich. Dit is heel belangrijk. Succes heeft voor mij te maken met de vraag of je iets gecreëerd hebt waarop je echt trots bent. Winst is noodzakelijk om in het volgende project te investeren, en om de rekeningen te betalen, investeerders terug te betalen en al het harde werken te belonen, maar dat is alles. Niemand verdient het alleen herinnerd te worden vanwege de hoeveelheid geld die hij in het leven verdiend heeft. Of je nu met een miljard dollar op je bankrekening of met 20 dollar onder je kussen overlijdt, is niet zo belangrijk. Dat is niet wat je in het leven bereikt hebt. Wat er echt toe doet, is of je iets aparts hebt gecreëerd, en of je echt iets betekend hebt in het leven van anderen. Ondernemers, wetenschappers en kunstenaars die volkomen berooid zijn gestorven, zijn vaak de helden.

Succesvolle mensen hebben echt geen geheimen die zij alleen kennen. Maak u niet druk over mensen die voor u 'winnaars' lijken, maar luister in plaats daarvan naar de wijsheid van mensen die het leven waardevoller hebben gemaakt – mensen die bijvoorbeeld tijd hebben gevonden voor vrienden en familie. Wees ruimhartig in uw opvatting van hoe succes eruitziet. De beste en meest zinvolle levens eindigen niet altijd gelukkig. Mijn vriend Madiba heeft zevenentwintig jaar van zijn leven in de gevangenis doorgebracht. Als hij daar gestorven was, zou zijn leven dan voor ons geen lessen meer hebben bevat?

In het zakenleven gaat het erom dat je iets positiefs doet, net als in het gewone leven. Bedankt voor het leven, en geniet van het leven. U hebt er maar één.

Als

Als allen om u heen zich reeds verloren achten
en gij alleen de kop nog boven water houdt,
als gij van niemand meer vertrouwen moogt verwachten
en enkel op uzelf als op een rotssteen bouwt,
als gij geduldig zijt en spoed en nijd kunt laten,
Als gij belogen wordt en u niet liegend wreekt,
als gij de haat aanvaardt, dit zonder zelf te haten,
u niet op wijsheid roemt, noch van uw deugden spreekt;

Als gij bij wijlen droomt, maar droom niet laat regeren,
als gij gedachten hebt maar ook de daad vereert,
als voor- en tegenspoed u beide kunnen leren
dat gij de juiste maat van 's levens tol begeert,
als gij berusten kunt, wanneer een schurk uw woorden
verdraait tot leugentaal voor simpelen van geest,
als men het liefste in u koelbloedig komt vermoorden
en gij met klaar gemoed van elke wond geneest;

Als gij uw schoon bezit in ene hand durft wegen
en met een teerlingworp het noodlot zelf uitdaagt,
verliest, maar u tot nieuw beginnen kunt bewegen

De Branson-way

en aan geen enkel mens van uw verlies gewaagt;
als gij zowel uw hart, uw zenuwen en pezen,
die reeds bezweken zijn, tot nieuwe driften tart
en volhoudt tot het laatst, wanneer niets in uw wezen
nog rechtstaat dan de wil, die koppig bijt: 'volhard!'

Als gij in schor bezit het lage in u kunt weren
aan 's konings dis de bedelaar indachtig zijt,
als liefste vriend, noch felste vijand u kan deren,
als gij verlangen kunt, doch scheiden zonder spijt;
als gij de vlugge ren tegen de tijd kunt lopen
en winnen kunt wat broze menselijke loon,
dan staat het paradijs der aarde voor u open,
en, wat nog beter is, dan zijt ge een Man, mijn zoon!

Rudyard Kipling
(in een vertaling van Karel Jonckheere)

Dankbetuiging

Het schrijven van *De Branson-way* is een levensles voor me geweest. Het bood me de gelegenheid alle zakelijke avonturen waarbij ik in de loop der jaren betrokken ben geweest nog eens de revue te laten passeren. Ik weet dat sommige collega's bij Virgin zich behoorlijk sappel maken over wat ik allemaal zou kunnen zeggen – en of ik niet van de partijlijn afwijk, zoals dat in de politiek heet –, maar het mooie van de Virgin-groep is dat ik de vrijheid heb gekregen openhartig over de onderneming te praten.

Uiteraard komen vergissingen omtrent de loop van bepaalde gebeurtenissen geheel voor mijn rekening. Hoe zeggen ze dat ook alweer aan het slot van op waarheid gebaseerde tv-series: 'Sommige namen en gegevens zijn veranderd', toch? Nu diende de noodzaak zich niet echt aan, maar ik heb uiteraard niemand in verlegenheid of diskrediet willen brengen.

De geschiedenis van Virgin is een heel bijzondere. In één mensenleven is een wereldwijd concern opgebouwd, en het eind is nog lang niet in zicht. We hebben er ontzettend veel energie in gestoken. In de loop der jaren hebben vele uitstekende, toegewijde collega's de koers van onze Virgin-bedrijven bepaald. Ik zou ze eigenlijk allemaal persoonlijk moeten bedanken, maar dan zou dit boek tweemaal zo dik worden, tot ongenoegen van de uitgever. Daarom zal ik hier iedereen noemen die de afgelopen jaren rechtstreeks invloed op de onderneming heeft gehad.

De Branson-way

Ik wil mijn dank uitspreken voor het werk en de hulp van Stephen Murphy, CEO van Virgin, die maar weinig erkenning krijgt voor al het geweldige werk dat hij doet; ik dank Gordon McCallum, Mark Poole, Patrick McCall en Robert Samuelson; Jonathan Peachey en Frances Farrow in de Verenigde Staten; Andrew Black in Canada; Brett Godfrey in Australië; Dave Baxby in de regio Azië-Pacific en Jean Oelwang bij Virgin Unite, onze liefdadigheidsorganisatie. Steve Ridgway van Virgin Atlantic Airways is al jaren een goede vriend en vertrouweling van me, terwijl Alex Tai van Virgin Galactic samen met mij tal van avonturen beleefd heeft en zijn collega Stephen Attenborough druk bezig is met ons spannende nieuwe ruimteavontuur. Dank aan Tony Collins van Virgin Trains, Jayne-Anne Gadhia van Virgin Money en Matthew Bucknall van Virgin Active; aan ons juridisch team onder leiding van Josh Bayliss, dat ons op het smalle rechte pad heeft gehouden; aan onze pr-goeroes Nick Fox en Jackie McQuillan; aan mijn volmaakt gevormde persoonlijke team, bestaande uit Nicola Duguid en Helen Clarke, dat hier op Necker Island zijn basis heeft, en aan Ian Pearson voor het beheer van de Virgin-archieven in Oxfordshire.

Ik wil Will Whitehorn, president van Virgin Galactic, die al heel lang mijn adviseur en vriend is, bedanken voor de coördinatie van dit boekproject. Bij Virgin Books, dat nu een onderdeel van Random House is, wil ik Richard Cable, Ed Faulkner en Mary Instone bedanken voor hun inzet bij het bepalen van de vorm van dit boek. Dank ook aan mijn goede vrienden Andy Moore, Andy Swaine, Adrian Raynard, Holly Peppe en Gregory Roberts voor hun vriendschap en commentaar.

Ik wil mijn waardering uitspreken voor journalist Kenny Kemp, mijn medewerker en researcher bij het samenstellen van de tekst, die me over de hele wereld achtervolgd heeft om ondanks mijn drukke zakelijke agenda nog tijd te vinden voor het vastleggen van mijn gedachten, en Simon Ings, die me heeft geholpen die gedachten zo goed te verwoorden.

Ten slotte heel veel dank aan mijn vrouw Joan, mijn kinderen Holly en Sam en mijn lieve ma en pa voor al jullie liefde en steun.

Richard Branson
Necker Island, augustus 2008

Register

3G-licentieveiling 173
3GSM wereldcongres 171

Abbott, Trevor 205
Abuja, Nigeria 159, 160, 163
Adreasen, Geoff 265
Afrika 19, 23, 59, 158, 286, 309-310, 312, 313
Afrikaans Nationaal Congres 284
Agassi, Shai 333
Aguilera, Christina 82, 113
AIG 216-217
Air Deccan 108
Air France 152, 163
Air New Zealand 87, 92-93
Alexander, Douglas 127
Alexander, Tom 166, 201, 207-208
Ali, Tariq 282
Allen & Overy 216
Allen, Paul 248, 249-250, 328
Alstom 120, 124
Amazon.com 245
American Airlines 146, 155, 157
AMP 180, 182
Angel Trains 121
Angus, Bob 139

Annan, Kofi 194
Ansari X Prize 242, 247, 249, 251
Ansari, Anousheh 244, 247
Ansett 87, 90, 94, 96
Apple 112, 130, 177, 193, 232, 340
Applegarth, Adam 217
Apprentice, The (BBC-tv) 273, 277
Ariola 132
Arnold, Luqman 226
Aspen Ideas Festival 22
ASX 90, 98
Atari 134
Aung San Suu Kyi 294
Australian Financial Review 97
Australian 97
Australië 27, 42, 85, 87, 88, 89, 92, 97, 139, 270, 301, 332
Automotive X Prize 257
Autoriteit Financiële diensten 218

Babcock & Brown 122
Baldwin, James 283-284
Balheimer, Andrew 216
Ban Ki-moon 328
Bangladesh 19, 200
Bank of America 183

Bank of England 213, 215, 221
Barnby, gezagvoerder Tim 51
Barrett, Colleen 54
Baxby, David 55, 109, 111
BBC 215, 302, 349
Bear Stearns-bank 210
Beattie, Peter 89
Beazley, Kim 96
België 37, 186
Bellview Airlines 162
Berkshire Hathaway 102
Bery, Priya 313
Better Place 333
Bezos, Jeff 245
Bhatt, Ela 294
Bhubezi-gezondheidscentrum 311
Biafra-oorlog 282
Bigelow, Robert 245
Biko, Steve 285-286
Bill and Melinda Gates Foundation 303
Binnie, Brian 251
Bishop, sir Michael 191
Black, Iain 190
Blackston 102
Blackwell, Chris 77
Blair, Tony 173, 243, 333
Blanc, Raymond 115
Blechter, Taddy 307
Bloomberg, Michael 329
Boeing 147, 265
Bombardier 124
Brahimi, Lakhdar 294
Brandreth, Gyles 283
Branson, Sam 150
Brazilië 108, 263
Bridge, Andrew 142
Bridge, Andrew 142
Bridgepoint Capital 288
Brightmore-Armour, Diana 198
Brin, Sergey 234
Brink, Brian 311
Brisbane, Australië 90, 98
British Airways 67, 146, 152, 160, 276, 299, 314

British Caledonian 53, 146
British Midland 191
British Sky Broadcasting (BSkyB) 271
British Telecom (BT) 165
Brown, Gordon 84, 173, 223, 226, 328
Brundtland, Gro Harlem 294
Brussels Airlines 38
BT Cellnet 81, 166
Buckley, Bryan 82
Bucknall, Matthew 106, 287
Buffett, Warren 102, 304
Burns, Gordon 190
Burrows, Neil 22, 26, 30, 38, 59, 63, 102, 149, 155, 204, 260, 307,
Business Week 174, 199
Busta Rhymes 82
Butcher, Jon 59
Byers, Stephen 123, 279
Byrne, David 138

Cable & Wireless (C&W) 166-167
Cable, Vince 186, 225
Camelot 153
Cameron, David 224
Camm, Sydney 331
Canada 108, 142, 302, 346
Cardoso, Fernando 294
Cargill 264
Carmack, John 245
Carnegie, Andrew 59
Carphone Warehouse 81, 218
Carter, Jimmy 292, 294
Carty, Don 156
Cassani, Barbara 160
CBS 22
Cheong, dr. C.K. 93-94
China 108, 111, 193, 223, 280, 288
Chirac, Jacques 326
Chu, Victor 217
Churchill, sir Winston 333
CIDA City Campus, Johannesburg 290, 307
Cingular 210
Citigroup 217, 279
Civil Aviation Authority 157

Register

Clegg, Nick 225
Clifford, Conrad 162
Climate Change Group 320
Clinton Global Initiative 142, 259
Clinton, Bill 323-324
Clumpas, Stuart 139
CNN 83
Coach USA 120-121
Coca-Cola Company 62, 195, 200
Collins, Jim: Good to Great 50
Collins, Tony 117, 124, 188-189
Compass 89-90
Concorde 151-152
Conservatieve Partij 153, 224
Continental Airlines 102
Cott Corporation 195-196
Cousteau, Jacques-Yves 316-317, 329
Coutts Bank 150, 152, 206
Cox, Robin 52
Cruickshank, Don 148, 151, 205-206
Cumming, Andy 95
Cush, David 157

Daily Mail 122
Daily Telegraph 64, 223
Dalai Lama 289-290
Darling, Alistair 225-226
Davison, Alan 133
Day, Steven 170
Deamer, Tony 264
Debenhams 136
Depeche Mode: Black Celebration 135
Desmond, Denis 139
Deutsche Bank 122, 217
Deutsche Telekom 167
Diamandis, Peter 247, 257, 327
Diana, prinses 309
Dire Straits 131
Disney 176, 234
Dixon, Geoff 92, 97-98
Dragons' Den (BBC-tv) 28, 35, 253
Draper, Simon 41
Dube, Fred 284
Dublin 135
Duguid, Nicola 211

Dunstone, Charles 81
Dupont 263
Dyer, Dave 228

Earth Wings 243
EasyJet 37
Economist, The 155
EDS 160
Einstein, Albert 40, 291
Ekpe, Dan 161
Elders, de 19, 30, 291-350
EMI 78, 206
Eno, Brian 138
Esrey, Bill 174
Estelle 289
Euro Belgian Airlines 37
Europese Unie 37, 156, 166
Evening News (CBS) 22
Evening Standard 63

Farrow, Frances 55, 175, 237
Faust: The Faust Tapes 77
Ferguson, Ian 263
Fiat Ferroviaria 119
Fields, Randolph 146
Financial Times 224, 226
First Eastern Investment 217
Flannery, Tim 317, 321, 325
Forbes 175
Fortune 104, 232
Fossett, Steve 190
Fox Television 268
Frankrijk 108
Freedom Air 92
Freshfields 217
Frost, Robert 211
Full Monty, The (film) 26
Futron 245

Gabriel, Peter 286, 290, 295
Gadhia, Jayne-Anne 178, 179, 184
Gagarin, Joeri 243
Gardner, Roy 53
Garriott, Richard 244
Gates, Bill 59, 257, 303

Gates, Melinda 303
Gavin, Rupert 207
GE Aviation 262
GEC-Alstom 120
Gevo 263
Gildersleeve, John 196
Gill, Manny 91
Gloag, Ann 120
Go 37, 160
Godfrey, Brett 43, 67, 88, 275
Golding, William 322
Goldman Sachs 98, 110, 165, 222
Gong: Radio Gnome Invisible 77
Goodwin, sir Fred 181, 183
Google 27, 110, 234, 236, 333
Gopinath, G.R. 108
Gorbatsjov, Michael 243
Gore, Al 320, 324-325
Gormley, Rowan 179-180
Gornall, Alastair 178
Gow, Alan 168
Grameen Bank 19, 35, 294, 315
Gray, Bryan 90
Green, Chris 128
Greenhill 216
Griffiths, Kathryn 223
Groot-Brittannië 51, 307, 339
GTech 153, 203
Gurassa, Charles 207

Hannah, Daryl 329
Hansen, dr. James 325
Harford, Simon 160, 162
Harrison, John 241
Harvard Business Review 233
Harvey, Jacqueline 300
Hatfield, spoorwegongeval bij (oktober 2000) 123
Health and Racquet 106, 287
Heathrow Airport 51
Hello! 178
Heshmati, Sam 268
Hitchcock, Dian 322
HMV 134
Holmes Place 107

Holmes, Kelly 289
Howard, John 96
Howard, Steve 320
Hughes, Martin 217, 220
Hurwitz, Seth 141
Hutchinson, Graeme 170
Hutchinson, John 152
Huttner, David 91

IBM 180
Imperium Renewables 265
IMRO 179
India 84, 108, 291
Innocent Drinks 200
Instituut voor Klantenservice 117
Internationale Ruimtestation 244
Internationale Telecommunicatie Unie 172
Investec Henderson Crosthwaite Securities 167
Investerings Advies Commissie 28, 56, 257
Iogen 264
IPC 61-62, 65
IPCC 329
Isa Yuguda, Mallan 160
Island Records 77
Italië 107, 119, 198
ITV 271-272

Jacobson, Naomi 286
Jalta 243
Japan 80, 103, 116, 196, 298
Jean, Wyclef 82, 201
JetBlue 89, 156
Jewel 314
Jobs, Steve 232-233
Jones, David 224
Jones, Harris 201-202
JVC 131

Kalms, Stanley 136
Kammen, professor Dan 211
Kelis 82
Kelleher, Herb 50, 53-54

Register

Kenia 315
Kerim, Srgjan 328
Khosla, Vinod 261, 263, 333
Kingfisher Airlines 109
Kingman, John 223
Kingsford Smith airport, Sydney 86
KPMG 160
Kruger, Nationaal Park 33
Kydd, James 57, 81, 138, 167-168

Labour-partij 153
Laker, sir Freddie 146-147, 299, 339
Lambert, Patricia 61
Langdon, Karl and Llane 33
Larone, Ray 72
Las Vegas 245, 269
LAUTRO 179
LeMay, Ron 174
Lester, Simon 196
Levine, Charles 174
Liberaal-Democraten 225
Lindbergh, Charles 242, 262
Lindstrand, Per 190
Live Magazine 140
Live Nation 138
Lloyds TSB 95, 198
London Eye reuzenrad 67
London Gazette 69
Lovelock, James 305, 317, 321, 323, 325-326
Lupton, James 216, 228

Machel, Graça 286, 294
Macquarie Bank 67
Madonna 79, 138
Makepeace Island 100
Makhubele, Donald 308, 313
Mallya, Vijay 109
Maloney, David 207
Mandela, Nelson 33, 45, 285-286, 307, 317
Manor opnamestudio 42, 75, 78, 137
Manyon, Julian 283
Marland, Caroline 207
Marshall, lord Colin 152

Martin, George 74
Masson, Margaret 188, 190
Matheson, Craig 52
Mathewson, sir George 181, 217, 228
Mbeki, Thabo 152-153, 307, 312
McBride, Brian 202
McCall, Patrick 55, 107
McCallum, Gordon 21, 28, 47, 107, 165, 175, 213
McCullin, Don 283
McDonnell Douglas 146
McDonough, William 334
McKinsey & Co 21, 48
McQuillan, Jackie 84, 138, 328
Mededingingsautoriteit 271
Medici Bank 13-15
Melody Maker 71
Melvill, Mike 248, 251
Microsoft 27, 62, 304, 340, 341
Minder (tv-programma) 58
Ministerie van Transport 140, 164
Mitchell, Reginald 242, 331
Mitsubishi 104
Mojave Airport 248, 250
Money Programme (BBC) 180
Moran, Simon 139
Morley, Andrew 52
Mosquito Island 211, 316
Mozilo, Angelo 279
MTV 26, 84
Murdoch, James 271
Murdoch, Lachlan 271
Murdoch, Rupert 271
Murphy, Stephen 28, 55, 165, 213, 216, 226, 228
Music Week 133, 135
Musk, Elon 245, 333-334

NASA 251, 268, 322, 325
National Health Service 255
National Lottery 153
National Lottery 153
Nationale Passagiersonderzoek 117
Nature 327
Necker Island 20, 39, 46, 113, 211, 234, 290, 303

Network Rail 124, 127, 191
New Musical Express (NME) 71-72
Newman, Tom 74, 77
Nigeria 158, 160, 162, 249, 282
Nigerian Airways 159
Nintendo 134
Nokia 209-210
Norman, Archie 197
Norris, Peter 214, 228
Northern Rock 84, 109, 212-214, 223, 227, 318
Norwich Union 178-180
Norwich 180, 182
Notting Hill, Londen 41, 72
NTL 56, 270
NTT DoCoMo 80

O'Neal, Stan 279
O2 166
Obasanjo, Chief Olusegun 158, 160, 164
Oelwang, Jean 292, 313, 320, 328
Ogilvie, Charles 237
Oldfield, Mike: Tubular Bells 76, 78, 137
Olivant 217, 225-226
Olsen, Greg 244
Olympische Spelen 91, 11
One2One 81, 82, 166-168, 173, 176
Only Fools and Horses (BBC-tv) 58
Orange 81, 82, 173, 176, 201
Orteig-prijs 242
Oshkosh, Wisconsin 251

Pacific Blue 88, 92
Page, Larry 234, 333
Palm 193
Palowski, Todd 237
PanAm 145-146, 262, 299
Parijs 131, 283
Parris, Matthew 151
Peachey, Jon 249
Peel, John 77
Peking 109-110
Pencer, Gerry 196

Pendolino-treinen 119, 121-122, 188, 191, 249
People's Express 146
Peston, Robert 223
Philips Consulting 160
Philips 131
Pitman, sir Brian 217, 225, 228, 296
Pixar Animated Pictures 233
Player, Gary 256
Plaza, John 266
PolyGram 131-132
Polynesian Blue 88
Poole, Mark 55
Porter, Dan 140
Power Lunch (CNBC) 259
PR Week 197
Priceline.com 175-176
Priest, Ben 82
Prince, Chuck 279
Private Eye 204

Qantas 44, 87-90, 92, 97, 100
Quayle Munro 216
Queensland, Australië 89

Radiohead 138
Railtrack 123-124, 127
Ralston, Andrew 170
Ramsbottom, Hunt 334
Ranieri, John 263
Rapley, Chris 327
RAVRO 133
Rebel Billionaire (Fox TV) 268
Red Bull 200
Red Herring 175
Red Hot Chili Peppers 142
Redgrave, Vanessa 282
Reed, Frank 106, 287
Reid, Fred 155, 157
Rentech 334
Revell, Kevin 180
Ridgway, Steve 85
Ridley, Matt 214, 223
Robinson, Mary 294
Rochford, Lee 218

Register

Rolling Stone 71
Rolls-Royce 262
Rosenberg, Nathan 142
Ross, Wilbur 217, 219, 221, 226, 228
Rosso 86
Royal Aeronautical Society 249
Royal Bank of Scotland 12, 121, 167, 181, 217-218
Rusland 27, 42, 108, 243, 254, 328
Rutan, Burt 248, 250-251
Ryanair 37

Sabena 38
Sachs, Jeffrey 328
Sagan, Carl 322
Sainsbury, David 197
Samples, Tim 168
Samuelson, Robert 55
Sanderson, Bryan 223
Santa Barbara Independent 35
Scaled Composites 248, 250, 252
Schieffer, Bob 22
Schmidt, Eric 235
Schneider Trophy 242
Schulman, Dan 176, 209, 314
Schumacher, Ernest Friedrich: Small is Beautiful 101
Scientific American 257
Scott, Philip 179
Sega 134
Shanghai 109-110
Sherrard, Rob 88
Shuttleworth, Mark 244
Sichuan, aardbeving in (2008) 111
Simmons, Stanley 135
Simonyi, Charles 244
Sinclair, Clive 133
Singapore Airlines 93, 96, 217
Singapore Telecommunications 171
Skytrain 299-300
SN Brussels Airlines 38
Snook, Hans 81
Sogou.com 110
SOHO (Small Office Home Office) 110

Sohu 110
Sommer, Ron 167
Sony 130
Sosoliso Airlines 163
Sounds 71, 74
Souter, Brian 120
South West Trains 120
Southwest Airlines 50, 53-54, 354
Soweto 307
Space X 245
Spaceship Company 252
SpaceShipOne en Two 247-249
Spanje 107, 108
Spicejet 108
Sprint 174-175
Stagecoach 120, 124
Star City, Baikonoer 243
Starfish 313, 323
Steel, Joe 166, 169
Stern, sir Nicholas: Climate change review 318-319
Stewart, Derek 190
Stockwell, Ashley 57, 125
Straw, Jack 122
Stromback, Richard 333
Student 61-62, 74, 85, 282-283, 337
Sugar, Alan 277
Sunday Times 207, 283
Swan, Wayne 101
Sydney Airport Corporation 67

Tai, Alex 249
Tait, David 300
Tata 108, 113
Tate & Lyle 263
Taylor, Annie 268
Taylor, Karen 190
Telewest 56, 270
Templeman, Hugo 309, 311
Tesco 196-197
Tesla Motors 334
Tewson, Jane 273
Texas Instruments 194
Texas Pacific Group 102
Thatcher, Margaret 133, 243

Thorn EMI 206
Tickell, sir Crispin 321
Times Square, New York 26, 84
Times, The 151, 254
Tito, Dennis 244
TIW 173
T-Mobile 167, 173, 200, 202
Toomey, Gary 93
Top Gear (BBC Radio 1) 77
Top of the Pops (BBC-tv) 130
Toscafund 217, 219-220
Touche Ross 299
Tower Records 135
Travel Week 117
Trowbridge, Wiltshire 170
Trump, Donald 277
Tshabalala-Msimang, Manto 312
Tunstall, K.T. 70
Turing, Alan 331
Turnbull, George 180
Tutu, aartsbisschop Desmond 292, 294
TWA 145-146, 299
Tweede Wereldoorlog 333

UB-groep 109
Ulusaba, wildreservaat 33-34, 293, 308-310
United Airlines 155, 279
Uthingo Management 154

V Australia 88
V Festivals 140, 170
V Shops 167
Vanuatu 264, 267
Varnom, John 72
Verenigde Naties 291, 294, 329, 333
Verenigde Staten 120
ViaCell 256
Victoria-watervallen 268
Vietnam, oorlog 283
Virgin Active 106-107, 287-288
Virgin America 42, 53, 157-158, 240-241
Virgin Asia-Pacific 109
Virgin Atlantic 30, 42, 47, 51, 55 67, 80, 95, 97, 113, 125, 139, 149, 151, 163, 207, 259, 263, 285, 291
Virgin Bank 216, 227
Virgin Blue 29, 42-45, 54, 63, 67, 83, 86-100, 272-273, 275
Virgin Cargo 205
Virgin Cola 138, 167, 195, 200
Virgin Direct 63, 180-183
Virgin Earth Challenge 325-327, 329
Virgin Express 37-38, 88
Virgin Fuel 258, 267
Virgin Galactic 15, 30, 53, 102, 122, 160, 188, 242, 245-246, 249, 251-252
Virgin Green Fund 263, 266
Virgin Holidays 205
Virgin Management 113, 228
Virgin Media 56, 74, 270-272
Virgin Megastores 103, 136, 167, 169, 192
Virgin Mobile Asia 171
Virgin Mobile Australia 86, 176
Virgin Mobile Canada 142
Virgin Mobile USA 154, 171, 209-211, 314
Virgin Mobile 26, 27, 29, 56, 81-84, 86, 108, 142, 154, 166-171, 173, 176, 192, 201-202, 204, 207-211, 255, 257, 270, 314
Virgin Mobile-verkooppunten 167
Virgin Money 13, 180, 183, 186, 216, 219, 227, 228
Virgin Music 90, 144
Virgin Nigeria 42, 158, 160-164, 249
Virgin One-rekening 181-182
Virgin Pulse 193-194
Virgin Radio 165
Virgin Records USA 154
Virgin Records 30, 41, 58, 70, 72, 74, 77-78, 82, 103, 129, 134, 148, 154, 299
Virgin Retail 131
Virgin Spirits 195
Virgin Trading Company 195
Virgin Trains 117-128, 188-191, 197
Virgin Unite 34-35, 289, 292, 302, 311-315, 332, 336

Register

Virgin USA 140-141, 175, 237-238
Virgin Vodka 168, 195
Virgin-cultuur 69, 90
Virgin-ervaring 63
Virgin-fitnessclubs 46, 106
Virgin-groep 23-26, 29, 30, 33, 39-40, 42, 50, 55-56, 60, 85, 93, 102, 107-108, 114, 126, 142, 156, 167, 175, 178, 181, 204, 212, 259, 272, 275, 281, 287, 295, 324, 336, 339
Virgin-type 39
Virgle 236
Vodafone 81, 82, 173, 176, 201
Voyager (bedrijf) 206
Voyager (vliegtuig) 250

Wales, Jimmy 333
Wall Street 58
Welch, Jack 276-277
Wellcome Trust 303
Wells, Adam 237
Wells, Melanie 175
West, Ryan 211
Westlake Audio 75
WH Smith 81, 136

White Knight 248, 251-252
Whitehorn, Will 55, 102, 119, 167, 168, 188, 192, 246, 249-250, 320, 326, 346
Who, The 142
Wight, eiland 120
William Grant 195
Williams, Andy 70, 72
Winehouse, Amy 70
World Economic Forum (Davos 2008) 305
Wozniak, Steve 232-233

X Prize 243, 247-249, 251, 257

Yar'Adua, president van Nigeria 164
Yorke, Thorn 138
Yunus, Muhammad 19, 35, 305, 315

Zappa, Frank 71
Zhang Xin 110
Zhang, Charles 110
Zogby International 245
Zuid-Afrika 27, 33, 106, 108, 152, 306, 308, 309
Zuid-Korea 103

Verantwoording van citaten

Voor hun toestemming om auteursrechtelijke beschermd materiaal te reproduceren bedanken de auteur en de uitgever de volgende rechthebbenden:

Citaat van sir Brian Pitman uit '"No Killing"' to be made in Rock deal', 6 februari 2008, overgenomen met toestemming van de *Financial Times*

Citaat uit *Common Wealth: Economics for a Crowded Planet* door Jeffrey Sachs, gepubliceerd door Penguin Books 2008, copyright © Jeffrey Sachs 2008, gepubliceerd met toestemming van Penguin Books Ltd

Citaat uit *Long Walk to Freedom* door Nelson Mandela, copyright © 1994, 1995 door Nelson Rolihlahla Mandela. Met toestemming van Little, Brown and Company

Citaten van Herb Kelleher uit *Nuts: Southwest Airlines' Crazy Recipe for Business and Personal Success* Austin, Texas Bard Press, 1996 cloth edition. Broadway (Random House), New York 1998 trade paperback edition

Citaten van Alan Davison en Stanley Simmons in artikelen in *Music Week*, gepubliceerd met toestemming van Music Week, copyright CMPi

Citaat uit interview met Muhammad Yunus in de *Santa Barbara Independent*, met toestemming van de *Santa Barbara Independent*

Citaat van Matthew Parris uit artikel gepubliceerd in de *Times* 25 oktober 2003, copyright © *The Times*, gepubliceerd met toestemming van *The Times*/NI Syndication
Citaten van Jacques-Yves Cousteau uit *Window in the Sea*, onderdeel van *The Ocean World of Jacques Cousteau*, gepubliceerd door Prentice Hall

Parlementair materiaal is gepubliceerd met toestemming van de Controller of HMSO, namens het parlement

If van Rudyard Kipling gepubliceerd met toestemming van A P Watt Ltd namens de National Trust for Places of Historic Interest or Natural Beauty. Voor de Nederlandse editie is gebruikgemaakt van de vertaling van Karel Jonckheere uit 1909.